Café do CHICO não costuma faiá!

Café do Chico não costuma faiá!

1ª edição: Dezembro 2025

Autor:
Juliano Pozati

Revisão:
3GB Comunicação
Gabrielle Carvalho

Projeto gráfico:
Jéssica Wendy

Capa:
Juliano Pozati

Impressão:
Plena Print

DADOS INTERNACIONAIS DE CATALOGAÇÃO NA PUBLICAÇÃO (CIP)

Pozati, Juliano
Café do Chico não costuma faiá! : 365 pensamentos de Chico Xavier para inspirar o seu dia / Juliano Pozati. — Porto Alegre : Citadel, 2025.
384 p. : il., color.

ISBN 978-65-5047-713-4

1. Espiritualidade 2. Espiritismo 3. Mensagens I. Título

25-5391 CDD 158.1

Angélica Ilacqua - Bibliotecária - CRB-8/7057

Produção editorial e distribuição:

CITADEL Grupo Editorial

contato@citadel.com.br
www.citadel.com.br

JULIANO POZATI

Café do CHICO não costuma faiá!

CITADEL
Grupo Editorial
2025

Prelúdio

HÁ MISTÉRIOS NO MUNDO ESPIRITUAL QUE ESCAPAM AOS SENTIDOS COMUNS

Quando o assunto é Chico Xavier, então, não há espaço para o acaso – cada encontro, cada palavra, cada inspiração parece ser parte de um plano maior, preparado com cuidado por mãos invisíveis que trabalham em silêncio.

Os chamados do alto, às vezes, chegam como ventos suaves. Outras, como discretos sussurros que apenas um coração atento é capaz de perceber. Ainda assim, por mais simples que pareçam, tais convites revelam missões de uma grandeza que vai muito além do que nossa mente pode alcançar. Assim nasceu este livro, *Café do Chico não costuma faiá!*: de um instante singelo, quase imperceptível, em uma manhã ensolarada de setembro, quando um leve murmúrio espiritual pousou sobre uma xícara fumegante de café. Como se fosse um recado vindo de muito além. Foi ali que a ideia desta obra começou a ganhar forma – embora, no fundo, ela já estivesse escrita no tempo espiritual.

SOMOS INSTRUMENTOS DE UM PLANO AMOROSO E GRANDIOSO, MENSAGEIROS A SERVIÇO DE DEUS E DOS ESPÍRITOS DE LUZ QUE NOS ENVOLVEM COM TERNURA CONSTANTE.

Quando uma inspiração divina encontra aquele que foi escolhido para semear luz, o ordinário se transforma em extraordinário. Quando uma inspiração encontra a pessoa certa para espalhar sua mensagem, a dúvida se esvai e a certeza é indubitável. Foi assim que o nome de Juliano Pozati surgiu de forma clara e natural, como se já estivesse decidido desde sempre. Não consegui pensar em ninguém melhor para dar vida a este projeto.

Convido você a respirar fundo, abrir o coração e permitir que estas páginas sejam mais do que palavras: que sejam um portal. Que seus pensamentos possam mergulhar em profundezas serenas. Deixe que sua mente e sua alma sejam guiadas por essa presença espiritual que nos acompanha todos os dias.

Afinal, há quem tome café com Jesus. Outros, com Deus Pai. Por que não partilhar também um café com aqueles que, mesmo invisíveis aos olhos, se fazem presentes em cada gesto de ternura? E quem seria melhor companhia para esse encontro do que o maior médium dos últimos tempos? Chico Xavier – mineiro de alma simples, que apreciava um cafezinho acompanhado de pão de queijo – continua, mesmo além da vida, a inspirar corações com a mesma doçura de sempre.

ATENDA A ESTE CHAMADO.
SILENCIE O RUÍDO DO MUNDO E
"OUÇA" COM OS OUVIDOS DA ALMA.

O universo espiritual fala em linguagens sutis, e quando nos dispomos a escutá-lo, descobrimos que a vida é muito mais ampla e bela do que qualquer palavra poderia descrever, mas essa obra é um começo.

– ***Luana Conte***

10/10/2025

Apresentação
COMO UTILIZAR ESTE LIVRO

HÁ DUAS MANEIRAS DE SE APROXIMAR DESTE LIVRO – E AMBAS SÃO CONVITES À INTIMIDADE COM A ESPIRITUALIDADE.

A primeira é simples, quase ritualística: um pensamento por dia. Escolha a hora que melhor dialoga com o seu silêncio – ao despertar, antes do trabalho, ou à noite, antes de dormir. Permita-se a companhia de Chico Xavier durante um ano inteiro, um sopro por vez. São 365 pensamentos que funcionam como pequenas sementes de consciência, lançadas ao solo fértil da sua alma.

Mas existe uma segunda maneira – a minha preferida –, que convida o leitor a participar ativamente do mistério: abrir o livro **"aleatoriamente"**. Coloco entre aspas porque o acaso, quando olhado de perto, costuma revelar uma inteligência escondida. Não é sorte, é sintonia.

Carl Gustav Jung chamava isso de sincronicidade – a coincidência significativa entre um acontecimento interior e um acontecimento exterior, sem relação causal direta, mas unidos por um mesmo sentido. Marie-Louise von Franz, discípula e colaboradora de Jung, dizia que a sincronicidade é a "linguagem viva do inconsciente", a maneira pela qual o self – o centro organizador da psique – dialoga conosco através dos símbolos, dos encontros e das aparentes coincidências.

Quando abrimos um livro movidos por uma intenção genuína – ainda que silenciosa –, entramos num campo de ressonância com algo maior do que nós. É como se a psique profunda, ou o Espírito, curvasse o espaço das possibilidades para que as páginas certas se apresentem. Por isso, ao abrir o *Café do Chico não costuma faiá!*, não pergunte com a mente. Pergunte com o coração: o que é que eu preciso para hoje?

Essa pergunta simples é uma chave. Ao formulá-la, você sintoniza sua vibração com o vasto campo de informações sutis que nos envolve – aquilo que Ruppert Sheldrake chamou de Campo de Ressonância Mórfica e que Emmanuel, mentor espiritual de Chico Xavier, chamava de Lei de Associação. Para ele, nenhum pensamento se perde no vazio; cada emissão mental encontra pensamentos afins e forma, no invisível, correntes vivas de energia. Assim, todo pensamento é pensado conjuntamente. Afeta e é afetado.

Ao abrir o livro com intenção, você não está escolhendo ao acaso – está associando-se ao campo que responde à sua necessidade mais íntima. Talvez nem mesmo você saiba exatamente o que quer, mas o campo tem a sabedoria de semear exatamente o que você precisa. A página que surge é uma resposta vibratória, uma correspondência entre o que você vive e o que o universo quer lhe dizer. É o campo se tensionando para revelar, através de uma frase, uma fresta de luz.

A sabedoria espiritual e a psicologia profunda se encontram neste ponto: a vida externa é sempre um espelho da vida interna. O que nos acontece "fora" é a imagem viva do que pulsa "dentro". E o livro é apenas o espelho que reflete o momento da sua alma.

Por isso, deixamos um espaço em cada pensamento. É o lugar da sua conversa com o mistério. Anote as datas, as impressões, as recorrências. Quantas vezes o mesmo pensamento o visitou, "aleatoriamente"? Porque nada é aleatório. Recorrência é convocação. Quando a mesma página insiste em voltar, é o campo pedindo sua atenção. É a vida dizendo: "Aqui há algo que ainda precisa ser compreendido, transformado, integrado".

Essas repetições são lembretes do seu Eu interior, ecos do Espírito, insistindo em um aprendizado que a pressa costuma adiar. E cada anotação, cada encontro repetido, transforma o livro num diário vivo de autoconhecimento e fé.

Ler este livro é uma prática espiritual disfarçada de simplicidade. É um diálogo com a alma através da palavra. Seja num café da manhã apressado, seja no silêncio de uma madrugada, cada pensamento de Chico pode se tornar um oráculo de consciência – não porque prevê o futuro, mas porque revela o presente.

E ASSIM, PÁGINA APÓS PÁGINA, DIA APÓS DIA, VOCÊ PERCEBERÁ QUE NÃO É VOCÊ QUEM LÊ O LIVRO. É O LIVRO QUE LÊ VOCÊ.

Introdução

O PATRIMÔNIO ESPIRITUAL DA HUMANIDADE

A HUMANIDADE ATRAVESSA UM TEMPO DECISIVO: O TEMPO EM QUE O NAVIO DAS RELIGIÕES INSTITUCIONAIS AFUNDA, NÃO PORQUE A FÉ TENHA MORRIDO, MAS PORQUE A CONSCIÊNCIA AMADURECEU.

As velhas estruturas já não suportam o peso do novo entendimento. O dogma cede lugar à experiência; a crença, à vivência; o templo, à presença. E o que estamos fazendo agora – com o Círculo Escola Filosófica e a obra *Café do Chico não costuma faiá!* – é resgatar do porão desse navio um patrimônio espiritual da humanidade, antes que ele se perca nas águas do preconceito e da intolerância.

Esse patrimônio é o legado dos que falaram em nome do amor: Buda, Sócrates, Francisco, Yeshua, Chico – e de todos os anônimos que, em silêncio, sustentaram a luz do mundo. É o conjunto das experiências humanas com o invisível, depurado das roupagens da religião. Pertence a todos, porque nasceu de todos. É a herança da consciência que desperta para si mesma e reconhece o Todo não como crença, mas como inteligência viva presente em tudo.

Estamos saindo da era dos templos e entrando na era das consciências. A espiritualidade do futuro não será construída sobre dogmas, mas sobre a lucidez amorosa de cada ser humano que se conhece e contribui. O novo altar é interior. A nova oração é sintonia. O novo serviço é contribuição consciente e objetiva com a evolução coletiva.

Chico Xavier é um símbolo dessa travessia: seu trabalho não pertence a uma religião, pertence à consciência universal. Ao reler sua obra à luz da filosofia e da ciência, descobrimos que sua mensagem não era religiosa – era humana. Chico dialoga com todos os filósofos, cientistas e pensadores que tive a oportunidade de conhecer – e mais, ele muitas vezes os supera, os antecipa ou os complementa. Ele nos ensinou que o espírito é um viajante em expansão e que o amor é a linguagem quântica que unifica todos os mundos.

Preservar esse patrimônio é garantir que o sagrado continue a inspirar, sem aprisionar. É fazer da espiritualidade uma força de integração, não de separação. É compreender que Deus nunca coube na religião – e, por isso mesmo, continua habitando no meio de nós.

QUE ESTES PENSAMENTOS O INSPIREM, COMO FIZERAM COMIGO!

E quando as páginas deste livro fizerem o seu ego arder; quando as páginas deste livro libertarem as lágrimas que você tentou aprisionar; quando as páginas deste livro o colocarem em xeque; quando as páginas deste livro arrancarem dos seus porões a sua melhor versão e o levarem ao perdão, à sintonia, à reconexão, à fraternidade e à transformação radical, não pense mal de mim... Fui delas a primeira vítima, o primeiro doente, estudante e aprendiz. O eco de Santo Agostinho ganhou em mim voz outra vez: “Meu Deus, tu me chamaste e o teu grito rompeu a minha surdez”.

Sempre *avanti*!

Che questo è lá cosa piú importante!

– JULIANO POZATI

CURITIBA, 12 DE OUTUBRO DE 2025

Mensagem
TORNE-SE UM MISSIONÁRIO DA LUZ

"Num mundo inundado de informações irrelevantes, clareza é poder." — Yuval Harari.

A clareza de que falamos aqui não é apenas mental. É luz que vem do alto, atravessa o nevoeiro dos pensamentos e se encontra com um coração disponível. Clareza é quando a inspiração encontra com uma mente disponível, talvez em necessidade, uma alma que pede direção.

Se você acordou com alguém na mente, se uma lembrança dessa pessoa insiste em retornar para o seu plano mental, se o pensamento de uma pessoa teima em ficar como uma janelinha aberta em seus pensamentos o dia inteiro e você não sabe bem o porquê, talvez não seja por acaso. Talvez seja um chamado.

Feche os olhos. Pense nessa pessoa com todo o amor que você puder emanar, celebre mentalmente a história da amizade de vocês, trazendo da memória tudo o que já viveram juntos, enquanto segura este livro nas suas mãos. Mentalize essa presença, envolva-a de ternura e gratidão. Então, simplesmente, abra uma página – ao "acaso", mas nunca por acaso.

Deixe que a página te encontre. Deixe que o campo invisível que une sua intenção à necessidade dessa pessoa se manifeste em cada palavra. Leia o trecho.

Medite e envie ela. Pode ser uma mensagem, uma foto, uma ligação com aquela frase que o universo escolheu.

Às vezes, tudo o que a gente precisa é de alguém que surge do nada com um "Li isso e lembrei de você!".

Se houver eco, se a gratidão vier, continue. Marque um café com aquele amigo, aquela amiga, e dê um exemplar deste livro de presente. Que "Café do Chico" se espalhe, como um aroma de amor que viaja de coração em coração.

Porque ser um missionário da luz é isso: permitir que o bem encontre caminhos, que as palavras encontrem destinos, e que a claridade que vem do alto encontre, através de nós, o espaço do possível num mundo tantas vezes inacreditável.

1

DEUS É AMOR

O amor é presença de Deus.

XAVIER, FRANCISCO CÂNDIDO. PINGA-FOGO. PROGRAMA DE TV, TV TUPI, SÃO PAULO, 1971. TRANSCRIÇÃO INTEGRAL.

Quantas vezes esse mesmo pensamento já apareceu para você?

☐ ☐ ☐ ☐ ☐ ☐ ☐

meus insights

O amor é a resposta para todas as dores humanas.

Vivemos uma era em que a dor humana parece ter ganhado uma cara diferente – mais sutil, mais disfarçada, mais bem maquiada. As pessoas não se permitem sofrer em voz alta, mas o silêncio anda pesado nas ruas, nos escritórios, nos templos e até nas camas compartilhadas. O que antes se resolvia com um abraço, agora se tenta anestesiar com distrações digitais, doses cavalares de produtividade e promessas de autossuficiência. É curioso: quanto mais o mundo fala de amor, menos ele se pratica.

Chico nos lembra, com uma doçura que desarma, que o amor não é um luxo espiritual – é uma tecnologia da alma. É a resposta primária e final a todas as dores humanas, porque só o amor é capaz de dissolver a ilusão da separação. A dor nasce da crença de que estamos sozinhos; o amor é o antídoto que nos devolve ao fluxo do Todo.

Mas amar, neste tempo, exige coragem. Não a coragem romântica dos filmes, e sim a coragem silenciosa de quem decide não revidar, não desistir, não se fechar. Amar é se manter permeável mesmo após ter sido ferido. É continuar acreditando no humano quando o humano parece ter se esquecido de si.

A sociedade moderna, em sua pressa, esqueceu que o amor é processo – e não performance. Amar não é "sentir bonito"; é sustentar a vida do outro dentro de si, mesmo quando não há aplausos, nem reciprocidade imediata. O amor verdadeiro não é utilitário; é essencial. Ele não pergunta "o que ganho com isso?", mas, sim, "o que posso oferecer de mim que cure também a mim?".

Quando Chico diz que o amor é a presença de Deus, não fala de um ideal distante, mas de uma prática diária – um exercício espiritual que começa no pequeno: um olhar sem julgamento, uma palavra que acolhe, um silêncio que respeita.

Talvez seja hora de uma revolução afetiva: trocar o medo pelo cuidado, o controle pela entrega, o ressentimento pela compaixão. Se há uma dor que persiste, talvez seja porque ainda não a envolvemos em amor suficiente.

Amar é, portanto, o mais radical dos atos espirituais – e o mais urgente dos remédios.

2

APENAS CHICO

Em nome de Vossa Senhoria Sr. Francisco Cândido Xavier...", diz o apresentador. "Solicito a gentileza de que um pronunciamento a mim dirigido seja apenas o de Chico", responde docilmente Chico.

XAVIER, FRANCISCO CÂNDIDO. PINGA-FOGO. PROGRAMA DE TV, TV TUPI, SÃO PAULO, 1971. TRANSCRIÇÃO INTEGRAL.

"Apenas Chico."

A singeleza dessa resposta é uma revolução espiritual disfarçada de humildade. Num mundo que se define por cargos, títulos e aparências, Chico ousa ser "apenas Chico" – e, por isso mesmo, é inteiro. Ele não reivindica reconhecimento, não se protege sob rótulos, não negocia sua essência com o sistema das vaidades. Sua grandeza está em habitar o essencial: o ser, e não o parecer.

Ser "apenas Chico" é o ponto de chegada de toda consciência desperta. Enquanto muitos se perdem tentando ser o que os outros esperam, ele nos ensina o valor de ser aquilo que se é – sem adornos, sem personagens, sem as máscaras sociais que asfixiam a autenticidade. Ao dizer "apenas", Chico rompe com o império dos egos inflados, das fachadas e dos papéis que nos sequestram de nós mesmos. Ele nos convida a depor as armas da representação, a abdicar do teatro da aprovação e a repousar na simplicidade radical do ser.

Em um tempo em que a identidade virou performance e o pertencimento se mede em curtidas, ser "apenas" é um ato subversivo. É escolher a verdade em vez da imagem, a coerência em vez da conveniência. É libertar-se do aplauso para reencontrar o silêncio que revela seu próprio nome interior.

Chico, ao dispensar o tratamento formal, não renega a educação – mas recorda a beleza da igualdade. Ele é, como todos nós, espírito em aprendizado, viajante de muitas existências, peregrino da mesma estrada de luz. Nesse gesto singelo, ele nos desinstala do pedestal da importância e nos devolve ao chão da humildade, onde germinam todas as virtudes.

Ser "apenas" é ser tudo. É não precisar provar nada, porque se vive em verdade.

Quantas vezes esse mesmo pensamento já apareceu para você?

☐ ☐ ☐ ☐ ☐ ☐ ☐

meus insights

3

DISPONIBILIDADE QUE CURA

Abra de novo os portões, por favor, porque enquanto tiver uma pessoa na fila, eu estou aqui para recebê-la.

POZATI FILMES. QUANDO LEMBRO DE CHICO. TRANSCRIÇÃO. [S.L.]: POZATI FILMES, [S.D.].

Quantas vezes esse mesmo pensamento já apareceu para você?

Era madrugada em São Paulo, no centro espírita que recebia o Chico Xavier para uma noite de autógrafos do novo livro. A fila de pessoas que o queriam ver se estendia pelo quarteirão. Sem se levantar da mesa onde assinava dos livros, chama o Sr. Galves discretamente e pede: "Abra os portões". Poderia ter ido dormir, poderia ter se poupado, mas o verbo que o movia era servir. Nesse gesto singelo – abrir um portão – ele revela a essência do seu Evangelho vivido: ninguém fica do lado de fora.

Vivemos uma era em que as portas se fecham em silêncio. Portas digitais, emocionais, sociais. Estamos isolados em nichos ideológicos, tribos virtuais e filtros que transformam o outro em ameaça. A cultura do "cada um no seu quadrado" criou uma conectividade sem encontro: estamos juntos nas redes, mas sozinhos na alma. Nesse contexto, o gesto de Chico se torna profético – ele reabre os portões para que o ser humano volte a circular e servir ao bem.

Chico nos ensina que toda alma merece acolhimento. Ele não seleciona por credo, classe ou afinidade; seu critério é a necessidade do outro. E talvez seja isto o que nos falte: a disposição de enxergar além do próprio cansaço, além da pressa, além da conveniência. Porque o amor verdadeiro começa quando a empatia vence a exaustão.

Ser conectivo – como Chico – é religar-se ao que nos torna humanos. É escolher a presença sobre o julgamento, o olhar sobre o número, o toque sobre o *like*. É entender que a espiritualidade não se mede pelo tempo de oração, mas pela disponibilidade de escuta. A fila que Chico atendia não era apenas de pessoas, mas de corações que aguardavam um sinal de que ainda valia a pena acreditar na bondade.

Que o seu exemplo nos inspire a abrir portões – físicos, emocionais e espirituais – até que ninguém mais precise esperar do lado de fora.

meus insights

O CORPO É MENSAGEIRO

A saúde é assim como a posição de uma residência que denuncia as condições do morador.

4

XAVIER, FRANCISCO CÂNDIDO. PENSAMENTO E VIDA. 1. ED. RIO DE JANEIRO: FEDERAÇÃO ESPÍRITA BRASILEIRA, 1958.

Vivemos tempos em que a saúde virou uma meta de performance. Contam-se passos, calorias, horas de sono, litros de água – tudo medido, calculado, registrado. Mas o corpo, por mais vigiado que seja, continua adoecendo. O problema é que a sociedade aprendeu a cuidar da casca e a ignorar o conteúdo. E o conteúdo, esse, é a alma.

Emmanuel, pelo lápis ágil de Chico, nos lembra: a saúde é o reflexo do equilíbrio íntimo. Não é prêmio para os disciplinados, mas resultado de uma vida interior pacificada. A alma desequilibrada gera sintomas no corpo, como o vento agita as águas de um lago. Ansiedade, ressentimento, culpa – todos são movimentos internos que, cedo ou tarde, buscam expressão física.

O verdadeiro tratamento começa no silêncio. É preciso coragem para se escutar – e ainda mais coragem para se acolher no que se ouve. Quantas dores não nascem da tentativa de ser quem não somos? Quantas doenças são apenas o grito abafado da alma pedindo coerência?

A medicina avança, os remédios se multiplicam, mas sem equilíbrio íntimo todo alívio é temporário. Cuidar do corpo sem cuidar do espírito é como regar uma árvore pelas folhas. É preciso descer à raiz.

Equilíbrio íntimo não é ausência de conflito, mas presença de centro. É o ponto de quietude que se mantém mesmo quando a vida se agita. É a confiança serena de quem compreende que tudo tem um propósito, mesmo o que dói. Quando o coração aprende a descansar naquilo que é, o corpo responde com gratidão.

Talvez o desafio da pós-modernidade seja este: reaprender a se curar de dentro para fora. Meditar, orar, perdoar, silenciar – não como rituais religiosos, mas como higiene da alma.

A saúde, então, deixa de ser uma meta e se torna um estado natural – o reflexo inevitável de um ser humano que vive em harmonia consigo, com o outro e com Deus.

Quantas vezes esse mesmo pensamento já apareceu para você?

meus insights

5

O VERBO É SEGUIR

E a vida prossegue sempre.

XAVIER, FRANCISCO CÂNDIDO. CARTAS DE UMA MORTA. 1. ED.
RIO DE JANEIRO: FEDERAÇÃO ESPÍRITA BRASILEIRA, 1935.

Quantas vezes esse mesmo pensamento já apareceu para você?

Há algo de profundamente consolador e, ao mesmo tempo, revolucionário nessa frase. "E a vida prossegue sempre." Cinco palavras que desmontam o desespero humano diante da finitude. Quando Maria João de Deus, através da mediunidade de Chico, nos diz isso, não fala de um consolo poético – fala de uma realidade espiritual que a consciência, em algum nível, já pressente: a vida não se interrompe, apenas muda de morada.

A sociedade moderna, porém, teme o fim. Teme o envelhecer, o adoecer, o perder – como se cada ciclo fosse um roubo, e não um convite à transformação. Vivemos tentando manter tudo sob controle, esquecendo que o fluxo da existência é feito de partidas e chegadas, de começos e recomeços. O apego é a raiz da maior parte das nossas dores, porque queremos que o transitório se comporte como eterno.

Mas a vida prossegue. Sempre. Mesmo quando acreditamos ter chegado ao limite, a própria vida encontra um modo de florescer entre os escombros. Há uma força silenciosa, divina, que insiste em nos recriar.

A morte, em si, não é o contrário da vida, mas uma de suas faces. Morremos e renascemos muitas vezes antes da morte física – a cada perda, a cada despedida, a cada mudança de consciência. A espiritualidade nos ensina que viver é aprender a morrer bem: deixar ir o que precisa ir, para que o novo possa nascer.

A vida prossegue quando perdoamos. Prossegue quando decidimos recomeçar. Prossegue quando, mesmo em meio à dor, escolhemos confiar que há sentido no invisível. Essa continuidade é o fio de ouro que costura todos os planos da existência – o físico, o emocional, o espiritual.

Chico costumava dizer que "ninguém morre, apenas muda de endereço". Há ternura e ciência nessa frase. O espírito não conhece o verbo "acabar". Conhece o verbo "seguir".

Assim, quando tudo parecer ruir, lembre-se: a vida não se detém. Ela prossegue – em nós, através de nós, apesar de nós. E quando nos permitimos fluir com ela, descobrimos que a morte nunca foi o fim, mas apenas o intervalo entre dois respiros da eternidade.

meus insights

PRO DIA NASCER FELIZ

6

Devemos entender que é aqui na Terra que o homem passa por transformações até chegar ao aperfeiçoamento. E o que é o aperfeiçoamento senão a felicidade?

XAVIER, FRANCISCO CÂNDIDO / EMMANUEL. PLANTÃO DE RESPOSTAS. 1. ED. SÃO PAULO: IDE, 1994.

A frase de Emmanuel poderia ter sido dita em qualquer conferência de Psicologia Positiva da atualidade. O que Martin Seligman chama de felicidade autêntica, Emmanuel nomeia de aperfeiçoamento da alma. Ambos falam da mesma jornada: a de um ser humano que, em meio às dores e incertezas do mundo, descobre que viver bem é crescer por dentro. A sociedade moderna confunde prazer com plenitude. Busca picos de euforia e chama isso de felicidade. Mas Seligman nos lembra que o bem-estar duradouro não nasce de estímulos externos, e sim do cultivo interno de virtudes – gratidão, coragem, propósito, amor. Emmanuel diria: "das conquistas do espírito sobre si mesmo".

Aqui na Terra, esse laboratório de consciências, a dor é a grande pedagoga. Ela nos mostra os pontos de resistência, as sombras que ainda nos governam, os apegos que nos prendem. Mas o sofrimento não é punição: é depuração. Cada queda contém a semente de uma ascensão, se tivermos humildade para aprender.

A psicologia moderna e a sabedoria espiritual se encontram na mesma constatação: não há felicidade sem transformação. O ser humano floresce quando reconhece que a vida é processo e que o eu, em constante aperfeiçoamento, é a própria matéria-prima da felicidade.

Seligman fala em "vida significativa"; Emmanuel fala em "vida útil". Ambos convergem na ideia de que só é feliz quem se sente parte de algo maior, quem serve, quem ama, quem cria vínculos que transcendem o próprio ego.

A Terra, então, não é um vale de lágrimas, mas um campo de cultivo. Cada experiência é uma oportunidade de lapidação. Felicidade não é prêmio futuro, mas estado de alma que se constrói passo a passo, à medida que nos tornamos mais simples, mais justos, mais conscientes, mais amorosos.

Aperfeiçoar-se é, no fundo, lembrar-se de quem somos. E toda lembrança do divino em nós gera felicidade – porque nada é mais pleno do que estar em paz com a própria evolução.

Quantas vezes esse mesmo pensamento já apareceu para você?

☐ ☐ ☐ ☐ ☐ ☐ ☐

meus insights

7

TRABALHE COM SIGNIFICADO

A lei do trabalho é roteiro da justa emancipação.
Sem ela, o mundo mental dorme estanque.

XAVIER, FRANCISCO CÂNDIDO. PINGA-FOGO. PROGRAMA DE TV, TV TUPI, SÃO PAULO, 1971. TRANSCRIÇÃO INTEGRAL.

Quantas vezes esse mesmo pensamento já apareceu para você?

☐ ☐ ☐ ☐ ☐ ☐ ☐

meus insights

Há algo de sagrado no ato de trabalhar. Chico dizia que o trabalho é bênção – não castigo. É o movimento da alma em direção à sua própria superação. Trabalhar, nesse sentido, não é apenas produzir, mas servir; não é só cumprir tarefas, é cooperar com o Criador na construção do mundo e de si mesmo.

Mas o tempo moderno distorceu essa bênção. Tornou o trabalho um altar de sacrifício onde a criatura se imola todos os dias em nome da eficiência. O que era caminho de emancipação virou prisão de expectativas. Byung-Chul Han, em Vita Contemplativa, aponta que já não somos explorados por senhores externos, mas por nós mesmos. O sujeito do desempenho é simultaneamente senhor e escravo – corre, produz, cansa-se e culpa-se por estar cansado.

O burnout é a febre espiritual da nossa era. Não nasce da quantidade de trabalho, mas da perda de sentido. Trabalhar sem consciência é repetir gestos sem alma. Quando o fazer se desconecta do ser, a energia vital se esvai. Em vez de educar, o trabalho adoece; em vez de emancipar, aprisiona.

Chico, ao chamar o trabalho de bênção, não se referia ao ativismo incessante, mas à ação com propósito. O trabalho verdadeiro é oração em movimento – é o esforço que, mesmo árduo, pacifica o coração porque o conecta a algo maior. Toda tarefa feita com amor, ainda que simples, é instrumento de libertação.

Byung-Chul nos convida a resgatar o que ele chama de "vida contemplativa": um espaço interior onde o ser humano pode simplesmente ser. A pausa, o silêncio, o ócio criativo – tudo isso é parte do trabalho de existir. Sem o intervalo, o gesto perde profundidade.

Trabalhar com consciência é unir as duas sabedorias: a de Chico, que vê no trabalho um meio de evolução, e a de Byung-Chul Han, que nos lembra da necessidade de respirar. A verdadeira emancipação está em agir sem se violentar, em servir sem se dissolver.

O trabalho que educa é o que nos devolve inteiros ao final do dia – cansados, talvez, mas não vazios; ativos, mas não ansiosos; em movimento, mas em paz. Quando o fazer volta a ser expressão do amor, o burnout perde espaço, e o trabalho retoma sua condição original: bênção que desperta a alma para a alegria de colaborar com a Vida.

EDUCAÇÃO MENTAL

8

A própria automação (...) está dizendo que nós vamos ser aliviados ou quase que aposentados do trabalho mais rude no trato com o planeta, para a educação da nossa vida mental através de informações do universo.

XAVIER, FRANCISCO CÂNDIDO. PINGA-FOGO. PROGRAMA DE TV, TV TUPI, SÃO PAULO, 1971. TRANSCRIÇÃO INTEGRAL.

Vivemos o início de uma era em que as máquinas aprenderam a executar com perfeição aquilo que chamávamos de trabalho. Elas calculam, escrevem, planejam, constroem. Diante disso, o ser humano sente medo – medo de tornar-se obsoleto, inútil, descartável. Medo do desemprego! Mas talvez o que esteja se esgotando não seja o ser humano, e sim o modelo de humanidade baseado no fazer automático, no produzir incessante, no confundir valor com utilidade. Tentamos nos tornar máquinas depois da Revolução Industrial, e adoecemos.

Hegel dizia que a consciência é o espírito em movimento na história. Cada época é uma etapa desse desabrochar do Espírito Absoluto, e toda crise é, em essência, um parto de consciência. O avanço da inteligência artificial é mais um capítulo desse processo. Se a máquina pensa, o humano precisa sentir. Se o algoritmo calcula, o humano precisa compreender o sentido. A IA não nos rouba trabalho – ela nos devolve ao trabalho essencial: reaprender a ser humanos.

Estamos sendo convidados a trocar a força pela presença, a repetição pela criação, o controle pela escuta. Em breve, o valor não estará em saber fazer, mas em saber ser. Nossa sociedade está em transição. Se antes valorizávamos o know-how, agora buscaremos o know-why. E isso exige o tipo de esforço que nenhuma máquina pode substituir: o esforço de amar, de compreender, de expandir a consciência.

A automação, portanto, não é o fim do trabalho, mas o início da sua transfiguração. O rude cederá lugar ao sutil; o manual ao mental; o mental ao espiritual. O que parecerá o colapso de um mundo será, na verdade, o nascimento de uma nova humanidade – uma que trabalha menos com as mãos e mais com o coração.

O futuro, diria Chico, não é de ferro nem de silício – é de luz. E quem aprender a educar a própria mente para servir ao bem jamais ficará sem propósito.

Quantas vezes esse mesmo pensamento já apareceu para você?

☐ ☐ ☐ ☐ ☐ ☐ ☐

meus insights

9

UM CISCO QUE ARRANCA LÁGRIMAS

Eu não sou nada; sou a poeira que vocês levantam por aí. Sou um cisco...

POZATI FILMES. QUANDO LEMBRO DE CHICO. TRANSCRIÇÃO. [S.L.]: POZATI FILMES, [S.D.].

Quando Chico Xavier dizia essa frase, não estava sendo modesto – estava descrevendo um estado de consciência.

Em 92 anos de vida, Chico psicografou mais de quinhentos livros e aproximadamente dez mil cartas, vendeu mais de cinquenta milhões de exemplares, foi indicado ao Prêmio Nobel da Paz, eleito o Maior Brasileiro da História e amado por milhões. E, no entanto, dizia ser "apenas a poeira". A humildade, nele, não era pose – era percepção mística: a compreensão de que todo brilho humano é reflexo do Sol maior que habita em tudo.

A verdadeira humildade não nasce da negação do próprio valor, mas do reconhecimento de que esse valor não nos pertence. A consciência desperta vê o Todo operando através dela e, diante disso, silencia o ego. Há um universo inteiro aguardando para ser conhecido por cada um de nós. Tudo o que você sabe se torna pequeno e passageiro nesta jornada. Chico trabalhava vendendo verduras, costurando tecidos, escrevendo à luz de lampiões; doava todos os direitos autorais de sua obra, recusava homenagens, vivia com o necessário. Era, literalmente, o homem mais influente do país que dormia em um quarto simples e cozinhava para os amigos.

Ser "poeira" não é ser insignificante – é saber-se parte da imensidão. O grão de pó que reconhece o vento reconhece também o propósito. E talvez por isso Chico irradiava paz: porque não disputava autoria com Deus.

A humildade é o fruto da consciência que se descobre no Todo. Quando o eu cessa de se ver como centro, abre-se espaço para o amor agir sem resistência. É nessa entrega que o ser humano se torna realmente grande – não pelo que acumula, mas pelo quanto se deixa atravessar pela luz.

Chico foi, no sentido hegeliano, o espírito em ato na história: a consciência universal encarnada num homem comum, servindo em anonimato. E é nessa simplicidade que repousa o segredo do seu legado.

Pois quem se reconhece pó não teme o vento. Sabe que, levado por ele, cumpre o seu destino: iluminar, ainda que por instantes, o caminho de quem vem atrás.

Quantas vezes esse mesmo pensamento já apareceu para você?

meus insights

EU MORO DENTRO DO DEUS QUE MORA DENTRO DE MIM

10

...nesses corações que experimentaram o anseio da felicidade e da perfeição, plantamos, com as nossas rogativas sinceras, os lírios perfumados da paz e da esperança.

XAVIER, FRANCISCO CÂNDIDO. CARTAS DE UMA MORTA. 1. ED. RIO DE JANEIRO: FEDERAÇÃO ESPÍRITA BRASILEIRA, 1935.

A semente da paz e da esperança é plantada pela oração. Chico, através de Maria João de Deus, não fala aqui de um rito religioso, mas de uma dinâmica espiritual. A oração não é fuga do mundo; é o modo de habitar o real em sua profundidade.

No livro Yeshua – Nosso Cristo Planetário Revelado, escrevi uma frase que ressoa como eco dessa mesma sabedoria: "Eu moro dentro do Deus que mora dentro de mim". Ela é como um mantra pessoal para mim.

A oração é, justamente, o ponto de encontro entre essas duas moradas – o instante em que o humano se recorda de que nunca esteve fora do Divino.

Quando o coração ora, ele não pede: ele se reconhece. É o momento em que a consciência se curva diante da totalidade e, ao fazê-lo, se expande. A paz e a esperança nascem desse reconhecimento – não como dádivas externas, mas como flores de um terreno interno que foi suavizado pelo diálogo com o Amor Maior.

Vivemos uma era de ruídos. Milhões de vozes gritam, mas poucas escutam. "A barulhenta sociedade do cansaço é surda", diz Byung-Chul Han. A oração é o contraponto silencioso que devolve profundidade ao existir. Orar é reabitar o centro, onde as palavras se dissolvem e sobra apenas o pulsar da Presença. Nesse silêncio habitado, o medo se transforma em confiança, a ansiedade em entrega, a solidão em comunhão.

A semente da paz é plantada cada vez que alguém se recolhe, fecha os olhos e se alinha ao fluxo do Todo. A esperança é o broto que nasce quando essa sintonia se torna hábito. Oração, nesse sentido, não é apenas falar com Deus, mas permitir que Deus fale através de nós. Tenho a impressão de que Ele/Ela nem sempre precisa de palavras para isso.

Em um mundo saturado de distrações, a oração é o gesto mais revolucionário que podemos praticar. É o retorno à intimidade com o Absoluto – não como súditos pedindo favores, mas como filhos reencontrando o sofá de casa.

Quando dizemos "eu moro dentro do Deus que mora dentro de mim", reconhecemos o circuito perfeito: Deus ora em nós enquanto oramos Nele. Essa reciprocidade é o mistério da unidade – e dela brotam, como frutos inevitáveis, a paz e a esperança que o mundo tanto busca, mas que só florescem no solo fértil da alma desperta.

Quantas vezes esse mesmo pensamento já apareceu para você?

☐ ☐ ☐ ☐ ☐ ☐ ☐

Yeshua: Nosso Cristo Planetário Revelado

Redescubra Jesus, antes de séculos de institucionalismo religioso.

11

TUDO ESTÁ INTERLIGADO

Eu sou responsável com o quanto possa ser instrumento para o resgate de determinadas situações ou peça na engrenagem da história de grupos ou de coletividades, com consequências agradáveis ou desagradáveis para o futuro.

XAVIER, FRANCISCO CÂNDIDO. PINGA-FOGO. PROGRAMA DE TV, TV TUPI, SÃO PAULO, 1971. TRANSCRIÇÃO INTEGRAL.

Quantas vezes esse mesmo pensamento já apareceu para você?

☐ ☐ ☐ ☐ ☐ ☐ ☐

meus insights

Há uma lei que a ciência ainda engatinha para compreender, mas que o espírito já conhece desde sempre: tudo está interligado. A dor que se espalha em larga escala é a amplificação de decisões microscópicas – pensamentos, omissões, pequenas violências – repetidas bilhões de vezes, até se tornarem força histórica.

Vivemos em um planeta que colhe os frutos do egoísmo. E, no entanto, tendemos a olhar o noticiário como quem observa um incêndio do lado de fora. Ficamos indignados, mas raramente nos perguntamos: que centelha minha contribuiu para essa chama? A corrupção de um governo começa na desonestidade cotidiana; a guerra nasce na intolerância do diálogo; a injustiça global é o eco das pequenas injustiças que aceitamos sem resistência.

Chico nos convida a sair da postura de espectadores do caos para a de coautores da cura. Pois se o sofrimento coletivo é efeito, a causa está no invisível das consciências que compõem nossa realidade. A cada gesto de amor, a cada pensamento lúcido, um campo vibratório é alterado – e, com ele, o destino comum.

Não há transformação planetária sem autoconhecimento estratégico. Emmanuel diria que "as nações são a soma das almas que as constituem". Cada indivíduo desperto é uma célula curada no corpo da humanidade.

Por isso, antes de se chocar com a violência das manchetes, é preciso voltar o olhar para dentro e perguntar: que escolhas tenho feito? Tenho alimentado o medo ou a esperança? O julgamento ou a compaixão? A indiferença ou o compromisso?

O carma coletivo não é uma sentença – é um convite. Se fomos capazes de gerar o sofrimento, somos igualmente capazes de gerar a paz. O mesmo poder que destrói é o que reconstrói, quando guiado pela consciência.

A Terra inteira se move pelo somatório das decisões humanas. Cada pensamento é uma semente; cada ato, uma onda que se propaga. O mundo que vemos é apenas o espelho do mundo que somos.

E se quisermos um amanhã diferente, ele começará – como tudo o que é vivo – no íntimo de cada um que, silenciosamente, escolhe o bem.

O BEM NÃO É PASSIVO

12

Abstenhamo-nos de julgar (...). O ódio é como o incêndio que tudo consome, mas o amor sabe como apagar o fogo e reconstruir. Segundo a Lei, o bem neutraliza o mal (...).

XAVIER, FRANCISCO CÂNDIDO / ANDRÉ LUIZ. NOS DOMÍNIOS DA MEDIUNIDADE. BRASÍLIA: FEDERAÇÃO ESPÍRITA BRASILEIRA, 1955, CAP. 20.

Em muitos ambientes de trabalho, a energia se adensa: palavras afiadas, egos em disputa, ansiedade que escorre pelas paredes. O clima se torna tóxico, e a alma, mesmo bem-intencionada, começa a se defender – fecha-se, endurece, replica a violência que a fere. Uma pesquisa recente sugere que ambientes de trabalho tóxicos são tão prejudiciais à saúde quanto fumo passivo. É nesse ponto que o mal encontra terreno fértil: quando o coração se contamina pela mesma vibração que desejava curar.

Mas Chico – e André Luiz através dele – nos lembra: o bem é força ativa, não passividade. O amor não é fuga do conflito, é o modo mais alto de enfrentá-lo. É o antídoto que desarma o ódio, não pela força, mas pela vibração superior.

Em um ambiente dominado pela pressa e pelo medo, ser gentil é um ato subversivo. Responder com serenidade é insurgência espiritual. Os "infiltrados do bem" são aqueles que, sem alarde, decidem manter o coração limpo mesmo quando o ar é pesado. São profissionais que chegam trazendo leveza, escutam antes de reagir, acolhem em vez de competir. Parecem poucos, mas alteram a atmosfera inteira.

Há empresas que gastam fortunas em programas de cultura organizacional, sem perceber que a cultura verdadeira é a soma das consciências que ali vibram. E quando uma delas eleva o padrão, o campo todo pode se reequilibrar. O bem é contagioso – mas precisa de quem o encarne. Ser um "infiltrado do bem" é entender que espiritualidade se pratica não apenas em templos, mas também em reuniões, corredores, e-mails e decisões. É transmutar o ambiente a partir da própria vibração, como quem silenciosamente acende uma vela num porão escuro.

O ódio grita; o amor constrói. O mal reage; o bem transforma. E, como ensina a Lei, o bem neutraliza o mal não por retaliação, mas por superabundância.

Se a empresa é tóxica, não fuja antes de tentar purificá-la – talvez tenha sido justamente para isso que você foi colocado ali. Um coração lúcido em meio ao caos é um portal de luz em plena matéria.

E o mundo corporativo, tão sedento por resultados, ainda descobrirá que o maior KPI da alma é simples: quantos ambientes se tornam mais leves depois da nossa passagem?

Quantas vezes esse mesmo pensamento já apareceu para você?

☐ ☐ ☐ ☐ ☐ ☐ ☐

Marketing, Empreendedorismo e Propósito

Desenvolvimento humano e espiritualidade para construção de negócios que geram valor e fazem sentido.

13

EDUCAÇÃO QUE SEMEIA

Queremos tratar os nossos jovens como se eles fossem nossos inimigos, e isso é um erro. Jovens são os nossos continuadores, trazem consigo uma vida diferente dos impulsos originais que nós não podemos auscultar em toda a sua extensão.

XAVIER, FRANCISCO CÂNDIDO. PINGA-FOGO. PROGRAMA DE TV, TV TUPI, SÃO PAULO, 1971. TRANSCRIÇÃO INTEGRAL. DISPONÍVEL EM:: ARQUIVO DIGITAL FORNECIDO PELO AUTOR. ACESSO EM: 26 SET. 2025.

Quantas vezes esse mesmo pensamento já apareceu para você?

Vamos pensar menos em método e mais no solo moral. Toda educação é semeadura – e se o terreno é o coração, o adubo precisa ser o amor. Não há aprendizado que floresça com medo.

Mas o mundo, na ânsia de formar profissionais, esqueceu-se de formar pessoas. Em vez de educar, treinamos. Em vez de inspirar, cobramos. E, depois, nos espantamos com uma juventude ansiosa, apática ou revoltada – sem perceber que ela apenas expressa o desequilíbrio do sistema que a moldou.

Napoleon Hill, em *Mais esperto que o diabo,* adverte que o maior inimigo da humanidade é o hábito de "vaguear mentalmente", o viver sem propósito. O diabo – metáfora para a inconsciência – não possui os jovens; apenas os ocupa com distrações, medos e obediências cegas. Ele dizia: "Quem pensa por si mesmo é perigoso, porque não pode ser dominado".

Educar, portanto, é ensinar a pensar – e, mais ainda, ensinar a sentir. A juventude precisa de mestres que despertem a autonomia interior, não de juízes que a enquadrem. Napoleon e Chico convergem: a mente sem amor é campo fértil para a manipulação, e o amor sem discernimento se perde em ingenuidade.

Amar e respeitar o jovem é confiar em seu poder de discernir quando guiado pela consciência. É oferecer direção, não prisão. É substituir o medo do erro pela coragem de aprender.

Napoleon Hill, do seu modo pragmático, afirmava o mesmo: "A salvação da humanidade virá quando as escolas ensinarem a controlar a própria mente".

Se o amor é a força que une e o respeito é a fronteira que preserva, juntos eles formam o ambiente ideal para o florescimento do espírito. E o futuro dependerá menos das tecnologias que criarmos e mais do tipo de consciência que formos capazes de nutrir nas novas gerações.

A juventude não precisa de controle, precisa de confiança. Precisa não de sermões, mas de exemplos vivos. Quando for educada no amor e no respeito, aprenderá sozinha a pensar com luz e a agir com compaixão – e aí o mundo terá encontrado enfim o verdadeiro método de ensino: a pedagogia da alma.

meus insights

JESUS É O SOL DO NOSSO ESPÍRITO

14

Há sobre todas essas esferas, falando de oitiva, segundo as explicações que tenho recebido de grandes mestres da espiritualidade, uma esfera cheia de sol, de claridade bendita e de belezas inenarráveis, onde promana a fonte que poderemos chamar inspiracional.

XAVIER, FRANCISCO CÂNDIDO. CARTAS DE UMA MORTA. 1. ED. RIO DE JANEIRO: FEDERAÇÃO ESPÍRITA BRASILEIRA, 1935. DISPONÍVEL EM:: ARQUIVO DIGITAL FORNECIDO PELO AUTOR. ACESSO EM: 26 SET. 2025.

A hegemonia de Jesus se estende como sol sobre as esferas. Há algo de imenso e silencioso nessa imagem: o Cristo não domina, ilumina. Sua soberania é a da luz – presença que não disputa espaço, apenas revela o que já é.

Quando Maria João de Deus descreve essa hegemonia solar, não fala de poder religioso, mas da força centrípeta do Amor, esse núcleo arquetípico de consciência que mantém o universo coeso. É nesse sentido que, no livro Yeshua, escrevi: "Jesus é a lembrança viva de quem somos antes do medo". O Cristo é a memória da unidade perdida. É o centro espiritual em torno do qual orbitam as almas em processo de retorno.

Na linguagem de Chico, Jesus não reina sobre os homens, mas habita dentro deles – como o sol, que não precisa ser aceito para continuar brilhando. "Não é o Cristo que está fora; somos nós que ainda estamos fora do Cristo." A distância entre nós e Ele é apenas de consciência.

A hegemonia de Jesus é, portanto, a hegemonia da clareza. Onde sua luz penetra, a ilusão se dissolve. Nenhum dogma, nenhuma instituição, nenhuma doutrina pode conter essa radiação. O Cristo não é monopólio da fé – é o código-fonte da existência.

Como um sol que alimenta muitos mundos, sua influência sustenta o equilíbrio moral e espiritual de tantos povos sob a sua tutela no universo. Emmanuel diria que Ele é o "governador espiritual da Terra". Mas é uma hegemonia que se expressa não pela imposição da vontade, e sim pela fidelidade ao Amor.

"A consciência crística é o campo onde tudo se reconhece uno." Cada vez que uma alma desperta, a luz do Cristo se expande mais um pouco dentro da criação. E é assim que Ele reina: não sobre tronos, mas sobre corações; não pela força, mas pela comunhão. Em Cristo, somos cúmplices de um amor que não encontra barreiras no universo.

Talvez por isso Chico sorria ao falar de Jesus – como quem recorda o Sol que nunca se põe. E enquanto houver um coração buscando compreender, a hegemonia do Cristo continuará a se estender, doce e infinita, sobre todas as esferas do ser.

Alguns amigos de Chico comentam no final do documentário *Quando lembro de Chico*: o povo ia até Chico Xavier porque sentia saudades de Jesus.

Quantas vezes esse mesmo pensamento já apareceu para você?

☐ ☐ ☐ ☐ ☐ ☐ ☐

meus insights

15

UMA FAMÍLIA UNIVERSAL

Nós vamos compreender que fazemos parte de uma só família universal, que não somos o único mundo criado por Deus. O próprio Jesus a quem reverenciamos como Nosso Senhor e Mestre, disse: "Há muitas moradas na casa de meu pai".

XAVIER, FRANCISCO CÂNDIDO. PINGA-FOGO. PROGRAMA DE TV, TV TUPI, SÃO PAULO, 1971. TRANSCRIÇÃO INTEGRAL.

Quantas vezes esse mesmo pensamento já apareceu para você?

☐ ☐ ☐ ☐ ☐ ☐ ☐

meus insights

Esse é um dos temas mais visionários de Chico, e ele o abordava com naturalidade muito antes de o assunto voltar ao centro das conversas públicas. "O próprio Jesus a quem reverenciamos como Nosso Senhor e Mestre, disse: 'Há muitas moradas na casa de meu Pai'."

Quando Chico repetia essas palavras, não estava lançando um dogma, mas ampliando o horizonte da fé. Há séculos, religiões falam de "céus" e "planos espirituais"; agora, a própria ciência começa a encontrar evidências de que não estamos sozinhos no cosmos. Telescópios descobrem milhares de exoplanetas, agências espaciais buscam vida microbiana, e até governos liberam relatórios sobre UAPs (fenômenos aéreos não identificados). O que era misticismo começa a se tornar hipótese científica.

Mas, para Chico, o mais importante não era "se" existe vida fora da Terra, e sim como nos prepararmos para esse encontro. Ele dizia que o contato com civilizações mais avançadas será inevitável, mas só ocorrerá quando tivermos atingido certo grau de maturidade moral – quando deixarmos de usar a inteligência para destruir.

O verdadeiro impacto do contato extraterrestre não será tecnológico, mas consciencial. Encontrar outros povos do universo pode curar nossa maior ilusão: a de que somos o centro, a medida de tudo. Essa experiência pode nos devolver humildade, reverência pela vida e senso de pertencimento a algo infinitamente maior.

A frase de Jesus "Há muitas moradas na casa de meu Pai" ganha então um sabor literal e simbólico. Literal porque indica que há, sim, múltiplos mundos habitados. Simbólico porque aponta para dimensões do ser ainda invisíveis ao olhar materialista.

Na prática, essa consciência cósmica já pode ser cultivada aqui e agora. Cada gesto de fraternidade, cada renúncia ao egoísmo, cada ato de cuidado com o planeta é um treino para a cidadania interplanetária. Somos, afinal, estagiários do universo.

Quando Chico falava de "uma só família universal", ele estava nos preparando para o maior salto evolutivo: não apenas reconhecer vida fora da Terra, mas sentir-se irmão dela. Só então o contato deixará de ser ameaça para se tornar encontro – um espelho onde veremos refletido o que podemos vir a ser.

CONSCIÊNCIA HISTÓRICA

Enquanto as penosas transições do século XX se anunciam ao tinido sinistro das armas, as forças espirituais se reúnem para as grandes reconstruções do porvir. (...)

16

XAVIER, FRANCISCO CÂNDIDO / EMMANUEL. A CAMINHO DA LUZ. BRASÍLIA: FEDERAÇÃO ESPÍRITA BRASILEIRA, 2016, P. 8-10.

Vivemos hoje no limiar de outra dessas transições dolorosas. Inauguramos o mundo pós-pandemia com guerras inadmissíveis, com fronteiras recriadas pela violência, com discursos de ódio reacendidos. Parece que nada aprendemos. Repetimos lições que deveriam ter sido superadas.

O que nos falta? Falta consciência histórica; falta amar em escala coletiva; falta reconhecer que todo "fora" é reflexo do "dentro".

Para dar corpo ao contraste: estima-se que, na Primeira Guerra Mundial, cerca de 8,5 milhões de soldados morreram por ferimentos ou doenças, e até 13 milhões de civis teriam perecido em decorrência de fome, epidemias e destruição (Encyclopedia Britannica). Na Segunda Guerra Mundial, o choque foi maior ainda: algo em torno de 70 a 75 milhões de mortes – civis e militares –, um dos eventos mais letais da história moderna (PMC). Agora a pandemia lançou seu espectro: nos três primeiros anos, a covid-19 matou mais de 7,3 milhões de pessoas oficialmente em todo o mundo (Think Global Health).

A estupidez humana é muito pior que uma pandemia global. Esses números não são estatísticas frias – são almas, famílias, sonhos interrompidos. Eles nos expõem uma pergunta que sempre esteve presente, embora muitos recuem diante dela: se continuamos repetindo erros tão monumentais, que espécie de aprendizado temos cultivado?

Nesta citação de Chico e Emmanuel, temos o anúncio de reconstrução espiritual, mas também a advertência: as transições são penosas porque exigem a ruptura com modos obsoletos. E no centro dessa reconstrução está a humanidade desperta.

A guerra e a pandemia nos cruzaram como espelhos: elas revelam que não somos separados uns dos outros. O vírus circula livremente entre nações; as balas perfuram fronteiras. Somos um corpo coletivo que dói quando uma parte adoece.

O que nos falta, então?

Chico dizia que guerras são páginas de uma história de almas que ainda não aprenderam a dialogar com a Lei Maior. Emmanuel dizia que nas trevas maiores a luz interior se faz mais exigida.

Se queremos de fato participar das "grandes reconstruções do porvir", precisamos mais do que diplomacia, tratados e vacinas – precisamos de interioridade. Precisamos de corações que já tenham começado sua própria transição espiritual, para que possam ser instrumentos de paz no mundo externo.

Quantas vezes esse mesmo pensamento já apareceu para você?

meus insights

17

TODO LIVRO É UM PORTAL

O livro representa vigoroso ímã de força atrativa, plasmando as emoções e concepções de que nascem os grandes movimentos da Humanidade.

XAVIER, FRANCISCO CÂNDIDO. PENSAMENTO E VIDA. 1. ED. RIO DE JANEIRO: FEDERAÇÃO ESPÍRITA BRASILEIRA, 1958. DITADO PELO ESPÍRITO EMMANUEL.

Quantas vezes esse mesmo pensamento já apareceu para você?

☐ ☐ ☐ ☐ ☐ ☐ ☐

meus insights

Emmanuel, pela mão de Chico, revela aqui o mistério da Lei de Associação – essa força sutil que une vibrações semelhantes, ligando consciências desta e de outras dimensões em um vasto campo de ressonância mental. Cada pensamento, cada leitura, cada emoção emitida é uma frequência que encontra sua contraparte no invisível. Pensamos juntos, mesmo sem perceber. "No que pensamos ou no que agimos, somos sempre a soma de muitos."

Por isso os livros são portais. Ao abrir uma página, sintonizamos nossa mente com a do autor – e, se esse autor já está em outra dimensão, estabelecemos contato com ele através do fluido vivo das ideias. A literatura é uma ponte entre planos, um intercâmbio entre tempos. Emmanuel diria que ler é "respirar o magnetismo moral de quem já pensou antes de nós".

Mas eis o contraste: vivemos hoje a era da hiperconectividade digital, em que todos falam e quase ninguém escuta. "Todos falam muito tendo muito pouco o que dizer", alerta Byung-Chul Han. Temos acesso instantâneo a bilhões de vozes, mas raramente entramos em sintonia profunda com uma única mente lúcida. A hiperconectividade multiplicou os ruídos, mas atrofiou o silêncio necessário à comunhão.

A Lei de Associação continua operando – mas ela não distingue o sublime do vulgar. Ao sintonizarmos nossos pensamentos com o medo, a ira ou o sensacionalismo, nos associamos automaticamente às correntes mentais que vibram na mesma faixa. O resultado é uma humanidade ansiosa, confusa, espiritualmente exausta.

O livro, ao contrário, exige pausa. Proporciona o luxo do offline enquanto convida à introspecção, à escuta. É instrumento de sintonia consciente. Quando lemos obras inspiradas – filosóficas, poéticas, espirituais –, nos ligamos aos planos mentais superiores que as originaram. É por isso que certos livros parecem nos "levantar" por dentro: são roteadores que nos reconectam à harmonia cósmica.

Enquanto a internet conecta máquinas, o livro conecta almas. Uma rede de luz atravessa os séculos, unindo Sócrates a Francisco, Platão a Chico, e todos a nós – bastando sintonizar o canal do silêncio e da intenção pura.

A tecnologia pode unir corpos, mas só a consciência une essências. E enquanto muitos correm atrás da última notificação, o espírito desperto busca a última revelação – aquela que nasce quando o pensamento humano toca, mesmo por um instante, o pensamento de Deus.

A MORTE É ARQUETÍPICA

18

A morte representava um grande bem, porque eu me sentia outra, trazendo as faculdades integrais, plena de favoráveis disposições para as lutas da vida.

XAVIER, FRANCISCO CÂNDIDO. CARTAS DE UMA MORTA. 1. ED. RIO DE JANEIRO: FEDERAÇÃO ESPÍRITA BRASILEIRA, 1935.

Maria João de Deus, pela psicografia de Chico Xavier, descreve o instante em que o véu da matéria se rasga e a consciência se percebe inteira. A morte, em sua experiência, não é o fim – é o despertar. É a libertação das percepções limitadas pelo corpo, a reintegração ao fluxo total da vida.

Em Yeshua, escrevi que Jesus não destruiu a morte, porque a morte é arquetípica – faz parte do desenho da existência. O que Ele destruiu foi a ideia de morte. Ao mostrar que a vida continua, Ele dissolveu o medo que a ideia do fim gera. E ao destruir o medo da morte, destruiu também o medo da vida.

O medo de morrer é, na verdade, o medo de viver sem controle, sem sentido. Viver sem ter realmente vivido. Apenas sobreviver. É o apego ao previsível, ao conhecido, ao efêmero. Mas a morte é o lembrete de que tudo é passagem – e é justamente isso que torna a vida preciosa. Quando compreendemos a impermanência, aprendemos a presença.

Jesus atravessa pessoalmente o túmulo para nos ensinar que o real não termina com o corpo. A morte física é apenas uma vírgula na frase eterna da consciência. E quem compreende isso se liberta da prisão do medo – não apenas do medo de morrer, mas também do medo de arriscar, de amar, de se entregar, de recomeçar.

Chico, ao dar voz aos mortos, nos devolve o sentido da continuidade. O testemunho de sua mãe, Maria João de Deus, revela que, além do limiar, não há escuridão, mas expansão: a mente desperta, a visão se amplia, as faculdades do ser florescem. Morre o corpo, mas nasce a lucidez.

A morte é um rito de passagem entre modos de percepção. Cada perda, cada mudança, cada despedida é um pequeno ensaio dessa transição. Morrer é mudar de frequência.

Por isso, o Cristo não veio abolir a morte – veio ressignificá-la. Ele mostrou que a cruz, símbolo máximo do fim, pode se tornar porta de ascensão. E desde então, cada vez que escolhemos amar apesar da dor, perdoar apesar da ofensa, confiar apesar do medo, participamos deste mesmo mistério: morremos um pouco para o ego e renascemos no espírito.

A morte, então, deixa de ser inimiga e se torna mestra. E a vida, liberta do medo, finalmente pode ser vivida em sua totalidade.

Quantas vezes esse mesmo pensamento já apareceu para você?

☐ ☐ ☐ ☐ ☐ ☐ ☐

Yeshua: Nosso Cristo Planetário Revelado

Redescubra Jesus, antes de séculos de institucionalismo religioso.

19

AS DUAS ASAS QUE NOS ELEVAM

Já se disse que duas asas conduzirão o espírito humano à presença de Deus. Uma chama-se amor; a outra, sabedoria.

XAVIER, FRANCISCO CÂNDIDO / EMMANUEL. PENSAMENTO E VIDA. BRASÍLIA: FEDERAÇÃO ESPÍRITA BRASILEIRA, 2016.

Quantas vezes esse mesmo pensamento já apareceu para você?

☐ ☐ ☐ ☐ ☐ ☐ ☐

meus insights

A imagem é simples, mas perfeita. O voo espiritual só é possível quando o ser humano aprende a equilibrar o sentir e o compreender. Amor sem sabedoria é impulso cego; sabedoria sem amor (se é que isso existe) é cálculo frio. Só quando ambas se movem juntas é que a alma se eleva de verdade.

Vivemos, porém, numa era em que o conhecimento se confunde com informação. A sabedoria foi substituída pelo acúmulo de dados. A internet fez de todos "especialistas" em tudo, mas poucos sabem transformar saber em conduta. O cérebro nunca recebeu tanto estímulo – e o coração nunca esteve tão confuso.

Sabedoria não é decorar verdades estatísticas: é encarnar o conhecimento. É viver o que se sabe com clareza de consciência. É fazer do entendimento um gesto, uma escolha, um modo de ser. A sabedoria é o amor que aprendeu a pensar; e o amor é a sabedoria que aprendeu a sentir.

Chico viveu essa síntese com naturalidade comovente. Sua cultura não era acadêmica, mas sua inteligência espiritual ultrapassava fronteiras. Ele não discursava sobre compaixão – ele a praticava. Não teorizava sobre humildade – ele a encarnava. Por isso suas palavras têm peso de verdade: são ideias que passaram pela carne e voltaram iluminadas. Em pessoas como ele, o "verbo também se faz carne".

A sabedoria começa quando o conhecimento desce da cabeça para o coração. Quando a teoria se torna ética. Quando o que se aprende transforma o modo de existir. Saber é acumular; compreender é integrar; ser sábio é transformar-se.

E o amor é o combustível desse movimento. É o que dá sentido à sabedoria e impede que ela se torne arrogância. É o eixo que alinha a inteligência ao bem.

As duas asas, então, não são apenas metáforas do progresso espiritual – são um manual de voo para a humanidade. Num tempo em que a informação cresce exponencialmente e a empatia se retrai, precisamos reaprender a bater as asas em harmonia. Só o amor dá direção à sabedoria, e só a sabedoria sustenta o amor no alto. O resto é desequilíbrio. Quando essas duas forças se unem no íntimo do ser, o voo deixa de ser esforço e se torna retorno – o retorno natural à Presença de onde viemos.

A LITTLE LESS CONVERSATION A LITTLE MORE ACTION, BABY!

20

Não, meu filho, nenhuma notícia de Elvis Presley. Se você souber de alguma coisa, por gentileza, você me informa?

POZATI FILMES. QUANDO LEMBRO DE CHICO. TRANSCRIÇÃO. [S.L.]: POZATI FILMES, [S.D.].

Há momentos em que o humor é a mais luminosa forma de sabedoria – e Chico dominava essa arte divina de rir com leveza. A cena é deliciosa: John Harley, amigo curioso, pergunta se o médium teria "notícias de Elvis Presley no além". Esperava talvez uma resposta mística, uma revelação bombástica, algo digno de manchete espiritual. Mas Chico, com aquele brilho de menino no olhar, responde: "Não, meu filho, nenhuma. Se você souber de alguma coisa, por gentileza, você me informa?".

Foi o espírito do Evangelho encarnado na ironia amorosa – o tipo de humor que desarma o orgulho e ilumina a ignorância sem ferir. Em tempos de "sabichões espirituais", que afirmam saber o destino de todos os desencarnados e até o CEP do céu, Chico devolve o mistério ao seu lugar sagrado. É como se dissesse: "Não sei tudo – e ainda bem". Porque a fé não é certeza absoluta, é confiança humilde.

Esse episódio é uma pequena aula de discernimento e humanidade. Chico não ridiculariza a curiosidade do jovem amigo, mas a transforma em aprendizado: nem o médium mais consagrado é dono do invisível. O mundo espiritual não é uma repartição pública, e os espíritos não são influencers do além. O verdadeiro mediador não se exibe – serve. E, se não sabe, ri de si mesmo.

A leveza de Chico revela um humor que nasce da serenidade. É o riso do espírito que compreende que tudo é maior do que nós – e, portanto, é bobagem se levar tão a sério. Seu bom humor não era fuga, era lucidez: quem confia em Deus pode rir da própria pequenez.

Talvez, no fundo, a resposta de Chico seja também uma prece. Aprender a viver com mais humildade e graça, e, quando o mistério nos visitar com perguntas que não sabemos responder, poder sorrir e dizer: "Se você souber de alguma coisa, me avise".

Quantas vezes esse mesmo pensamento já apareceu para você?

☐ ☐ ☐ ☐ ☐ ☐ ☐

meus insights

21

VÁRIOS CAMINHOS. UM SÓ DESTINO.

A gênese de todas as religiões da humanidade tem origens no coração augusto e misericordioso do Criador.

XAVIER, FRANCISCO CÂNDIDO / EMMANUEL. A CAMINHO DA LUZ. BRASÍLIA: FEB, 2016.

Quantas vezes esse mesmo pensamento já apareceu para você?

meus insights

Emmanuel nos lembra que toda tradição espiritual, em sua pureza original, nasce da mesma fonte: o Amor que cria, sustenta e educa a vida. A religião é, portanto, a tentativa humana de traduzir o indizível – de colocar em palavras e ritos o anseio de comunhão com o Todo.

Mas a própria palavra "religião" merece um novo olhar. Costuma-se dizer que vem do latim religare, "religar" – como se, em algum momento, tivéssemos sido desligados de Deus e agora precisássemos reconectar-nos. Essa leitura, embora poética, guarda uma armadilha: pressupõe separação. Pressupõe que o divino esteja fora e que o humano deva percorrer longos caminhos para alcançá-lo.

Há, porém, outra raiz possível: relegere – "reler", "reafirmar", "recolher o vínculo". Nesse sentido, religião não é reconexão, mas recordação. É o gesto consciente de lembrar que o vínculo nunca foi rompido. Religião, então, torna-se um rito de clareza: o exercício de remover os véus da ilusão até perceber que eu moro dentro do Deus que mora dentro de mim.

Jesus não fundou uma religião – despertou consciências. Ele não criou templos; criou caminhos interiores. O Cristo é o arquétipo da unidade lembrada: o humano que se sabe divino e o divino que se faz humano. Por isso sua mensagem atravessa dogmas – ela não separa, integra.

Quando as instituições se esquecem dessa origem e transformam a fé em fronteira, perdem o sentido, e o caminho ganha pedágios lucrativos. A religião verdadeira é a que une em vez de dividir, a que ilumina sem impor, a que liberta em vez de dominar.

O mundo moderno assiste à erosão das estruturas religiosas e, ao mesmo tempo, à fome espiritual crescente. Talvez não estejamos perdendo a fé – apenas mudando de endereço: saindo das paredes dos templos para o santuário do próprio ser.

A religião do futuro, pressentia Emmanuel, será a da consciência desperta. Não haverá intermediários entre o Criador e a criatura, porque o altar estará dentro. Cada ato justo, cada olhar compassivo, cada silêncio amoroso será liturgia viva.

E quando a humanidade compreender isso, perceberá que nunca esteve separada de Deus – apenas distraída d'Ele. A religião, então, deixará de ser um mapa e voltará a ser o território: o coração augusto e misericordioso do Criador pulsando dentro de cada um de nós.

CHEGA DE PIQUINHA, CRIATURA!

22

Nós não podemos tratar uns aos outros como se fôssemos inimigos.

XAVIER, FRANCISCO CÂNDIDO. PINGA-FOGO. PROGRAMA DE TV, TV TUPI, SÃO PAULO, 1971. TRANSCRIÇÃO INTEGRAL.

A ingratidão não deve desanimar quem faz o bem. Há uma sabedoria profunda escondida nessa simplicidade. Quantas vezes fazemos algo bom e, ao não receber o reconhecimento esperado, nos entristecemos, desanimamos ou até desistimos? Mas Chico, com seu sorriso sereno, parecia dizer: faça o bem pelo prazer de semear, não pela ansiedade de colher.

O provérbio romano já ensinava: ninguém dá o que não tem. Cada pessoa só pode oferecer o nível de consciência e de amor que alcançou. Se alguém responde ao seu gesto com indiferença, não é ingratidão deliberada – é limitação momentânea. Ele ainda não aprendeu a reconhecer o valor do que recebeu. E isso é problema dele, não seu.

A alma madura aprende a não terceirizar sua alegria. O bem feito é recompensa em si. Quem faz o bem se ilumina primeiro; quem agradece apenas reflete essa luz. É por isso que o ingrato não rouba mérito – apenas mostra que ainda não aprendeu a enxergar a beleza do gesto.

Em tempos de imediatismo e validação digital, a ingratidão dói mais, porque fomos condicionados a medir valor em curtidas e aplausos. Mas a bondade verdadeira é silenciosa. É semente lançada em solo desconhecido – e mesmo que ninguém veja, o Universo vê. A espiritualidade ensina que todo ato de amor gera vibração permanente no campo da vida. Nada se perde. Um sorriso oferecido hoje pode ser o remédio invisível para alguém que chora amanhã. Fazer o bem é trabalhar com o capital eterno do Espírito.

Por isso, quando o coração se sentir ferido pela indiferença, lembre-se: você não está em missão de agradar, mas de servir. Servir é ofertar o que de melhor há em você – e seguir em paz, sem exigir retorno.

Chico foi mestre nisso. Psicografou milhares de cartas, consolou multidões e nunca esperou gratidão. Então, se o mundo não reconhecer você, não se preocupe. A vida sabe o que faz com cada gesto luminoso. Continue plantando – e confie que, em algum tempo e algum coração, a colheita virá.

Porque quem faz o bem, mesmo sem aplausos, já está sendo abraçado por Deus.

Quantas vezes esse mesmo pensamento já apareceu para você?

☐ ☐ ☐ ☐ ☐ ☐ ☐

meus insights

23

A CURA PELA COMPAIXÃO

Somente adotando a bondade e o entendimento, com a obrigação de educar-nos e com o dever de servir, como hábitos automáticos nos alicerces de cada dia, colaborando para a segurança e felicidade de todos, ainda mesmo à custa de nosso sacrifício, é que refletiremos em nós a verdadeira felicidade, por estarmos nutrindo o verdadeiro bem.

XAVIER, FRANCISCO CÂNDIDO / EMMANUEL. PENSAMENTO E VIDA. BRASÍLIA: FEDERAÇÃO ESPÍRITA BRASILEIRA, 2016.

Quantas vezes esse mesmo pensamento já apareceu para você?

☐ ☐ ☐ ☐ ☐ ☐ ☐

meus insights

Quando Emmanuel disse isso pela psicografia de Chico, ainda não havia neurociência social, nem laboratórios medindo ondas cerebrais em estados de compaixão. Mas sua frase antecipava o que a ciência hoje comprova: fazer o bem faz bem – e não é metáfora, é fisiologia.

Pesquisas da Mayo Clinic, da Cleveland Clinic e de universidades como Harvard e Michigan mostram que o ato de ajudar o outro ativa o sistema de recompensa cerebral, liberando dopamina, serotonina e endorfinas – os mesmos neurotransmissores do prazer e do amor. É o chamado *helper's high*, o "êxtase do ajudante". Quem serve sente alegria real, mensurável.

Estudos publicados na National Library of Medicine (PMC) revelam que o voluntariado regular reduz níveis de cortisol, melhora a imunidade, diminui risco de depressão e está associado a até 20% menos mortalidade. O corpo responde à generosidade com vitalidade. Amor é movimento, e movimento é energia, é vida. É como se a biologia confirmasse o que o Evangelho sempre ensinou: o amor é força que cura.

Mas há algo mais profundo: o voluntário experimenta um deslocamento do eixo do "eu". Quando se doa, a consciência se expande – o outro deixa de ser espelho do medo e passa a ser extensão do próprio ser. A caridade é, portanto, uma tecnologia espiritual que dissolve a separação.

Num tempo em que o sucesso é medido por visibilidade e lucro, o trabalho voluntário é uma forma de resistência silenciosa. É o lembrete de que o sentido da vida não está em acumular, mas em pertencer ao fluxo da doação.

Chico viveu isso com naturalidade desarmante. Psicografou mais de quinhentos livros, doou todos os direitos autorais, consolou multidões – e nunca esperou recompensa. Sua vida foi a encarnação da frase que aqui inspira: amor em movimento.

A ciência explica o prazer de ajudar; o espírito explica seu propósito. O prazer é o efeito; o amor, a causa. Um reequilibra o corpo; o outro desperta a alma.

Quando servimos, não apenas aliviamos a dor alheia – nos religamos à matriz divina que pulsa em tudo. O bem que oferecemos ao outro é o bem que a Vida, em silêncio, devolve a cada um de nós.

E talvez seja este o maior milagre da caridade: curar o mundo começando pelo nosso próprio coração.

BAIXA A BOLA E FAZ A TUA PARTE

24

Eu não vou corresponder a esse programa.

POZATI FILMES. QUANDO LEMBRO DE CHICO. TRANSCRIÇÃO. [S.L.]: POZATI FILMES, [S.D.].

Quando foi convidado para participar do Pinga-Fogo, Chico hesitou. Disse, com sua humildade costumeira: “Eu não vou corresponder a esse programa”. Não era falsa modéstia – era lucidez. Ele sabia que cada palavra transmitida em rede nacional seria um campo vibratório, um portal espiritual de alcance coletivo. Por isso, jejuou, orou e se manteve em silêncio. Nena Galvez, que o hospedou em sua casa no dia da entrevista, recorda a reverência com que Chico se preparou em concentração. Tomou só café... e fé. E você já deve ter percebido, a esta altura do livro, que “ca-fé do Chico não costuma faiá”.

Ele não buscava holofotes nem fama. Buscava sintonia. Seu corpo jejuava para que o espírito respirasse mais fundo. Sabia que o microfone amplificaria não sua voz, mas a de muitos corações desencarnados que, através dele, viriam consolar, instruir e despertar. E foi exatamente o que aconteceu: o programa se tornou a maior audiência da história da televisão brasileira, nas palavras de Saulo Gomes. Um médium em sintonia com o Alto comoveu uma nação inteira.

O que Chico nos ensina é que a grandeza do resultado nasce da pureza da intenção com foco. Ele não buscou impressionar – buscou servir. Em um tempo em que “performance” virou sinônimo de propósito, ele nos lembra que foco é devoção. Entregar-se de corpo e alma ao que se faz é um ato de oração.

A mediunidade, para Chico, nunca foi espetáculo, mas responsabilidade. E o mesmo se aplica à vida. Cada um de nós é um canal: o que passa por nós depende da frequência em que vibramos. Sintonia é a chave. Se queremos que o divino flua através de nossas ações, precisamos preparar o terreno – com silêncio, meditação e entrega. Porque a luz também exige preparo.

Chico jejuou, orou, se concentrou – e irradiou. Que a gente aprenda com ele: a melhor forma de corresponder à vida é estar inteiro nela. Presentes no presente que o presente é.

Quantas vezes esse mesmo pensamento já apareceu para você?

☐ ☐ ☐ ☐ ☐ ☐ ☐

meus insights

A REICEITA DA REGENERAÇÃO

25

Através da busca da espiritualização, superação das dores e construção de uma nova sociedade, a humanidade caminha para a regeneração das consciências.

XAVIER, FRANCISCO CÂNDIDO / EMMANUEL. PLANTÃO DE RESPOSTAS. 1. ED. SÃO PAULO: IDE, 1994.

Quantas vezes esse mesmo pensamento já apareceu para você?

☐ ☐ ☐ ☐ ☐ ☐ ☐

Emmanuel fala da regeneração não como um evento místico, mas como um processo pedagógico coletivo. Cada crise é uma aula; cada dor, uma convocação ao amadurecimento espiritual. O planeta não está em ruína – está em um programa de aulas intensivas.

Na palestra do Quarto Congresso do Círculo Escola, eu disse que estamos vivendo a fase em que a humanidade precisa integrar o que já sabe espiritualmente. A tecnologia avança, mas a consciência ainda engatinha. A regeneração não começa na política, na economia ou nas instituições – começa na mente e no coração que escolhem reagir de outro modo.

Superar as dores não é ignorá-las; é dar-lhes significado. O sofrimento que se compreende se transforma em força moral. A espiritualização é o refinamento da percepção: enxergar propósito onde antes havia apenas tragédia. E é assim que uma nova sociedade começa – de dentro para fora.

Chico entendia que a dor é como o buril divino lapidando o espírito. Emmanuel amplia: a regeneração é o estágio em que as almas, já lapidadas, começam a brilhar juntas. É quando deixamos de viver em modo de sobrevivência e passamos a viver em modo de serviço significativo.

Mas regenerar consciências exige coragem para desaprender: abandonar a lógica do medo, da escassez e da competição. A sociedade regenerada será aquela em que o progresso material não virá mais à custa do sofrimento humano.

Na visão espírita e universalista, a Terra transita de um mundo de provas e expiações para um mundo de regeneração. Essa mudança não será decretada – será conquistada. A cada ato de lucidez, a cada reconciliação, a cada perdão, a vibração coletiva se eleva.

A regeneração é, portanto, o nascimento de uma nova humanidade dentro da humanidade antiga. E, como todo parto, vem com dores – mas também com promessas.

O futuro já começou – não nas máquinas, mas nas consciências que escolheram amar.

meus insights

UMA EXISTÊNCIA É UM ATO

26

Uma existência é um ato. Um corpo – uma veste.
Um século – um dia. Um serviço – uma experiência.
Um triunfo – uma aquisição. Uma morte – um sopro renovador.
Quantas existências, quantos corpos, quantos séculos, quantos serviços, quantos triunfos, quantas mortes necessitamos ainda?

XAVIER, FRANCISCO CÂNDIDO / ANDRÉ LUIZ. NOSSO LAR. 1. ED. RIO DE JANEIRO: FEDERAÇÃO ESPÍRITA BRASILEIRA, 1944. EDIÇÃO KINDLE.

André Luiz nos oferece, através de Chico, um poema metafísico em forma de inventário da alma. Tudo passa. Tudo se renova. O espírito é o viajante eterno, e a vida, uma estrada sem fim.

Essa consciência ecoa nas palavras que Bono canta em "Walk On", do U2: "*What you got they can't steal it, no they can't even feel it – walk on*" ("O que você tem, eles não podem roubar, não podem nem sentir – siga em frente"). Ambos falam da mesma força: a vida que não se detém, mesmo quando tudo parece desabar.

Para André Luiz, cada encarnação é um ato no grande drama da evolução. Um corpo é uma veste temporária – a alma é o ator que troca de figurino a cada cena. O século é apenas um dia na cronologia de Deus. E a morte, esse "sopro renovador", é a pausa entre um ato e outro, o silêncio do teatro antes da próxima cortina.

Em "Walk On", o caminhar é metáfora da fidelidade à própria luz. A música foi escrita para Aung San Suu Kyi, símbolo da resistência pacífica em Myanmar – mas Bono a transforma em hino universal sobre seguir adiante mesmo quando o mundo não entende o caminho que se escolheu. É o mesmo convite do espírito superior a André Luiz: caminhar é obedecer à vida.

De quantas existências ainda precisamos? Quantas voltas no carrossel da experiência até entender que o sentido não está no destino, mas na travessia? Chico, com sua doçura sábia, ensinava que "a vida é uma sequência de oportunidades para servir". U2 canta: "*You're packing a suitcase for a place none of us has been*" ("Você está fazendo as malas para ir a um lugar que nenhum de nós nunca foi") – estamos todos a caminho de um lugar que ainda não conhecemos, mas que o coração reconhece de longe.

Caminhar é o verbo da alma. Seguir em frente, sempre avanti, como sempre digo. Quando compreendemos isso, deixamos de resistir à impermanência e aprendemos a dançar com o tempo.

E cada morte, cada perda, cada recomeço, deixa de ser tragédia para se tornar o que sempre foi: um passo a mais no infinito caminho de volta para casa.

Love is the only bagage you can bring. It's all that you can't leave behind ("O amor é a única bagagem que você pode trazer. É tudo o que você não pode deixar pra trás").

Quantas vezes esse mesmo pensamento já apareceu para você?

☐ ☐ ☐ ☐ ☐ ☐ ☐

meus insights

27

ACEITA QUE DÓI MENOS!

Aceito o mundo e os homens como eles são e continuo eu mesmo.

POZATI FILMES. QUANDO LEMBRO DE CHICO. TRANSCRIÇÃO. [S.L.]: POZATI FILMES, [S.D.].

Poucas frases resumem tão bem o equilíbrio espiritual de Chico Xavier. Aceitar o mundo não é concordar com ele; é compreender que cada consciência está num ponto específico do seu próprio aprendizado. É olhar a imperfeição sem se contaminar por ela. É não desistir da ternura mesmo diante da dureza dos outros.

Essa postura nasce de uma lucidez tranquila – o que chamo de autoconhecimento estratégico. Conhecer-se não é apenas olhar para dentro, é saber agir no mundo com consciência de quem se é. Quando nos conhecemos, nossas escolhas deixam de ser impulsos e passam a ser declarações. E cada declaração consciente é uma forma de cocriação.

O autoconhecimento estratégico é a sabedoria de alinhar essência e expressão. É quando o ser humano compreende que não precisa ser tudo, mas precisa ser inteiro. Que não há tarefa pequena quando se ocupa o lugar que lhe pertence na ciranda da vida. O universo é uma engrenagem perfeita – e cada alma, um dente dessa roda. O caos começa quando tentamos girar fora do eixo que nos cabe.

"Continuo eu mesmo", dizia Chico. Em meio à fama, à devoção popular, às pressões e expectativas, ele permaneceu simples, fiel à própria vibração. Essa fidelidade interior é o verdadeiro poder espiritual: não se perder de si em nome de nada.

Quando o autoconhecimento se torna estratégico, ele serve não apenas para o autodescobrimento, mas também para o autoposicionamento consciente no tecido do mundo. É a clareza de missão, o "alvará cósmico" para existir de acordo com a própria verdade.

Aceitar o mundo como é não significa passividade, mas presença lúcida. E continuar sendo quem se é, mesmo assim, é o mais alto ato de coragem espiritual. O universo não precisa de cópias – precisa de presenças autênticas.

Chico nos mostra que o autoconhecimento não nos isola – nos conecta melhor. Pois quem se conhece deixa de reagir e começa a colaborar; deixa de competir e começa a somar.

No fim, o autoconhecimento estratégico é a forma mais elevada de serviço: ser exatamente quem se é, no lugar e no tempo em que a vida nos plantou. O resto, o universo se encarrega de harmonizar.

Quantas vezes esse mesmo pensamento já apareceu para você?

☐ ☐ ☐ ☐ ☐ ☐ ☐

meus insights

O PODER DE SER QUEM SE É

28

Por que não podemos amar os nossos jovens, auxiliá-los, para que eles sejam eles mesmos? E por que é que nós não podemos receber deles o auxílio?

XAVIER, FRANCISCO CÂNDIDO. PINGA-FOGO. PROGRAMA DE TV, TV TUPI, SÃO PAULO, 1971. TRANSCRIÇÃO INTEGRAL.

A sabedoria de Chico Xavier encontra eco profundo na psicologia e na filosofia das relações humanas. Quando ele pergunta por que não podemos amar os jovens "para que sejam eles mesmos", toca na essência do processo evolutivo descrito por Jean Piaget: a equilibração. Piaget explicava que o desenvolvimento humano é um diálogo constante entre o que somos e o que o mundo nos propõe – um movimento de equilíbrio entre assimilação e acomodação. O jovem busca ser quem é, mas precisa de um meio que o acolha nesse processo sem sufocar sua autonomia. Amar, portanto, é permitir que esse equilíbrio aconteça – é sustentar o espaço para o outro se tornar.

Mas Chico vai além do olhar psicológico. Ele antecipa uma ética do pertencimento, que Bert Hellinger mais tarde descreveria como um dos fundamentos das ordens do amor: todos têm direito ao seu lugar no sistema. O jovem pertence – não para repetir os pais, mas para expandir o que eles começaram. Quando o amor é maduro, ele não exige cópias; ele acolhe diferenças. E, nesse fluxo, o pertencimento deixa de ser prisão para tornar-se raiz.

Receber "deles o auxílio", como propõe Chico, é compreender que a vida é circular: o filho que aprende hoje será o mestre que ensina amanhã. Negar o valor da juventude é amputar o futuro.

Na sociedade atual, marcada pela pressa, pela competição e pela desconfiança entre gerações, o convite de Chico é revolucionário: amar os jovens não é controlá-los, é confiar que o mesmo Deus que nos inspirou os inspira também. O amor que protege sem aprisionar é o amor que educa sem ferir – e constrói pontes entre tempos e consciências.

Quando o adulto aprende a amar sem medo e o jovem aprende a ser sem culpa, o fluxo da vida se restabelece. E nesse encontro, equilibrado e pertencente, floresce a humanidade em sua forma mais bela.

Quantas vezes esse mesmo pensamento já apareceu para você?

☐ ☐ ☐ ☐ ☐ ☐ ☐

meus insights

A QUALIDADE DAS RELAÇÕES É INDICADOR DE EVOLUÇÃO

29

Nós falamos em diálogo e precisamos do diálogo.

XAVIER, FRANCISCO CÂNDIDO. PINGA-FOGO. PROGRAMA DE TV, TV TUPI, SÃO PAULO, 1971. TRANSCRIÇÃO INTEGRAL.

Quantas vezes esse mesmo pensamento já apareceu para você?

☐ ☐ ☐ ☐ ☐ ☐ ☐

Para Chico Xavier, o diálogo não é apenas conversa – é comunhão. Falar e ouvir são gestos espirituais, pontes entre consciências. Ao afirmar que precisamos do diálogo, ele defende não uma mera troca de opiniões, mas um encontro de almas que se dispõem a compreender antes de convencer. O diálogo é o sacramento da escuta.

Na filosofia de Maurice Merleau-Ponty, esse fenômeno ganha uma profundidade que Chico viveu na prática. No diálogo verdadeiro, forma-se um "entre-dois" – um espaço vivo onde eu e o outro deixamos de ser ilhas e nos tornamos continente. As palavras não pertencem a ninguém; nascem da interação, como se o próprio universo falasse através de nós. Nesse terreno comum, a consciência se expande, e o "eu" se descobre maior porque inclui o "tu".

Chico vivia esse "entre-dois" de modo visceral. Quando mediava o diálogo entre o mundo dos encarnados e o dos espíritos, ele não se colocava como autor, mas como canal. O mesmo princípio serve às nossas relações humanas: o diálogo autêntico começa quando o ego silencia para dar passagem à verdade que emerge do encontro. É nesse instante que, como diria Merleau-Ponty, "o outro me faz pensar" – e não apenas reagir.

Vivemos tempos de monólogos simultâneos. Todos falam, poucos ouvem. A escuta se tornou um recurso escasso, e a diferença, uma ameaça. Esquecemos que o diálogo não busca vencedores, mas sentidos. Ele é o antídoto contra a polarização e a cura da solidão contemporânea.

Precisamos redescobrir o diálogo como prática espiritual – em que cada conversa pode ser um rito, e cada escuta, um ato de amor. No silêncio entre uma palavra e outra mora o mistério que nos torna humanos.

meus insights

CHICO ERA ROLLING STONE, BABY!

Se tiver que atirar, pode atirar; não vim abraçar só alguns – quero abraçar todos.

30

POZATI FILMES. QUANDO LEMBRO DE CHICO. TRANSCRIÇÃO. [S.L.]: POZATI FILMES, [S.D.].

Chico Xavier disse isso ao entrar em um presídio de segurança máxima, contrariando o protocolo de segurança. O responsável queria impedi-lo de visitar as celas com os encarcerados mais perigosos. "Se acontecer alguma coisa, vamos precisar usar o poder de fogo, Chico." Foi então que Chico soltou a pérola acima. O policial não sabia se via ali coragem ou loucura. Mas Chico não levava a coragem dos músculos – levava a coragem do espírito. Ele não via "bandidos", via irmãos adoecidos pela dor, extraviados da própria luz.

Enquanto muitos falavam de amor como conceito, ele o praticava como presença. Entrou onde poucos entrariam, não para aprovar o crime, mas para relembrar o ser humano que o mundo já tinha esquecido.

Esse gesto é mais do que caridade – é uma revolução silenciosa. Porque abraçar o excluído é confrontar o próprio medo de ser excluído. É olhar no outro o que não queremos reconhecer em nós. É o evangelho sem adjetivos, aquele que não seleciona destinatários.

Em tempos em que a sociedade constrói muros – físicos, ideológicos, sociais –, Chico nos convida a derrubá-los com o gesto mais simples e mais difícil de todos: o abraço. Humanizar não é romantizar o erro, mas restaurar o vínculo entre a alma e sua origem divina. Nenhum ser humano está tão distante que não possa ser alcançado pelo amor.

O presídio de ontem é metáfora dos nossos tempos: prisões invisíveis de medo, preconceito e indiferença. Cada vez que julgamos alguém como "irrecuperável", erguemos mais um muro em torno do coração.

A coragem de Chico foi esta: não aceitar que o mal defina o ser humano. Ele via além do delito, além da casca, além da dor. Via a centelha de Deus que, mesmo abafada, ainda brilha em cada criatura.

E é esta coragem que o mundo de hoje mais precisa – a coragem de incluir. Porque só há transformação onde há encontro.

Talvez a maior revolução espiritual do nosso tempo seja esta: aprender a abraçar todos – inclusive os que a sociedade mandou esquecer.

Quantas vezes esse mesmo pensamento já apareceu para você?

☐ ☐ ☐ ☐ ☐ ☐ ☐

meus insights

31

A GRANDE ESCOLA DA VIDA

Na vida terrestre, nós temos sempre um programa de trabalho e de autoeducação a ser realizado, mas esse programa prossegue além desta vida conforme as nossas necessidades.

XAVIER, FRANCISCO CÂNDIDO. PINGA-FOGO. PROGRAMA DE TV, TV TUPI, SÃO PAULO, 1971. TRANSCRIÇÃO INTEGRAL.

Quantas vezes esse mesmo pensamento já apareceu para você?

☐ ☐ ☐ ☐ ☐ ☐ ☐

Chico Xavier via a existência humana como uma grande escola, e a vida, como uma sucessão de lições que se estendem muito além do túmulo. "Autoeducação", em sua perspectiva, é o compromisso de aprender com a própria experiência – e não delegar ao outro a tarefa de pensar, sentir ou escolher por nós. Não há salvação sem consciência; não há evolução sem autonomia.

Educar, portanto, é mais do que doutrinar ou transmitir técnica: é despertar o poder de discernimento. É ensinar o ser humano a ser livre – e, como lembrou Emmanuel, "o conhecimento patrocina a libertação de nós mesmos".

A cada encarnação, somos convidados a revisar o currículo da alma. As provas se repetem até que aprendamos a lição; os mestres mudam de rosto, mas ensinam o mesmo princípio: crescer é responsabilizar-se por si mesmo.

No entanto, a sociedade moderna ainda confunde instrução com iluminação. Produz especialistas, mas carece de sábios. Acumula dados, mas não integra sabedoria. Chico nos propõe uma educação que nasce do silêncio interior – aquela que não apenas informa, mas transforma. Autoeducar-se é lapidar o próprio caráter, é transformar dor em aprendizado, é escolher a lucidez em vez do automatismo.

Autonomia espiritual é o ápice da pedagogia divina. É quando deixamos de seguir por medo e começamos a caminhar por amor. Nesse sentido, a vida é um laboratório em que cada queda é um convite à humildade, e cada acerto, um degrau de consciência. E mesmo depois da morte, o aprendizado continua – porque o espírito é um aluno eterno, matriculado na escola infinita de Deus.

Autoeducar-se é, afinal, o ato mais promissor da alma: libertar-se da ignorância para servir com sabedoria.

meus insights

O QUE ESTÁ EMBAIXO É COMO O QUE ESTÁ EM CIMA

32

Assim como podemos contar com muitos planos já na sociedade terrestre, além deste mundo, a sociedade espiritual se subdivide em diversos planos.

XAVIER, FRANCISCO CÂNDIDO. PINGA-FOGO. PROGRAMA DE TV, TV TUPI, SÃO PAULO, 1971. TRANSCRIÇÃO INTEGRAL.

A frase de Chico Xavier ecoa uma das mais antigas leis da sabedoria hermética: "O que está em cima é como o que está embaixo, e o que está embaixo é como o que está em cima". Essa máxima, inscrita na Tábua de Esmeralda, de Hermes Trismegisto, revela um princípio universal – o da correspondência – que une mundos, dimensões e consciências sob a mesma harmonia.

Nada está isolado no cosmos. Tudo vibra em ressonância. O micro reflete o macro, o invisível molda o visível, e cada pensamento humano é uma semente que floresce em algum plano da existência. Quando Chico fala de "diversos planos", ele descreve não apenas geografia espiritual, mas estados de consciência. A vida continua em esferas mais sutis, e o que construímos aqui – em sentimentos, gestos e intenções – vibra lá, estabelecendo pontes ou abismos.

O princípio de correspondência nos convida a compreender que toda ação é um espelho. Ao cultivar ódio, sintonizamos regiões densas; ao irradiar amor, ascendemos às esferas luminosas. Por isso, a verdadeira magia não está em manipular forças ocultas, mas em alinhar intenção, pensamento e ação à frequência do divino. O ato mágico é o gesto consciente – aquele que nasce da clareza interior e reverbera em todos os planos, transformando o mundo à sua volta.

Quando pensamos com amor, falamos com verdade e agimos com coerência, nos tornamos cocriadores – agentes da ordem cósmica. A espiritualidade não é fuga da matéria, mas sua transfiguração. Cada decisão humana, quando iluminada pela consciência, é um raio que atravessa mundos.

Assim, o "plano espiritual" não está distante: ele pulsa dentro de nós. Somos o elo entre o que está em cima e o que está embaixo, e a ponte é o coração.

Quantas vezes esse mesmo pensamento já apareceu para você?

☐ ☐ ☐ ☐ ☐ ☐ ☐

meus insights

33

A GRANDE REDE QUE NOS CONECTA

Em todos os domínios do universo vibra, pois, a influência recíproca. Tudo se desloca e renova sob os princípios de interdependência e repercussão.

XAVIER, FRANCISCO CÂNDIDO / EMMANUEL. PENSAMENTO E VIDA. BRASÍLIA: FEDERAÇÃO ESPÍRITA BRASILEIRA, 2016, P. 19.

Quantas vezes esse mesmo pensamento já apareceu para você?

☐ ☐ ☐ ☐ ☐ ☐ ☐

meus insights

Vivemos o paradoxo da hiperconexão: nunca estivemos tão próximos – e, ao mesmo tempo, tão sós. As redes sociais prometem encontro, mas oferecem apenas espelhos. Falamos uns com os outros, mas escutamos pouco. Mal escutamos a nós mesmos! Exibimos, compartilhamos, reagimos – mas raramente nos relacionamos.

Emmanuel, pela pena de Chico, nos lembra que o universo inteiro é tecido de interdependência. Nada existe isolado; cada pensamento, gesto e emoção repercute em todas as direções. A solidão moderna, portanto, não é ausência de pessoas – é perda de sintonia. O indivíduo desconectou-se do campo vital que o une a tudo.

O filósofo Byung-Chul Han, em O desaparecimento do outro, descreve esse fenômeno com precisão cirúrgica. Segundo ele, a sociedade contemporânea dissolveu a alteridade: já não suportamos o outro como mistério, diferença ou espelho do que não somos. Cercamo-nos de versões de nós mesmos, alimentadas por algoritmos que confirmam nossas opiniões e nos isolam em bolhas afetivas. O resultado é uma solidão na multidão.

Chico, décadas antes, já intuía o antídoto: reconhecer a rede viva da vida. O amor, para ele, era o campo unificador que restaura a percepção da unidade. Se tudo vibra e repercute, então cada gesto de gentileza, cada palavra de escuta, cada silêncio de presença reacende o fluxo da comunhão universal.

A solidão conectada é curada não com mais conexões, mas com relações autênticas. Não com velocidade, mas com profundidade. Não com curtidas, mas com encontros. O Espírito só se realiza quando volta a sentir-se parte – não de um feed, mas de uma família cósmica.

Que nossas telas se tornem janelas, e não muros. Que a comunicação volte a ser comunhão. E que, em meio às redes digitais, a gente aprenda novamente o que Chico sempre soube: ninguém está só, porque tudo vibra em Deus.

34

O PRESENTE QUE O PRESENTE É

Transmitindo as ondas mentais das esferas superiores de que procede, transita entre as criaturas, despertando-lhes as energias para a vida maior, como que a tanger-lhes as fibras recônditas, de maneira a harmonizá-las com a sinfonia universal do Bem Eterno.

XAVIER, FRANCISCO CÂNDIDO / ANDRÉ LUIZ. MECANISMOS DA MEDIUNIDADE. FEDERAÇÃO ESPÍRITA BRASILEIRA, BRASÍLIA, 2016, CAPÍTULO 26.

A ansiedade é a pressa da mente que se esqueceu de confiar na vida. Vivemos num tempo em que o futuro virou tirano e o agora perdeu valor. A sociedade do desempenho, como descreve Byung-Chul Han, nos fez acreditar que só somos dignos de descanso depois que terminarmos – mas a vida nunca se termina; ela se vive.

Chico, pela voz de André Luiz, lembra-nos que o pensamento é força criadora. Cada preocupação, cada medo projetado, é energia em movimento – moldando realidades no invisível. Quando a mente se prende ao futuro, cria labirintos; quando se ancora no presente, abre caminhos.

A ansiedade não nasce do que acontece, mas do que imaginamos que pode acontecer. É a sombra da consciência quando ela se afasta da presença. Por isso, a cura não está em controlar o tempo, mas em reconciliar-se com ele.

Em Yeshua, escrevi: "Desfrutar o presente que o presente é". Essa frase condensa o antídoto espiritual da ansiedade. O agora é o único instante onde a vida realmente acontece – e onde Deus se manifesta. O resto é eco ou projeção.

O filósofo Eckhart Tolle ensina que o sofrimento é o intervalo entre o que é e o que gostaríamos que fosse. Chico viveu na contramão desse ruído: trabalhava, sofria e servia no tempo exato do amor. Sua paz vinha da aceitação ativa – o movimento silencioso de quem confia que tudo tem hora e propósito.

A ansiedade é o sintoma da alma que tenta dirigir o universo. Mas o universo já sabe para onde ir. Nosso papel é aprender a respirar dentro do tempo, permitindo que o Espírito conduza o que a mente não compreende.

Desfrutar o presente que o presente é – eis o exercício. O amanhã floresce naturalmente quando o agora é habitado com inteireza.

meus insights

Quantas vezes esse mesmo pensamento já apareceu para você?

☐ ☐ ☐ ☐ ☐ ☐ ☐

Yeshua: Nosso Cristo Planetário Revelado

Redescubra Jesus, antes de séculos de institucionalismo religioso.

35

SE NÃO DÁ PRA AMAR, SUPORTA.

Se os países mais curtos do globo puderem suportar a pressão de seus próprios problemas, sem entrarem em choques destrutivos, como, por exemplo, guerras de extermínio que deixarão consequências imprevisíveis para nós todos, então veremos uma era extraordinariamente maravilhosa. (...) Mas isso terá um preço, terá o preço da paz.

XAVIER, FRANCISCO CÂNDIDO. PINGA-FOGO. PROGRAMA DE TV, TV TUPI, SÃO PAULO, 1971. TRANSCRIÇÃO INTEGRAL.

Quantas vezes esse mesmo pensamento já apareceu para você?

☐ ☐ ☐ ☐ ☐ ☐ ☐

meus insights

O ódio é fogo que destrói primeiro aquele que odeia. Confesso que, com 84% de DNA ibérico, não é sempre que consigo praticar essa serenidade mineira de Chico Xavier. Italiano brabo é fogo – e não é metáfora! É vulcão emocional, lava pura, sinceridade que às vezes chega sem filtro. Não raras vezes as pessoas me perguntam: "Por que você está bravo?". E meio irritado respondo: "Eu não estou bravo, porca miséria! Só estou argumentando!". Mas, como o próprio Chico diria, nem toda chama é luz; algumas são só calor descontrolado.

O ódio é isto: uma combustão interna que consome o combustível errado. A gente acha que está "queimando o outro", mas é o próprio coração que vira brasa. E, convenhamos, não há pomada espiritual que resolva azia de rancor.

A neurociência confirma o que Chico já sabia por intuição: quando alimentamos raiva e ressentimento, o corpo libera adrenalina e cortisol em excesso, aumenta a pressão arterial, acelera o pulso e destrói o equilíbrio do sistema imunológico. Ou seja, o ódio é autointoxicação emocional com aparência de justiça.

Mas, veja bem – não se trata de negar o fogo; trata-se de aprender a canalizá-lo. Descobri que essa minha paixão mediterrânea que ferve fácil também pode ser o motor do amor, da coragem e da entrega. A mesma energia que grita pode, quando domada pela consciência, acalentar. O fogo, afinal, cozinha o alimento e aquece o lar – só destrói quando sai do controle.

Chico nunca reprimiu a emoção humana; ele a educava. Transformava o ímpeto em doçura, a indignação em serviço. O que ele chamava de "oração" talvez fosse isto: o ato de respirar fundo antes que o vulcão exploda.

A sabedoria está em reconhecer o incêndio antes que ele comece. E se começar, usar o humor como extintor. Afinal, fogo se combate com o seu oposto: água. Aprenda a chorar de rir dos seus perrengues, e não vai faltar água que amenize o fogo.

Então, se o sangue ferver, que fermente em vinho – não em ódio. Brindemos à vida com o coração quente, mas nunca em chamas. Porque, no fim das contas, como diria Chico, o amor é o único fogo que ilumina sem queimar.

ESPÍRITOS CONFIADOS A MIM

Os pais da Terra não são criadores, e sim zeladores.

36

XAVIER, FRANCISCO CÂNDIDO. CARTAS DE UMA MORTA. 1. ED. RIO DE JANEIRO: FEDERAÇÃO ESPÍRITA BRASILEIRA, 1935.

Os pais da Terra não são criadores, e sim zeladores das almas.

Maria João de Deus, através da psicografia de Chico, desfaz em uma frase o equívoco mais antigo da humanidade: o de confundir parentalidade com propriedade. Nenhum pai ou mãe cria o filho; apenas o recebe em guarda temporária, como jardineiro que acolhe uma semente do céu.

A parentalidade, à luz do espírito, é uma parceria entre planos. Os filhos não "pertencem" aos pais – pertencem à Vida. Eles chegam com um projeto evolutivo próprio, um roteiro que antecede a encarnação, e a tarefa dos pais é criar o ambiente emocional e moral em que essa missão possa florescer.

Mas isso exige autoconhecimento. Pais inconscientes reproduzem seus medos; pais conscientes reconhecem seus limites e escolhem não transmiti-los. O autoconhecimento é a base da parentalidade espiritual, porque só quem se enxerga pode realmente enxergar o outro.

Quando o pai e a mãe cultivam presença e escuta, oferecem ao filho um olhar verdadeiro – aquele que não projeta, mas acolhe. E um filho que se sente visto tem permissão interna para ser quem é. É assim que nasce a autenticidade: do olhar que legitima a existência.

Educar espiritualmente não é moldar; é testemunhar o desabrochar. É orientar sem aprisionar, corrigir sem ferir, inspirar sem dominar. É preparar o coração para, um dia, deixar ir – e fazer isso com amor.

O amor parental, quando amadurece, aprende a dizer: "Você não é meu; é do universo. Estou aqui apenas para garantir que floresça no tempo certo". Essa compreensão dissolve a ansiedade do controle e transforma a casa em um espaço de liberdade e responsabilidade partilhadas.

Na perspectiva de Chico, o lar é o primeiro santuário da alma reencarnante. Nele, pais e filhos não são hierarquia – são almas em cooperação, trocando lições antigas. Às vezes, o filho vem para ensinar o que os pais ainda não aprenderam.

A parentalidade consciente, então, é um ato de reverência: reconhecer que se cuida de um mistério. E o maior presente que um pai e uma mãe podem dar ao filho não é um futuro garantido, mas um presente habitado – um espaço seguro, amoroso e real onde ele possa descobrir quem veio ser e o que veio fazer.

Quantas vezes esse mesmo pensamento já apareceu para você?

☐ ☐ ☐ ☐ ☐ ☐ ☐

meus insights

37

O CÓDIGO DO UNIVERSO

O Evangelho, assim, não é o livro de um povo apenas, mas o Código de Princípios Morais do Universo (...), a fim de que as leis humanas se purifiquem.

XAVIER, FRANCISCO CÂNDIDO / ANDRÉ LUIZ. MECANISMOS DA MEDIUNIDADE. BRASÍLIA: FEDERAÇÃO ESPÍRITA BRASILEIRA, 2016.

Quantas vezes esse mesmo pensamento já apareceu para você?

André Luiz, usando o lápis de Chico, nos oferece aqui uma chave de leitura cósmica do Evangelho. Jesus não veio fundar uma religião, veio revelar uma ordem moral universal. O que Ele chamou de Reino de Deus é o mesmo que Emmanuel chamaria de harmonia divina e que a física quântica, em linguagem moderna, poderia chamar de coerência do campo.

Em Yeshua, escrevi que o Reino não é um lugar para onde se vai, mas um estado de consciência no qual se vive. O Reino é o alinhamento da alma com as leis que regem o amor, a justiça e a sabedoria em todo o cosmos. É quando o humano vibra na mesma frequência do Criador. O Reino de Deus está no meio de nós.

O Evangelho, nessa perspectiva, não é um manual de crenças, mas um mapa de coerência – um código moral que traduz, em linguagem humana, as leis eternas que sustentam o Universo. Quando as leis humanas se purificam, não é porque a religião venceu, mas porque a consciência amadureceu o suficiente para espelhar o divino.

As civilizações evoluem à medida que se aproximam dessa sintonia. Onde há equidade, compaixão e responsabilidade, o Reino se manifesta. Onde há egoísmo e injustiça, o Reino permanece latente, aguardando despertar.

O Evangelho é, portanto, um projeto de civilização cósmica – o roteiro para que cada alma se torne microcosmo do Amor Universal. É ciência moral em movimento, convidando o ser humano a sair do ciclo de expiação e ingressar na fase da regeneração consciente.

No fundo, todas as leis – físicas, biológicas, espirituais – convergem no mesmo princípio: tudo evolui em direção à harmonia. Jesus apenas revelou o atalho mais seguro: o amor em ação.

O Reino, então, não está "chegando". Ele já está aqui, aguardando que a gente o reconheça e o viva como um estilo de vida. Está em cada gesto justo, em cada perdão que liberta, em cada escolha que amplia a vida.

O Evangelho é o código; o coração desperto, a senha. E o Reino é a experiência viva de quem, finalmente, aprendeu a decodificar o Amor.

Yeshua: Nosso Cristo Planetário Revelado

Redescubra Jesus, antes de séculos de institucionalismo religioso.

AMIGOS INVISÍVEIS SEMPRE PRESENTES

38

Desde esse instante integramos as fileiras que pugnam pelo aparecimento de uma nova era para a humanidade e, laborando ao lado de todos quantos se experimentam sob o aguilhão da carne, esclarecendo-os e confortando-os, de forma indireta, sem que sintam de maneira tangível a influência de nossa ação.

XAVIER, FRANCISCO CÂNDIDO. CARTAS DE UMA MORTA. 1. ED. RIO DE JANEIRO: FEDERAÇÃO ESPÍRITA BRASILEIRA, 1935.

A missão consoladora dos espíritos na Terra é difundir esperança. Os espíritos têm como missão primordial reacender a esperança – essa energia silenciosa que sustenta o mundo quando a razão se esgota. Desde Cartas de uma Morta, Chico e Maria João de Deus anunciam que o trabalho espiritual não se resume a mensagens ou fenômenos, mas à cura do medo da morte – o maior dos cárceres humanos.

A ideia de que a vida continua é mais que consolo: é revolução de paradigma. Se a morte não é o fim, toda ética se transforma. A consciência se expande, o tempo se relativiza, e o amor se revela como a única herança indestrutível.

A ciência moderna começa a tatear esse mistério. O psicólogo e pesquisador Gary Schwartz, da Universidade do Arizona, conduz experimentos rigorosos sobre a sobrevivência da consciência após a morte. Com instrumentos óticos e mediúnicos, busca medir sinais sutis de energia inteligente em interação com o plano físico – o que ele chama de "a física do além".

O psiquiatra Ian Stevenson, da Universidade da Virgínia, estudou por mais de quarenta anos crianças que relatavam memórias de vidas anteriores. Registrou mais de dois mil casos em diferentes culturas. Algumas crianças descreviam nomes, lugares e circunstâncias da morte prévia – e traziam até marcas de nascença que coincidiam com ferimentos da existência anterior.

Esses trabalhos não tentam substituir a fé, mas dialogar com ela. Indicam que a consciência talvez não dependa do cérebro, que a vida talvez seja mais contínua do que imaginamos e que a morte talvez seja apenas mudança de estado.

O Espiritismo chamou esse processo de *afterlife* de "vida em continuidade". Para os espíritos superiores, morrer é apenas atravessar um corredor luminoso entre planos – mantendo-se a essência, os afetos, os compromissos.

Por isso, os mensageiros do além têm uma função dupla: confortar e educar. Consolar os corações que sofrem e educar a mente humana para compreender a eternidade como realidade presente.

Quando aceitamos que a vida é ininterrupta, a esperança deixa de ser anestesia e se torna força criadora. O medo cede lugar à reverência; o luto se transforma em saudade luminosa. A missão consoladora dos espíritos é também a nossa missão: espalhar fé lúcida e esperança ativa. Porque quem compreende que ninguém morre aprende a viver de modo mais pleno, mais justo e mais amoroso.

Quantas vezes esse mesmo pensamento já apareceu para você?

☐ ☐ ☐ ☐ ☐ ☐ ☐

Tire 5 minutos, feche os olhos, e entre em sintonia com a música

"Amigos de Luz", de autoria de Juliano Pozati e Juliana Milet Pozati.

39

SOMOS TODOS MÉDIUNS, O TEMPO TODO

A mediunidade como instrumentação da vida surge em toda a parte. O lavrador é o médium da colheita, a planta é o médium da seiva.

XAVIER, FRANCISCO CÂNDIDO / EMMANUEL. PENSAMENTO E VIDA. BRASÍLIA: FEB, 2016.

Quantas vezes esse mesmo pensamento já apareceu para você?

☐ ☐ ☐ ☐ ☐ ☐ ☐

meus insights

A falta de sentido é uma das doenças espirituais mais profundas do nosso tempo. A sociedade moderna ensinou que o valor da vida está no desempenho, no consumo, no reconhecimento – mas, quando o barulho cala, o vazio aparece. E o vazio, quando não é compreendido, vira desespero.

Emmanuel, pela psicografia de Chico, oferece uma resposta simples e subversiva: somos canais, o tempo todo, em todo lugar. Criamos e cocriamos a realidade que nos cerca com a energia cósmica que passa por nós.

Essa ideia ressoa com o pensamento do psiquiatra Viktor Frankl, sobrevivente de Auschwitz, que descobriu que até no sofrimento mais atroz o ser humano pode encontrar propósito. Para ele, quem tem um "porquê" suporta quase qualquer "como". Frankl chamou isso de logoterapia – a terapia do sentido.

Mas Emmanuel vai além: o sentido não é uma construção mental, é uma revelação espiritual. Ele se manifesta quando o ego silencia e o espírito escuta. Quando a vontade pessoal se alinha à vontade do Todo. Nós encontramos o sentido ou o sentido bate à porta e nos pede espaço em nossa vida?

O vazio existencial é, na verdade, um espaço sagrado. É o intervalo entre o fim de um sentido antigo e o nascimento de um novo. Quando tudo perde o significado, é porque a alma está sendo convocada a crescer.

Chico viveu com uma clareza desarmante sobre isso. Nunca buscou status mediúnico ou glória humana. Sua vida era simples, mas plena de propósito. Ele não fazia o bem para ser reconhecido – fazia porque era o que sua alma sabia fazer.

A falta de sentido se dissolve quando a pergunta muda. Em vez de "O que a vida pode me dar?", perguntamos: "O que posso oferecer à vida?". Nesse instante, o propósito deixa de ser um enigma e se torna uma experiência.

O sentido está sempre presente – só precisa de consciência para ser percebido.

40

CUIDAR EXIGE PAUSA

Cada consciência bafejada pelo sol da razão será interpretada, assim, à conta de raio na esfera da vida, evolvendo da superfície para o centro, competindo-lhe a obrigação de respeitar e promover, facilitar e nutrir o bem comum, atitude espontânea que lhe valerá o auxílio natural de todos os que lhe recolhem a simpatia e a cooperação.

XAVIER, FRANCISCO CÂNDIDO / EMMANUEL. PENSAMENTO E VIDA. BRASÍLIA: FEB, 2016.

Vivemos um tempo em que cuidar do outro se tornou, paradoxalmente, uma fonte de esgotamento. Muitos profissionais da saúde, da educação, da assistência e até da espiritualidade sentem o peso da fadiga empática – o cansaço que nasce quando a compaixão perde o equilíbrio.

Chico Xavier compreendia o amor como energia renovável – mas não inesgotável. Sabia que, sem oração e silêncio interior, o auxílio se transforma em drenagem. Emmanuel sintetiza isso com sabedoria: a lei do auxílio é o roteiro do progresso, mas só é progresso quando o auxílio é praticado com consciência.

O psicólogo Charles Figley, pioneiro no estudo da *compassion fatigue*, descreve esse fenômeno como o "custo emocional de cuidar". Quando a empatia não encontra descanso, ela se converte em dor refletida.

Byung-Chul Han, em Sociedade do Cansaço, ajuda a entender o pano de fundo: vivemos sob a ditadura da performance. Até o amor virou tarefa. Queremos curar todos, resolver tudo, salvar o mundo – e esquecemos que o amor verdadeiro é humilde o bastante para reconhecer seus limites.

Chico jamais se recusou a servir, mas servia a partir da prece, não do desespero. Ele não se desgastava tentando ser o salvador; deixava Deus atuar por meio dele. E é aqui que está o segredo para curar a fadiga empática: lembrar que não somos a fonte, apenas o canal.

Cuidar exige pausa. A alma precisa de respiração espiritual para continuar amando. O descanso, longe de ser fuga, é também forma de caridade – consigo mesmo e com o outro.

A lei do auxílio continua sendo o roteiro do progresso. Mas ela pede que cada gesto de amor venha acompanhado de oração, silêncio e autoconhecimento. Daí nos virá dos outros planos da vida "o auxílio natural de todos os que nos recolhem a simpatia e a cooperação". Só assim o coração que cuida não se apaga, mas se expande.

Quantas vezes esse mesmo pensamento já apareceu para você?

☐ ☐ ☐ ☐ ☐ ☐ ☐

meus insights

41

O PENSAMENTO E A CURA CELULAR

A prática do bem, simples e infatigável, pode modificar a rota do destino, de vez que o pensamento claro e correto, com ação edificante, interfere nas funções celulares, tanto quanto nos eventos humanos, atraindo em nosso favor, por nosso reflexo melhorado e mais nobre, amparo, luz e apoio, segundo a lei do auxílio.

XAVIER, FRANCISCO CÂNDIDO / EMMANUEL. PENSAMENTO E VIDA. BRASÍLIA: FEB, 2016.

Quantas vezes esse mesmo pensamento já apareceu para você?

☐ ☐ ☐ ☐ ☐ ☐ ☐

O mundo anda cansado. Cansado de promessas políticas, de utopias que ruíram, de líderes que decepcionam. Cansado de esperar e não ver mudança. Em meio a esse cansaço, cresce o déficit de esperança – o desânimo moral que sufoca a fé no futuro.

Emmanuel, com o lápis do bom mineiro, nos oferece uma imagem que atravessa os séculos: a prática do bem pode modificar a rota do destino, o pensamento afeta as funções celulares e os eventos que nos cercam.

Nietzsche dizia que "o homem contemporâneo perdeu a fé nos valores supremos". Byung-Chul Han atualiza essa percepção em A Sociedade da Transparência: vivemos um tempo em que o excesso de exposição e desempenho destrói a confiança e o mistério – dois elementos essenciais da esperança. Quando tudo se mede, a fé morre sufocada.

Mas a esperança, para o espírito, não é um estado emocional; é uma frequência vibratória do pensamento. Emmanuel ensina que cada pensamento e ato de bem sustentam os planos invisíveis da regeneração. A esperança é o combustível da vida em expansão.

Viktor Frankl, ao sair dos campos de concentração, escreveu: "Aquele que perdeu a fé no futuro, o seu futuro já estava perdido". Ele compreendeu que a esperança não é fuga, é força. É o que transforma o sofrimento em propósito.

Chico personificava isso. Mesmo diante de tragédias, jamais se rendeu ao desânimo. Sua serenidade não vinha de não sofrer, mas de acreditar que o bem é lei, e que toda dor é transitória.

O déficit de esperança é curado pelo exercício diário da confiança ativa. Acender a fé não é negar a escuridão – é escolher ver além dela.

meus insights

PARE DE POR FOGO NO CIRCO

42

A melhor maneira de extinguir o fogo é recusar-lhe combustível. A fraternidade operante será sempre o remédio eficaz, ante as perturbações dessa natureza.

XAVIER, FRANCISCO CÂNDIDO / ANDRÉ LUIZ. NOS DOMÍNIOS DA MEDIUNIDADE. FEDERAÇÃO ESPÍRITA BRASILEIRA, BRASÍLIA, 1955, CAPÍTULO 19.

Vivemos uma era de tribos digitais, em que cada grupo defende suas verdades como se fossem bandeiras de guerra. As redes, que nasceram para conectar, se tornaram arenas de ressentimento. A raiva social tomou o lugar do diálogo. E sem diálogo, o tecido da humanidade se rasga.

Chico Xavier – que viveu numa época sem internet, mas com igual quantidade de ódios – já alertava: toda palavra é semente. Hoje, no terreno infértil das redes, plantamos raiva e colhemos desumanização. A paciência, tão banalizada, é virtude revolucionária.

O filósofo Maurice Merleau-Ponty descreveu com rara beleza o que perdemos: “Na experiência do diálogo, constitui-se entre mim e o outro um terreno comum... há um entre-dois... somos colaboradores, numa reciprocidade perfeita...”.

Para ele, o diálogo não é apenas troca de ideias, é criação compartilhada de realidade. No encontro autêntico, algo novo nasce – um pensamento que não existia antes de “nós”. Mas as bolhas digitais quebraram esse entre-dois. Ficamos presos nos nossos reflexos, incapazes de ouvir o outro, com medo de dissolver nosso próprio eu.

Byung-Chul Han, em No Enxame, explica: a comunicação digital não gera comunidade, mas contágio. Não há troca simbólica, só repetição. O outro se tornou ameaça, e não possibilidade.

Chico, em contrapartida, encarnava a escuta compassiva. Recebia cartas, críticas e ofensas com o mesmo olhar brando. Sua força vinha da humildade – essa arte rara de deixar o outro existir. Ele nos ensina que o antídoto para a raiva social não é o silêncio apático, mas o diálogo amoroso.

Raiva é energia. Pode destruir – ou reconstruir. Quando canalizada com consciência, torna-se fogo da transformação. Mas, para isso, é preciso o entre-dois de Merleau-Ponty: o espaço onde eu e o outro deixamos de ser inimigos e voltamos a ser espelhos.

Se quisermos regenerar o mundo, precisamos reaprender a conversar. Não há cura para o ódio fora da escuta. E toda escuta, quando nasce do amor, é prece.

Quantas vezes esse mesmo pensamento já apareceu para você?

☐ ☐ ☐ ☐ ☐ ☐ ☐

meus insights

43

MAIS PROFUNDIDADE, POR FAVOR

A mente, em verdade, é o caminheiro buscando a meta da angelitude, contudo, não avançará sem auxílio. Ninguém vive só. Os pretensos mortos precisam amparar os companheiros em estágio na matéria densa (...) É da Lei que a sabedoria socorra a ignorância, que os melhores ajudem aos menos bons.

XAVIER, FRANCISCO CÂNDIDO / ANDRÉ LUIZ. NOS DOMÍNIOS DA MEDIUNIDADE. FEDERAÇÃO ESPÍRITA BRASILEIRA, BRASÍLIA, 1955, CAPÍTULO 19.

Quantas vezes esse mesmo pensamento já apareceu para você?

O mundo está cheio de mentes saturadas e corações distraídos. O excesso de estímulos, notificações e opiniões cria uma sensação de urgência permanente. Nunca tivemos tanto acesso à informação – e nunca estivemos tão longe do conhecimento verdadeiro.

Em Exoconsciência, escrevi que o verdadeiro conhecimento não é acúmulo de dados, mas integração de consciência a partir de uma experiência com a Verdade. Ele não ocorre quando sabemos muito, mas quando compreendemos o sentido do que sabemos. A informação é horizontal – corre veloz na superfície da mente. O conhecimento é vertical – desce ao coração e se transforma em sabedoria.

A sobrecarga cognitiva é o resultado da perda dessa profundidade. A mente se torna campo árido, incapaz de acolher o silêncio onde o espírito fala. Emmanuel nos alerta: é preciso selecionar os pensamentos – porque pensar também é semear. E quem semeia em solo saturado de ruído, colhe confusão.

A filósofa Simone Weil dizia que a atenção é a forma mais pura de oração. Atenção não é foco forçado – é presença aberta. É quando o pensamento deixa de correr e começa a escutar.

A mente moderna busca volume; a mente espiritual busca coerência. Entre um dado e outro, há um espaço. Nesse intervalo, mora o discernimento.

Quando reaprendemos a habitar esse espaço, a sobrecarga cede lugar à clareza.

O verdadeiro conhecimento não se impõe – revela-se. Ele surge quando o ruído cala, o ego silencia, o espírito fala e o corpo vive e reverbera.

meus insights

IDENTIDADE + PERTENCIMENTO = FLOW

44

Cada consciência bafejada pelo sol da razão será interpretada, assim, à conta de raio na esfera da vida...

XAVIER, FRANCISCO CÂNDIDO / EMMANUEL. PENSAMENTO E VIDA. BRASÍLIA: FEB, 2016.

Vivemos uma era de personalidades múltiplas e identidades frágeis. As pessoas não sabem mais quem são – apenas quem precisam parecer ser. A cultura da imagem e da performance nos transformou em personagens de nós mesmos, e o preço dessa desconexão é o vazio existencial.

Cada espírito é um mundo em si mesmo. A verdadeira identidade não é máscara, é essência. Ela não se constrói – se reconhece. O trabalho espiritual começa quando paramos de buscar identidade fora e começamos a nos lembrar de quem somos dentro.

Em Exoconsciência, escrevi que Identidade + Pertencimento = Flow. A alma entra em fluxo quando a consciência de quem sou (identidade) encontra o espaço onde posso contribuir (pertencimento).

O problema é que, enquanto buscamos pertencimento sem identidade, acabamos nos diluindo nas expectativas do grupo. E quando buscamos identidade sem pertencimento, caímos na solidão do ego. O fluxo surge quando o "eu" se integra ao "nós" – sem se perder nem se sobrepor.

A psicóloga junguiana Marie-Louise von Franz descreve esse processo como uma etapa do caminho de individuação: o momento em que o indivíduo reconhece a sua persona – a máscara social – e começa a ouvir o self, o núcleo divino da psique. É um processo doloroso, mas libertador. É o nascimento do verdadeiro ser.

A crise de identidade é, portanto, sinal de parto espiritual. O antigo "eu" parece se desfazer, e o novo ainda não tem forma. É o entre-tempos do ser, o caos fértil onde o divino nos recria.

Chico Xavier nunca se confundiu com os papéis que desempenhava. Médium, filantropo, escritor – eram funções; não definições. Sua verdadeira identidade estava na consciência de ser instrumento do amor. Ele pertencia ao Todo – e, por isso, fluía.

A cura da crise de identidade não está em encontrar um rótulo, mas em descobrir o ritmo próprio da alma. Quando nos lembramos de quem somos e onde contribuímos, o fluxo da vida volta a correr. E o "eu" finalmente repousa no nós – sem perder-se, porque se encontrou.

Quantas vezes esse mesmo pensamento já apareceu para você?

☐ ☐ ☐ ☐ ☐ ☐ ☐

meus insights

45

ENTRE EM SINTONIA COM O QUE IMPORTA

Imaginemos a face de um espelho voltada para o Sol, desviando-lhe o fulgor na direção do abismo. Esta, na essência, é a função da prece, buscando o Amor divino para concentrar-lhe a claridade sobre os vales da ignorância e do sofrimento, da miséria e do ódio, que ainda se estendem no mundo.

XAVIER, FRANCISCO CÂNDIDO / EMMANUEL. PENSAMENTO E VIDA. BRASÍLIA: FEB, 2016.

Quantas vezes esse mesmo pensamento já apareceu para você?

☐ ☐ ☐ ☐ ☐ ☐ ☐

Há dores que não aparecem em exames nem se curam com remédios. O desalinhamento espiritual é uma delas. É o cansaço que não vem do corpo, o vazio que não vem da falta, a tristeza que não tem causa aparente. É a alma fora de sintonia com o próprio campo de propósito.

Quando nos afastamos da lei do amor, nos desajustamos interiormente. A harmonia divina é vibração – e a tentativa de vibrar fora dela é experimentar o atrito da consciência. Não é castigo, é física espiritual: o sofrimento é o sinal de que a frequência caiu.

Em Exoconsciência, descrevi que a espiritualidade é um estado de sintonia contínua entre consciência e campo universal. Sintonizar-se é mais do que crer – é entrar em coerência vibratória com o fluxo do amor. O desalinhamento ocorre quando a mente se fragmenta, o coração se fecha e o corpo perde o ritmo da presença.

O filósofo Søren Kierkegaard chamava isso de "desalinhamento do eu com o seu próprio centro". Para ele, a angústia surge quando o homem se distancia do seu ser essencial e perde o vínculo com a dimensão do eterno. A cura, dizia ele, começa quando o indivíduo volta a se relacionar com o Absoluto dentro de si – o que ele chamava de "fé".

A oração é justamente esse movimento de realinhamento. Não é súplica supersticiosa, mas ajuste de sintonia. Orar é calibrar o coração na frequência da sabedoria divina – é lembrar que, mesmo quando o mundo está fora de tom, Deus continua afinado. Não é preciso tanto falar, mas saber ouvir a melodia universal.

Desalinhamento espiritual é o ruído entre o que somos e o que viemos ser. E o realinhamento acontece no instante em que decidimos escutar o silêncio. A alma, então, reencontra seu eixo, o fluxo retoma, e o ser volta a vibrar no compasso do amor que tudo sustenta.

meus insights

POR MAIS CONEXÕES REAIS

46

Começava a era definitiva da maioridade espiritual da humanidade terrestre, uma vez que Jesus, com a sua exemplificação divina, entregaria o código da fraternidade e do amor a todos os corações.

XAVIER, FRANCISCO CÂNDIDO / EMMANUEL. A CAMINHO DA LUZ. FEDERAÇÃO ESPÍRITA BRASILEIRA, BRASÍLIA, 2016, P. 97-98.

Nunca foi tão fácil se conectar – e tão difícil se encontrar. Vivemos numa era de vínculos rápidos, em que o outro se tornou conteúdo, e não presença. As relações perderam profundidade, e a solidão se disfarçou de conectividade.

O amor é o clima da alma regenerada, porque é no amor que aprendemos a viver uns nos outros e para os outros. Esse pensamento revela um princípio cósmico: a evolução se mede pela qualidade das relações que somos capazes de construir. Relacionamentos são a métrica universal da evolução. Não é o quanto sabemos, mas o quanto amamos que determina o quanto crescemos.

Em Exoconsciência, descrevi que a presença consciente é a expressão prática desse amor maduro. Estar presente não é apenas estar fisicamente; é ofertar atenção plena, escuta ativa e energia limpa. O verdadeiro encontro é campo de expansão: quando duas consciências se encontram com autenticidade, algo novo nasce entre elas – uma terceira realidade, feita de troca, aprendizado e comunhão.

O filósofo Martin Buber, em Eu e Tu, escreveu: "O homem se torna Eu na relação com o Tu". Para ele, não existe identidade fora do encontro. A relação autêntica é aquela em que o outro deixa de ser objeto – e se torna presença. Quando o "Tu" vira "isso", a relação morre. Quando o "Tu" é reconhecido como mistério vivo, ambos evoluem.

Chico Xavier é um dos caras que compreenderam isso com o coração. Seu poder não vinha de discursos, mas de presenças: olhava cada pessoa como alma única. No instante em que alguém o encontrava, sentia-se visto – e ser visto com amor é o início de toda cura.

A superficialidade das relações é a epidemia da pressa. Mas a alma não se apressa: ela floresce em ritmo de confiança. Evoluir é aprender a relacionar-se em níveis cada vez mais sutis – com o outro, com o mundo, com Deus.

A maturidade espiritual começa quando descobrimos que o céu não é um lugar distante, mas o espaço entre dois corações que se reconhecem.

Quantas vezes esse mesmo pensamento já apareceu para você?

☐ ☐ ☐ ☐ ☐ ☐ ☐

meus insights

47

CONFIAR PARA VIVER

Os orientadores da Espiritualidade procuram companheiros, não escravos. O médium digno da missão do auxílio não é um animal subjugado à carga, mas sim um irmão da Humanidade e um aspirante à sabedoria.

XAVIER, FRANCISCO CÂNDIDO / ANDRÉ LUIZ. NOS DOMÍNIOS DA MEDIUNIDADE. FEDERAÇÃO ESPÍRITA BRASILEIRA, BRASÍLIA, 1955, CAPÍTULO 19.

Quantas vezes esse mesmo pensamento já apareceu para você? ☐ ☐ ☐ ☐ ☐ ☐ ☐

Vivemos a era do cansaço. Cansados do excesso, da pressa, das cobranças – e, para falar a verdade, cansados de nós mesmos. Mas esse cansaço não é apenas físico ou emocional. É o sintoma de uma alma que perdeu o contato com o sentido.

A ausência de consciência espiritual esvazia a vida de significado. E uma vida vazia de significado apodrece a alma até que ela tente renunciar à existência. O burnout existencial é isto: o ponto em que o espírito, saturado de fazer sem ser, apaga o brilho interior e passa a sobreviver no piloto automático.

Quando o ser se fecha em seus próprios desejos, perde o fluxo da vida e entra em estagnação. A energia divina deixa de circular, o amor deixa de irrigar e a alma começa a adoecer.

Em Vita Contemplativa, Byung-Chul Han afirma que o descanso verdadeiro não é inatividade, mas presença serena. A sociedade da performance – diz ele – exauriu o humano ao transformar cada instante em tarefa e cada pessoa em produto. O resultado é uma humanidade esgotada, desconectada de sua origem sagrada.

Viktor Frankl, por outro lado, descobriu que a vida nunca deixa de ter sentido – mesmo no sofrimento extremo. O sentido é o oxigênio do espírito; sem ele, a alma sufoca. Encontrá-lo não é criar um propósito qualquer, mas reconectar-se com o fluxo maior da existência, em que cada ato simples ganha dimensão eterna.

Chico Xavier nunca se deixou paralisar pelo cansaço. Ele o conhecia bem – físico, emocional, espiritual. Mas mantinha acesa a chama da fé porque sabia que o trabalho no bem é combustível da alma. Quem serve com amor se renova, porque participa da energia criadora do Universo.

A cura do cansaço existencial não é parar de agir, é agir com sentido. É reconectar consciência e coração, matéria e espírito, tempo e eternidade.

O descanso mais profundo é o repouso na confiança. E a alma que volta a confiar volta a viver.

meus insights

A EMOÇÃO É A ALMA QUE FALA

48

Cada criatura com os sentimentos que lhe caracterizam a vida íntima emite raios específicos e vive na onda espiritual com que se identifica.

PREFÁCIO DE EMMANUEL. XAVIER, FRANCISCO CÂNDIDO / ANDRÉ LUIZ. NOS DOMÍNIOS DA MEDIUNIDADE. FEDERAÇÃO ESPÍRITA BRASILEIRA, BRASÍLIA, 1955, PP. 7-10.

A emoção é a linguagem mais antiga da alma – mas a sociedade moderna a tratou como fraqueza. Aprendemos a pensar antes de sentir, a disfarçar antes de compreender, a reagir antes de discernir. O resultado é uma humanidade emocionalmente precária: hipersensível e, ao mesmo tempo, insensível.

O coração é o templo da vida. Quando esse templo é negligenciado, o ser se desconecta da própria fonte de equilíbrio. E o que antes era emoção – energia em movimento – se torna reatividade, impulsividade, ressentimento.

O psicólogo Daniel Goleman, em *Inteligência Emocional*, mostrou que o verdadeiro sucesso humano não depende do QI, mas da capacidade de reconhecer, compreender e administrar as próprias emoções. O desafio é que, na sociedade da pressa, raramente damos tempo à emoção para se tornar sentimento. Vivemos em um ciclo de estímulo e resposta – sem pausa, sem reflexão, sem digestão emocional.

A pesquisadora Brené Brown, em *A coragem de ser imperfeito*, acrescenta que a vulnerabilidade é o berço da autenticidade. A precariedade emocional nasce da negação da vulnerabilidade – do medo de sentir vergonha, medo, desejo ou dor. Mas só quem se permite sentir plenamente é capaz de viver plenamente.

Talvez a maturidade emocional seja menos controlar o que sentimos e mais acolher o que sentimos com consciência. Todo sentimento é mensageiro de um conteúdo interior. O coração precisa de educação, não de repressão. E educar o coração é uma tarefa espiritual – não técnica.

O que estou realmente sentindo neste momento – e o que estou tentando esconder de mim mesmo?

Reajo às pessoas com o que sinto agora ou com feridas antigas que ainda não curei?

O que aconteceria se eu me permitisse ser vulnerável, não como fraqueza, mas como caminho de conexão genuína?

E se o autodomínio não fosse um exercício de controle, mas de amor?

A cura da precariedade emocional começa quando paramos de fugir do coração. Porque é ali – no centro do ser – que o Espírito ainda fala em voz baixa, esperando ser ouvido.

Quantas vezes esse mesmo pensamento já apareceu para você?

☐ ☐ ☐ ☐ ☐ ☐ ☐

meus insights

49

APRENDER PARA AMAR, AMAR PARA APRENDER

Todos temos necessidade de instrução e de amor. Estudar e servir são rotas inevitáveis na obra de elevação. Toda a cultura intelectual é formada em cadeia de gradativa expansão. As civilizações sucedem-se, ininterruptas, ao influxo da herança mental.

XAVIER, FRANCISCO CÂNDIDO / EMMANUEL. PENSAMENTO E VIDA. BRASÍLIA: FEB, 2016.

Quantas vezes esse mesmo pensamento já apareceu para você?

☐ ☐ ☐ ☐ ☐ ☐ ☐

As injustiças estruturais não nascem apenas das leis imperfeitas – nascem das consciências adormecidas. Quando Emmanuel fala que "as civilizações sucedem-se ao influxo da herança mental", ele nos lembra que as estruturas sociais refletem o estado de maturidade espiritual da coletividade. O mundo externo é sempre projeção do mundo interno.

A filósofa Marilena Chauí, em Convite à Filosofia, explica que a ideologia é uma forma de pensamento que oculta as contradições da realidade, fazendo parecer natural aquilo que é fruto de relações de poder. Ela diz que a ideologia "inverte o real", fazendo com que o oprimido se sinta culpado por sua própria condição, enquanto os sistemas que o exploram permanecem invisíveis. Emmanuel descreve o mesmo fenômeno, mas sob o ângulo espiritual: a mente humana, quando ignorante de si, projeta e perpetua desigualdade, acreditando que ela é vontade divina, e não consequência do egoísmo.

Por isso, instrução e amor são inseparáveis. O estudo amplia o olhar; o amor corrige o rumo. O saber sem amor se torna arrogância – e o amor sem saber se torna ingenuidade. A cultura intelectual é "cadeia de gradativa expansão", porque o aprendizado verdadeiro é libertação, não adorno. E a libertação começa quando enxergamos o que a ideologia tenta esconder: que nenhuma miséria, injustiça ou exclusão é natural – é sempre construída, portanto pode ser reconstruída.

O autoconhecimento é o início da revolução silenciosa. Quando o indivíduo se conhece, ele deixa de ser massa e se torna consciência. E uma sociedade de consciências é ingovernável pelo medo. Ela não aceita a mentira do privilégio, nem o conformismo da fé que acomoda.

As injustiças estruturais se sustentam na alienação espiritual. Só há regeneração social quando há regeneração de consciência.

Introdução à Filosofia

Descubra o poder transformador da Filosofia: aprenda a pensar com clareza, agir com propósito e viver com significado.

meus insights

RAZÃO E TRANSCENDÊNCIA

50

A Espiritualidade inspira e acompanha os progressos da ciência, e os pesquisadores não conseguem realizar o que não tem apoio nos laboratórios do Infinito.

XAVIER, FRANCISCO CÂNDIDO / EMMANUEL. PLANTÃO DE RESPOSTAS. 1. ED. SÃO PAULO: IDE, 1994.

Emmanuel, pelo lápis de Chico, nos oferece aqui uma visão integradora e visionária: não há separação entre ciência e espiritualidade, apenas graus diferentes de percepção da mesma realidade. O cientista e o místico bebem da mesma fonte – um busca decifrar as leis de fora, o outro, as leis de dentro. Ambos são pesquisadores do mistério. Mesmo São João Paulo II escreveu: a fé e a razão são duas asas que nos elevam para o céu.

Os "laboratórios do Infinito" de que fala o texto não estão apenas além das estrelas, mas dentro da consciência universal. Toda descoberta humana nasce primeiro no plano sutil da inspiração – onde ideias vibram antes de se tornarem fórmulas, e intuições se condensam em teorias. A genialidade, em sua forma mais pura, é uma comunhão entre o intelecto humano e a mente cósmica. É quando o espírito sintoniza a frequência da criação e traduz em linguagem aquilo que o Infinito lhe sopra em silêncio.

A história da ciência confirma essa correspondência. Newton sonhou com a gravidade antes de formulá-la. Einstein descreveu o espaço-tempo após visões intuitivas de luz e movimento. Marie Curie dizia que "nada na vida deve ser temido, apenas compreendido". Todos, a seu modo, receberam lampejos dos planos sutis – não por privilégio, mas por sintonia.

O erro moderno está em separar razão e transcendência, como se fossem rivais. A espiritualidade, quando madura, não nega a ciência – a inspira. E a ciência, quando livre de dogmas, não desafia o divino – o revela. Somos pontes entre o visível e o invisível, e quanto mais expandimos a consciência, mais percebemos que os "laboratórios do Infinito" são, na verdade, extensões da própria mente universal de Deus.

A intuição é o microscópio da alma; a contemplação, seu telescópio. Quando ciência e espírito se dão as mãos, a humanidade se aproxima de sua verdadeira vocação: compreender para servir, descobrir para amar, investigar para despertar.

Quantas vezes esse mesmo pensamento já apareceu para você?

☐ ☐ ☐ ☐ ☐ ☐ ☐

meus insights

51

TODA ESCOLA É UM TEMPLO

A escola é um centro de indução espiritual, onde os mestres de hoje continuam a tarefa dos instrutores de ontem.

XAVIER, FRANCISCO CÂNDIDO / EMMANUEL.
PENSAMENTO E VIDA. BRASÍLIA: FEB, 2016.

Quantas vezes esse mesmo pensamento já apareceu para você?

A frase de Emmanuel, pela psicografia de Chico Xavier, desloca a ideia de escola do mero espaço físico de transmissão de conteúdos para o campo vibracional onde consciências se tocam, se ampliam e se transformam. A escola, em essência, é uma ponte entre mundos – um laboratório da alma onde a mente humana aprende a recordar o que o espírito já sabe.

Quando estudamos a teoria do Conhecimento, em nosso curso de Filosofia do Círculo, entendemos que o ato de conhecer gera movimento e integração: a consciência sai de si para colher, reunir e compreender o mundo – e, ao retornar, encontra-se mais lúcida de sua própria essência. A educação, portanto, é uma experiência espiritual. O mestre não deposita informação: ele desperta memória. Educar é ajudar o outro a lembrar-se de si.

Na pedagogia do espírito, a sala de aula é o espelho da eternidade. Cada lição é continuidade de aprendizados anteriores, vividos em outras existências, sob outros nomes. O professor, como instrumento do Infinito, é médium do verbo, do logos; cada aluno, um aprendiz do cosmos, em processo de autoindução à luz.

No Círculo Escola Filosófica, ensinamos que o verdadeiro conhecimento nasce da experiência consciente e integral – Conhecimento, Movimento e Transformação. Conhecer é expandir o ser; mover-se é integrar o aprendido; transformar é tornar-se canal da sabedoria que se vive. Assim, a escola não é apenas um centro de ensino, mas um campo de ressonância em que a mente humana e a mente divina dialogam em ritmo harmônico.

Em última instância, toda escola é templo. Cada aula, um rito de reconciliação entre ciência e espírito, entre o humano e o divino.

meus insights

Introdução à Filosofia

Descubra o poder transformador da Filosofia: aprenda a pensar com clareza, agir com propósito e viver com significado.

DIÁLOGO ENTRE MUNDOS

52

Eu contava cinco anos de idade, quando minha mãe desencarnou; mas, mesmo assim, nunca pude esquecê-la e, ultimamente, graças ao Espiritismo, ouço a sua voz, comunico-me com ela e ao seu espírito generoso. Devo a isto os melhores instantes de consolo espiritual da minha vida.

XAVIER, FRANCISCO CÂNDIDO. CARTAS DE UMA MORTA. 1. ED. RIO DE JANEIRO: FEDERAÇÃO ESPÍRITA BRASILEIRA, 1935.

A história de Chico Xavier é um testemunho vivo do poder transformador do relacionamento multidimensional. O menino que perdeu a mãe aos cinco anos e, mais tarde, reencontrou-a em espírito nos revela que a morte não separa – apenas desloca. O vínculo do amor não é físico: é vibracional. E quando a consciência se expande, o luto se converte em diálogo.

Esse diálogo entre mundos é mais do que consolo: é autoconhecimento. Porque ao percebermos que os laços da vida persistem além do corpo, compreendemos que nós mesmos somos mais do que carne e memória. A comunicação espiritual, quando genuína, não é espetáculo – é ciência da alma. E toda ciência, quando praticada com coração aberto, conduz ao mesmo ponto de origem: a consciência una, que nos conecta a todos os planos do ser.

O pesquisador inglês Robin Foy, do célebre Experimento Scole, entendia isso. Após anos de estudos em fenômenos de materialização e transcomunicação, iniciou um workshop na Espanha com uma frase que se tornou lendária: "Eu não acredito em vida após a morte... EU SEI". Essa distinção entre crer e saber marca o limiar entre a fé emocional e o conhecimento experiencial. Foy não buscava convencer: compartilhava evidência – a certeza nascida da convivência direta com o invisível.

Chico e Foy, em dimensões distintas da espiritualidade, apontam para a mesma direção: a da nova ciência do espírito, em que fé e razão, mediunidade e método, coração e consciência se reencontram. Essa ciência não se mede por instrumentos, mas pela vibração da mente desperta, que sabe que conhecer é amar. É uma ciência de fronteira, em que experimento, experiência e experimentador formam um só fluxo.

O relacionamento multidimensional não é um privilégio dos médiuns – é uma capacidade humana universal, adormecida sob o peso do materialismo. Quando aprendemos a ouvir o sutil, o além deixa de ser uma promessa distante e se torna um campo de presença cotidiana.

Robin Foy abraçou o espírito materializado de seu pai semanalmente no experimento de Scole e, nele, lembrou sua própria origem. Nesse instante, deixou de acreditar – e passou a saber.

Quantas vezes esse mesmo pensamento já apareceu para você?

☐ ☐ ☐ ☐ ☐ ☐ ☐

meus insights

53

COMO É FÁCIL APONTAR O DEDO

Meu filho, nós não estamos aqui para pregar moral para ninguém. Nós não estamos aqui para pregar moral, nós estamos aqui para visitar irmãos nossos. Nós poderíamos estar no lugar deles.

POZATI FILMES. QUANDO LEMBRO DE CHICO. TRANSCRIÇÃO. [S.L.]: POZATI FILMES, [S.D.].

Quantas vezes esse mesmo pensamento já apareceu para você?

A cena é simples, mas o ensinamento é profundo. Durante uma visita de Chico Xavier a um presídio, um companheiro o questiona: "Chico, o senhor vai levar cigarros aos presos?". E o médium responde, sereno: "Meu filho, nós não estamos aqui para pregar moral para ninguém... nós estamos aqui para visitar irmãos nossos".

Nesse instante, o amor se fez filosofia viva.

A resposta de Chico ecoa o aforismo hermético da adequação da luz: "Leite às crianças, carne aos homens formados". A sabedoria divina nunca impõe – oferece na medida que cada consciência pode assimilar. O amor é pedagógico: ensina sem humilhar, corrige sem ferir, acolhe sem exigir que o outro já seja o que ainda está aprendendo a ser. Amar é compreender o tempo do outro sem abdicar da luz, mas sem violentar a sombra. É o pai que fala como criança a uma criança.

A compaixão de Chico é o oposto da condescendência. Ele não passa a mão na cabeça do erro – ele passa a mão sobre a dor. Entende que cada consciência caminha no compasso de sua maturidade espiritual. Onde o moralista vê culpa, o sábio percebe ignorância em busca de cura.

Por isso, o amor verdadeiro não é apenas um código de conduta, mas também uma arte de percepção: ele lê o invisível no visível, o divino no caído, o eterno no provisório.

A cada coração, o amor entrega o remédio que cabe – nem antes, nem depois. E quando compreendemos isso, deixamos de medir o mundo pela régua da nossa pseudovirtude e passamos a enxergá-lo pela lente da misericórdia. Chico não levou cigarros: levou dignidade, alívio. E, ao lembrar que "poderíamos estar no lugar deles", revelou a lei que sustenta o universo: a unidade. A separação é ilusão; o "eu" e o "outro" são variações da mesma centelha.

O amor, portanto, não é moralismo – é despertar. Ele sabe o que cada alma dá conta de receber. E espera, paciente, o dia em que todos poderão provar do banquete da compreensão total.

meus insights

BORA PARAR DE BANCAR A VÍTIMA?

54

Cada criatura viverá daquilo que cultiva.

XAVIER, FRANCISCO CÂNDIDO / ANDRÉ LUIZ. NOSSO LAR. 1. ED. RIO DE JANEIRO: FEDERAÇÃO ESPÍRITA BRASILEIRA, 1944. EDIÇÃO KINDLE.

Em poucas palavras, Chico Xavier, pela voz de André Luiz, sintetiza uma das leis mais sutis e imutáveis do universo: a da semeadura espiritual. Tudo o que pensamos, sentimos e fazemos é semente – e toda semente, mais cedo ou mais tarde, frutifica. O Salmo 126 ecoa o mesmo princípio: "Os que semeiam em lágrimas colherão com alegria". Ambas as expressões falam da alquimia da alma: o sofrimento consciente, aquele que não se revolta, mas se resigna, transforma dor em sabedoria e colheita em alegria.

Viver daquilo que cultivamos é reconhecer que a vida é campo, e nós, agricultores do próprio destino. Cada emoção que nutrimos fertiliza o solo da existência – amor gera paz, egoísmo gera solidão, paciência gera equilíbrio. Não há castigo nem sorte: há consequência e aprendizado. A Providência é matemática e misericordiosa.

Quando a dor nos visita, costumamos vê-la como punição; mas, sob o olhar da lei divina, ela é apenas o reflexo do que precisa ser depurado. O "semear em lágrimas" é o processo de adubação espiritual: a lágrima rega o terreno do coração, tornando-o fértil para a colheita do amor.

O "colher com sorrisos" é o resultado da persistência da alma que, mesmo ferida, investiga: do que essa dor é mensageira? O que preciso aprender com essas lágrimas?

Essa lei universal opera não apenas no campo moral, mas em todos os planos da criação. Nossos pensamentos são vibrações que se materializam em torno de nós, tecendo a atmosfera em que respiramos. O céu ou o inferno não estão em outro lugar – estão nas paisagens interiores que cultivamos diariamente.

Chico, com sua simplicidade cósmica, nos lembra que não há atalhos na evolução: viveremos das flores ou dos espinhos que nossas próprias mãos semearem. A boa notícia é que sempre é tempo de replantar.

Hoje as lágrimas podem ser o preço da consciência – amanhã serão a seiva dos sorrisos.

Quantas vezes esse mesmo pensamento já apareceu para você?

☐ ☐ ☐ ☐ ☐ ☐ ☐

meus insights

55

CHEGA DE INÉRCIA ESPIRITUAL

A conscientização de nossa condição de corresponsáveis por tudo que se passa ao nosso redor é o que deve prevalecer.

XAVIER, FRANCISCO CÂNDIDO / EMMANUEL. PLANTÃO DE RESPOSTAS. 1. ED. SÃO PAULO: IDE, 1994.

A frase de Emmanuel, pela psicografia de Chico Xavier, traduz o que poderíamos chamar de espiritualidade da responsabilidade compartilhada. Não há separação entre o indivíduo e o coletivo, entre o que sentimos e o que o mundo se torna. Cada pensamento é um voto vibracional, cada atitude, uma forma de governo.

Nossa sociedade, como descreve Byung-Chul Han, confunde liberdade com exaustão. Em *Psicopolítica,* o filósofo afirma que o sujeito contemporâneo, acreditando ser livre, tornou-se prisioneiro da própria produtividade. “O sujeito de desempenho é simultaneamente o carrasco e a vítima de si mesmo”, diz Han. Essa dinâmica de autocobrança incessante produz o esgotamento da alma e, com ele, o colapso da empatia – a raiz das nossas crises políticas, econômicas e sociais.

Chico e Emmanuel antecipam esse diagnóstico ao proporem a corresponsabilidade espiritual como antídoto. Enquanto o sujeito neoliberal repete “eu posso tudo”, o espírito desperto compreende: “somos todos parte de tudo”. A consciência coletiva é o organismo que mantém o planeta vivo – e o egoísmo, a doença que o adoece.

Já Erich Fromm, em *Ter ou Ser?,* oferece a ponte entre o pensamento moderno e a sabedoria dos espíritos: “O homem moderno vive na ilusão de possuir, e não na verdade de ser”. Fromm afirma que a cultura do ter nos afastou da experiência do ser, transformando relações em transações e cidadãos em consumidores. Para Chico, isso é precisamente o esquecimento da corresponsabilidade: quando acreditamos que basta cuidar do próprio umbigo, alimentamos as estruturas invisíveis da indiferença que geram miséria e violência.

Ser corresponsável, portanto, é resgatar o ser sobre o ter, o nós sobre o eu. É perceber que nenhuma injustiça social existe sem a cumplicidade da inércia espiritual. É entender que toda transformação genuína começa pela consciência – a mesma consciência que Emmanuel convida a despertar quando diz que “deve prevalecer” a percepção de que estamos todos implicados no destino comum da Terra.

A espiritualidade, a filosofia e a política se encontram nesse ponto: não há salvação individual possível. Só seremos livres quando formos responsáveis uns pelos outros.

Quantas vezes esse mesmo pensamento já apareceu para você?

meus insights

PENSAMENTO COMO FORÇA CRIATIVA

56

O pensamento é força criativa a exteriorizar-se, da criatura que o gera, por intermédio de ondas sutis, em circuitos de ação e reação no tempo.

XAVIER, FRANCISCO CÂNDIDO / EMMANUEL. PENSAMENTO E VIDA. BRASÍLIA: FEB, 2016.

Chico Xavier, pela voz de Emmanuel, antecipa em linguagem espiritual o que a nova física e a neurociência contemporânea começam a reconhecer: o pensamento não é apenas um subproduto da mente, é uma força criadora que molda a realidade. O espírito e o campo quântico são dois modos de dizer a mesma coisa – o universo responde à consciência que o observa.

O físico quântico Amit Goswami, em *O Universo Autoconsciente* (1995), afirma literalmente: "A consciência é a base de toda existência. Não é a matéria que produz a consciência, mas a consciência que produz a matéria". Para Goswami, o universo é uma totalidade consciente que se manifesta em níveis de densidade e informação. O pensamento, portanto, é uma onda de possibilidade colapsando em forma – exatamente como Emmanuel descreve: "força criativa a exteriorizar-se em circuitos de ação e reação no tempo". O que os espíritos chamam de campo mental é, na linguagem da física quântica, o campo de possibilidades. O observador – o ser consciente – é o agente colapsador da realidade.

Na mesma linha, Joe Dispenza, neurocientista e pesquisador da plasticidade cerebral, afirma, em *Quebrando o hábito de ser você mesmo* (2012): "Os pensamentos são a linguagem do cérebro, e os sentimentos são a linguagem do corpo. Quando ambos estão alinhados, a mente e o corpo atuam como um único campo de energia que influencia o mundo material". Essa é a física da oração, o mecanismo invisível da criação exoconsciente. O pensamento, quando sustentado por emoção coerente e intenção clara, emite um padrão vibratório que reconfigura não apenas o cérebro, mas também o espaço-tempo ao redor.

Emmanuel já ensinava o mesmo, sob outro vocabulário: cada pensamento é um impulso eletromagnético que modela a psicosfera do indivíduo e, pela lei de ação e reação, retorna em ondas compatíveis.

A convergência entre espiritualidade e ciência aponta para uma ética transcendente: pensar é criar. E criar implica responsabilidade. O pensamento é a semente do destino. Por isso, Chico nos convidava à vigilância mental: o universo escuta o que pensamos.

Quando aprendemos a unir consciência e amor, intenção e entrega, tornamo-nos cocriadores exoconscientes – engenheiros da realidade que o próprio Deus sonha através de nós.

Quantas vezes esse mesmo pensamento já apareceu para você?

☐ ☐ ☐ ☐ ☐ ☐ ☐

meus insights

57

NINGUÉM ESTÁ SOZINHO, NUNCA!

Hoje sei que, naqueles angustiosos momentos, muitos seres se conservavam, embora intangíveis, ao meu lado, amparando-me com os seus braços tutelares e compassivos...

XAVIER, FRANCISCO CÂNDIDO. CARTAS DE UMA MORTA. 1. ED. RIO DE JANEIRO: FEDERAÇÃO ESPÍRITA BRASILEIRA, 1935.

Quantas vezes esse mesmo pensamento já apareceu para você?

☐ ☐ ☐ ☐ ☐ ☐ ☐

meus insights

Ninguém está sozinho – nunca. Essa talvez seja a mais doce e poderosa das verdades espirituais. Chico Xavier experimentou-a desde menino, quando sua sensibilidade mediúnica o fazia perceber presenças sutis que o protegiam nas horas mais sombrias. Décadas mais tarde, o próprio Chico seria lembrado dessa verdade de forma arrebatadora no Centro Espírita Luiz Gonzaga, em Pedro Leopoldo, no episódio relatado por Geraldo Lemos Neto: a visão dos Irmãos do Arco-Íris.

Cansado, solitário e desanimado com a ausência de companheiros para as reuniões mediúnicas, Chico confidenciou a Emmanuel que pretendia encerrar as atividades. Ninguém comparecia às reuniões de seu recém fundado centro. A vizinha ao lado já o considerava louco por ler em voz alta – para "ninguém" – os trechos do Evangelho de cada encontro. O mentor, porém, pediu-lhe paciência e prometeu mostrar-lhe "que ele não estava só". Na semana seguinte, durante uma sessão, Emmanuel aplicou passes em seu centro coronário, e o cenário se transfigurou: diante dele, ergueu-se uma imensa arquibancada espiritual, repleta de cerca de cinco mil espíritos iluminados. Eram consciências desencarnadas, estudantes do Evangelho e da mediunidade, reunidas para aprender e preparar-se para reencarnar e continuar o projeto que Chico inaugurava com sua vida.

Esses espíritos formavam, como explicou Emmanuel, uma família espiritual comprometida com a regeneração da Terra – os chamados Irmãos do Arco-Íris, uma promessa feita por Dona Cidália, sua segunda mãe, antes de partir: "Não se esqueça, Chico, os Irmãos do Arco-Íris estarão com você". Naquele instante, ele viu as cores do arco-íris iluminando o ambiente e compreendeu: a solidão é uma ilusão dos olhos da carne.

A visão do Chico se conecta ao que a física da consciência moderna vem apontando: a realidade é um campo unificado de energia e informação. Tudo está interligado. Em cada vibração de fé, em cada oração silenciosa, há ondas sutis de apoio invisível sustentando nossa caminhada.

Ninguém caminha só, porque a vida é tecida em rede – visível e invisível, humana e divina. Quando o coração silencia o medo e a decepção, é possível ouvir o coro dos Irmãos do Arco-Íris repetindo: "Coragem, ninguém está sozinho".

QUAIS SÃO MEUS TALENTOS NATURAIS?

58

Dentro de nós há um espírito de brilho pessoal.

ENTREVISTA PARA GLÓRIA MENEZES, TV GLOBO, 1988.

Chico Xavier, em sua singela entrevista com Glória Menezes, nos oferece uma frase que, embora curta, carrega a profundidade de uma cosmovisão inteira. É a síntese da confiança divina no ser humano – a certeza de que cada alma é uma centelha do Criador, uma fagulha única de luz em meio ao vasto tecido da existência.

A psicologia moderna se aproximou desse olhar espiritual por meio do pensamento de Donald Clifton, pai da Psicologia dos Pontos Fortes e fundador do CliftonStrengths (Gallup). Clifton revolucionou a psicologia ao propor uma inversão radical: em vez de gastar energia tentando corrigir fraquezas, deveríamos cultivar nossos pontos naturais de talento, pois é neles que habita o brilho genuíno de cada indivíduo. Como ele escreveu: “O que o ser humano tem de melhor é a promessa de se tornar ainda melhor naquilo que já faz bem” (Clifton & Harter, 2003, StrengthsQuest).

Essa filosofia dialoga diretamente com a visão de Chico. O “espírito de brilho pessoal” de que ele fala é exatamente o potencial divino que, quando reconhecido e desenvolvido, se transforma em serviço, alegria e propósito. Cada talento natural que cultivamos é uma frequência que sintoniza nossa alma com a harmonia universal.

No entanto, a sociedade ainda educa para a falta. Ensina a corrigir defeitos, a competir, a se comparar. Clifton nos lembra – e Chico confirma – que o florescimento humano não nasce da autocrítica, mas do autoconhecimento amoroso. Quem faz brilhar a sua própria luz não precisa roubar os holofotes de ninguém. Aprende a celebrar a diversidade de talentos extraordinários, em que todos têm o seu espaço e expressão.

Quando acolhemos essa perspectiva, compreendemos que a espiritualidade e a psicologia convergem num mesmo convite: seja quem você é, na sua máxima potência.

Brilhar não é vaidade – é gratidão. É reconhecer que a centelha divina dentro de nós quer se tornar luz no mundo, do seu próprio jeito.

Quantas vezes esse mesmo pensamento já apareceu para você?

☐ ☐ ☐ ☐ ☐ ☐ ☐

meus insights

59

TODA FERIDA É UMA PORTA

Nossa dor, portanto, não nos edifica pelos prantos que vertemos, ou pelas feridas que sangram em nós, mas pela porta de luz que nos oferece ao espírito, a fim de sermos mais compreensivos e mais humanos.

XAVIER, FRANCISCO CÂNDIDO / ANDRÉ LUIZ. NOSSO LAR. 1. ED. RIO DE JANEIRO: FEDERAÇÃO ESPÍRITA BRASILEIRA, 1944. EDIÇÃO KINDLE.

Toda ferida que sofremos é uma fenda por onde a luz tenta entrar em nosso ser. André Luiz, pela psicografia de Chico Xavier, recorda que o sofrimento em si não salva – o que transforma é o que fazemos com ele. A dor é convite, não castigo. É o cinzel divino que revela a escultura oculta sob o mármore do ego.

A psicóloga junguiana Marie-Louise von Franz, continuadora direta de Carl Gustav Jung, em sua obra *Alquimia* (1980), descreve esse processo com a precisão de quem leu o inconsciente como um laboratório divino: "A ferida é o lugar onde o Self toca a personalidade; a dor é o fogo alquímico que transforma o chumbo da experiência bruta em ouro de consciência". Para Von Franz, as crises humanas equivalem às operações alquímicas da nigredo – o estágio de escuridão e decomposição em que o velho eu se desintegra para dar espaço ao novo. A luz só pode nascer onde algo se rompe.

Chico e Von Franz se encontram neste ponto essencial: a dor é o limiar da iluminação. As lágrimas não são o fim – são o solvente sagrado que dissolve o endurecimento da alma. Quando o sofrimento é vivido com entrega e sentido, ele abre uma "porta de luz", nas palavras de André Luiz – um portal de expansão da consciência que nos torna mais compassivos, mais humanos, mais inteiros.

A alquimia espiritual não se realiza fora, mas dentro. O cadinho é o coração; o fogo é a experiência; o ouro é a sabedoria que nasce quando aceitamos a travessia. O que o alquimista buscava nos metais, o espírito busca na alma: a transmutação do sofrimento em amor.

Assim, cada dor pode ser vista como um laboratório secreto da alma, onde Deus trabalha em silêncio. Quando não resistimos ao processo, quando deixamos a luz tocar as partes sombrias, descobrimos que a ferida não é punição – é a assinatura do divino, lembrando-nos de que fomos feitos para brilhar até mesmo através das rachaduras.

Quantas vezes esse mesmo pensamento já apareceu para você?

☐ ☐ ☐ ☐ ☐ ☐ ☐

meus insights

A QUEM MUITO FOI DADO...

60

Cumpramos os nossos deveres, compreendendo que a nossa responsabilidade tem o tamanho do nosso conhecimento.

XAVIER, FRANCISCO CÂNDIDO. PINGA-FOGO. PROGRAMA DE TV, TV TUPI, SÃO PAULO, 1971. TRANSCRIÇÃO INTEGRAL.

"A quem muito foi dado, muito será cobrado." Essa máxima do Evangelho ecoa na frase de Chico Xavier como um lembrete sereno, mas implacável, de que toda luz carrega um compromisso – o da coerência. Saber é comprometer-se. A consciência não é um prêmio: é um chamado à ação.

Chico compreendia que conhecimento, sem aplicação, endurece em orgulho. O saber só cumpre sua função divina quando se traduz em contribuição para a humanidade. Por isso, ele nos convida a entender que a responsabilidade cresce na mesma medida da lucidez. Quanto mais vemos, mais devemos. O verdadeiro perigo da ignorância é a inconsciência; o da sabedoria é a omissão.

No plano espiritual, o conhecimento é movimento – como ensinamos no Círculo Escola Filosófica: Conhecimento, Movimento, Transformação. O saber não é um fim em si mesmo, mas uma força que, quando assimilada, pede expressão. É energia viva que se converte em gesto, decisão, criação. Quem sabe e não age interrompe o fluxo da evolução, como uma fonte que se nega a jorrar.

A responsabilidade, portanto, não é um fardo, mas o eixo que nos alinha ao propósito. Ela não oprime, ilumina. O dever, quando compreendido sob a luz da consciência, deixa de ser obrigação e se torna oportunidade: o privilégio de participar do plano divino em ação.

O que sei pede de mim atitude. O que compreendo me convoca a contribuir. O que desperto me convida a amar.

O caminho do espírito é dinâmico – aprender é expandir o raio de ação do bem. A consciência cresce não pelo acúmulo de informações, mas pela capacidade de encarnar o que se sabe. É no exercício diário da tarefa bem cumprida, silencioso e generoso, que o conhecimento se transforma em sabedoria.

A luz, afinal, não foi feita para ser contemplada, mas para ser usada.

Quantas vezes esse mesmo pensamento já apareceu para você?

☐ ☐ ☐ ☐ ☐ ☐ ☐

meus insights

61

SOMOS TODOS UM

Nós não estamos separados, os evangélicos reformistas nem os espíritas cristãos, por diferenças fundamentais. Os Espíritos nos ensinam que nós estamos em faixas diferentes de interpretação, mas somos uma família só, diante de Nosso Senhor Jesus Cristo.

XAVIER, FRANCISCO CÂNDIDO. PINGA-FOGO. PROGRAMA DE TV, TV TUPI, SÃO PAULO, 1971. TRANSCRIÇÃO INTEGRAL.

Quantas vezes esse mesmo pensamento já apareceu para você?

☐ ☐ ☐ ☐ ☐ ☐ ☐

Chico Xavier sempre compreendeu que o sagrado é maior que qualquer fronteira dogmática. Sua visão é profundamente inclusiva: não há religiões rivais, há linguagens diferentes tentando descrever o mesmo Mistério. Quando ele diz que “somos uma família só diante de Nosso Senhor Jesus Cristo”, Chico antecipa uma consciência espiritual planetária – uma fé que reconhece a unidade essencial por trás da diversidade das formas.

Essa percepção ecoa com o pensamento que exponho em *Os sem religião*: a instituição religiosa não é proprietária da espiritualidade. A espiritualidade é uma dimensão intrínseca do ser humano, um eixo organizador da consciência e da vida. Ela não depende de templos, hierarquias ou rituais formais – é a própria pulsação do divino em nós. “A espiritualidade é a centelha silenciosa que nos recorda, mesmo em meio ao ruído da modernidade, que nunca estivemos separados do Todo.”

A Organização Mundial da Saúde (OMS), ao incluir a dimensão espiritual no seu Protocolo de Qualidade de Vida e Integração de Sistemas, reforça essa visão ampliada. O bem-estar integral depende da harmonia entre o biológico, o psicológico, o social, o ambiental, o funcional e o espiritual – seis sistemas interdependentes que expressam a totalidade do ser humano. O espírito, nessa estrutura, é o campo que dá sentido e coesão aos demais.

Ser espiritual, portanto, não é pertencer a uma religião – é pertencer à Vida, consciente de que toda forma de fé, quando verdadeira, é apenas uma janela diferente para o mesmo Sol.

meus insights

A CORRENTE DO BEM

62

Nós teremos, naturalmente, as compensações de todo o bem que tenhamos feito.

ENTREVISTA PARA GLÓRIA MENEZES, TV GLOBO, 1988.

Quantas vezes esse mesmo pensamento já apareceu para você?

Chico Xavier dizia isso com a serenidade de quem via o tempo em camadas: o presente, o passado e o futuro entrelaçados num tecido de amor e consequência. Cada gesto, por mais singelo, é uma semente vibrando no campo infinito da vida. Nada se perde. Tudo retorna. O bem que fazemos, às vezes silenciosamente, viaja pelo invisível até encontrar o momento exato de florescer – dentro de nós ou em alguém que nem imaginamos ter tocado.

O cinema retratou essa verdade espiritual com beleza em *A Corrente do Bem* (2000). O menino Trevor, ao propor que cada pessoa ajudasse três outras sem esperar nada em troca, acendeu uma chama que ultrapassou fronteiras, transformando vidas e reacendendo a esperança de um mundo mais generoso. O filme é uma parábola moderna da lei de causa e efeito que Chico traduzia em amor prático: todo bem retorna, multiplicado.

Na lógica divina, a recompensa não é moeda – é expansão. Fazer o bem não nos torna santos, nos torna humanos. É no exercício da compaixão que o espírito se reconhece como parte de um todo. Quando amparamos alguém, é a própria vida que se reorganiza para nos amparar de volta. O universo opera em ressonância: o que emitimos, colhemos; o que oferecemos, recebemos em outra forma, em outro tempo, no compasso perfeito da justiça amorosa de Deus.

Chico viveu essa corrente com simplicidade comovente. Um gesto, uma palavra, um abraço, um sorriso. Cada encontro era oportunidade de deixar rastros de luz. Hoje, no mundo acelerado e tantas vezes descrente, o chamado é o mesmo: continuar a corrente. Oferecer um gesto de bondade sem esperar retorno. Escutar sem julgar. Ajudar sem precisar ser visto. Amar sem motivo.

Porque, como ensinou Chico, o bem é o único investimento garantido na economia espiritual do universo. E quem planta amor, cedo ou tarde, colhe paz.

meus insights

63

SERÁ QUE VOCÊ FARIA MELHOR?

Não se pode esquecer que uma nação não é formada apenas de dirigentes, existe em número maior o povo. E nosso povo, como um todo, precisa realmente buscar sua evolução moral e intelectual a fim de construir uma nação mais fraterna e cristã por excelência.

XAVIER, FRANCISCO CÂNDIDO / EMMANUEL. PLANTÃO DE RESPOSTAS. 1. ED. SÃO PAULO: IDE, 1994.

Quantas vezes esse mesmo pensamento já apareceu para você?

☐ ☐ ☐ ☐ ☐ ☐ ☐

meus insights

Chico Xavier, pela voz lúcida de Emmanuel, nos recorda que o destino de um país se escreve não só nos gabinetes, mas também nos corações conscientes. A verdadeira política começa na alma de um povo acordado. Cada consciência desperta é um voto espiritual na construção do mundo que sonha. O progresso coletivo não se impõe por decreto – floresce da soma das transformações individuais.

Em A República, Platão nos oferece o mesmo princípio sob a ótica filosófica. Ele afirma: "Somente quando os filósofos forem reis, ou os reis forem verdadeiros filósofos, cessarão os males das cidades" (A República, Livro V). Mas Platão não se referia a uma elite intelectual, e sim a uma aristocracia da consciência – homens e mulheres capazes de governar a si mesmos, pois compreenderam a ordem interior que sustenta o cosmos. A cidade justa é reflexo da alma justa.

Chico e Platão se encontram no mesmo ponto: ambos entendem que nenhuma estrutura política ou econômica pode regenerar o mundo sem a regeneração moral do ser humano. Emmanuel aprofunda esse conceito ao dizer que a evolução intelectual sem a moral resulta em desequilíbrio – ciência sem consciência, progresso sem paz. Por isso, Chico insiste na educação espiritual como pilar da cidadania: um povo instruído e compassivo não se deixa manipular nem oprime o outro; trabalha não por medo da punição, mas por amor à coletividade.

A nação, assim compreendida, não é um território – é um organismo espiritual. Cada cidadão é uma célula viva no corpo moral do país. Quando um desperta, eleva a vibração de todos. Quando muitos despertam, inicia-se o verdadeiro governo: o da fraternidade.

Platão sonhou com a República ideal; Chico viveu para plantar a República do Espírito – onde o bem comum é expressão do amor em ação e onde a política se torna, enfim, o exercício coletivo da consciência.

COMO SE TORNAR SOBRENATURAL

64

Em todos os domínios do Universo vibra, pois, a influência recíproca. Tudo se desloca e renova sob os princípios de interdependência e repercussão. O reflexo esboça a emotividade. A emotividade plasma a ideia. A ideia determina a atitude e a palavra que comandam as ações.

XAVIER, FRANCISCO CÂNDIDO / EMMANUEL. PENSAMENTO E VIDA. BRASÍLIA: FEB, 2016.

Poucos textos descrevem com tanta precisão o dinamismo da consciência quanto este de Emmanuel. O universo é uma rede viva de energia e informação, em que tudo repercute em tudo. O pensamento é vibração, a emoção é campo, e juntos constroem o mundo que percebemos. A criação não é um ato isolado – é um processo contínuo de ressonância entre o espírito e o cosmos.

Essa visão encontra eco direto na obra de Joe Dispenza, especialmente em *Como se Tornar Sobrenatural* (2019). Dispenza, unindo neurociência, epigenética e física quântica, descreve o mesmo princípio com outro vocabulário: "Os pensamentos são elétricos, as emoções são magnéticas. Juntos, eles geram um campo eletromagnético pessoal que influencia toda a matéria e energia à nossa volta" (p. 77). O que Emmanuel chama de influência recíproca é, na linguagem científica de Dispenza, o campo quântico no qual todas as consciências interagem. A mente não é confinada ao cérebro; é uma extensão vibratória que se comunica com a estrutura do universo. Quando pensamos e sentimos de modo coerente, alinhando intenção e emoção, tornamo-nos cocriadores exoconscientes. Como escreve Dispenza: "Quando você muda seu estado interno, altera a energia do seu corpo. E ao mudar sua energia, muda a sua vida" (p. 51).

Essa é a tradução moderna da lei espiritual da repercussão. Cada reflexo mental – como ensina Emmanuel – gera uma onda de emoção, que molda ideias, atitudes e, por fim, ações. Somos nós que alimentamos o circuito das causas e efeitos, tanto no plano material quanto espiritual.

Chico, pela mediunidade de Emmanuel, antecipa a teoria dos campos morfogenéticos da consciência. Dispenza confirma, pela pesquisa empírica, que a mente humana é capaz de reorganizar o corpo e a realidade ao redor por meio da coerência vibracional.

Pensar é, portanto, um ato sagrado. Cada emoção emitida é uma semente no campo quântico da criação. Quando cultivamos pensamentos de amor, compaixão e gratidão, ajustamos nossa frequência à harmonia divina. E como afirmaria Emmanuel – e Dispenza assinaria embaixo –, nesse estado de coerência, deixamos de ser vítimas das circunstâncias e nos tornamos participantes da inteligência cósmica que move o universo.

Quantas vezes esse mesmo pensamento já apareceu para você?

☐ ☐ ☐ ☐ ☐ ☐ ☐

meus insights

65

NÃO TEM COMO DISFARÇAR O ESPÍRITO

Você é quem eu pensava. Vá buscar seus amiguinhos ali e traga para fazermos a entrevista que você quer.

POZATI FILMES. COMO CONHECI CHICO XAVIER, 1968. TRANSCRIÇÃO. [S.L.]: POZATI FILMES, [S.D.]. DISPONÍVEL EM: YOUTUBE.COM/CIRCULOESCOLA.

Quantas vezes esse mesmo pensamento já apareceu para você?

☐ ☐ ☐ ☐ ☐ ☐ ☐

Saulo Gomes, jornalista experiente e dono de uma malandragem do bem, vinha havia meses tentando uma façanha: entrevistar Chico Xavier. Telefonemas, recados, bilhetes – nada. Chico, sempre gentil, mas evasivo, adiava o encontro. Estava ressabiado com jornalistas. Até que, num dia quente em Uberaba, Saulo decidiu arriscar. Pegou o carro, levou escondidos dois colegas de equipe. Deixou todo o time de produção de sobreaviso na estrada e foi direto à casa de Chico, decidido a romper o cerco da própria timidez do médium.

Chegando lá, encontrou o portão aberto e um silêncio que parecia respirar. Antes que dissesse uma palavra, Chico apareceu, sorridente, como quem já o esperasse desde sempre. Olhou-o com aquele olhar manso que atravessava carne e pensamento. Conversaram, falaram, argumentaram. Sem rodeios nem cerimônia, Chico dá a cartada:

"Você é quem eu pensava. Agora vá buscar seus amiguinhos ali e traga para fazermos a entrevista que você quer."

Saulo congelou. Como assim, amiguinhos? Ninguém tinha dito nada!

O episódio, narrado pelo próprio Saulo anos depois, tornou-se um dos momentos mais saborosos da história da mediunidade moderna: o repórter que foi investigar o médium e acabou sendo "investigado" antes mesmo de chegar. Chico, com o mesmo humor leve que fazia o extraordinário parecer trivial, tratou a situação com naturalidade: "Ora, se vocês vieram com boa intenção, entrem, meus filhos! Vamos conversar, sim".

A entrevista aconteceu, e foi o início de uma amizade que atravessaria décadas. Saulo, acostumado a furos jornalísticos, acabou recebendo um furo de outra natureza: descobriu que a mediunidade não é espetáculo, é estado de consciência. Chico não adivinhava – ele percebia. Sua mente vibrava em sintonia com dimensões onde o tempo se dobra, e onde a intenção brilha mais forte que qualquer disfarce.

No fundo, a história é um lembrete divertido e profundo: diante da transparência da alma, não há segredos. E quando a intenção é genuína, o universo abre as portas.

meus insights

O QUE CURA É O AMOR, DOUTOR!

66

Grande número de médicos, na Terra, prefere apenas a conclusão matemática diante dos serviços de anatomia. Concordemos que a Matemática é respeitável, mas não é a única ciência do universo. Como reconhece agora, o médico não pode estacionar em diagnósticos e terminologias. HÁ QUE PENETRAR A ALMA, SONDAR-LHE AS PROFUNDEZAS.

XAVIER, FRANCISCO CÂNDIDO / ANDRÉ LUIZ. NOSSO LAR. 1. ED. RIO DE JANEIRO: FEDERAÇÃO ESPÍRITA BRASILEIRA, 1944. EDIÇÃO KINDLE.

Quando André Luiz escreveu essas palavras por intermédio de Chico Xavier, em 1944, o termo "humanização da medicina" nem sequer existia. Ainda vivíamos o auge do paradigma mecanicista herdado de Descartes, em que o corpo era uma máquina e o médico, seu engenheiro. O espírito estava fora da equação.

Mas André Luiz, com a visão ampliada de quem observava da dimensão espiritual, já denunciava o desequilíbrio dessa abordagem. A medicina que se contenta apenas com a "conclusão matemática" pode curar corpos, mas não necessariamente restabelece a saúde – porque o verdadeiro processo de cura acontece na totalidade do ser.

Setenta anos depois, a medicina começa a alcançar a intuição profética de André Luiz. O movimento de humanização da medicina, hoje presente em faculdades, políticas públicas e redes hospitalares, resgata o princípio de que tratar é também escutar, acolher e compreender. Saúde não é cuidar de doença, mas um recurso para vida, como a própria Carta de Ottawa nos lembra. O médico volta a ser, antes de tudo, um cuidador da alma. Como afirma o Programa Nacional de Humanização da Atenção e Gestão em Saúde (Ministério da Saúde, 2003): "Humanizar é valorizar o sujeito – o profissional e o usuário – em todas as suas dimensões".

André Luiz já antecipava esse conceito ao propor uma medicina espiritual e integral, em que o diagnóstico não termina no exame, mas se estende ao campo vibracional e emocional do paciente. A dor física, dizia ele, é quase sempre reflexo de distúrbios da alma. Curar implica rearmonizar pensamento, sentimento e energia – exatamente o que a psicossomática, a epigenética e as terapias integrativas hoje confirmam.

A medicina do futuro, portanto, é aquela que se recorda do passado essencial: a de Hipócrates, que via o médico como servidor da natureza, e a de Jesus, que via o enfermo como irmão.

Chico e André Luiz estavam – e ainda estão – à frente de seu tempo. Eles nos lembram que a ciência mais precisa não é a dos instrumentos, mas a da compaixão. E que o bisturi da alma se chama amor.

Quantas vezes esse mesmo pensamento já apareceu para você?

meus insights

A FÉ SEM OBRAS É MORTA

67

O trabalho espiritual precisa do trabalho social, e o social precisa do espiritual.

POZATI FILMES. PERSEVERANÇA COM CHICO XAVIER. TRANSCRIÇÃO. [S.L.]: POZATI FILMES, [S.D.]. DISPONÍVEL EM: YOUTUBE.COM/CIRCULOESCOLA.

Quantas vezes esse mesmo pensamento já apareceu para você?

☐ ☐ ☐ ☐ ☐ ☐ ☐

Chico Xavier sabia que o amor precisa ter corpo – e que a caridade, para ser completa, precisa ter alma. Quando disse à querida Guiomar Albanesi, fundadora do Centro Espírita Perseverança, que “o trabalho espiritual precisa do social, e o social precisa do espiritual”, ele traçou o mapa de uma revolução silenciosa: a união entre fé e ação, entre oração e serviço, entre mística e prática.

O trabalho espiritual sem ação social corre o risco de se tornar contemplação estéril – uma torre de marfim emocional. Já o trabalho social sem espiritualidade pode transformar-se em ativismo exaustivo, em que se serve por rancor, e não por amor. Chico, com sua sabedoria despretensiosa, ensinava que a força do servir vem da sintonia vibracional. O verdadeiro auxílio nasce da consciência de comunhão – quando a alma reconhece o outro como extensão de si mesma.

A gratidão, nesse contexto, é o elo que conecta o espiritual ao social. Pesquisas em neurociência e física da consciência mostram que o estado emocional de gratidão altera o campo eletromagnético do coração, elevando a vibração pessoal e irradiando coerência ao redor. Joe Dispenza explica, em *O Poder do Subconsciente*, que “o coração grato é um transmissor poderoso de ondas de ordem e harmonia, capazes de influenciar positivamente o ambiente e as pessoas ao redor”. O que a ciência chama de coerência cardíaca, Chico vivia como estado natural de amor em ação.

No Perseverança, essa harmonia era tangível. Guiomar relatava que, após os conselhos de Chico, compreendeu que a sopa distribuída era também passe magnético; a escuta solidária, também evangelho vivo. Cada ato social, quando banhado em espiritualidade, converte-se em terapia vibracional coletiva – a caridade, então, é energia que cura.

meus insights

A NOVA CIÊNCIA ESPIRITUAL

68

> *Então, teremos os estudos da reencarnação cada vez mais definidos, certamente, conheceremos os efeitos de nossos próprios erros de reencarnações anteriores. E, com o tempo, compreenderemos os princípios de causa e efeito, segundo os princípios de Allan Kardec.*

XAVIER, FRANCISCO CÂNDIDO. PINGA-FOGO. PROGRAMA DE TV, TV TUPI, SÃO PAULO, 1971. TRANSCRIÇÃO INTEGRAL.

Quando Chico Xavier disse essas palavras em rede nacional, em 1971, muitos o ouviram com respeito, outros com ceticismo – mas ninguém imaginava que, décadas depois, a ciência começaria a dar sinais de confirmação ao que ele já afirmava com serenidade mediúnica. A reencarnação, que por séculos pertenceu ao campo da fé, começa a entrar nos laboratórios e nas universidades.

O psiquiatra Dr. Ian Stevenson, da Universidade da Virgínia, dedicou mais de quarenta anos ao estudo de crianças que recordavam vidas passadas. Investigou mais de 2.600 casos em 33 países, verificando detalhes biográficos, registros de óbitos e marcas de nascença que coincidiam com ferimentos fatais das supostas vidas anteriores. No livro *Twenty Cases Suggestive of Reincarnation* (1966), Stevenson conclui: "As evidências sugerem fortemente que a reencarnação é o melhor modelo explicativo para certos fenômenos humanos que não se enquadram nas teorias psicológicas tradicionais".

Seu sucessor, o Dr. Jim B. Tucker, prossegue o trabalho com metodologia ainda mais rigorosa, confirmando que as memórias espontâneas de crianças entre 2 e 6 anos costumam desaparecer após os 8 – um ciclo que parece natural no processo de adaptação à nova vida. No Brasil, o Dr. Sérgio Felipe de Oliveira, neurocientista e psiquiatra da USP, tem mostrado a relação entre espiritualidade e neurociência, estudando o papel da glândula pineal como interface entre corpo e espírito. Ele afirma: "A consciência não é um produto do cérebro; o cérebro é o instrumento de expressão da consciência". Essa perspectiva abre caminho para compreender como memórias extracerebrais – como as lembranças reencarnatórias – podem emergir sob certas condições mediúnicas ou espontâneas.

Nos Estados Unidos, o Dr. Gary Schwartz, da Universidade do Arizona, conduz experimentos controlados de comunicação interdimensional, registrando padrões de informação, energia e consciência que desafiam as fronteiras do paradigma materialista. Em *The Afterlife Experiments* (2002), escreve: "Estamos diante de um novo modelo de ciência – uma ciência pós-materialista, que reconhece a sobrevivência da consciência após a morte como hipótese empiricamente plausível".

Essas pesquisas, somadas, constroem o que Chico previa: uma era que a imortalidade será objeto de estudo, não apenas de crença. E quando a ciência abraçar a reencarnação como lei natural, o materialismo perderá seu trono. Porque, se a vida continua, o sentido da existência muda – e com ele, nossa ética, nossa urgência e nosso propósito. Chico tinha razão: um dia a humanidade não apenas acreditará – saberá.

Quantas vezes esse mesmo pensamento já apareceu para você?

☐ ☐ ☐ ☐ ☐ ☐ ☐

meus insights

69

PEDAGOGIA DA ALMA

Veja bem, foi uma grande pecadora do passado... hoje essa nossa irmã está aqui ressarcindo. E por que nós não vamos dar uma alegria pra ela onde ela está?

POZATI FILMES. CASOS DE REENCARNAÇÃO. TRANSCRIÇÃO. [S.L.]: POZATI FILMES, [S.D.]. DISPONÍVEL EM: YOUTUBE.COM/CIRCULOESCOLA.

Quantas vezes esse mesmo pensamento já apareceu para você?

Chico Xavier enxergava a dor humana sob a lente do amor divino. Ao visitar, com Guiomar Albanesi, uma jovem paraplégica, pronuncia essas palavras, que, de tão simples, desarmam o intelecto e atingem direto o coração. Em poucas frases, Chico nos ensina a ver o sofrimento não como punição, mas como processo pedagógico da alma. A reencarnação é a escola onde o espírito se reeduca, reparando o que feriu, reconstruindo o que destruiu e aprendendo, pela experiência, o valor do amor. O sofrimento é o preço da consciência – e a consciência é o caminho da liberdade.

Mas o ponto mais luminoso das palavras de Chico está na segunda metade da frase: “Por que não dar uma alegria?”. Ele desloca o foco do carma para a compaixão, da culpa para a oportunidade. O passado explica, mas não define. O amor, quando oferecido, abre janelas no cárcere do remorso e permite que a luz entre. Dar alegria, para Chico, é um ato de redenção compartilhada: o que consola também se cura.

Essa perspectiva encontra ressonância nas conclusões de Ian Stevenson e Jim B. Tucker, que estudaram crianças com lembranças de vidas anteriores e observaram que o trauma de existências passadas pode emergir como marcas, fobias ou limitações físicas – rastros biográficos da alma em busca de equilíbrio. A reencarnação é o mecanismo divino de justiça e misericórdia; a dor é a ferramenta que reorganiza o campo de consciência e purifica o registro energético da alma.

O gesto de Chico – oferecer alegria a quem expia – é uma aula de metafísica prática. Ele compreendia que a compaixão pode acelerar a cura cármica, pois a vibração do amor dissolve a densidade do sofrimento. Alegrar o outro é cooperar com Deus em sua pedagogia silenciosa.

Ao fim, o que Chico nos ensina é simples e revolucionário: mesmo quando não podemos curar o corpo, podemos curar o instante. E às vezes, essa é a cura de que a alma mais precisa.

meus insights

A TRETA ESTÁ DENTRO!

70

Se cada um de nós consertar de dentro o que está desajustado, tudo por fora estará certo.

XAVIER, FRANCISCO CÂNDIDO / EMMANUEL. PALAVRAS DE CHICO XAVIER. 1. IDE EDITORA, 2019.

A frase de Chico Xavier é um convite à revolução mais silenciosa e poderosa que existe: a autotransformação como chave da transformação coletiva. Em tempos de discursos polarizados e crises sistêmicas, Chico nos lembra que o verdadeiro conserto começa onde as ferramentas da política e da economia não alcançam – no interior da consciência.

Durante minha palestra “Os Paradigmas e o Novo Tempo”, mostro que o mundo externo reflete os modelos mentais e espirituais que sustentamos. São os paradigmas – padrões de percepção e comportamento – que parecem moldar a realidade. Quando esses paradigmas se enrijecem, transformam-se em dogmas, e toda tentativa de questionamento gera crise. Mas a crise, como ensina Emmanuel, é apenas a dor do nascimento do novo. “Ideias são engrenagens da criação”, costumo dizer; elas acionam o princípio criador, o mesmo que, em escala divina, organiza os mundos.

O autoconhecimento, portanto, é um ato estratégico de expansão de consciência. Ao olhar para dentro e elaborar o que está desajustado – crenças, medos, padrões automáticos –, abrimos espaço para um novo modo de ver e agir. Como diz a física quântica de Amit Goswami, esse olhar interior nos conecta ao “campo não local da consciência”, onde estão as soluções que a mente racional não alcança. É ali que acessamos o conhecimento que não está no cérebro, mas no Todo.

Em Os Paradigmas e o Novo Tempo, explico que a humanidade vive a travessia entre paradigmas: do materialismo fragmentado à realidade integral – física, mental e espiritual. E a ponte entre esses mundos é a introspecção consciente, que nos leva da reação ao discernimento, e do dogma à sabedoria. “Não há progresso sem introspecção”, digo na palestra, “porque o medo nos prende ao velho paradigma, mas a coragem nos conduz à superação.”

Assim, quando Chico fala em consertar por dentro, ele antecipa a lógica do novo tempo: a mudança de fora é efeito da coerência interna. A ética, o amor, a compaixão e a lucidez não podem ser decretados por governos – só podem ser cultivados no solo íntimo de cada espírito desperto.

O mundo será novo quando o ser humano ousar se renovar.

Quantas vezes esse mesmo pensamento já apareceu para você?

☐ ☐ ☐ ☐ ☐ ☐ ☐

meus insights

71

O GUIA ESPIRITUAL DA HUMANIDADE

Nas rodopias do tempo, eu fui compreendendo que Jesus é realmente o Guia Espiritual da Humanidade perante Deus

XAVIER, FRANCISCO CÂNDIDO / EMMANUEL. PALAVRAS DE CHICO XAVIER. 1. IDE EDITORA, 2019.

Quantas vezes esse mesmo pensamento já apareceu para você?

☐ ☐ ☐ ☐ ☐ ☐ ☐

Chico Xavier fala com a serenidade de quem não apenas crê, mas também sabe. Suas palavras condensam séculos de experiência espiritual, reconhecendo em Jesus não um símbolo teológico, mas uma consciência-regente, o campo vibratório mais elevado que já habitou a Terra. Quando Chico afirma que Jesus é o "Guia Espiritual da Humanidade", ele o posiciona como o Eixo Ético do Universo Moral – a presença divina que harmoniza todos os caminhos de busca e conduz a evolução humana à unidade do amor.

O mais belo dessa revelação é perceber que ela não é exclusividade cristã. Diversas tradições espirituais – separadas por tempo, geografia e linguagem – ecoam a mesma verdade sob diferentes nomes e metáforas. No hinduísmo, Krishna ensina no Bhagavad Gita: "Quando a virtude declina e o vício cresce, Eu me manifesto na Terra para restaurar a justiça". É o mesmo movimento compassivo do Cristo que desce à matéria para elevar o espírito.

No budismo, o Buda histórico nos chama à iluminação pela renúncia ao ego e pela compaixão universal – essência idêntica à do Cristo que perdoa e inclui. No taoísmo, Lao Tsé descreve o Tao como o caminho que sustenta todas as coisas sem desejar dominá-las, reflexo do amor que serve sem exigir retorno. E na tradição indígena americana, o "Grande Espírito" é a inteligência viva que pulsa em todas as criaturas – o Deus imanente que Jesus também revela ao dizer: "O Reino de Deus está dentro de vós".

Jesus, portanto, não estabelece o monopólio de uma religião, mas a consciência-síntese de todos os mestres da humanidade. Em A Caminho da Luz, Emmanuel descreve-o como o "governador espiritual do planeta", aquele que "dirige a evolução da Terra desde os primórdios da vida". Se a humanidade tivesse compreendido – e vivido – essa verdade, o amor já teria se tornado nossa constituição planetária. Não precisaríamos de fronteiras, nem de dogmas, nem de guerras travestidas de fé. A lei seria a fraternidade. A economia, a partilha. A ciência, o estudo da harmonia.

Os grandes sábios convergem para um mesmo ponto: o amor é a força que sustenta a ordem cósmica. E talvez o destino espiritual da humanidade seja, um dia, encarnar essa vibração coletivamente – viver o Cristo não apenas em oração, mas em convivência.

Quando isso acontecer, não haverá "religião do futuro", como previu Teilhard de Chardin. Haverá apenas o futuro do amor.

You may say I'm
a dreamer

But I'm not the
only one

I hope someday
you'll join us

And the world
will be as one

John Lennon

NÃO SOU ESPÍRITA, SOU ESPÍRITO!

72

A maior caridade que se pode fazer no espiritismo é a sua divulgação.

POZATI FILMES. COMO CONHECI CHICO XAVIER. 1968. TRANSCRIÇÃO. [S.L.]: POZATI FILMES, [S.D.]. DISPONÍVEL EM: YOUTUBE.COM/CIRCULOESCOLA.

Quando Chico Xavier pronunciou essa frase – recordada tantas vezes por Saulo Gomes, o repórter que o ajudou a levar o espiritismo às massas –, ele não falava de proselitismo, mas de esclarecimento. “Divulgar”, para Chico, não era convencer, era iluminar. Ele falava menos de uma religião e mais de uma realidade metafísica, uma ciência da alma que liberta pela compreensão.

O espiritismo, em sua essência, não é uma doutrina de conversão, mas um instrumento de consciência. Allan Kardec, em *O Livro dos Espíritos*, já o definia como “a ciência que trata da natureza, origem e destino dos Espíritos e de suas relações com o mundo corporal”. Ou seja, não se trata de fé cega, mas de fé raciocinada – uma filosofia que convida à investigação das leis que regem a vida.

Chico compreendia que a ignorância espiritual é a raiz de quase todos os sofrimentos humanos. O medo da morte, o desespero da perda, o egoísmo social – tudo nasce da ilusão de separação. Por isso, divulgar o Espiritismo, para ele, era um ato de amor universal: compartilhar a esperança que nasce quando entendemos que a vida não termina e que ninguém está sozinho. Era a caridade da luz – a do conhecimento que liberta.

Saulo Gomes, ao produzir as reportagens do Pinga-Fogo e tantas matérias e livros sobre Chico, dizia que sentia estar apenas cumprindo esse mandamento. “Eu não fazia jornalismo religioso”, afirmava, “fazia jornalismo humano.” Ao mostrar Chico, mostrava a força da fé que se torna ética e a espiritualidade que se torna serviço. E ao exibir ao mundo um médium que psicografava consolo com humildade e humor, Saulo ajudou milhões a perceber que a mediunidade não é milagre – é fenômeno natural do espírito.

Certa vez, estávamos na sua casa em Ribeirão Preto e Saulo me perguntou se eu era “espírita”. Respondi, meio sem graça: “Não, eu sou ESPÍRITO!”. Ele riu e ponderou: “Já entendi, você é como eu – um livre pensador espiritualizado”. Meu velho amigo jornalista me definiu com três palavras, e iluminou o caminho de milhares de alunos do Círculo Escola Filosófica, a escola que fundei. Saravá, Magrão! Obrigado por tudo!

Quantas vezes esse mesmo pensamento já apareceu para você?

☐ ☐ ☐ ☐ ☐ ☐ ☐

meus insights

73

TUDO É TRANSIÇÃO

Acima de todos os Apocalipses, eu creio em Deus e na imortalidade humana, e essas duas realidades preponderarão em qualquer tempo da humanidade.

XAVIER, FRANCISCO CÂNDIDO / EMMANUEL. PALAVRAS DE CHICO XAVIER. 1. IDE EDITORA, 2019.

Quantas vezes esse mesmo pensamento já apareceu para você?

☐ ☐ ☐ ☐ ☐ ☐ ☐

Vivemos fascinados pela ideia do fim. Filmes, séries, livros – das catástrofes cósmicas às rebeliões zumbis – parecem traduzir uma angústia coletiva: o medo da destruição total e, ao mesmo tempo, um desejo inconsciente de recomeçar. Por que o apocalipse vende tanto? Porque ele fala daquilo que evitamos encarar: a necessidade de transformação.

Chico Xavier, com sua fé lúcida e esperançosa, nos ensina que o verdadeiro Apocalipse não é o colapso do planeta, mas a revelação da consciência. O termo "apokálypsis", em grego, significa "revelar o que está oculto". Não é o fim, é o desvelar – o momento em que tudo o que foi escondido vem à luz. E o que vem à luz nos transforma.

O sucesso das narrativas apocalípticas talvez revele nossa exaustão diante de um modelo de civilização que já não cabe na alma. No fundo, não tememos o fim do mundo – tememos que o mundo continue como está. Desejamos, ainda que inconscientemente, um colapso que purifique, que ponha ordem no caos ético e espiritual da humanidade. Mas o medo, manipulado, se torna instrumento de controle. O medo dá lucro. Indústrias, religiões e políticas inteiras se alimentam dele, porque quem teme é mais fácil de conduzir. O medo do fim é, muitas vezes, o álibi da inércia: enquanto olhamos para o juízo final, adiamos o despertar.

Chico, porém, desloca o olhar. Ele afirma: "Acima de todos os Apocalipses, eu creio em Deus e na imortalidade humana". Ou seja, o fim é só uma vírgula na frase eterna da vida. A destruição é só a faxina da evolução. O espírito não conhece ruína; conhece transição.

meus insights

ENDEREÇO VIBRATÓRIO

74

Céu, inferno e purgatório começam dentro de nós mesmos

XAVIER, FRANCISCO CÂNDIDO / EMMANUEL. PALAVRAS DE CHICO XAVIER. 1. IDE EDITORA, 2019.

Com a clareza que une psicologia e espiritualidade, Chico Xavier – pela voz de Emmanuel – desloca os territórios metafísicos da teologia para o terreno íntimo da consciência. O Céu, o Inferno e o Purgatório não são geografias do além: são estados vibracionais da alma. São dimensões psíquicas que habitamos de acordo com a qualidade de nossos pensamentos, sentimentos e atitudes.

Carl Gustav Jung, em *O Homem e seus Símbolos* (1964), afirma que os mitos e as imagens religiosas não são invenções externas, mas expressões simbólicas das forças inconscientes que operam dentro de nós. “Os símbolos são manifestações naturais do inconsciente, que traduzem realidades interiores em linguagem visível” (p. 20). O Céu, o Inferno e o Purgatório, portanto, são projeções simbólicas da psique – representações arquetípicas da luta entre luz e sombra, integração e negação, consciência e inconsciente.

Quando Emmanuel afirma que esses lugares “começam dentro de nós”, ele propõe uma hermenêutica espiritual da alma: cada emoção é uma morada. O Céu é o estado de consciência expandida que vibra na harmonia com o Todo; o Inferno é o aprisionamento nas forças densas do ego, na culpa, no medo, na inveja; e o Purgatório é o processo de depuração, o trânsito da dor que desperta, o estágio intermediário entre ignorância e lucidez.

Em termos junguianos, o Inferno é o domínio da sombra não reconhecida, onde projetamos no outro tudo o que negamos em nós. Quando julgamos, odiamos ou condenamos, é nossa própria escuridão pedindo luz. Já o Céu representa o processo de individuação: a união dos opostos dentro de nós, a reconciliação entre espírito e matéria, consciente e inconsciente. É o estado de plenitude que surge quando o self – o centro divino da psique – assume o lugar do ego como guia. E o Purgatório é a travessia alquímica da consciência, o fogo simbólico da transformação: queima o que não serve, mas não destrói; purifica para revelar o ouro interior.

Jung diria que Deus é uma experiência psicológica de totalidade, e Chico acrescentaria: é uma realidade espiritual que vibra em nós, aguardando ser reconhecida. Ambos convergem num ponto: o inferno não é castigo, é consequência; o céu não é prêmio, é sintonia. Quando elevamos o padrão de nossos pensamentos e sentimentos, deslocamos o eixo da experiência. O Céu, então, deixa de ser promessa e se torna presença.

Quantas vezes esse mesmo pensamento já apareceu para você?

- [ ]
- [ ]
- [ ]
- [ ]
- [ ]
- [ ]
- [ ]

meus insights

75

A MENSAGEM DA ÁGUA

Coloca só um copinho dessa água dentro do filtro, porque dentro do filtro vai se multiplicar.

POZATI FILMES. O PERFUME DA CARIDADE. TRANSCRIÇÃO. [S.L.]: POZATI FILMES, [S.D.]. DISPONÍVEL EM: YOUTUBE.COM/CIRCULOESCOLA.

Quantas vezes esse mesmo pensamento já apareceu para você?

☐ ☐ ☐ ☐ ☐ ☐ ☐

meus insights

Chico Xavier dizia isso com a simplicidade dos santos e a precisão dos sábios. Para ele, o espiritual não estava acima do físico – manifestava-se por meio dele. A água fluidificada que exalava perfume de rosas, fenômeno testemunhado por tantos, não era mágica: era física espiritual, a matéria respondendo ao toque do amor. Ao dizer que "bastava um copinho no filtro", Chico revelava o princípio da ressonância vibracional: o campo sutil se propaga, o padrão energético se replica, a frequência do bem contagia a matéria.

Décadas mais tarde, o pesquisador japonês Masaru Emoto viria confirmar experimentalmente o que Chico já intuía pela via do espírito. Emoto fotografou moléculas de água congeladas após serem expostas a diferentes palavras, sons e intenções. As águas que receberam vibrações positivas – palavras como "amor", "gratidão", "paz" – formaram cristais simétricos e harmoniosos. Já aquelas expostas ao ódio, à raiva ou ao desprezo, mostraram-se caóticas e disformes. Em *A Mensagem da Água* (2001), ele escreve: "A água reflete a consciência humana. Quando a tratamos com amor e respeito, ela responde com beleza".

Se considerarmos que o corpo humano é composto por cerca de 70% de água, a implicação é extraordinária: nossos pensamentos e sentimentos são vibrações que moldam o meio interno e externo. Quando Chico dizia que a água "se multiplica", falava de campo informacional – um conceito que a ciência moderna começa a compreender por meio da física quântica e da teoria dos sistemas coerentes. A vibração amorosa imprime informação na estrutura da matéria, e essa informação, como uma semente, replica-se no ambiente.

O fenômeno do "perfume de rosas" nas águas fluidificadas de Chico é mais do que um sinal místico; é a expressão sensorial do amor elevado interagindo com o plano físico. O perfume é o eco vibracional do sentimento puro. Em linguagem científica, poderíamos dizer que a água, ao ser magnetizada pela energia espiritual, armazenava campos de coerência molecular em estado de harmonia perfeita – um padrão capaz de se propagar quando misturado a outras águas, como ensinava Chico.

Assim, o gesto de colocar "um copinho no filtro" é metáfora e ciência ao mesmo tempo: quando adicionamos amor a qualquer sistema – físico, emocional ou social –, esse amor se multiplica. Santa Teresa de Ávila já dizia: *"Donde no hay amor, poned amor, y sacaréis amor"* ("Onde não há amor, ponha amor, e tirará amor").

O QUE É SUFICIENTE?

Se todos nós nos unirmos para criar valores em nosso benefício, a pobreza deixará de existir.

76

XAVIER, FRANCISCO CÂNDIDO / EMMANUEL. PALAVRAS DE CHICO XAVIER. 1. IDE EDITORA, 2019.

Chico Xavier e Emmanuel nunca falaram de economia – falaram de consciência. Quando dizem que “a pobreza deixará de existir”, referem-se não a uma utopia materialista, mas a uma revolução de valores, na qual a riqueza é medida pelo que compartilhamos, não pelo que acumulamos.

Vivemos num mundo que confunde ter com ser. A sociedade moderna construiu um sistema em que o consumo substitui o sentido, e o vazio interior tenta ser preenchido com objetos, curtidas e distrações. O capitalismo de desejos infinitos transformou o planeta em vitrine e o ser humano em cliente. Mas o preço é alto: ecossistemas colapsados, saúde mental fragilizada e uma pobreza espiritual disfarçada de abundância.

Emmanuel, pela psicografia de Chico, antecipa o que hoje é evidente: a miséria é fruto do egoísmo institucionalizado. O problema não é a escassez de recursos – é a concentração em mãos que perderam o propósito de vista. Se os bilhões gastos com publicidade para estimular o consumo fossem convertidos em educação e consciência, o planeta inteiro seria outro.

A filosofia clássica sabia disso. Aristóteles, em sua *Ética a Nicômaco*, definiu a perfeição como autarkeia – suficiência. “A perfeição é um estado em que nada falta e nada sobra” (Aristóteles, Ética a Nicômaco, Livro I). A virtude está no meio-termo entre a carência e o excesso. Esta é a essência do minimalismo filosófico: viver com o necessário, não por austeridade, mas por lucidez.

Quando acumulamos além da necessidade, o excesso se torna fardo; o apego, prisão. Quando simplificamos, libertamos energia para criar, servir e amar. E é nesse ponto que a visão de Chico se torna política no mais elevado sentido da palavra: a pobreza cessa quando a consciência desperta.

O que sobra no meu guarda-roupas falta no corpo de alguém.
O que sobra na minha mesa falta na boca de alguém.
O que sobra na minha conta falta no orçamento de alguém.

Quero que você fique nu, faminto e pobre? Não. Quero apenas que se pergunte: o que é suficiente para mim?

Quantas vezes esse mesmo pensamento já apareceu para você?

☐ ☐ ☐ ☐ ☐ ☐ ☐

meus insights

77

WITH A LITTLE HELP FROM MY FRIENDS

Quando nos reunimos àqueles a quem amamos, ocorre algo de confortador e construtivo em nosso íntimo. É o alimento do amor, André.

XAVIER, FRANCISCO CÂNDIDO / ANDRÉ LUIZ. NOSSO LAR. 1. ED. RIO DE JANEIRO: FEDERAÇÃO ESPÍRITA BRASILEIRA, 1944. EDIÇÃO KINDLE.

Quantas vezes esse mesmo pensamento já apareceu para você?

☐ ☐ ☐ ☐ ☐ ☐ ☐

Há alimentos que nutrem o corpo e há alimentos que nutrem o espírito. Chico Xavier, pela voz sensível de André Luiz, nos lembra de um dos mais poderosos: a convivência amorosa. O encontro com quem amamos tem o poder de nos recompor, porque o amor é, em si, energia estruturante da alma. É a força que dá forma à nossa humanidade – e sem ela, definham até os corações mais intelectualmente brilhantes.

A ciência e a psicologia contemporâneas vêm confirmando o que a espiritualidade sempre soube: vínculos saudáveis são o terreno fértil da evolução emocional e espiritual. A pesquisadora Brené Brown, em *A Coragem de Ser Imperfeito* (2013), afirma: "A conexão é a razão de estarmos aqui; é o que dá propósito e sentido à nossa vida". Mas essa conexão só floresce onde há vulnerabilidade – a disposição de sermos vistos como realmente somos, sem máscaras nem defesas. Brown acrescenta: "A vulnerabilidade não é fraqueza; é a medida mais precisa de coragem".

Em outras palavras, o amor só alimenta quando é autêntico. O contato superficial pode distrair, mas só a entrega sincera nutre. E é exatamente isso que Chico descreve como "algo de confortador e construtivo": o amor verdadeiro é criativo, ele reorganiza a psique, expande a consciência e fortalece a fé. Na mesma sintonia, Marshall Rosenberg, criador da Comunicação Não Violenta, ensina que a empatia é o idioma do amor consciente. "A empatia é estar plenamente presente à experiência do outro, sem tentar consertá-lo ou julgá-lo" (ROSENBERG, 2003). Em suas palavras, o diálogo compassivo é uma ponte entre almas – uma prática espiritual em forma de conversa. Quando escutamos com o coração, deixamos de reagir e passamos a responder; deixamos de competir e passamos a cooperar.

Hoje, em um mundo que confunde conexão com conectividade, precisamos urgentemente redescobrir o "alimento do amor". E ele nasce do encontro vulnerável e empático, em que cada um se oferece inteiro – não perfeito, mas presente.

meus insights

O CORAÇÃO DO MUNDO

78

Coração do mundo e Pátria do Evangelho: essa denominação foi dada ao Brasil por Jesus e não lhe será tirada. Espíritos de escol têm reencarnado em todas as partes, no seio de todos os povos, para o progresso geral.

XAVIER, FRANCISCO CÂNDIDO / EMMANUEL. PLANTÃO DE RESPOSTAS. 1. ED. SÃO PAULO: IDE, 1994.

Dizem que o Brasil é o país do futuro. E talvez nosso problema enquanto nação é que há muitos anos somos o país do futuro, e não o país do presente. Chico Xavier e Emmanuel revelam que é mais: o país do despertar. Coração do mundo – porque sente antes de pensar. Pátria do Evangelho – porque é chamado a viver o amor antes de pregá-lo.

Nosso destino espiritual não é dominar, é inspirar. Enquanto as nações da Terra se debatem entre poder e posse, o Brasil ensaia, entre risos e lágrimas, a sinfonia da fraternidade. Aqui, o "gigante pela própria natureza" ainda desperta, mas o seu grito não é de guerra – é de alegria. E se o hino canta "verás que um filho teu não foge à luta", Emmanuel acrescentaria: a maior luta é a do bem contra o egoísmo. A filosofia da nossa bandeira foi mal lida pelo tempo. O lema positivista original – Amor, Ordem e Progresso – perdeu sua primeira palavra na tessitura da história. E justamente o Amor, que deveria estar no topo, ficou esquecido.

Mas o Brasil verdadeiro é o que vibra no lema completo: amor, como princípio que dá sentido à ordem; ordem, como meio que sustenta o progresso; progresso, como fim que expressa o amor. Somos uma nação sinestésica: pensamos cantando, choramos rindo, rezamos dançando. Talvez por isso, o Cristo tenha escolhido o nosso chão tropical como escola do afeto. Aqui, cada esquina é altar, cada abraço é sacramento, cada samba é prece disfarçada de batuque. Não é exagero: o Evangelho floresce na ginga, no improviso, na fé que ri da própria dor com os melhores memes do mundo.

O Brasil não precisa se tornar potência: precisa se tornar exemplo. E quando o Amor voltar à bandeira – não como palavra, mas como prática –, o mundo inteiro aprenderá que a verdadeira Ordem nasce do coração, e o verdadeiro Progresso é o do espírito.

Quantas vezes esse mesmo pensamento já apareceu para você?

☐ ☐ ☐ ☐ ☐ ☐ ☐

meus insights

79

TUDO DÁ, TUDO RECEBE, TUDO CIRCULA

Ninguém permanece fora do movimento de permuta incessante.

XAVIER, FRANCISCO CÂNDIDO / EMMANUEL. PENSAMENTO E VIDA. BRASÍLIA: FEB, 2016.

Quantas vezes esse mesmo pensamento já apareceu para você?

☐ ☐ ☐ ☐ ☐ ☐ ☐

O universo é uma dança de trocas. Nada está parado. Tudo dá, tudo recebe, tudo circula. Emmanuel traduz essa verdade cósmica com simplicidade elegante: "Ninguém permanece fora do movimento de permuta incessante". Bert Hellinger chamava isso de a lei do dar e tomar para si – o fluxo essencial do amor. Segundo ele, nas relações humanas e espirituais, o equilíbrio está em dar o que temos e tomar para si o que o outro pode oferecer. Quando damos demais sem tomar para si, criamos dívida; quando apenas tomamos, criamos culpa. O amor flui no ritmo do equilíbrio. "Quem só dá se exaure; quem só toma se envenena. A vida pede movimento" (HELLINGER, 2001).

Emmanuel e Hellinger, de perspectivas distintas, falam da mesma lei cósmica: a reciprocidade como arquitetura da harmonia universal. Nada é de graça, porque tudo é energia em troca. Até o ar que respiramos devolvemos em forma de vida.

No curso "Yeshua, Nosso Cristo Planetário Revelado", eu aprofundo essa visão espiritual da economia universal. O dinheiro é a representação numérica do tempo de vida, uma forma concreta de energia vital em circulação. "Tudo na vida tem o preço da energia vital. Tudo é troca. Gratuidade, no nosso atual estágio de consciência, não existe." Dar tempo, atenção, escuta, talento – tudo isso é investir nossa vida. E receber, com gratidão, é permitir que a energia volte ao fluxo. Quando interrompemos esse ciclo, adoecemos. Quando deixamos de cobrar o justo, negamos valor à própria existência; quando exploramos o outro, desvalorizamos a centelha divina nele.

A espiritualidade madura entende que o equilíbrio das trocas é a base da saúde emocional, econômica e energética. Dar e tomar não é contabilidade – é circulação de amor consciente. A vida material está a serviço da espiritual. O dinheiro é meio, não fim. Quando ele circula, Deus se move.

Em última instância, Emmanuel e Hellinger descrevem a mesma lei que os antigos hermetistas chamavam de princípio de correspondência e vibração. Tudo vibra, tudo responde, tudo retorna. O universo é um sistema de trocas amorosas, e a sabedoria está em participar conscientemente desse fluxo – sem culpa, sem apego, com gratidão.

Yeshua: Nosso Cristo Planetário Revelado

Redescubra Jesus, antes de séculos de institucionalismo religioso.

OS TRÊS FRANCISCOS

80

Os que não cooperam não recebem cooperação.

XAVIER, FRANCISCO CÂNDIDO / ANDRÉ LUIZ. NOSSO LAR. 1. ED. RIO DE JANEIRO: FEDERAÇÃO ESPÍRITA BRASILEIRA, 1944. EDIÇÃO KINDLE.

Três Franciscos, três tempos, um mesmo espírito. Francisco de Assis, o santo que renunciou à posse para pertencer ao amor. Francisco Cândido Xavier, o médium que silenciou o ego para servir à luz. Francisco, o papa, que troca o trono pela rua e chama a Igreja a cheirar a povo. Três homens separados por séculos, mas unidos pelo mesmo verbo: servir.

Quando Chico, pela voz de André Luiz, afirma que "os que não cooperam não recebem cooperação", ele reitera a lei divina do dar e receber – o princípio que São Francisco sintetizou em oração: "É dando que se recebe" (Oração de São Francisco, séc. 13). O amor, para eles, não é emoção, é circulação. Nenhum fluxo pode correr num leito obstruído pelo egoísmo. O universo se move em reciprocidade: toda cooperação é uma força em espiral – quanto mais damos, mais o cosmos devolve. E quem interrompe o ciclo, isolando-se na indiferença, seca por dentro.

O papa Francisco ecoa esse chamado quando declara: "O amor é mais forte que a indiferença. Somos chamados a cuidar uns dos outros, não a sermos espectadores" (Papa Francisco, Homilia em Assis, 2013). Em suas palavras e gestos, ele encarna o Francisco de Assis que desceu ao submundo para encontrar o Cristo nos pobres, e o Chico Xavier que viu no abraço fraterno o maior dos sacramentos.

Os três Franciscos são faces de uma mesma consciência divina que insiste em nos ensinar que a espiritualidade não se mede em crença, mas em cooperação. Cooperar é multiplicar o divino. É oferecer o que temos – tempo, escuta, talento, sorriso – e, assim, participar do fluxo criador.

Na economia espiritual, a moeda é o amor, e o lucro é a comunhão. São Francisco a descobriu na pobreza, Chico a viveu na mediunidade, o papa a propõe na política da compaixão. Em mundos distintos, todos entenderam o que Emmanuel chamou de "movimento de permuta incessante": ninguém caminha sozinho, ninguém cresce sem partilhar.

O Brasil – e o mundo – precisa mais do que nunca dessa trindade viva do serviço: a simplicidade de Assis, que devolve leveza. A humildade de Uberaba, que transforma dor em ternura. A coragem do Vaticano, que desce à lama do humano para resgatar o sagrado.

Chico, Assis e Francisco – três ecos de um mesmo amor – nos lembram que a única revolução possível começa com um gesto simples: estender a mão.

Quantas vezes esse mesmo pensamento já apareceu para você?

☐ ☐ ☐ ☐ ☐ ☐ ☐

meus insights

81

VALE O QUE REALIZAMOS

Na vida, não vale tanto o que temos, nem tanto importa o que somos. Vale o que realizamos com aquilo que possuímos e, acima de tudo, importa o que fazemos de nós!

XAVIER, FRANCISCO CÂNDIDO. PINGA-FOGO. PROGRAMA DE TV, TV TUPI, SÃO PAULO, 1971. TRANSCRIÇÃO INTEGRAL.

Quantas vezes esse mesmo pensamento já apareceu para você?

☐ ☐ ☐ ☐ ☐ ☐ ☐

Chico Xavier dizia que "não vale tanto o que temos, nem o que somos, mas o que fazemos de nós". Essa é a essência do verdadeiro empreendedorismo espiritual – não aquele que busca lucros, mas o que transforma recursos em realização, e realizações em legado.

Empreender, na sua raiz etimológica, vem de *imprehendere:* "decidir-se a realizar". E toda decisão de realizar algo que contribua para o bem coletivo é, antes de tudo, um ato espiritual. É a alma dizendo "sim" à vida, manifestando no mundo físico aquilo que já vibra no plano sutil da intenção. Uma empresa assim pratica a autêntica mediunidade entreplanos, ou exoconsciência, como definimos no Círculo Escola.

Acredito em empresas como instrumentos espirituais. Não empresas com fins lucrativos, mas empresas de MEIOS lucrativos para fins TRANSFORMADORES. É o mesmo espírito de Emmanuel em *Pensamento e Vida:* o trabalho que serve, mais que o que apenas age. Lucro, quando orientado pelo amor, se torna energia circulante; recurso consciente a serviço do propósito. Empreender com espiritualidade é alinhar propósito e performance, é compreender que o capital é sagrado quando move o bem. O empreendedor do novo tempo não vende produtos – cocria realidades, sentido e significado que afeta positivamente o coletivo. Ele entende que cada cliente é um ser humano, cada negócio é um campo de energia, e cada decisão é espiritualidade em movimento.

A mesma força que moveu o Cristo a servir é a que move o empreendedor a inovar – a transformar matéria em espírito, lucro em legado, técnica em transcendência.

No mundo de regeneração, o empreendedor não é quem acumula, mas quem distribui sentido. Ele compreende que o verdadeiro investimento é em consciência – e que o retorno é sempre coletivo.

Marketing, Empreendedorismo e Propósito

Desenvolvimento humano e espiritualidade para construção de negócios que geram valor e fazem sentido.

meus insights

NUNCA ESCAPAREMOS DA VIDA

82

Escapamos da morte quantas vezes for preciso, mas da vida nunca nos livraremos.

IDEALI, WAGNER. CHICO XAVIER, SUA OBRA E SUA IMPORTÂNCIA PARA O MOVIMENTO ESPÍRITA. REVISTA ELETRÔNICA O CONSOLADOR. DISPONÍVEL EM: HTTPS://WWW.OCONSOLADOR.COM.BR/.

Há quem fuja da morte como se ela fosse um ladrão – quando, na verdade, é a mais sábia das professoras. Chico Xavier enxergava isso com serenidade: não escapamos da morte, porque ela é parte da própria vida. Mas o que realmente tentamos evitar, muitas vezes, é a intensidade de viver.

A filosofia do *memento mori* – "lembra-te de que morrerás" – não é um convite à melancolia, mas à presença. Como escreve Joanna Ebenstein no livro *Memento Mori: o poder de deixar para trás o que não importa e abraçar o agora* (Citadel Editora, 2025): "Não há razão plausível alguma para viver se escondendo, deixar de lutar pelo que ama, não construir coisas, não usar seus dons e talentos, não viver com dignidade (...). Vivamos à luz do memento mori: lembrar-se, todos os dias, de que a morte virá – e, justamente por isso, não se deve recuar diante das críticas, nem ceder ao medo de parecer ridículo".

A lembrança da morte é, paradoxalmente, o maior estímulo à vida. "Quem não souber morrer bem terá vivido mal", lembra Sêneca. Quem sabe que é finito desperta para o infinito que cabe em cada instante. O medo de morrer é, quase sempre, o disfarce do medo de viver por inteiro – de se expor, de amar, de errar, de recomeçar.

Emmanuel, através de Chico, ensinava que a imortalidade não é uma promessa futura, é um estado de consciência. A morte é apenas uma curva do caminho – o corpo repousa, o espírito prossegue. Mas há algo ainda mais grave que morrer: é passar pela vida sem deixar rastros de luz. O verdadeiro fracasso não é o fim biológico, é a desistência existencial.

O *memento mori* moderno, resgatado por Ebenstein e pelos filósofos estoicos antes dela, convida-nos a alinhar cada escolha com o que realmente importa. Não se trata de temer o fim – trata-se de viver com propósito antes que ele chegue.

Chico viveu o *memento mori* em plenitude: sem pressa, sem medo, mas com urgência de amor. A vida, para ele, era uma sucessão de oportunidades de servir – e a morte, apenas o intervalo entre atos. Ele sabia, como os antigos sábios, que morrer é inevitável, mas viver é uma decisão diária.

Quantas vezes esse mesmo pensamento já apareceu para você?

☐ ☐ ☐ ☐ ☐ ☐ ☐

meus insights

83

SINTONIA É HÁBITO QUE SE CONSTRÓI

Nunca nos cansaremos de repetir que mediunidade é sintonia.

XAVIER, FRANCISCO CÂNDIDO / EMMANUEL. PALAVRAS DE CHICO XAVIER. 1. IDE EDITORA, 2019.

Quantas vezes esse mesmo pensamento já apareceu para você?

meus insights

Mediunidade não é privilégio, é frequência. Porque, no fundo, todos somos médiuns em graus diferentes – todos somos antenas vivas captando, filtrando e retransmitindo energia. A questão não é se temos mediunidade, mas com o que estamos sintonizados. Cultivar a sintonia é um ato espiritual cotidiano – uma prática de higiene vibratória e educação emocional.

1. Comece o dia em estado de presença e conexão: não importa a religião, o formato ou as palavras. Ao acordar, respire fundo e declare ao universo: “Que o meu dia seja luminoso”. A oração, ensinava Chico, é o botão que liga a antena da alma à frequência superior.

2. Cuide dos pensamentos como quem cultiva flores: o pensamento é o adubo da sintonia. Você é o que você passa o dia pensando. Quando perceber o ruído mental, mude o canal: cante, leia algo elevado ou simplesmente agradeça.

3. Harmonize o corpo: a mediunidade passa pela matéria. A água é excelente condutora de energia – beba-a com intenção de purificação. Respire conscientemente. Caminhe na natureza. Descanse quando seu corpo pedir. Aprenda a ouvi-lo. O corpo tranquilo é o fio terra da alma.

4. Observe as companhias – físicas e mentais: os Espíritos que nos inspiram encontram acesso por afinidade. Cada emoção é um convite vibracional: onde há medo, atraímos medo; onde há amor, atraímos amor. Onde há curiosidade, atraímos instrutor. Escolha estar com pessoas, ideias e ambientes que ampliem sua frequência.

5. Crie um pequeno ritual de alinhamento: pode ser acender uma vela, ouvir um mantra, mentalizar luz violeta, escrever intenções do dia ou simplesmente silenciar. Rituais são âncoras energéticas: lembram a mente de que é hora de elevar-se.

6. Use a palavra como canal de cura: fale menos, ouça mais, e, quando falar, que seja construtivo. Que seja leve. A palavra é vibração moldada. Quando pronunciamos amor, o universo nos devolve ressonância.

7. Termine o dia com gratidão e entrega. Agradeça pelas lições e peça à espiritualidade que harmonize suas energias durante o sono. A sintonia noturna define o tom do amanhecer.

Sintonia é hábito. E como todo hábito, nasce da repetição consciente. Em última instância, ser médium é ser humano desperto – alguém que vive em harmonia com as vibrações do bem.

BRASILIZANDO O MUNDO

84

Nessa abençoada tarefa de espiritualização, o Brasil caminha na vanguarda.

XAVIER, FRANCISCO CÂNDIDO / HUMBERTO DE CAMPOS. BRASIL, CORAÇÃO DO MUNDO, PÁTRIA DO EVANGELHO. FEB, 2019.

Há milhões de brasileiros espalhados pelo planeta, cruzando oceanos em busca de uma vida melhor. Eles servem mesas em Paris, limpam ruas em Londres, cuidam de idosos em Lisboa, dirigem caminhões na América, estudam, trabalham, reconstroem destinos. E, mesmo longe, carregam o Brasil dentro do peito – uma saudade que canta. Em cada gesto de generosidade, em cada sorriso que resiste à saudade, eles "brasilizam" o mundo.

Emmanuel, pela psicografia de Chico Xavier, dizia que o Brasil caminha "na vanguarda da espiritualização". Isso não é orgulho nacionalista – é missão coletiva. O Cristo teria confiado a esta terra o papel de pulsar o amor que há de regenerar o planeta. Somos o coração do mundo porque vibramos sentimento antes de raciocínio. Porque transformamos dor em humor, tragédia em música e saudade em arte.

Quantos brasileiros vivem fora do país sentindo-se deslocados, às vezes rejeitados, tentando caber em moldes culturais que não foram feitos para a nossa alma? Mas é preciso lembrar: a brasilidade é luz itinerante. Não está presa a um território – é uma vibração que viaja no coração dos que amam. Ser brasileiro é um estado de alma universal.

Há algo de profundamente espiritual em nossa leveza. Enquanto muitas nações constroem sua identidade em torno da rigidez, o Brasil se constrói no improviso, no acolhimento e na fé. Nossa contribuição ao mundo é essa capacidade rara de encontrar Deus no meio da bagunça, de celebrar a vida apesar das dores, de abraçar o estrangeiro como se fosse vizinho. Parafraseando Emmanuel, o Evangelho não se impõe – se contagia. E o brasileiro, onde quer que esteja, contagia.

Tem coisas que só brasileiro faz – e não me refiro apenas ao samba, à feijoada ou ao futebol. Falo da solidariedade que nasce espontânea no meio da rua. Do sorriso que aparece mesmo sem motivo. Da mão estendida que não pergunta "quem é?", mas "como posso ajudar?". Esse é o Evangelho vivo em forma de cultura. Quando um brasileiro acolhe, o Cristo se manifesta. Quando trabalha com alegria, mesmo em silêncio, o Brasil espiritual cumpre sua missão. Porque ser cidadão do coração do mundo é espalhar calor humano num planeta que ainda treme de frio emocional. E onde houver um brasileiro, haverá um pedaço do Cristo plantando esperança.

O Brasil não é só um país – é um campo vibracional de amor em expansão. E cada filho que cruza suas fronteiras leva consigo a centelha deste chamado: ser o coração que pulsa no corpo da humanidade.

Quantas vezes esse mesmo pensamento já apareceu para você?

☐ ☐ ☐ ☐ ☐ ☐ ☐

meus insights

85

PALAVRAS CONVENCEM, EXEMPLOS ARRASTAM

Quando cada um de nós transformar-se em livro atuante e vivo de lições para quantos nos observam o exemplo, as fronteiras da interpretação religiosa cederão lugar à nova era de fraternidade e paz que estamos esperando.

XAVIER, FRANCISCO CÂNDIDO / EMMANUEL. PALAVRAS DE CHICO XAVIER. 1. IDE EDITORA, 2019.

Quantas vezes esse mesmo pensamento já apareceu para você?

Chico Xavier sabia: as palavras convencem, mas o exemplo arrasta. De nada adianta discutir doutrinas se a vida que vivemos desmente o que dizemos crer. A verdadeira revolução espiritual não será feita por pregadores – mas por pessoas que se tornaram Evangelho em movimento.

Emmanuel chama isso de "livro atuante e vivo". Cada gesto, cada decisão, cada olhar pode ser uma página escrita com o alfabeto do amor. É assim que a religião se dissolve no essencial: quando a fé deixa o templo e vai atuar no olho da rua.

Poucos encarnaram isso com tanta força quanto Patch Adams, o médico que transformou hospitais em palcos de humanidade. Formado em medicina pela West Virginia University, ele percebeu, ainda jovem, que o sistema de saúde havia esquecido a alma dos doentes. Então decidiu curar com o que não custava nada: alegria, toque e presença. Vestiu o nariz vermelho, abraçou a palhaçaria como linguagem do amor e provou que o riso também é remédio. "O amor é contagioso. E quando você o oferece, ele se multiplica" (ADAMS, 1993).

Patch, assim como Chico, viveu a espiritualidade da ação – a fé encarnada em gestos simples. Ambos compreenderam que a transformação do mundo não virá por discursos moralistas, mas por vidas coerentes. Chico psicografava cartas de consolo; Patch distribuía gargalhadas. Ambos curavam, porque ambos amavam. E você, como deixa o amor fluir através de você no seu dia a dia?

A "nova era de fraternidade e paz" de que fala Emmanuel nascerá não de novas crenças, mas de novas consciências. Quando o ser humano deixar de se preocupar em defender a sua religião e passar a ser a sua religião, as fronteiras teológicas se dissolverão como névoa ao sol.

Como dizia Patch Adams, "A melhor maneira de mudar o mundo é através de pequenos atos de amor, repetidos todos os dias".

Se cada um de nós for uma página viva de compaixão, o planeta inteiro será uma biblioteca de felicidade.

meus insights

RIAVA É GRANADA NO BOLSO DE QUEM SENTE

86

A sua irritação não solucionará problema algum.

IDEALI, WAGNER. CHICO XAVIER, SUA OBRA E SUA IMPORTÂNCIA PARA O MOVIMENTO ESPÍRITA. REVISTA ELETRÔNICA O CONSOLADOR. DISPONÍVEL EM: HTTPS://WWW.OCONSOLADOR.COM.BR/.

Chico Xavier tinha uma serenidade que desarmava até o caos. Não porque vivesse sem conflitos, mas porque aprendeu que a irritação é um incêndio emocional que, se não contido, consome primeiro quem o acende. A raiva não resolve: espalha o azedume, multiplica o ruído e bloqueia o diálogo. Mas, como toda energia, também pode ser transformada.

A ira é o fogo da alma – pode queimar, mas também pode iluminar, se usada com consciência. O impulso que destrói é feito da mesma energia que constrói, dependendo da direção que damos à força. Por isso, antes de reagir, é preciso respirar, reorientar e responder. Minhas dicas e sugestões para quem tem sangue italiano como o meu:

1. Pare o corpo, respire com o espírito: a irritação é um curto-circuito entre o instinto e a razão. A vontade quer dar na cara, mas a inteligência pede para esperar. Respirar é como apertar o botão de "reset" do sistema nervoso. Experimente a regra dos 3x3: respire três vezes, profundamente, contando até três em cada inspiração e expiração. Esse gesto simples envia ao cérebro o sinal de que não há perigo imediato – e devolve ao espírito o comando sobre o corpo. Se tiver como, faça isso em um jardim perto de você. Coloque a mão no mato, em uma árvore, deixe as plantas aterrarem os seus relâmpagos mentais.

2. Nomeie a emoção: o que realmente está por trás da irritação? O sujeito me irritou ou me deixei irritar? Por que isso me irrita? Na maioria das vezes, a raiva é o disfarce do medo, da frustração ou da dor não reconhecida. Como ensina Brené Brown, "nomear a emoção é o primeiro passo para dominá-la". Dizer a si mesmo "estou frustrado", "sinto-me injustiçado", "preciso de espaço" é como abrir janelas num quarto escuro – a luz da consciência dissipa a sombra do impulso.

3. Transmute em ação construtiva: depois de reconhecer e respirar, use a energia da raiva como combustível para agir com clareza. Escreva antes de falar, revise, peça ao ChatGPT para conferir o seu texto usando as técnicas de CNV de Marshall Rosemberg; caminhe, tome um chá, ouça uma música, vá dar uma força para alguém que mereça ou precise – canalize a força para o bem.

A caridade é a terapia da alma. A raiva é energia condensada; a caridade, energia liberada. A irritação é como o ácido: corrói o recipiente antes de tocar o objeto. Domar o impulso não é reprimir – é redirecionar o fogo para iluminar em vez de queimar. No instante em que você escolhe responder com calma, muda a vibração de todo o ambiente. A paz é a única resposta que o mal não sabe imitar.

Quantas vezes esse mesmo pensamento já apareceu para você?

☐ ☐ ☐ ☐ ☐ ☐ ☐

meus insights

87

AUTOCONHECIMENTO ESTRATÉGICO

Através do discernimento saberemos fazer nossa escolha (...). Seguindo nossa intuição, que na maioria das vezes são orientações dos Amigos Espirituais, saberemos fazer esta distinção.

XAVIER, FRANCISCO CÂNDIDO / EMMANUEL. PLANTÃO DE RESPOSTAS. 1. ED. SÃO PAULO: IDE, 1994.

Quantas vezes esse mesmo pensamento já apareceu para você?

meus insights

O discernimento é o farol da consciência. É ele que distingue o impulso da inspiração, o desejo do chamado, o medo da sabedoria. Emmanuel, pela psicografia de Chico Xavier, lembra que a intuição é, muitas vezes, a forma mais silenciosa pela qual os Amigos Espirituais nos orientam – um sopro de lucidez no meio do ruído mental.

A ciência contemporânea começa a confirmar o que os mestres espirituais sempre souberam: existe um tipo de inteligência que transcende o raciocínio lógico e o emocional – a inteligência espiritual (QS). A física e filósofa Danah Zohar, no livro *QS: Inteligência Espiritual* (2000), afirma que essa é a mais alta das inteligências humanas, porque é aquela que dá sentido às demais: "A inteligência espiritual é o que usamos para colocar nossos atos e nossa vida dentro de um contexto mais amplo de significado e valor" (p. 13).

Enquanto o QI mede a lógica e o QE mede a empatia, o QS mede a capacidade de perceber propósito, coerência e transcendência nas escolhas. É essa inteligência que nos permite fazer o que Emmanuel chama de "distinção espiritual": reconhecer, entre tantas vozes, qual delas vem da alma e qual vem do ego.

A intuição, segundo Zohar, não é mero instinto – é um processamento quântico da consciência, em que informações sutis, vindas do campo de possibilidades, são traduzidas em insights. "O cérebro quântico é capaz de criar pontes entre o visível e o invisível." O que a ciência descreve como sinapses coerentes, Chico descreve como sintonia espiritual. Ambos falam da mesma coisa com linguagens diferentes: um diálogo entre o humano e o transcendente.

Discernir, portanto, é alinhar a bússola interior com o norte do espírito. Significa escutar o coração sem silenciar a razão; sentir o invisível sem negar o concreto. A intuição é a tecnologia da alma – e o discernimento, seu sistema operacional. Emmanuel nos convida a confiar nesse "GPS espiritual" que habita dentro de cada um. Ele não grita, apenas sussurra. Não exige, apenas sugere. E quando o seguimos, o caminho se torna simples – não necessariamente fácil, mas cheio de sentido.

Como diz Danah Zohar, "a inteligência espiritual é o que nos torna criadores de significado. É o que nos faz humanos".

O PODER DA VONTADE

88

Só a Vontade é suficientemente forte para sustentar a harmonia do espírito.

XAVIER, FRANCISCO CÂNDIDO / EMMANUEL. PENSAMENTO E VIDA. BRASÍLIA: FEB, 2016.

A vontade é a força que move o universo em miniatura que somos. Emmanuel a define como a alavanca da alma, o ponto de equilíbrio que sustenta o espírito entre as forças contrárias da emoção e do pensamento. Sem vontade, o ser se dispersa; com vontade, ele se eleva.

Essa visão encontra eco direto em Napoleon Hill, autor de *Mais Esperto que o Diabo,* obra em que o pensador americano revela o segredo que diferencia os que realizam dos que apenas desejam: a disciplina da mente dirigida por uma vontade firme. "A vontade dominante é o maior poder do homem. Quando ela é bem orientada, nada pode resistir à sua realização." Para Hill, o diabo simboliza o estado mental de indecisão, medo e inércia, o verdadeiro inferno psicológico que aprisiona milhões de pessoas.

Ele explica que a falta de propósito e de autodisciplina cria uma mente "à deriva", vulnerável às forças negativas. "A mente sem direção é como um navio sem leme. A vontade firme é o leme da alma."

Emmanuel e Hill falam, na verdade, da mesma lei espiritual – a lei da direção consciente da energia. Enquanto Hill fala de controle mental e propósito definido, Emmanuel explica que a vontade é o centro irradiador da harmonia espiritual, responsável por organizar os pensamentos e sentimentos em torno de um ideal superior.

Sem vontade, o espírito se desorganiza, perde o eixo e cede aos impulsos inferiores. Com vontade, ele se torna senhor de si – e colaborador de Deus.

A vontade é, portanto, o ponto de convergência entre espiritualidade e psicologia prática. Ela é o antídoto contra o automatismo da vida. É a faísca que transforma a intenção em ação, o sonho em obra, a fé em movimento. Hill ensina que a vontade precisa ser alimentada por um propósito maior, e Emmanuel complementa: esse propósito deve estar alinhado à Lei Divina.

Ambos concordam que o poder da vontade não está em dominar o mundo, mas em dominar a si mesmo. A vontade disciplinada cria harmonia interna; e a harmonia do espírito é o alicerce da felicidade duradoura. Assim, Chico e Hill, cada um à sua maneira, nos lembram que o destino não é obra do acaso, mas da vontade consciente em sintonia com o bem. E quando essa vontade se torna oração em ação, o impossível se torna inevitável.

Quantas vezes esse mesmo pensamento já apareceu para você?

☐ ☐ ☐ ☐ ☐ ☐ ☐

meus insights

89

PERSISTIR DIANTE DA INGRATIDÃO

São necessárias muita coragem e muita renúncia para ajudar a quem nada compreende do auxílio que se lhe oferece.

XAVIER, FRANCISCO CÂNDIDO / ANDRÉ LUIZ. NOSSO LAR. 1. ED. RIO DE JANEIRO: FEDERAÇÃO ESPÍRITA BRASILEIRA, 1944. EDIÇÃO KINDLE.

Quantas vezes esse mesmo pensamento já apareceu para você?

Ajudar quem entende é fácil – há gratidão, reconhecimento, reciprocidade. Mas e quando o gesto não é compreendido, nem aceito, nem sequer percebido? Ajudar sem recompensa é o exercício mais refinado da humildade; é o amor servindo sem precisar ser visto.

A frase é um espelho para todos nós que, no ímpeto de fazer o bem, esperamos algo em troca – um "obrigado", um sorriso, um sinal de que o outro "entendeu". Esperamos recompensas emocionais de nossos atos ou entendemos que ajudar de verdade é plantar sementes em terrenos que talvez a gente nunca veja florescer?

Emmanuel diria que o amor amadurecido é aquele que não depende da resposta do amado para continuar amando. Esta é a renúncia de que Chico fala: a renúncia à vaidade de ser reconhecido, à necessidade de ser validado. É agir pelo bem porque o bem, em si, já é a recompensa.

Muitas vezes, quem mais precisa de ajuda é justamente quem menos consegue compreendê-la. O espírito adoecido pela dor, pela revolta ou pelo orgulho reage ao socorro como quem rejeita o remédio amargo. Ainda assim, o coração esclarecido não desiste. Ele entende que o tempo e o amor são os grandes pedagogos da alma – e que, um dia, aquela semente germinará, mesmo que sob outra encarnação, outro nome, outro sol.

A coragem de que fala André Luiz não é bravura heroica – é a serenidade persistente diante da ingratidão. Ajudar quem nada compreende do auxílio é um ato de fé no futuro espiritual da humanidade. É dizer ao universo: "Eu acredito que o amor é mais teimoso que a ignorância".

meus insights

AUTORES DA PRÓPRIA VIDA

90

Deus nos concede, a cada dia, uma página de vida nova no livro do tempo.

IDEALI, WAGNER. CHICO XAVIER, SUA OBRA E SUA IMPORTÂNCIA PARA O MOVIMENTO ESPÍRITA. REVISTA ELETRÔNICA O CONSOLADOR. DISPONÍVEL EM: HTTPS://WWW.OCONSOLADOR.COM.BR/

Chico Xavier tinha o dom de traduzir mistérios cósmicos em gestos simples. Ao dizer que Deus nos concede "uma página nova a cada dia", ele nos lembra que a vida se renova no ritmo da respiração e do repouso. E essa página, antes de ser escrita pelas nossas ações, é esboçada todas as noites, quando dormimos e sonhamos.

A espiritualidade ensina que o sono é o intervalo da alma – o instante em que o espírito se desprende parcialmente do corpo para reabastecer-se nos planos sutis. A ciência moderna, por sua vez, comprova que o sono é o mecanismo mais sofisticado de regeneração que conhecemos. Dormir bem é o primeiro passo para despertar melhor.

O neurocientista Matthew Walker, diretor do Center for Human Sleep Science da Universidade da Califórnia, explica, no livro *Por que nós dormimos* (2017): "O sono é a base sobre a qual se ergue a saúde do corpo, do cérebro e da alma. Ele restaura o sistema imunológico, afina as emoções, consolida a memória e nos prepara para o milagre do recomeço".

Durante o sono profundo, o cérebro realiza uma verdadeira faxina neural – limpa toxinas acumuladas, organiza as lembranças do dia e integra aprendizados. É também durante o sono REM, a fase dos sonhos, que os circuitos emocionais se equilibram, aliviando traumas e ansiedades. Sonhar é o modo como a psique nos devolve à harmonia.

Em linguagem espiritual, poderíamos dizer que o sono é a oficina noturna da reencarnação diária. A cada despertar, Deus nos devolve à matéria com uma nova chance – um coração mais leve, uma mente reorganizada, um sopro renovado. O sono é o pequeno morrer que nos prepara para viver de novo.

A privação crônica de sono, segundo estudos da Harvard Medical School (2020), reduz a empatia, enfraquece o sistema imune e prejudica o discernimento moral. Quem não repousa o corpo, embaraça a alma, porque o cansaço físico estreita o canal da percepção espiritual. Quando dormimos com gratidão e despertamos com propósito, cumprimos a sabedoria de Chico: cada manhã é uma página em branco, e cada sonho é o esboço do que poderemos escrever nela.

Dormir bem é, portanto, um ritual sagrado de confiança: enquanto descansamos, Deus continua criando – e, quando abrimos os olhos, o milagre da continuação nos espera.

Quantas vezes esse mesmo pensamento já apareceu para você?

meus insights

91

DA POTÊNCIA AO ATO

Somos companheiros otimistas no campo da fraternidade. Se Jesus espera no homem, com que direito deveríamos nos desesperar?

XAVIER, FRANCISCO CÂNDIDO / EMMANUEL. PALAVRAS DE CHICO XAVIER. 1. IDE EDITORA, 2019.

Quantas vezes esse mesmo pensamento já apareceu para você?

meus insights

Chico Xavier e Emmanuel sempre foram mestres da esperança ativa. Não uma esperança ingênua, mas um estado vibracional consciente – uma escolha de fé diante do caos. "Se Jesus espera no homem", pergunta Emmanuel, "com que direito deveríamos nos desesperar?" A esperança, aqui, não é consolo: é dever espiritual. É a confiança de que o bem é a direção inevitável da evolução, mesmo quando o caminho parece em ruínas.

Curiosamente, a neurociência moderna vem confirmando esse poder do otimismo sobre o corpo e a mente. A pesquisadora Tali Sharot, neurocientista da University College London, no seu TED Talk "O viés do otimismo" (2012), explica que nosso cérebro é biologicamente programado para acreditar em um futuro melhor. "O otimismo não é apenas uma ilusão, é uma necessidade. Sem ele, as pessoas perdem a motivação e o sistema imunológico enfraquece." Sharot identificou o chamado *optimism bias,* um mecanismo neurológico que faz com que imaginemos o futuro de forma mais positiva do que as estatísticas indicam. Essa tendência, longe de ser um defeito, é um instrumento evolutivo de sobrevivência – o cérebro otimista nos impulsiona à ação, à cura, à superação.

"A esperança nos ajuda a tentar de novo, mesmo depois do fracasso." Emmanuel e Sharot falam, em linguagens diferentes, do mesmo princípio: a energia do pensamento molda a realidade. Enquanto a neurociência descreve sinapses, a espiritualidade descreve vibrações. Ambas revelam que acreditar no bem não é negar a dor – é decidir não entregar o comando da vida ao medo.

O otimismo, no sentido espiritual, é uma forma de mediunidade com o futuro. O otimista não ignora as sombras – ele apenas se recusa a deixar que elas sejam o roteiro final. É essa fé que move Jesus em relação à humanidade: Ele espera porque vê o potencial antes do resultado.

O desespero é estático, o otimismo é dinâmico. Um paralisa, o outro cria. Quando Chico dizia que somos "companheiros otimistas no campo da fraternidade", ele nos lembrava de que a esperança é um trabalho coletivo. Ser otimista é um ato político da alma – é insistir em acreditar quando o mundo desacredita. É continuar servindo, mesmo que o mundo ainda não entenda o serviço.

Sharot diz que podemos treinar o cérebro para o otimismo; Emmanuel ensina que podemos educar o espírito para a fé. Ambos convergem no mesmo convite: alimentar a luz da esperança é um dever biológico e espiritual.

UM UNIVERSO DE POSSIBILIDADES

92

Todos temos ideias e possibilidades, escolhas e relações, crenças e luzes. E se é muito importante guardar equilíbrio para desfrutar semelhantes bênçãos, em nosso progresso de espíritos imortais, ante as Leis de Causa e Efeito, é muito mais importante ainda saber o que estamos fazendo por elas e com elas.

XAVIER, FRANCISCO CÂNDIDO / ESPÍRITOS DIVERSOS. AULAS DA VIDA. FEB, 2021.

A vida é um campo fértil de possibilidades, mas o que define nossa colheita não é o vento das oportunidades – é o foco da intenção. Como ensinava Emmanuel, não basta ter ideias, dons, relacionamentos e fé; é preciso agir com consciência sobre o que fazemos deles e com eles. Deus nos concede as sementes – o plantio, porém, é escolha nossa.

A mente humana é como uma atmosfera em movimento constante. Nela sopram ventos de inspiração, paixões, desejos e medos. Mas o espírito maduro aprende a transformar a brisa dispersa da emoção no vento firme da direção. Cultivar atitudes é o processo de educar o sopro interior – sair do turbilhão mental para o voo consciente. Da brisa ao foco, como costumo dizer!

Em termos espirituais, a diferença entre a brisa e o foco é a mesma que há entre inspiração e realização. A brisa traz ideias; o foco constrói destinos. Sem direção, até as melhores intenções se perdem no ar. "Se você não sabe para onde quer ir, qualquer caminho serve", lembra o gato a Alice. Com propósito, até o gesto mais simples se torna sagrado.

Cada atitude é espiritualidade em forma de movimento. Quando a intenção é clara, o universo colabora. Quando o foco é firme, até o caos se organiza ao redor da nossa intenção. As sincronicidades constelam em nosso favor. É por isso que Emmanuel fala em "guardar equilíbrio" – o equilíbrio é o ponto de repouso da força criadora. Sem ele, desperdiçamos energia; com ele, transformamos circunstâncias.

Cultivar atitudes conscientes é um exercício diário de coerência: pensar o bem, sentir o bem e agir no bem – em harmonia entre intenção e gesto. O espírito equilibrado não espera que a vida mude para começar a contribuir; ele contribui e, contribuindo, muda a própria vida.

Entre a brisa e o foco, há o aprendizado do domínio interior – a arte de permanecer calmo no movimento. A brisa simboliza o potencial divino em nós; o foco, a escolha de usá-lo para o bem. E é aí que começa a verdadeira maturidade espiritual: quando deixamos de ser soprados pelos ventos do acaso e passamos a ser o vento que move o próprio destino.

Quantas vezes esse mesmo pensamento já apareceu para você?

☐ ☐ ☐ ☐ ☐ ☐ ☐

meus insights

93

A ÁRVORE DO CRISTO ESTÁ AQUI

Para esta terra maravilhosa e bendita será transplantada a árvore do meu Evangelho de piedade e de amor. No seu solo dadivoso e fertilíssimo, todos os povos da Terra aprenderão a lei da fraternidade universal.

XAVIER, FRANCISCO CÂNDIDO / HUMBERTO DE CAMPOS. BRASIL, CORAÇÃO DO MUNDO, PÁTRIA DO EVANGELHO. FEB, 2019.

Quantas vezes esse mesmo pensamento já apareceu para você?

meus insights

Há um ponto no mapa celeste onde o campo eletromagnético da Terra se curva de maneira singular – a Anomalia do Atlântico Sul (AAS). Cientificamente, é a região em que a magnetosfera do planeta se enfraquece, permitindo maior incidência de partículas solares. Espiritualmente, é um ponto de fascínio e especulação. Coincidência ou não, essa anomalia paira exatamente sobre o território brasileiro, o mesmo que Emmanuel e Humberto de Campos descrevem como o "coração do mundo" e a "pátria do Evangelho".

A ciência vê na anomalia um desafio tecnológico; os satélites que cruzam a área enfrentam interferências, e os astronautas relatam brilho e distúrbios magnéticos. Mas a mística brasileira vê nela um símbolo – um portal vibracional, um espelho entre o visível e o invisível. Se o campo magnético da Terra é a pele energética do planeta, então o Brasil é o ponto onde essa pele se torna mais permeável à luz. É uma imagem poética, mas poderosa: onde a ciência identifica fragilidade, o espírito reconhece sensibilidade.

Talvez essa "anomalia" seja metáfora viva (ou evidência) da própria alma brasileira – intensa, aberta, vulnerável e, por isso mesmo, profundamente espiritual. O povo do coração do mundo é, afinal, o povo que sente antes de raciocinar, que crê antes de compreender, que perdoa antes de julgar.

Quando Jesus, na visão simbólica de Humberto de Campos, "transplanta a árvore do Evangelho" para o solo do Brasil, ele não fala de superioridade, mas de responsabilidade vibracional. O coração bombeia sangue para todo o corpo, mas ele próprio não comanda – apenas mantém a vida fluindo. O Brasil é chamado, então, não a dominar, mas a irradiar fraternidade. E se a anomalia magnética é o ponto onde o planeta mais recebe e transforma energia cósmica, talvez sejamos também o lugar onde o planeta recebe e transforma energia sutil, espiritual – convertendo sofrimento em compaixão, dor em música, diversidade em comunhão.

E assim seguimos – sob o céu da anomalia divina – transformando vulnerabilidade em portal, limite em milagre, e o coração do mundo em órgão vivo da esperança planetária.

ESTUPIDEZ ADOECE!

94

Estude sempre. A renovação das ideias favorece a sábia renovação das células orgânicas.

XAVIER, FRANCISCO CÂNDIDO / ESPÍRITOS DIVERSOS. AULAS DA VIDA. FEB, 2021.

Chico Xavier – pela voz dos Espíritos que o inspiravam – antecipou, com simplicidade luminosa, um dos conceitos mais fascinantes da ciência moderna: a mente molda o corpo. Quando ele diz que "a renovação das ideias favorece a renovação das células", está descrevendo, em linguagem espiritual, o que a neurociência contemporânea chama de neuroplasticidade – a capacidade do cérebro de se reorganizar e criar conexões em resposta ao aprendizado, à experiência e ao pensamento consciente.

Durante décadas, acreditou-se que o cérebro envelhecia como uma máquina desgastada. Influência pura da Revolução Industrial, que tentou moldar o ser humano para o desempenho de uma máquina, como ilustrou muito bem Charles Chaplin em Tempos Modernos. Hoje sabemos que o cérebro é um organismo vivo e adaptável, que se reconstrói continuamente. O neurocientista Norman Doidge, em *O cérebro que se transforma* (2007), explica que cada novo pensamento, aprendizado ou prática mental cria caminhos físicos no cérebro. O pensamento muda a estrutura.

Essa plasticidade não se limita ao cérebro: estudos em epigenética mostram que nossas emoções, crenças e padrões mentais influenciam diretamente a expressão genética e os processos de regeneração celular. Segundo o biólogo Bruce Lipton, em *A biologia da crença* (2005), as células respondem ao ambiente energético do corpo, e o ambiente é moldado pelos nossos pensamentos. Ou seja, pensar diferente é literalmente reprogramar-se biologicamente. A alegria, a curiosidade e o aprendizado constante são como vitaminas invisíveis para o sistema nervoso. O estudo – no sentido amplo de manter a mente ativa e a alma desperta – estimula a liberação de dopamina e serotonina, substâncias associadas à motivação e ao bem-estar. Esses neurotransmissores, por sua vez, fortalecem o sistema imunológico e favorecem a regeneração de tecidos. Estudar não é apenas acumular informações, mas arejar a alma.

O conhecimento expande o campo mental e, com ele, renova a vibração celular, criando harmonia entre corpo e espírito. Por isso, toda vez que aprendemos algo – um idioma, uma arte, uma filosofia –, estamos, em essência, rejuvenescendo. A mente parada envelhece o corpo; a mente em movimento o revigora. O espírito curioso é, por natureza, jovem – porque quem aprende, cresce; e quem cresce, renasce todos os dias.

Assim, o convite de Chico é muito mais do que um conselho moral: é uma prescrição científica e espiritual. Estudar é uma forma de meditação ativa, um exercício de imortalidade. Afinal, cada nova ideia acende luz em alguma célula, e cada pensamento luminoso é uma ordem divina de regeneração.

Quantas vezes esse mesmo pensamento já apareceu para você?

☐ ☐ ☐ ☐ ☐ ☐ ☐

meus insights

95

AS DIFERENÇAS SÃO UMA VANTAGEM

Mais do que administrar – harmonizar.

XAVIER, FRANCISCO CÂNDIDO / ESPÍRITOS DIVERSOS. AULAS DA VIDA. FEB, 2021.

Quantas vezes esse mesmo pensamento já apareceu para você?

Durante muito tempo, acreditamos que o papel do gestor era administrar: controlar recursos, definir metas, monitorar desempenho, corrigir desvios. Mas a nova consciência organizacional está nos ensinando que o verdadeiro desafio é harmonizar – pessoas, talentos, propósitos e emoções.

A psicologia de pontos fortes, desenvolvida por Donald O. Clifton e Tom Rath, nos convida a abandonar o foco em deficiências e cultivar o que em cada pessoa é fonte natural de potência. Quando alguém opera a partir das suas forças, não apenas produz mais – vibra em ressonância com o que faz.

Da mesma forma, o Q12 da Gallup – um instrumento de pesquisa que mede engajamento – desloca o olhar do controle para o vínculo humano. Perguntas como "Tenho um amigo no trabalho?", "Minha opinião é ouvida?" ou "O propósito da minha função é claro para mim?" revelam que o verdadeiro motor de desempenho é a qualidade das relações.

Clifton ainda lembra que "pessoas precisam umas das outras" e "as diferenças são uma vantagem" quando integradas de forma consciente ao contexto colaborativo. "Mais do que administrar – harmonizar" arremata Emmanuel.

Harmonizar é compreender que cada diferença é uma nota única na sinfonia coletiva. Quando a liderança deixa de ser comando e passa a ser escuta, nasce o gestor como facilitador de encontros. Resultados deixam de ser imposição e tornam-se fruto natural de ambientes saudáveis e significativos.

Harmonizar é administrar com alma. É perceber que uma equipe não é um organograma – é um organismo. E que toda empresa, no fundo, é um campo vivo de consciência em expansão.

meus insights

Marketing, Empreendedorismo e Propósito

Desenvolvimento humano e espiritualidade para construção de negócios que geram valor e fazem sentido.

FAÇA AS PAZES COM VOCÊ

96

Fico triste quando alguém me ofende, mas, com certeza, eu ficaria mais triste se fosse eu o ofensor.

IDEALI, WAGNER. CHICO XAVIER, SUA OBRA E SUA IMPORTÂNCIA PARA O MOVIMENTO ESPÍRITA. REVISTA ELETRÔNICA O CONSOLADOR. DISPONÍVEL EM: HTTPS://WWW.OCONSOLADOR.COM.BR/.

Essa frase ecoa fundo em mim. Sinto algo semelhante quando a raiva me visita. Não é apenas um desconforto moral, é físico: uma súbita perda de inspiração, dor de cabeça, cansaço desmedido. É como se a alma perdesse o fôlego e o corpo se tornasse o campo de batalha das emoções não pacificadas.

Aprendi, observando meu mundo interno, que toda violência externa é antes uma violência interna. A palavra dura, o gesto agressivo, a ironia ácida – todos são sintomas de um coração em conflito. Quem agride o outro está, na verdade, tentando calar um ruído dentro de si. É um pedido de socorro disfarçado de ataque.

Quando percebo isso, em mim ou nos outros, algo muda. Já não preciso vencer discussões nem provar razões. Preciso apenas não me perder de mim mesmo. A serenidade não é fraqueza: é a coragem de permanecer inteiro quando o mundo nos provoca a fragmentação.

O silêncio, nesses momentos, é uma atitude que pacifica. Música, uma vibração que cura. Porque, ao escolher não revidar, a gente se reconcilia com o próprio espírito – e volta a respirar o ar leve da paz.

Quantas vezes esse mesmo pensamento já apareceu para você?

☐ ☐ ☐ ☐ ☐ ☐ ☐

meus insights

97

O PODER DE UMA EGRÉGORA

Agradeço muito esta honra e rogo a todos os nossos companheiros de fé, a todos os companheiros de convicção espírita, para que me ajudem com as suas vibrações fraternas, de vez que eu estou aqui, naturalmente, muito receoso de cometer mais erros gramaticais e mais incivilidades do que aquelas que costumo praticar na vida comum.

XAVIER, FRANCISCO CÂNDIDO. PINGA-FOGO. PROGRAMA DE TV, TV TUPI, SÃO PAULO, 1971. TRANSCRIÇÃO INTEGRAL.

Quantas vezes esse mesmo pensamento já apareceu para você?

Assim Chico Xavier iniciou sua fala no Pinga-Fogo, em 1971. Diante de milhões de telespectadores, não pediu coragem, fama ou eloquência: pediu vibrações.

Esse gesto revela uma compreensão profunda da dinâmica energética e espiritual das relações humanas. A soma das intenções, pensamentos e sentimentos de um grupo forma o que chamamos de egrégora – um campo coletivo dinâmico de energia mental e espiritual. Quando mentes se alinham em propósito elevado, criam uma atmosfera que sustenta, inspira e protege.

Falo sobre isso no estudo "Mediunidade com Autonomia" do Círculo Escola: a mediunidade não é um ato solitário, é um fenômeno cooperativo. O médium é um ponto sensível dentro de um vasto circuito de consciências – encarnadas e desencarnadas – que trabalham em sintonia. Chico sabia disso. Por isso, pediu apoio, mesmo sendo quem era.

O que mais me impressiona é que, sendo de estatura moral tão alta, não confiou só em si mesmo, confiou na força do coletivo. Ele compreendia que a vibração de amor é o alicerce invisível de toda manifestação mediúnica. E, por extensão, de toda ação humana que busca servir.

Em tempos de individualismo, Chico nos recorda: ninguém fala sozinho quando fala com amor.

meus insights

Mediunidade com autonomia

Uma jornada profunda, leve e transformadora para quem quer integrar espiritualidade ao cotidiano e despertar seu potencial com autonomia.

PERDÃO É COISA DE GENTE GRANDE

98

Uma das grandes virtudes buscadas pelo espírito, o perdão que parte do coração; manifestado com o completo esquecimento das ofensas, é digno das almas evoluídas.

XAVIER, FRANCISCO CÂNDIDO / EMMANUEL. PLANTÃO DE RESPOSTAS. 1. ED. SÃO PAULO: IDE, 1994.

Uma das grandes virtudes buscadas pelo espírito é o perdão que parte do coração, aquele que se manifesta no completo esquecimento das ofensas. Emmanuel nos ensina que só as almas verdadeiramente evoluídas alcançam esse estado de paz.

Mas por que é tão difícil perdoar? Porque o perdão não é um gesto intelectual – é uma cirurgia emocional. Não se trata de "deixar pra lá" ou fingir que nada aconteceu. Perdoar exige encarar o que sentimos: o orgulho ferido, a sensação de injustiça, o medo de sermos novamente feridos. O ego se defende, quer ter razão. Mas o espírito quer voltar a amar. A consciência quer sossego, tranquilidade e paz.

Quando alguém nos ofende, cria-se uma marca na memória afetiva. Essa marca só se dissolve quando conseguimos transformar a dor em compreensão. O perdão, então, não é um favor ao outro – é libertação de nós mesmos. Enquanto mantemos ressentimento, permanecemos ligados energeticamente à cena que nos feriu. Perdoar é romper esse fio e retomar o fluxo natural da vida.

É um processo. Às vezes, começa com a decisão racional, e só mais tarde o coração acompanha. Mas cada pequeno movimento de empatia já é um passo rumo à cura.

Perdoar é escolher a leveza, mesmo quando o passado insiste em pesar.

Quantas vezes esse mesmo pensamento já apareceu para você?

☐ ☐ ☐ ☐ ☐ ☐ ☐

meus insights

99

A FÉ SABE, SEM SABER COMO SOUBE

(A fé) é força que nasce com a própria alma, certeza instintiva na Sabedoria de Deus que é a sabedoria da própria vida.

XAVIER, FRANCISCO CÂNDIDO / EMMANUEL. PENSAMENTO E VIDA. BRASÍLIA: FEB, 2016.

Quantas vezes esse mesmo pensamento já apareceu para você?

☐ ☐ ☐ ☐ ☐ ☐ ☐

Emmanuel define a fé como “força que nasce com a própria alma”, uma certeza instintiva na Sabedoria de Deus, que é, em essência, a sabedoria da própria vida.

A fé, portanto, não é uma crença cega, mas um saber intuitivo – um conhecimento que não passa pela razão discursiva, mas que se manifesta como percepção direta da verdade. É o tipo de certeza que não precisa de provas, porque é experimentada, não deduzida.

Digo que a fé é um saber empírico-intuitivo: ela se apoia na vivência, não na teoria. Cada dor superada, cada renúncia que amadurece o coração, cada sincronia que nos revela sentido – tudo isso são dados da alma, experiências que consolidam a confiança na ordem divina. A razão observa os fatos; a fé reconhece o sentido. Não se opõem – se completam. A razão é a lâmpada; a fé é a energia que a acende. Sem luz, o raciocínio é seco; sem discernimento, a fé é ingênua. Quando se unem, formam o olhar lúcido e compassivo dos espíritos que compreenderam a vida.

A fé verdadeira não é teimosa, é inteligente e amorosa. É o instinto da alma desperta que, mesmo sem entender o “como”, confia no “porquê”.

meus insights

HUMANIDADES INVISÍVEIS

100

Toda alma é um ímã poderoso. Há uma extensa humanidade invisível que se segue à humanidade visível.

XAVIER, FRANCISCO CÂNDIDO / ANDRÉ LUIZ. NOSSO LAR. 1. ED. RIO DE JANEIRO: FEDERAÇÃO ESPÍRITA BRASILEIRA, 1944. EDIÇÃO KINDLE.

Considere o que você faz: os projetos nos quais se envolve, as intenções que cultiva, os resultados que colhe, as vidas que toca. Já pensou quem e quantos, no plano espiritual, se interessam por isso?

Chico, ao dizer que a alma é um ímã, não especifica a qualidade das energias que ela atrai – apenas afirma que atrai. A lei é a lei. O resto é escolha.

A vibração que emitimos determina a natureza das companhias espirituais que se aproximam. Pensamentos são correntes magnéticas; sentimentos, frequência vibratória. Toda intenção gera um campo – e nesse campo atuam consciências afins.

Quando nossa mente se alinha ao amor, ao serviço e à clareza, nos tornamos polos de cooperação para inteligências luminosas que trabalham pelo bem. Mas quando alimentamos medo, orgulho ou revolta, abrimos espaço para forças que sintonizam com o mesmo padrão.

Não há neutralidade energética: vibramos e atraímos o que somos. Por isso, o cultivo do pensamento é ato de higiene espiritual.

O que pensamos, sentimos e fazemos ecoa não apenas na Terra – reverbera em dimensões que nos observam, nos acompanham e, conforme a nossa sintonia, nos inspiram ou nos drenam.

A alma é um ímã. E o magnetismo da vida responde sempre à direção do nosso coração.

Quantas vezes esse mesmo pensamento já apareceu para você?

☐ ☐ ☐ ☐ ☐ ☐ ☐

meus insights

101

ORGANISMOS DIVERSAMENTE CAPACITADOS

Amparado no colo materno, estrutura-se-lhe o corpo mediante as células referidas, que, em se multiplicando ao redor da matriz espiritual, como a limalha de ferro sobre o ímã, formam, a princípio, os folhetos blastodérmicos de que se derivam o tubo intestinal, o tubo nervoso, o tecido cutâneo, os ossos, os músculos, os vasos

XAVIER, FRANCISCO CÂNDIDO / EMMANUEL. PENSAMENTO E VIDA. BRASÍLIA: FEB, 2016.

Quantas vezes esse mesmo pensamento já apareceu para você?

☐ ☐ ☐ ☐ ☐ ☐ ☐

Emmanuel nos recorda que, amparado no colo materno, o espírito coordena a formação do corpo, atraindo as células que se organizam ao redor de sua matriz espiritual – "como limalha de ferro sobre o ímã". Assim, o corpo físico se estrutura de acordo com as informações impressas no espírito, memórias e propósitos de outras existências que se condensam em matéria viva.

Cada detalhe de nossa forma biológica é expressão das lições que viemos aprender e das missões que nos dispusemos a cumprir. Nada é por acaso. A mente espiritual é a modeladora, e o corpo, seu instrumento de experiência e revelação.

Por isso, não gosto da palavra deficiência. Ela sugere que algo falhou, que um corpo não alcançou seu objetivo. Mas quem define o objetivo? Uma pessoa que a sociedade chama de deficiente visual, muitas vezes, enxerga nuances da vida que escapam aos que têm visão "perfeita". Sua biologia é diversa, não falha – é diversamente capacitada para enxergar o invisível.

Quando rotulo alguém de deficiente, coloco um ponto final em sua manifestação. Eu invalido a sua disposição para a vida. Mas quando compreendo que o corpo está a serviço do espírito, passo a ver cada organismo como configuração única da inteligência divina, projetada para uma jornada de aprendizado específica.

Diante de alguém que é cego, pergunto-me: que tipo de mundo ele vê que eu ainda não vejo? Deficiente ou diversamente capacitado?

A verdadeira inclusão nasce desse olhar espiritual, que reconhece, em cada corpo, a assinatura viva da alma que o habita.

meus insights

UTOPIA OU PROFECIA?

102

(...) definiram o papel de cada região no continente, localizando o cérebro da nova civilização no ponto onde hoje se alinham os Estados Unidos da América do Norte, e o seu coração nas extensões da terra farta e acolhedora onde floresce o Brasil, na América do Sul. Os primeiros guardam os poderes materiais; o segundo detém as primícias dos poderes espirituais, destinadas à civilização planetária do futuro.

XAVIER, FRANCISCO CÂNDIDO / EMMANUEL. A CAMINHO DA LUZ. FEDERAÇÃO ESPÍRITA BRASILEIRA, BRASÍLIA, 2016, P. 161.

Quero convidá-lo para dar um salto no futuro e imaginar como seria o Brasil em 2125, como seria o despertar do coração do mundo.

Cem anos à frente, o planeta alcançou o ponto de maturação previsto pelos antigos mensageiros espirituais. Depois de séculos de crises ambientais, desigualdades e colapsos éticos, a humanidade descobriu que o progresso técnico sem consciência conduz à exaustão. Foi então que o mundo voltou seus olhos para o Sul, onde floresceu o poder espiritual previsto por Emmanuel: o Brasil.

Aqui a tecnologia deixou de ser apenas instrumento e passou a ser extensão da empatia. A inovação espiritual brasileira fundiu ciência, arte e amor em sistemas de bioética aplicada, inteligência emocional coletiva e governança compassiva. Nas escolas, a educação espiritual é base curricular; nas empresas, o lucro é medido também pela expansão de bem-estar e sentido.

As grandes metrópoles brasileiras se tornaram laboratórios de convivência interdimensional: centros de pesquisa sobre campos sutis, reencarnação e consciência expandida integram ciência e mediunidade, sem dogmas. O SUS planetário – modelo de saúde integral – nasceu em solo brasileiro, unindo cura vibracional, medicina regenerativa e terapias da alma.

Mas a verdadeira revolução não foi tecnológica: foi relacional. O Brasil ensinou ao mundo o valor da alegria como tecnologia social e da solidariedade como infraestrutura emocional. Mostrou que governar é servir e que servir é amar.

Na civilização do futuro, o coração do mundo pulsa verde e dourado – não por orgulho nacional, mas porque aprendeu que liderar espiritualmente é irradiar equilíbrio, não poder.

Utopia ou profecia?

meus insights

Quantas vezes esse mesmo pensamento já apareceu para você?

☐ ☐ ☐ ☐ ☐ ☐ ☐

103

DIVIDIR É MULTIPLICAR

A felicidade para crescer deve dividir-se

XAVIER, FRANCISCO CÂNDIDO / EMMANUEL. PALAVRAS DE CHICO XAVIER. 1. IDE EDITORA, 2019.

Quantas vezes esse mesmo pensamento já apareceu para você?

☐ ☐ ☐ ☐ ☐ ☐ ☐

Chico, com sua simplicidade que é sempre sabedoria, enuncia o que a ciência da felicidade hoje comprova: a alegria autêntica é coletiva.

Pesquisas internacionais, como o Relatório Mundial da Felicidade 2024, mostram que os países mais felizes não são os mais ricos – mas os que cultivam confiança social, solidariedade e propósito compartilhado. A Ipsos revelou que 83 % dos brasileiros se declaram felizes, apesar das dificuldades. Talvez porque, aqui, a alegria ainda é um gesto comunitário – um bem que se multiplica quando é doado.

O economista Richard Easterlin demonstrou que, acima de certo nível de renda, o aumento de dinheiro não amplia o bem-estar. Daniel Kahneman confirmou: a felicidade cresce até o ponto em que as necessidades básicas são atendidas; depois disso, o que faz diferença é o vínculo humano.

Chico já sabia: o que não se reparte, atrofia. A felicidade não é um troféu – é um campo de energia que só floresce quando compartilhado.

Ser feliz é participar da corrente da vida – é fazer circular o bem, o tempo, o afeto, o pão, o perdão. Porque quanto mais damos, mais espaço abrimos dentro de nós para receber.

Dividir é multiplicar-se. E a felicidade que se doa deixa de ser emoção passageira – torna-se estado de alma.

meus insights

OLHOS PARA VER

104

Mais do que ver – refletir

XAVIER, FRANCISCO CÂNDIDO / ESPÍRITOS DIVERSOS. AULAS DA VIDA. FEB, 2021.

Vivemos na era do olhar apressado. Segundo a Statista e o DataReportal 2024, o usuário médio passa mais de seis horas por dia conectado à internet, e cerca de três horas diante das redes sociais. Um estudo da Harvard Medical School mostra que a superexposição a imagens e estímulos digitais reduz a capacidade de foco contínuo e aumenta em até 30 % os níveis de ansiedade. Nunca vimos tanto – e nunca percebemos tão pouco.

Chico, com a serenidade dos que enxergam além da retina, nos recorda: "Mais do que ver – refletir". Ver é captar luz. Refletir é transformar luz em consciência.

Na enxurrada de imagens, corremos o risco de sermos apenas espelhos vazios de um mundo que grita. A alma, porém, precisa de silêncio para decantar sentidos. O olhar contemplativo é antídoto contra o ruído da pressa – um ato espiritual de resistência.

Quando aprendemos a ver com o coração, descobrimos que o mundo não é feito de pixels, mas de presenças. Cada rosto, cada cena, cada detalhe cotidiano pode revelar uma mensagem da Vida, se houver pausa. A contemplação não é fuga: é mergulho. É o instante em que o visível se abre para o invisível e o olhar se torna oração.

Refletir é deixar que o que vemos passe por dentro de nós e volte ao mundo iluminado de significado. Só assim o olhar deixa de ser consumo e se torna comunhão.

meus insights

Quantas vezes esse mesmo pensamento já apareceu para você?

105

HARA HACHI BU: O QUE É SUFICIENTE?

A criatura sensata come para viver, enquanto a criatura imprudente vive para comer.

XAVIER, FRANCISCO CÂNDIDO / ESPÍRITOS DIVERSOS. AULAS DA VIDA. FEB, 2021.

Quantas vezes esse mesmo pensamento já apareceu para você?

☐ ☐ ☐ ☐ ☐ ☐ ☐

As palavras de Chico soam hoje como um diagnóstico espiritual do nosso tempo. Vivemos a era do excesso: da pressa, do consumo e da gula disfarçada de prazer. Mas a sabedoria do corpo, assim como a da alma, pede moderação e sentido.

Os estudos sobre as chamadas Blue Zones – regiões do planeta onde as pessoas vivem mais de cem anos com saúde e lucidez – confirmam o que Chico já sabia. Nessas comunidades, como em Okinawa, Nicoya ou Sardenha, a mesa é simples e sagrada: 95% dos alimentos vêm da terra; feijões, frutas e verduras são base cotidiana; carne e açúcar aparecem raramente. Mais do que o que comem, como comem faz a diferença: em silêncio grato, com afeto, em comunidade.

O segredo está não apenas na dieta, mas também na intenção. Eles comem para viver – não vivem para comer.

O Japão tem um princípio antigo chamado Hara Hachi Bu: parar de comer quando o estômago está 80% cheio. É o mesmo princípio espiritual da prudência – reconhecer o limite, honrar o corpo, permitir que o espírito respire.

A criatura sensata não busca o prazer da saciedade, busca a alegria da harmonia. Transforma o alimento em energia para servir, em vez de transformar o servir em culto ao alimento.

O que nutre não é o sabor, é o significado. E o verdadeiro banquete é aquele que alimenta o corpo sem empanturrar a alma.

Comer para viver é um ato de consciência. Viver para comer é uma fuga disfarçada de apetite.

A escolha – sempre – está à mesa do espírito.

meus insights

CONVERSANDO A GENTE SE ENTENDE

106

Guarde uma frase sorridente e amiga para toda situação inevitável. Recorde que Jesus legou o Evangelho, exemplificando, mas conversando também.

XAVIER, FRANCISCO CÂNDIDO / ESPÍRITOS DIVERSOS. AULAS DA VIDA. FEB, 2021.

Em tempos de discursos inflamados e opiniões cortantes, Chico nos lembra: o Evangelho também é conversa – e o sorriso, uma forma de espiritualidade tangível.

Na série *The Chosen*, que se tornou fenômeno global, vemos um Jesus diferente daquele das imagens de barro: um Jesus humano, amigo, risonho, que brinca com as crianças e chora com os amigos. Um Jesus que faz festa, dança, anda descalço e ri de si mesmo. Esse retrato desconstrói séculos de rigidez e devolve o Cristo ao chão de uma autêntica humanidade.

O mesmo Jesus que pregou o amor incondicional foi também o que se sentou à mesa, contou histórias, ouviu pessoas. Ele não evangelizava com distância, evangelizava com presença. Conversava mais do que discursava, sorria mais do que condenava. E é esse tom que Chico resgata – o do Evangelho que se faz diálogo vivo, não regra fria.

Uma palavra amiga pode acalmar um coração que já se despedaçou em silêncio. Um sorriso verdadeiro pode abrir o espaço que o argumento nunca abriria. E uma escuta serena pode ser mais transformadora que um sermão inteiro.

Evangelizar, afinal, é humanizar. E cada gesto de ternura é um versículo encarnado.

Que em cada situação inevitável – aquelas que não podemos mudar – a gente saiba ao menos sorrir, porque o sorriso é o lembrete de que o amor ainda está em nós.

Quantas vezes esse mesmo pensamento já apareceu para você?

meus insights

107

QUE A VIDA POSSA ENTRAR

A felicidade não entra em portas trancadas

IDEALI, WAGNER. CHICO XAVIER, SUA OBRA E SUA IMPORTÂNCIA PARA O MOVIMENTO ESPÍRITA. REVISTA ELETRÔNICA O CONSOLADOR. DISPONÍVEL EM: HTTPS://WWW.OCONSOLADOR.COM.BR/.

Quantas vezes esse mesmo pensamento já apareceu para você?

☐ ☐ ☐ ☐ ☐ ☐ ☐

A felicidade é visita delicada. Não arromba fechaduras – espera convite. E, para entrar, precisa encontrar o coração arejado de orgulho, medo e ressentimento.

O Instituto Feliciência, referência brasileira em neurociência da felicidade e psicologia positiva, confirma o que a sabedoria espiritual sempre soube: a alegria não nasce dos acontecimentos, mas da abertura interior. Pesquisas conduzidas por seus estudiosos mostram que ambientes marcados por confiança, empatia e propósito compartilhado aumentam em até 40% os indicadores de bem-estar e reduzem o estresse corporativo. Empresas que cultivam relações de afeto e pertencimento tornam-se verdadeiros laboratórios de plenitude.

Mas a “porta trancada” não está apenas nas instituições – está dentro de nós. É o medo de sentir, o hábito de controlar, a crença de que ser feliz é luxo. Quando trancamos a alma em autoproteção, bloqueamos a passagem da alegria simples.

Felicidade não é barulho, é fluxo. Ela circula onde há gentileza, respiração e gratidão. Por isso, mais do que buscá-la, é preciso deixar que ela nos encontre – e isso só acontece quando abrimos as janelas do espírito.

Destrancar as nossas portas internas é um ato de coragem. É dizer: “Entre, vida. Estou pronto para sentir”.

A felicidade não se conquista – se acolhe. E só entra quando a casa da alma está de portas abertas.

meus insights

A ORGIA DO CONSUMO

108

O homem atual vive deslumbrado com os bens materiais, que são colocados à sua disposição pela tecnologia, que avança a cada dia através de uma propaganda que insiste em colocá-los como caminho da felicidade. Porém, quando os adquirimos, não compramos a solução para os verdadeiros problemas da alma, que são as frustrações, as angústias, a solidão e tantos outros.

XAVIER, FRANCISCO CÂNDIDO / EMMANUEL. PLANTÃO DE RESPOSTAS. 1. ED. SÃO PAULO: IDE, 1994.

Vivemos um tempo em que o brilho das vitrines parece mais forte que a luz da consciência. O progresso nos ofereceu conforto, velocidade e tecnologia – mas cobrou, em troca, profundidade. Zygmunt Bauman chamou isso de modernidade líquida: um mundo onde tudo escorre rápido demais – relações, crenças, valores – e onde o consumo se tornou a nova religião.

Bauman dizia: “Os tempos são líquidos porque tudo muda tão rapidamente. Nada é feito para durar”. E advertia: “O consumismo atual não satisfaz necessidades, mas a busca por identidade e adequação”. Compramos não o objeto – mas a promessa de sermos alguém.

Esta é a “orgia do consumo”: uma festa ruidosa que deixa, ao amanhecer, o gosto da solidão. No fundo, trocamos o silêncio fértil da alma pelo barulho das notificações. Confundimos prazer com plenitude, abundância com sentido.

Mas Chico, pela voz serena de Emmanuel, nos recorda: o que alimenta o Espírito não está à venda. A felicidade não se acumula, se cultiva. A paz não se consome, se constrói.

Talvez o maior luxo da nova era seja a simplicidade. Comer devagar. Respirar com presença. Deixar o celular em modo avião, para a mente voltar ao modo conexão. Ter menos, ser mais. Reconhecer que nenhum bem material pode preencher o vazio que é, em verdade, sede de Deus.

Quando o ser humano voltar a consumir com consciência e viver com gratidão, o progresso deixará de ser ilusão e voltará a ser caminho – não de posse, mas de plenitude.

Quantas vezes esse mesmo pensamento já apareceu para você?

☐ ☐ ☐ ☐ ☐ ☐ ☐

meus insights

109

A ORAÇÃO EM MOVIMENTO

O trabalho-ação transforma o ambiente. O trabalho-serviço transforma o homem.

XAVIER, FRANCISCO CÂNDIDO / EMMANUEL. PENSAMENTO E VIDA. BRASÍLIA: FEB, 2016.

Quantas vezes esse mesmo pensamento já apareceu para você?

Vivemos uma era em que muitos perderam o sentido do trabalho que fazem. E, tentando reencontrá-lo, trocam de emprego, de cargo, de cidade – como quem muda o cenário sem perceber que o vazio está no ator. Queremos fazer algo que “faça sentido”, mas nos esquecemos de perguntar que sentido há em nós.

O trabalho, quando visto apenas como obrigação ou conquista, se torna fardo. Mas quando compreendido como serviço, ele se transforma em caminho espiritual. É esta a diferença que Emmanuel nos aponta: o trabalho-ação muda o mundo; o trabalho-serviço muda a alma.

Meu amigo Felipe Savietto resume essa sabedoria em uma frase genial: “Se não é possível amar o que faz, faça de um jeito que ame o que fez”.

Nem sempre teremos o emprego dos sonhos, mas sempre podemos trabalhar com consciência, entrega e beleza. O que importa não é tanto o que fazemos, mas como fazemos. O chão de fábrica, o balcão, o consultório ou o lar podem ser templos se o coração servir com presença.

Trabalho sem propósito gera cansaço. Trabalho com propósito – mesmo o mais simples – gera paz. Porque o serviço é oração em movimento, é o Espírito colaborando com a Vida.

Antes de buscar o trabalho ideal, talvez devamos buscar a nossa versão ideal. Quando isso acontece, qualquer tarefa ganha brilho, e o que antes era rotina se torna expressão de amor.

meus insights

ORGANIZAÇÃO É UM ATO ESPIRITUAL

Organização é atributo dos Espíritos organizados.

110

XAVIER, FRANCISCO CÂNDIDO / ANDRÉ LUIZ. NOSSO LAR. 1. ED. RIO DE JANEIRO: FEDERAÇÃO ESPÍRITA BRASILEIRA, 1944. EDIÇÃO KINDLE.

Sou o cara que, quando termina de cozinhar o jantar, já lavou toda a louça que usou no preparo, arrumou a mesa e deixou a cozinha num estado que qualquer pessoa que chegasse sem me conhecer diria que pedi aquele jantar no iFood.

Para mim, organização é sinal de evolução. Mesmo o caos criativo precisa da ordem da inteligência para frutificar em algo útil. O que está fora é como o que está dentro.

Se a mente está confusa, comece pelo ambiente. Arrume a mesa, dobre as roupas, alinhe os papéis, limpe a bancada. O simples ato de colocar cada coisa no seu lugar realinha o pensamento. Meu avô sempre dizia: "Mantenha a bancada de trabalho limpa e organizada, com tudo de que precisa à mão, antes de começar".

Hoje a neurociência confirma o que ele sabia intuitivamente: estudos mostram que ambientes desorganizados aumentam o estresse e reduzem a clareza mental, enquanto espaços ordenados favorecem foco, bem-estar e criatividade. A mente busca fora o reflexo do que vive dentro – e o inverso também é verdadeiro.

Organizar é, em essência, um ato espiritual. Não se trata de mania de controle, mas de sintonia. A criação vai do caos ao cosmo. Quando colocamos o mundo em ordem, estamos dizendo ao universo: "Estou pronto para cooperar com a Vida, no seu próprio fluxo, na ordem que lhe é própria".

A bagunça é estática, a ordem é dinâmica – permite que a energia circule. No lar, no trabalho ou na mente, a organização não é rigidez, é campo de fluxo. Quem aprende a cuidar do que o cerca começa a cuidar também do que o habita.

Arrumar fora é alinhar dentro. A limpeza da casa é também faxina da alma.

E talvez, no fim, esta seja a mais simples e poderosa oração: colocar cada coisa no seu lugar – inclusive o coracão.

Quantas vezes esse mesmo pensamento já apareceu para você?

☐ ☐ ☐ ☐ ☐ ☐ ☐

meus insights

111

O AMOR NÃO VÊ BARREIRAS

Não há ruptura de laços entre os que se amam no infinito do espaço e na eternidade do tempo.

XAVIER, FRANCISCO CÂNDIDO / EMMANUEL. PALAVRAS DE CHICO XAVIER. 1. IDE EDITORA, 2019.

Quantas vezes esse mesmo pensamento já apareceu para você?

A morte parece separação, mas é apenas mudança de endereço temporário do espírito. O amor, sendo energia divina, não se desfaz – transforma-se em saudade que aguarda o reencontro.

O luto é um ciclo natural, um processo de cura entre mundos. Primeiro vem o choque, o vazio, o corpo que busca o corpo. Depois, a dor dá lugar à lembrança, e o coração começa a reconstruir seu jeito de amar – agora sem os sentidos, mas com o espírito. A psicologia chama isso de vínculo contínuo: manter o amor vivo, mesmo após a partida.

Chico, com a sabedoria dos que veem além, nos ensina que ninguém se perde de quem verdadeiramente ama. As distâncias são apenas pedagógicas. A separação é temporária – o reencontro, inevitável.

A dor passa, a tristeza se acalma, e o tempo – grande médico da alma – transforma o pranto em ternura. Fica uma saudade boa, que já não dói: apenas recorda, nutre, consola. É a saudade sadia, aquela que sabe que o amor não foi interrompido, apenas silenciado por instantes.

Os laços de afeto são fios de luz que nem a morte apaga. E é isto que somos: redes de amor atravessando dimensões.

Quando olhamos o céu com gratidão, em vez de dor, esses fios brilham mais intensos. Porque amar alguém que partiu é seguir amando, com fé. E o reencontro, no tempo de Deus, é certeza tão certa quanto o nascer de um novo sol.

meus insights

O SILÊNCIO COMO TECNOLOGIA ESPIRITUAL DA PRESENÇA

112

Mais do que escutar – compreender.

XAVIER, FRANCISCO CÂNDIDO / ESPÍRITOS DIVERSOS. AULAS DA VIDA. FEB, 2021.

Vivemos cercados de vozes, notificações, ruídos. O mundo fala alto – e, ainda assim, ninguém se escuta. Pesquisas do Pew Research Center (2023) mostram que as pessoas trocam em média 94 mensagens por dia, mas menos de 20% das conversas envolvem atenção plena. Falamos muito e compreendemos pouco.

Chico, com a sabedoria simples que desarma, resume tudo: "Mais do que escutar – compreender".

Escutar é processar sons; compreender é acolher sentidos. E, para compreender, é preciso silêncio – não apenas ausência de ruído externo, mas silêncio interior, aquele que suspende o julgamento e cria espaço para o outro ser.

O silêncio é a tecnologia espiritual da presença. Ele amplifica a percepção, purifica o pensamento e abre o coração. É nele que o Espírito ouve o mundo e o Mundo Espiritual nos ouve. A sabedoria não vem do acúmulo de vozes, vem da qualidade do espaço entre elas.

A neurociência confirma: estudos do Brain Structure & Function Journal (2013) revelam que dois minutos de silêncio são mais restauradores ao cérebro do que música relaxante. O silêncio reorganiza as sinapses – e reorganiza também a alma.

Quando cultivamos silêncio, deixamos de reagir e passamos a perceber. Compreender é escutar com a alma desperta – ouvir não só palavras, mas o que vibra por trás delas.

Talvez seja isto que Chico nos convida a descobrir: que o silêncio não é vazio, é plenitude. É o campo onde a compreensão floresce.

Quantas vezes esse mesmo pensamento já apareceu para você?

☐ ☐ ☐ ☐ ☐ ☐ ☐

meus insights

113

CRIAR O FUTURO DESEJADO

Deus nos dá o presente, e nós fazemos o futuro.

SAYUMI, CLARISSA. 15 FRASES INESQUECÍVEIS DE CHICO XAVIER PARA REFLETIR SOBRE A VIDA, O AMOR E O PERDÃO. NOVA BRASIL FM. DISPONÍVEL EM:: HTTPS://NOVABRASILFM.COM.BR/.

Quantas vezes esse mesmo pensamento já apareceu para você?

☐ ☐ ☐ ☐ ☐ ☐ ☐

O presente é o único tempo real. É o agora – essa gota de eternidade que escorre entre o que passou e o que ainda virá. Deus nos concede o hoje como matéria-prima, e cabe a nós moldar o amanhã com as escolhas que fazemos neste instante.

Russell Ackoff dizia que “Planejar é criar o futuro desejado”. Mas como planejar sem ser consumido pela ansiedade? Como olhar o horizonte sem perder o chão?

A sabedoria está em transitar pelo tempo com presença. Planejar, sim – mas com serenidade. O futuro não se fabrica por medo, mas por consciência. Quando o planejamento nasce do controle, gera tensão; quando nasce da clareza de propósito, gera direção.

Chico nos recorda que o destino é obra de cooperação entre Deus e o homem. Deus cria as condições – nós trilhamos o caminho. Cada pensamento é uma semente de amanhã. Mas é preciso plantá-la com fé, não com pressa.

O segredo está em agir no presente com os olhos do futuro e o coração no agora. Fazer planos sem esquecer de viver. Trabalhar pelo amanhã sem perder o encanto do instante.

Porque o tempo é um mestre gentil: recompensa os que confiam, ensina os que esperam e pacifica os que compreendem.

Deus nos dá o presente – como verbo e como dádiva. Cabe a nós transformá-lo em futuro com significado, sem pressa, mas com propósito.

meus insights

O PODER DO AGORA

114

Confiemos na Providência Divina e aceitemos no serviço do bem a nossa mais bela e melhor oportunidade a que denominamos: agora.

DISPONÍVEL EM: HTTPS://WWW.MENSAGEMESPIRITA.COM.BR/.

Chico nos convida a perceber o que esquecemos: o agora é a sala de trabalho da Providência Divina. Não há outro instante em que possamos servir, amar ou transformar senão este. O passado é aprendizado; o futuro, promessa. Mas o presente – esse é chamado.

Eckhart Tolle, em *O poder do agora*, lembra que "a infelicidade é a distância entre onde estamos e onde achamos que deveríamos estar". Vivemos distraídos, presos à culpa do ontem ou à ansiedade do amanhã, enquanto o milagre acontece silenciosamente no aqui e agora.

O agora é sagrado porque é o ponto de encontro entre a vontade de Deus e a nossa ação possível. Quando confiamos na Providência, deixamos de tentar controlar o tempo e passamos a cooperar com ele. Não há atraso na vida de quem está desperto: há ritmo.

Tolle também ensina: "O momento presente é tudo o que você sempre terá". E Chico complementa: "A melhor oportunidade é o agora". Ambos falam da mesma verdade – a de que o tempo é instrumento da alma, não tirano.

No serviço do bem, o instante é a ferramenta e a consistência ao longo do tempo matriz da confiança. Cada gesto de bondade, cada palavra calma, cada respiração consciente é uma oração em movimento.

O futuro nasce do agora, e o agora é o campo onde a eternidade se manifesta. Viver o presente que o presente é nos faz viver em comunhão com Deus.

O passado nos ensina. O futuro nos inspira. Mas só o agora nos transforma.

meus insights

Quantas vezes esse mesmo pensamento já apareceu para você?

115

A SABEDORIA DA MEDICINA DIVINA

Depressão? Alma querida, se tens apenas tristeza, se te sentes indefesa, contra mágoa e dissabor, sai de ti mesma e auxilia aos que mais sofrem na estrada. A depressão é curada pelo trabalho de amor.

DISPONÍVEL EM:: HTTPS://WWW.MENSAGEMESPIRITA.COM.BR/.

Quantas vezes esse mesmo pensamento já apareceu para você?

☐ ☐ ☐ ☐ ☐ ☐ ☐

Vivemos uma era de paradoxos: nunca estivemos tão conectados – e tão sozinhos. A solidão, que deveria ser pausa criativa, virou cárcere silencioso. Talvez por isso tantos corações sintam um peso que a medicina alivia, mas nem sempre resolve: a dor da desconexão.

A psicologia moderna confirma o que o Evangelho e Chico já sabiam: o isolamento prolongado alimenta a tristeza, e fazer o bem faz bem. Pesquisas da Harvard Medical School e da American Psychological Association mostram que atos de bondade – voluntariado, escuta ativa, gestos de ajuda – ativam as mesmas áreas cerebrais associadas ao prazer e ao propósito, reduzindo sintomas de ansiedade e depressão.

Em linguagem espiritual: a alma se reequilibra quando volta a servir. O amor é o movimento natural da vida; quando o interrompemos, adoecemos. O sofrimento tende a nos fechar, mas o antídoto está em abrir-se. Sair de si mesmo não é negar a dor, é dar-lhe sentido – permitindo que o que dói em nós se transforme em compaixão pelos outros.

Chico não romantiza o sofrimento; ele o ressignifica. O trabalho de amor é medicina divina: tira o foco da ferida e o devolve à cura. E, paradoxalmente, ao aliviar a dor do outro, descobrimos que a nossa também começa a ceder.

Quem estende a mão não afasta apenas a escuridão do outro – ilumina a si mesmo. Porque servir é o modo mais luminoso de existir.

meus insights

116

NUNCA DOOU AQUELE QUE, AO DAR, NÃO DEU DE SI

Nunca somos tão pobres de bens materiais e espirituais que não possamos doar alguma coisa ao companheiro necessitado, seja o pão ou a palavra de consolo e solidariedade.

DISPONÍVEL EM: HTTPS://WWW.MENSAGEMESPIRITA.COM.BR/.

A generosidade não é questão de abundância ou de desapego dos excessos, mas de consciência. Chico Xavier nos recorda que ninguém é tão pobre que não possa oferecer algo de si – nem tão rico que não precise receber. O dom da partilha nasce quando compreendemos que o valor do gesto não está no que damos, mas no quanto de nós colocamos no que damos.

"A perfeição é o estado em que nada falta e nada sobra", lembra Aristóteles. Dar, portanto, não é esvaziar-se – é restabelecer o equilíbrio natural da vida. Quando há excesso, a generosidade devolve o fluxo; quando há carência, o amor redistribui a energia. A verdadeira doação é o ponto de harmonia entre o que se tem e o que se é.

O que o filósofo chama de suficiência, o Evangelho chama de abundância do coração. Não é o pão que se multiplica – é o gesto. Porque todo ato de amor é uma semente que se reproduz por ressonância. Quem dá, abre um campo vibracional em que a vida retribui. E quem recebe com gratidão, também doa: dá ao outro a chance de servir.

O pastor Ed René Kivitz traduz essa mesma verdade com beleza simples: "Nunca doou aquele que, ao doar, não deu de si". Dar coisas é generosidade; dar de si é comunhão. A esmola é um ato; o compartilhar é uma relação. E é essa relação que nos torna humanos – e divinos ao mesmo tempo.

A doação verdadeira é espiritual antes de ser material. Ela começa quando o olhar se abre, quando o ouvido escuta, quando o coração se inclina. É o sorriso que conforta, o silêncio que acolhe, a palavra que ergue. Às vezes, o que o outro precisa não é de ouro, mas de presença – e essa é a riqueza que todos possuímos.

Dar de si é, em última instância, o gesto de Deus repetido em nós. Porque o Criador nunca cessa de doar – e, mesmo sendo infinito, jamais empobrece com o amor que reparte.

Quantas vezes esse mesmo pensamento já apareceu para você?

☐ ☐ ☐ ☐ ☐ ☐ ☐

meus insights

117

ESPELHO, ESPELHO MEU

Se quiser realmente ver o teu maior inimigo, para por alguns instantes à frente de um espelho.

DISPONÍVEL EM: HTTPS://WWW.MENSAGEMESPIRITA.COM.BR/.

Quantas vezes esse mesmo pensamento já apareceu para você?

☐ ☐ ☐ ☐ ☐ ☐ ☐

meus insights

Encarar o espelho é um ato espiritual de coragem. Não o espelho que devolve a imagem da aparência, mas o que revela o reflexo da alma – com suas luzes e sombras. Chico Xavier nos convida a um confronto sagrado: o encontro com o inimigo íntimo, aquele que, em verdade, é apenas um eu ainda não compreendido.

Carl Gustav Jung chamava de sombra tudo aquilo que rejeitamos em nós: medos, culpas, raivas, desejos, traços que o ego tenta esconder. Mas, sendo a sombra aquilo que a personalidade se recusa a ser, ela não é somente o mal que trazemos – mas o inconsciente clamando por aceitação. Enquanto a negamos, ela nos governa; quando a acolhemos, nos liberta.

Marie-Louise von Franz, continuadora de Jung, explica que nossos traumas não elaborados alimentam essa sombra: emoções reprimidas se tornam fragmentos autônomos, que agem em nós sem permissão consciente. Por isso, o inimigo externo é sempre um espelho psicológico do que não queremos ver internamente. Toda irritação é uma seta apontando para dentro.

O analista Murray Stein amplia: "A sombra contém tanto o potencial destrutivo quanto os talentos não desenvolvidos. Integrá-la é o processo de tornar-se inteiro". Assim, o autoconhecimento não é uma jornada de perfeição, mas de inteireza – reconciliar-se com o que somos, inclusive com o potencial que trazemos em nós e nos assusta.

E então, o espelho deixa de ser condenação e passa a ser portal. Como escreveu Jean-Paul Sartre: "O que importa não é saber o que fizeram de nós, e sim o que fazemos com o que quiseram fazer de nós". A vida pode nos ferir, mas cabe a nós escolher se essas feridas serão cicatrizes ou correntes. Ao nos olharmos sem máscaras, descobrimos que o inimigo que julgávamos combater é, na verdade, um mestre disfarçado, pedindo acolhimento. E é só quando abraçamos nossas sombras que a luz interior se torna completa – porque o amor que cura o mundo começa quando aprendemos a amar o que ainda não sabemos ser.

O BERÇO E O TÚMULO

118

Berço e túmulo são simples marcos de uma condição para a outra. Somos responsáveis por nossa tragédia e por nossa glória.

DISPONÍVEL EM: HTTPS://WWW.MENSAGEMESPIRITA.COM.BR/.

Quantas vezes esse mesmo pensamento já apareceu para você?

Entre o primeiro choro e o último suspiro, o que realmente importa não é o tempo que respiramos, mas o sentido que damos ao sopro da existência. O berço e o túmulo são apenas portais – portas giratórias de uma vida que não começa no nascimento nem termina na morte. O que acontece entre um e outro é a nossa responsabilidade: a arte de escrever, com escolhas, o destino que herdaremos de nós mesmos.

Chico Xavier nos lembra que a vida não é castigo nem sorte – é coerência vibratória. Colhemos o que semeamos, não por punição, mas por correspondência. A tragédia e a glória, ambas, são frutos da consciência em expansão.

A filósofa Marilena Chauí, em *Convite à Filosofia*, lembra que a liberdade é um ato de decisão e escolha entre vários possíveis. Cada gesto, cada silêncio, cada intenção é um exercício dessa liberdade que nos torna cocriadores do próprio destino. Mesmo quando não escolhemos, estamos escolhendo – porque omitir-se também é um tipo de ação.

Mas Espinosa amplia esse entendimento de forma sublime: o ser humano livre age como causa interna, completa e total de sua ação. Para ele, a verdadeira liberdade não é fazer o que queremos, mas sermos o que somos em plenitude, expressando nossa natureza racional e divina. Não é liberdade de capricho, é liberdade de essência – o agir espontâneo de quem se conhece.

Chico e Espinosa, cada um à sua maneira, convergem na mesma direção: a liberdade não é o direito de escolher o caminho, mas a maturidade de compreender por que o trilhamos. O espírito desperto não culpa nem o destino, nem o outro, nem o acaso. Ele entende que a tragédia é lapidação e que a glória é consequência da consciência conquistada.

No intervalo entre o berço e o infinito, a pergunta essencial não é "por que estou aqui?", mas "o que estou fazendo de mim, agora?". Porque a eternidade é feita exatamente disto: de instantes bem vividos e escolhas bem feitas.

meus insights

Introdução à Filosofia

Descubra o poder transformador da Filosofia: aprenda a pensar com clareza, agir com propósito e viver com significado.

119

A VIDA SE PROVA PELO MOVIMENTO

Mais do que falar – construir.

XAVIER, FRANCISCO CÂNDIDO / ESPÍRITOS DIVERSOS. AULAS DA VIDA. FEB, 2021.

A palavra é um poder sagrado – mas o silêncio do exemplo é a sua maior expressão. Chico Xavier, em sua sabedoria serena, lembrava que falar é fácil; construir é divino. As vozes que realmente transformam o mundo não são as que somente discursam, mas as que agem com coerência, sustentadas pela vibração daquilo que realizam.

O magista Éliphas Lévi, em Dogma e ritual de alta magia, escreveu: "A verdade é a vida, e a vida se prova pelo movimento. Para Deus, falar é fazer; e tal deveria ser sempre a capacidade da palavra, mesmo entre os homens: a verdadeira palavra é a semente das ações". Chico viveu exatamente esse princípio: sua palavra era viva porque vinha precedida pela obra. Seu verbo não descrevia o bem – fazia-o acontecer.

"A potência inteligente que age no movimento universal, chamamo-la o Verbo, de um modo transcendental e absoluto", lembra Éliphas. A espiritualidade se torna real quando o verbo se torna ação – quando o amor deixa de ser conceito e passa a ser concretude.

Éliphas Lévi prossegue: "Jesus era poderoso em obras e em palavras; as obras antes das palavras: é assim que se estabelece e se prova o direito de falar". Sua autoridade não vinha da retórica, mas da entrega. Menos dialética e mais atitude. Sua mediunidade era ação, serviço, verbo criador em movimento constante. Era o exemplo que antecedia o ensinamento, o gesto que iluminava o discurso.

O verbo, lembra Lévi, "não é uma abstração: é o princípio mais positivo que há no mundo, pois que ele se prova, sem cessar, por atos". Cada pensamento é um tijolo; cada palavra, uma argamassa; cada ação, um templo em construção. Somos construtores espirituais, e o que edificamos com o verbo e o gesto será, um dia, a morada da nossa própria consciência. Somos, por assim dizer, as células do novo corpo do Cristo planetário. Em nós, o Verbo também quer se fazer carne. O corpo de Jesus se desmaterializou no sepulcro para que a humanidade toda agora pudesse encarnar o Cristo. Quando pensamos o bem, dizemos o bem e praticamos o bem, nossa vida se torna oração viva – o Evangelho em movimento. Porque, no fim, falar é fácil; fazer é verbo.

Quantas vezes esse mesmo pensamento já apareceu para você?

meus insights

NASCER DO MUNDO E PARA O MUNDO

120

Deus permite que os espíritos tenham liberdade de pensar e, consequentemente, de agir.

XAVIER, FRANCISCO CÂNDIDO / EMMANUEL. PLANTÃO DE RESPOSTAS. 1. ED. SÃO PAULO: IDE, 1994.

"Nascer é, simultaneamente, nascer do mundo e nascer para o mundo. Sob o primeiro aspecto, o mundo já está constituído, e somos solicitados por ele. Sob o segundo aspecto, o mundo não está inteiramente constituído, e estamos abertos a uma infinidade de possíveis", argumenta Merleau-Ponty em *Fenomenologia da percepção.*

Nascemos em um mundo que já existia antes de nós – um mundo de leis, relações, tradições, forças físicas e espirituais que nos moldam. Mas, ao mesmo tempo, o mundo também nasce conosco, porque cada consciência que desperta o recria à sua maneira. Somos obra e artífices, consequência e causa, reflexo e criação.

Quando Chico Xavier, pela voz de Emmanuel, afirma que Deus nos permite liberdade de pensar e agir, ele fala exatamente desse espaço de infinitos possíveis. O mundo pode nos oferecer circunstâncias, mas é a consciência que decide o que fazer com elas. Cada pensamento é uma semente de realidade. Cada gesto, uma forma de coautoria no universo.

A liberdade não é ausência de destino, é participação ativa nele. Merleau-Ponty ensina que existimos entre o que nos é dado e o que ainda podemos dar forma – e é nesse entre-lugar que o espírito exerce sua responsabilidade divina. Pensar é escolher um ângulo do infinito; agir é fixá-lo no tempo.

Por isso, Emmanuel associa pensamento e ação: um sem o outro é estéril. A liberdade de pensar sem agir gera estagnação; agir sem pensar gera desequilíbrio. A maturidade espiritual começa quando o pensamento é inspirado pelo amor e a ação é guiada pela lucidez.

Deus não nos impõe caminhos – Ele nos oferece consciência. E a consciência é o campo onde o universo e o espírito dialogam. Nascer do mundo é estar sujeito às leis que nos regem; nascer para o mundo é responder com criatividade, compaixão e sabedoria.

Cada escolha é um ato de criação. Cada pensamento é um tijolo invisível na arquitetura da eternidade. E quando o espírito aprende a pensar com amor e agir com verdade, ele descobre que a liberdade é a assinatura divina que o Criador gravou em sua própria obra.

Quantas vezes esse mesmo pensamento já apareceu para você?

☐ ☐ ☐ ☐ ☐ ☐ ☐

meus insights

121

ÓDIO NÃO É JUSTIÇA, PAIXÃO NÃO É AMOR

NEM O ÓDIO É JUSTIÇA, NEM A PAIXÃO É AMOR. Tudo o que excede, sem aproveitamento, prejudica a economia da vida.

XAVIER, FRANCISCO CÂNDIDO / ANDRÉ LUIZ. NOSSO LAR. 1. ED. RIO DE JANEIRO: FEDERAÇÃO ESPÍRITA BRASILEIRA, 1944. EDIÇÃO KINDLE.

Quantas vezes esse mesmo pensamento já apareceu para você?

☐ ☐ ☐ ☐ ☐ ☐ ☐

O equilíbrio é a respiração do universo. Quando Chico Xavier, pela voz de André Luiz, nos alerta que "tudo o que excede, sem aproveitamento, prejudica a economia da vida", ele fala não apenas de moderação moral, mas também da harmonia entre emoção e consciência – o ponto exato onde o humano e o divino se encontram.

A filósofa Marilena Chauí nos ajuda a entender o que Chico traduziu em linguagem espiritual: "O desejo é paixão. A vontade, decisão. O desejo nasce da imaginação. A vontade se articula à reflexão. O desejo não suporta o tempo, ou seja, desejar é querer a satisfação imediata e o prazer imediato. A vontade, ao contrário, realiza-se no tempo; o esforço e a ponderação trabalham com a relação entre meios e fins e aceitam a demora da satisfação. Mas é o desejo que oferece à vontade os motivos interiores e os fins exteriores da ação".

O ódio e a paixão são filhos do desejo desenfreado – impulsos que exigem o agora, que querem resolver com força o que deveria amadurecer com sabedoria. Mas o amor e a justiça são expressões da vontade: ações ponderadas que transcendem o impulso e se realizam no tempo.

A economia da vida a que André Luiz se refere é a dinâmica perfeita do universo: nada se perde, tudo se transforma. Mas a transformação requer direção. Desejar é o movimento inicial; querer com vontade é dar forma à criação. Assim, a paixão é o ensaio; o amor, a obra concluída. O ódio é o grito; a justiça, a resposta serena.

O excesso é o descompasso entre o coração e o raciocínio. Viver em harmonia é aprender a dosar: sentir com profundidade, mas agir com lucidez. É permitir que o desejo inspire, sem deixar que ele governe. A paixão quer consumir; o amor quer construir.

meus insights

DO KNOW-HOW PARA O KNOW-WHY

122

Mais do que crer – raciocinar.

XAVIER, FRANCISCO CÂNDIDO / ESPÍRITOS DIVERSOS. AULAS DA VIDA. FEB, 2021

Quando fundei o Círculo Escola Filosófica, em 2017, compreendi que uma escola filosófica não é um endereço: é um estado de presença, um estilo de vida. Não se trata de frequentar um lugar, mas de permitir que todos os lugares frequentem o nosso mundo interior. É deixar-se afetar pelo real para, então, transpirar sabedoria em atitudes concretas. Nesse sentido, a frase de Chico é um divisor de águas: fé que não pensa vira crença frágil; razão que não transcende vira cálculo frio. A regeneração pede a reconciliação dos dois: luz para o coração, calor para a inteligência.

Estamos migrando da sociedade do know-how para a sociedade do know-why. Saber "como" executar já não sustenta o novo humano; é preciso saber "por que" fazemos o que fazemos, a serviço de quem e do quê. O know-why é consciência de propósito – e propósito é categoria espiritual. Por isso, no mundo que nasce, a fé pede repertório filosófico: conceitos que clarificam, critérios que orientam, linguagem que sustente escolhas. Crer, aqui, não é opor-se ao pensar; é pensar melhor porque crê num sentido maior.

Uma escola filosófica, como estilo de vida, opera em três movimentos: Conhecimento, Movimento e Transformação. Na prática: investigar, integrar e encarnar. Investigar é raciocinar sem preguiça, distinguir fato de opinião, propaganda de verdade. Integrar é permitir que a ideia atravesse o afeto, para que o saber desça do cérebro ao corpo e se torne clareza de consciência. Encarnar é traduzir tudo isso em gestos: a decisão que corrige o rumo, a palavra que pacifica, o trabalho bem feito que eleva o comum ao sagrado.

Crer, então, não é fugir da dúvida; é morar na pergunta até que ela se torne caminho. Raciocinar não é matar o mistério; é remover os ruídos que impedem o mistério de falar. No regime da regeneração, fé sem pensamento é superstição; pensamento sem fé é esterilidade. O que o Evangelho pede – e Chico confirma – é confiança lúcida: coração ajoelhado e mente de pé. Porque, no fim, a verdadeira doutrina não é a que repetimos – é a que construímos com a vida.

Quantas vezes esse mesmo pensamento já apareceu para você?

☐ ☐ ☐ ☐ ☐ ☐ ☐

meus insights

123

QUEM É DO BEM SE RECONHECE

As almas afins se engrandecem constantemente repartindo às suas alegrias e os seus dons com a Humanidade inteira, não existindo limitações para o amor.

XAVIER, FRANCISCO CÂNDIDO / EMMANUEL. PALAVRAS DE CHICO XAVIER. 1. IDE EDITORA, 2019.

Quem é do bem se reconhece, anda junto, se impulsiona e se multiplica. Chico e Emmanuel nos lembram que a verdadeira afinidade espiritual não é coincidência – é convergência de propósito. As almas afins se encontram como rios que, vindos de nascentes diferentes, reconhecem no oceano o destino comum. Não se trata de vínculos de sangue ou de conveniência, mas de ressonância vibratória: uma ligação que nasce do amor e se alimenta do serviço. Amar, nesse nível, é expandir-se; é deixar de pertencer a si para pertencer à vida.

O escritor Napoleon Hill, em *O manuscrito original,* chamou essa força de MasterMind – a mente mestra que surge quando duas ou mais consciências se unem em sintonia perfeita de propósitos. Ele afirma: “Nenhuma mente isolada tem o poder que duas ou mais mentes podem gerar em cooperação harmoniosa”. Essa é a tradução prática do que Emmanuel ensina: almas que se encontram na frequência do bem potencializam umas às outras, criando campos de energia capazes de inspirar e transformar o coletivo.

Quem é do bem se reconhece. Não há senha, código ou doutrina; há vibração. Almas afins não competem – elas se completam e se potencializam. Caminham lado a lado, não para dominar o outro, mas para amplificar o amor que ambas trazem. Onde uma vê obstáculo, a outra enxerga oportunidade. Juntas, transformam limites em degraus, dores em sementes, e o simples ato de conviver se torna milagre de multiplicação.

Amar sem limitação é viver em rede espiritual. É perceber que a vida só ganha sentido quando se torna compartilhada. Por isso, toda alma afim é um convite à expansão: o amor que nos liga é o mesmo que nos educa. A cada encontro luminoso, a humanidade dá um passo – e nós também. Porque o amor, quando é verdadeiro, não se divide: se multiplica.

Quantas vezes esse mesmo pensamento já apareceu para você?

☐ ☐ ☐ ☐ ☐ ☐ ☐

meus insights

O ESPORTE MUNDIAL: CRITICAR O OUTRO

124

Mais do que comentar – melhorar.

XAVIER, FRANCISCO CÂNDIDO / ESPÍRITOS DIVERSOS. AULAS DA VIDA. FEB, 2021.

Comentar é permanecer à margem; melhorar é entrar no rio da vida e ajudar o curso da correnteza. O comentário observa, mas a melhoria transforma. Vivemos tempos em que todos opinam, mas poucos se implicam. A crítica fácil, descomprometida e imediata tornou-se uma forma de distração moral – fala-se muito, faz-se pouco. Elvis Presley já cantava: *A little less conversation, a little more action, please!* (Um pouco menos de conversa, um pouco mais de ação, por favor!). Chico convida à crítica construtiva que se traduz em ação, à palavra que vem acompanhada de gesto.

A diferença entre comentar e melhorar está na intenção que move o olhar. Quem comenta busca se destacar; quem melhora busca somar. O comentário analisa o erro; a melhoria o redime. Criticar sem oferecer caminho é como apontar o buraco sem ajudar a tapá-lo. E o mundo, saturado de opiniões, carece urgentemente de quem se disponha a cooperar. Em lugar de discutir a escuridão, é preciso acender luzes – mesmo pequenas, mesmo breves.

Melhorar é um ato de amor inteligente. É perceber que, se o outro tropeça, eu posso ser o ombro. É reconhecer que a humanidade é uma só caminhada – e cada passo de um é, de certo modo, avanço de todos. Quem melhora algo, ainda que mínimo, amplia o campo do possível. Melhorar é contribuir. É honrar o trecho do caminho que o outro já percorreu e levar suas soluções um passo mais à frente.

Em um mundo que se acostumou a comentar a dor alheia, melhorar é o novo evangelho da regeneração: não dizer o que falta – ser o que falta.

Quantas vezes esse mesmo pensamento já apareceu para você?

☐ ☐ ☐ ☐ ☐ ☐ ☐

meus insights

125

RICO É O QUE MENOS PRECISA

O homem mais feliz é aquele que tem menos necessidades. Nós sofremos pelo desnecessário.

POZATI FILMES. JHON HARLEY | O CASO MAIS IMPORTANTE DA VIDA DE CHICO XAVIER. TRANSCRIÇÃO. [S.L.]: POZATI FILMES, [S.D.]. DISPONÍVEL EM: YOUTUBE.COM/CIRCULOESCOLA.

Quantas vezes esse mesmo pensamento já apareceu para você?

☐ ☐ ☐ ☐ ☐ ☐ ☐

Há uma síndrome silenciosa que circula entre os elevadores de luxo, nos carros importados e nos salões decorados com obras de arte: a crise existencial da elite. Ser rico não imuniza contra a angústia – ao contrário, expõe a alma à pressão de ter que justificar tanto conforto. O paradoxo é este: quanto mais se possui, mais se tem para perder – e mais sutil se torna a fome interior.

Pesquisas mostram que o "preço mental da afluência" não é mito. Segundo um levantamento da American Psychological Association, adolescentes de famílias de alta renda apresentam taxas mais elevadas de depressão, ansiedade e abuso de substâncias comparados aos de classes médias – porque o cenário de abundância exige performance, visibilidade e perfeição. Em outro estudo de escopo global, constatou-se que países de alta renda apresentam taxas de depressão mais altas (cerca de 15%) do que países de renda média (11%). Um panorama contraditório: mais riqueza agregada, mas mais sofrimento interno.

A resposta pode estar no "desnecessário". A psicologia moderna vincula o consumismo ao vazio existencial: possuir mais não satisfaz o espírito, apenas o distrai. Já a literatura sobre minimalismo e "voluntary simplicity" (simplicidade voluntária) sugere que pessoas que reduzem seus bens – e não meramente por privação, mas por escolha consciente – relatam maior bem-estar, senso de propósito e conexão comunitária.

Se a falta extrema gera sofrimento, o excesso ocioso também: excesso de estímulos, expectativas, ruídos e vontades que não cultivam alma.

Chico, em sua singeleza sábia, diz que o homem mais feliz é aquele que tem menos necessidades. Ele aponta para a essência: a felicidade não brota da acumulação, mas da liberdade interna. Quando o homem refina seu querer, deixando o supérfluo de lado, ele liberta energia para aquilo que importa – o afeto sincero, o trabalho de construção real, a compaixão diária.

No fim, a simplicidade não é pobreza – é continência da alma. É reconhecer que tudo o que realmente precisamos para amar já nos foi dado. E, ao renunciar ao desnecessário, abrimos espaço para os dons eternos florescerem.

O caso mais importante

Assista ao vídeo com Jhon Harley sobre o caso mais importante da vida de Chico Xavier.

FAÇA O BEM PORQUE FAZ BEM. E PONTO.

126

O bem que você faz hoje pode ser esquecido amanhã. Faça o bem assim mesmo.

SAYUMI, CLARISSA. 15 FRASES INESQUECÍVEIS DE CHICO XAVIER PARA REFLETIR SOBRE A VIDA, O AMOR E O PERDÃO. NOVA BRASIL FM. DISPONÍVEL EM: HTTPS://NOVABRASILFM.COM.BR/.

Que é o amanhã? Um sonho que ainda não nasceu, um tempo que talvez nunca chegue. A quem importa que o bem que faço seja lembrado? Celebrado? Noticiado? A quem servem as palmas senão à vaidade, e que recompensa pode haver maior do que a paz silenciosa de quem cumpriu o dever do amor?

Faço o bem para ser visto ou porque me vejo melhor quando o faço? Quero a aclamação pública ou a serenidade de saber que minha consciência está em paz? Por que preciso que me aplaudam, se o próprio universo já me devolve em harmonia o eco de cada gesto? Será que o bem precisa de plateia, ou basta a presença invisível de Deus testemunhando em silêncio o que o coração realiza em segredo?

Talvez o bem esquecido seja o mais puro de todos – aquele que não espera retorno, nem reconhecimento, nem reciprocidade. O bem verdadeiro não é transação; é transcendência. Ele não age para obter, mas porque não sabe deixar de agir. Como o sol, que ilumina sem escolher; como a fonte, que oferece água mesmo a quem a despreza. Fazer o bem é participar do fluxo divino da vida – dar porque se é abundância, servir porque se é amor.

E se o amanhã vier e ninguém se lembrar, que venha mesmo assim – porque o bem feito, ainda que esquecido na Terra, permanece registrado no universo. A cada ato desinteressado, a consciência se expande, o espírito amadurece, e o mundo dá um passo, mesmo que ninguém perceba. Fazer o bem é escolher o lado certo da eternidade: aquele em que o amor não precisa ser lembrado, porque nunca deixa de existir.

Quantas vezes esse mesmo pensamento já apareceu para você?

☐ ☐ ☐ ☐ ☐ ☐ ☐

meus insights

127

TODOS TEMOS UM PAPEL

Nenhuma atividade no bem é insignificante. As mais altas árvores são oriundas de minúsculas sementes.

DISPONÍVEL EM: HTTPS://WWW.MENSAGEMESPIRITA.COM.BR/.

Quantas vezes esse mesmo pensamento já apareceu para você?

☐ ☐ ☐ ☐ ☐ ☐ ☐

Nada é pequeno quando contém potência de eternidade. Aristóteles dizia que toda forma viva existe em dois estados: potência e ato. Potência é o que pode ser; ato é o que se realiza. A semente, aparentemente inerte, guarda em si a árvore inteira – o tronco, as folhas, os frutos e até as sombras que um dia abrigarão o descanso de alguém. Assim também é o bem: cada gesto, por menor que pareça, é uma promessa de plenitude aguardando o tempo certo para florescer.

Jesus, ao falar do Reino dos Céus, comparou-o à semente de mostarda, a menor de todas, que ao crescer se torna abrigo para as aves do céu. O Reino, como escrevi em Yeshua, não é um lugar, mas um estado de consciência desperta. É a percepção do divino que habita o instante. Quando agimos no bem, não estamos apenas ajudando alguém; estamos vivendo o céu na terra, expandindo o campo vibracional do amor em nós e ao redor de nós.

Chico Xavier compreendia isso com simplicidade: nenhum ato de bondade é perdido. Um sorriso pode curar um desânimo, uma palavra pode evitar uma queda, um gesto pode salvar uma vida. O bem não se mede em grandeza visível, mas em intenção luminosa. Cada vez que escolhemos a compaixão em vez da indiferença, a compreensão em vez do julgamento, o universo inteiro se move alguns milímetros em direção à harmonia.

A árvore não se apressa – mas cresce. O bem também. E, assim como o solo acolhe a semente sem exigir reconhecimento, a alma que age no amor não busca aplausos, apenas plenitude. Quando a consciência desperta, o Reino floresce. E então entendemos: não existe gesto pequeno, porque em toda ação de amor mora a potência do infinito.

meus insights

NINGUÉM VAI RESOLVER AS TRETAS QUE SÃO SUAS

128

Muitos ficam na expectativa do socorro do Alto, mas não querem nada com o esforço de renovação.

DISPONÍVEL EM: HTTPS://WWW.MENSAGEMESPIRITA.COM.BR/.

Há quem ore pedindo luz, mas mantenha as janelas da alma fechadas. Querem milagres, mas temem o esforço de transformar-se. Chico Xavier, com a clareza dos que veem além, recorda que o socorro do Alto não substitui o trabalho da Terra. O auxílio espiritual é real, mas não vem para nos carregar – vem para nos ensinar a caminhar. A espiritualidade não é uma fuga da vida, mas um mergulho consciente nela.

No estudo Mediunidade com Autonomia, lembro que a religião é muitas vezes muleta; mas espiritualidade livre é aprender a andar com as próprias pernas. A fé imatura espera que Deus resolva; a fé lúcida entende que Deus coopera. O espírito que desperta para sua autoria descobre que a Providência não é um pronto-socorro permanente, mas um campo de aprendizado. Cada prova, cada obstáculo e cada dor trazem embutido o convite à autossuperação.

A renovação de que Chico fala não é uma mudança de rótulo, mas de perspectiva. Renovar-se é reconhecer os hábitos que nos escravizam, as crenças que nos diminuem e os medos que nos paralisam. O Alto responde, sim, mas pela voz interior da consciência – e ela nos pede movimento. A oração que só implora é infantil; a espiritualidade que impulsiona à ação é criadora. O espírito autônomo reza e, em seguida, trabalha – porque entende que o milagre é parceria entre o céu e as mãos.

O esforço de renovação é a tradução humana da misericórdia divina. Deus não quer súditos ajoelhados, mas filhos despertos. O socorro do Alto se manifesta na força de se levantar, na coragem de continuar, na lucidez de mudar. Quem aprende a caminhar com as próprias pernas nunca mais anda só – porque, a cada passo, sente a presença silenciosa de Deus caminhando junto.

Quantas vezes esse mesmo pensamento já apareceu para você?

☐ ☐ ☐ ☐ ☐ ☐ ☐

meus insights

Mediunidade com autonomia

Uma jornada profunda, leve e transformadora para quem quer integrar espiritualidade ao cotidiano e despertar seu potencial com autonomia.

129

SOMOS LIVRES PARA ESCOLHER, MAS...

A grandeza do uso de livre-arbítrio depende do esforço próprio e do grau de evolução ou adiantamento do espírito.

XAVIER, FRANCISCO CÂNDIDO / EMMANUEL. PLANTÃO DE RESPOSTAS. 1. ED. SÃO PAULO: IDE, 1994.

Quantas vezes esse mesmo pensamento já apareceu para você?

Somos livres para escolher, mas condenados a viver com as consequências das escolhas que fizermos. A liberdade que Deus nos concede não é licença para o capricho – é oportunidade de aprendizado. Cada decisão é um exercício de cocriação, um ato de poder que revela o nível de consciência do espírito. Emmanuel nos lembra que o livre-arbítrio é proporcional à maturidade: quanto mais evoluímos, mais responsabilidade temos sobre o que fazemos do que sabemos. O erro, então, deixa de ser punição e se torna professor; o acerto, consequência natural da lucidez conquistada.

O espírito imaturo confunde liberdade com rebeldia gratuita. Quer escolher sem esforço, colher sem plantar, viver sem compreender. Já o espírito desperto entende que o livre-arbítrio é uma lei de reciprocidade: cada escolha é uma semente, e o destino é apenas o campo onde o plantio floresce. Não há acaso, apenas consequência. O que hoje chamamos de "provas da vida" são, em verdade, o eco de nossas próprias decisões de ontem – convites do universo à correção de rota.

A grandeza do livre-arbítrio nasce do esforço próprio, porque é no trabalho interior que a liberdade amadurece. A pessoa que não domina a si mesma é escrava de seus impulsos; o que disciplina a mente e o coração torna-se senhor do próprio destino. A cada escolha lúcida, libertamo-nos de mil escolhas inconscientes. A evolução não é ausência de erro, mas crescimento na consciência do que se faz – e no amor com que se repara.

Por isso, o livre-arbítrio é ao mesmo tempo peso e graça. Peso, porque exige discernimento; graça, porque nos permite criar destino. A liberdade é o espelho da justiça divina: ninguém está preso senão às próprias causas, e ninguém é condenado senão pelo que se recusa a aprender. Viver é escolher – e escolher é amar com sabedoria. Quando o espírito compreende isso, a vontade humana se alinha à vontade divina, e a vida, antes aleatória, se torna obra de arte da consciência.

meus insights

130

MERGULHADOS NUM OCEANO VIBRATÓRIO

Se o homem pudesse contemplar com os próprios olhos as correntes de pensamento, reconheceria, de pronto, que todos vivemos em regime de comunhão, segundo os princípios da afinidade.

XAVIER, FRANCISCO CÂNDIDO / EMMANUEL. PENSAMENTO E VIDA. BRASÍLIA: FEB, 2016.

Vivemos imersos em um oceano de pensamentos, emoções e vibrações – fios de energia que nos ligam uns aos outros, tecendo uma rede invisível de influências mútuas. Emmanuel revela, por meio de Chico, o que a física e a bioenergia começam a comprovar: a consciência é um campo de força, e cada ideia que emitimos cria ondas que interagem com os campos de todos os que nos cercam. O que pensamos não desaparece; se propaga.

Essa visão espiritual encontra eco nas pesquisas do cientista russo Konstantin Korotkov, criador da tecnologia GDV (Gas Discharge Visualization), também conhecida como fotografia Kirlian moderna. Utilizando descargas elétricas de alta frequência, Korotkov demonstrou que o corpo humano emite uma luz sutil – um campo energético dinâmico que responde a estados emocionais e mentais. Em seus experimentos na Universidade de São Petersburgo, registrou variações desse campo antes e depois de orações, meditações e atos de compaixão, observando que o amor expande o campo luminoso, enquanto o medo e a raiva o contraem.

É exatamente o que Emmanuel descreve: vivemos em "regime de comunhão". Cada pensamento, palavra e emoção são emissões de energia que atravessam o espaço e influenciam outros campos. Assim como rádios captam frequências compatíveis, nossos espíritos se sintonizam por afinidade vibratória. Pensamentos elevados nos conectam a planos superiores de consciência; pensamentos densos, às faixas inferiores da alma.

Compreender isso é mais do que teoria – é ética vibracional. Se tudo é energia e toda energia comunica, pensar é participar do destino coletivo. Por isso, cuidar da mente é também cuidar do mundo. Quando oramos, amamos, meditamos ou servimos, ampliamos o campo da vida em torno de nós. O invisível que nos une é a matéria-prima do universo – e, quanto mais luminoso for nosso pensamento, mais clara será a comunhão entre o Céu e a Terra.

Quantas vezes esse mesmo pensamento já apareceu para você?

☐ ☐ ☐ ☐ ☐ ☐ ☐

meus insights

131

O PODER ESPIRITUAL DA MÚSICA

A música intensifica o rendimento do serviço, em todos os setores de esforço construtivo.

XAVIER, FRANCISCO CÂNDIDO / ANDRÉ LUIZ. NOSSO LAR. 1. ED. RIO DE JANEIRO: FEDERAÇÃO ESPÍRITA BRASILEIRA, 1944. EDIÇÃO KINDLE.

Quantas vezes esse mesmo pensamento já apareceu para você?

meus insights

A música é mais que som: é energia em movimento consciente. Em Nosso Lar, André Luiz percebe que nos planos espirituais o trabalho é acompanhado por melodias que elevam a vibração e harmonizam as tarefas, tornando o esforço mais leve e fecundo. Essa visão se confirma quando compreendemos a música não apenas como arte, mas também como instrumento vibracional de conexão entre planos de consciência. Ela é a linguagem universal que traduz o inefável e comunica o invisível – um espelho da ordem cósmica que pulsa em tudo.

Na aula "O poder espiritual da música", recordei que, desde a Antiguidade, filósofos como Pitágoras percebiam a harmonia como reflexo da estrutura do universo. A arte de combinar sons simultânea e sucessivamente com ordem, equilíbrio e proporção dentro do tempo, dizia a teoria musical, é também uma descrição simbólica da busca humana por equilíbrio entre corpo, mente e espírito. A música, portanto, não apenas emociona: ela também ensina a viver. Sua estrutura é uma escola de harmonia interior.

Pesquisas modernas em musicoterapia comprovam que sons melodiosos reduzem o estresse, regulam batimentos cardíacos e até aliviam dores físicas. Estudos em Harvard e na Universidade de Michigan revelam que ouvir música harmônica ativa regiões cerebrais associadas à memória, à empatia e à cura. O doutor John Kabat-Zinn demonstrou que a harpa e o violino, por exemplo, provocam estados de meditação profunda e relaxamento neurológico. A música é medicina da alma – e da biologia também.

Por isso, quando Chico diz que a música intensifica o rendimento, ele fala da vibração que integra e eleva. A música desperta em nós o "ouvido espiritual" – aquele que percebe o invisível e traduz vibração em consciência. Cada nota é uma oração em forma de onda; cada melodia, um convite à cocriação. O músico e o médium se encontram na mesma função: transformar energia em beleza. Trabalhar ao som do amor é servir em sintonia com o ritmo do universo.

COMPREENDER, AMAR E GLORIFICAR

132

O amor é o clima em que as menores expressões da vida, em todos os planos, crescem nos laboratórios do tempo, para a divina glorificação.

XAVIER, FRANCISCO CÂNDIDO / EMMANUEL. PALAVRAS DE CHICO XAVIER. 1. IDE EDITORA, 2019.

O termo glória vem do latim *gloria,* que significa “fama”, “reputação”, “honra”, mas, em sua raiz mais profunda, carrega o sentido de esplendor, manifestação luminosa do divino. Glorificar, portanto, não é exaltar com palavras, mas revelar, conhecer, identificar a luz que já existe. Glória é o brilho da essência que se expressa plenamente – é o Espírito cumprindo o desígnio de Deus em si mesmo. Emmanuel nos lembra que o amor é o clima propício para esse processo, o laboratório alquímico em que a consciência se purifica e resplandece.

Nos “laboratórios do tempo”, a vida nos experimenta e nos educa. Cada dor é um reagente, cada alegria, um catalisador. Assim como o ouro se separa das impurezas no fogo, o Espírito, nas experiências da existência, aprende a transformar energia em luz. A glória não está no triunfo exterior, mas no brilho silencioso da alma que compreende, perdoa e ama. É o momento em que a centelha reconhece o sol de onde veio – e o reflete.

Etimologicamente, glorificar significa “dar glória”. Mas quem ama não dá glória a Deus – participa dela. Ao glorificar Deus, recordo minha consciência de quem Ele é, e recordando quem Ele é, redescubro quem eu sou. O amor é o estado vibracional que nos realinha à matriz divina. Quando amamos, glorificamos não apenas com o discurso, porque nos tornamos expressão viva do Criador. O verbo “amar”, em sua pureza, é o mais alto sinônimo de “glorificar”. Todo ato de amor é uma epifania – uma revelação do sagrado escondido nas formas do cotidiano. Deus é amor, lembra o apóstolo João.

Emmanuel fala de “laboratórios do tempo”, porque o amor é ciência espiritual em andamento. A vida é o campo de provas em que testamos princípios celestes na prática da convivência humana. O tempo, como mestre paciente, nos conduz do instinto à iluminação, do ego à empatia, da posse à doação. Quando o amor se torna o clima de tudo o que fazemos, o resultado é inevitável: glorificamos o Divino vivendo-o em nós. E nesse ponto, compreender, amar e glorificar já são o mesmo verbo.

Quantas vezes esse mesmo pensamento já apareceu para você?

☐ ☐ ☐ ☐ ☐ ☐ ☐

meus insights

133

O VERDADEIRO PODER ESTÁ EM EMPODERAR

Mais do que saber – transmitir para o bem.

XAVIER, FRANCISCO CÂNDIDO / ESPÍRITOS DIVERSOS. AULAS DA VIDA. FEB, 2021.

O verdadeiro conhecimento não é acumulação, é circulação. Emmanuel, por meio de Chico, ensina que saber e não transmitir é como represar o rio – estagnação disfarçada de erudição. O saber espiritual mede-se não pela quantidade de informações, mas pela capacidade de iluminar consciências e transformar realidades. Conhecer para si é um bom começo; mas conhecer para o bem é poder em sua forma mais pura – o poder de servir.

O general Alfredo Moacyr Uchôa, em Mergulho no Hiperespaço, descreve esse poder como uma expansão da consciência que transcende o ego. Ele escreve: "(...) tendo a seu serviço um profundo conhecimento do sistema em que vive e já certo de que a ciência que possui lhe oferece um conhecimento superior do Universo, em que todos têm o seu próprio destino, reconhecerá seu PODER, a sua CAPACIDADE TÉCNICA, OBJETIVA, DE SERVIR com proveito a outros irmãos participes do IMENSO PROCESSO DE EVOLUÇÃO DIVINA EM BUSCA DE UMA REALIDADE MAIOR!". O poder, nesse sentido, não é domínio sobre os outros, mas domínio de si mesmo contribuindo para a evolução do outro. É a consciência já amadurecida que compreende que o conhecimento é instrumento técnico e objetivo de serviço. A sabedoria não se contenta em compreender: precisa contribuir. O verdadeiro poder é o que empodera o outro.

Chico e Uchôa se encontram na mesma frequência: ambos veem o saber como ferramenta de evolução coletiva. Quando o espírito aprende, ele se torna ponte entre planos – canal de transmissão do bem. O aprendizado, então, deixa de ser patrimônio pessoal e se converte em energia de cocriação. Como ensina Uchôa, essa força é tão expansiva que pode ultrapassar a humanidade terrestre, alcançando outras dimensões e mundos em marcha, unindo saber, amor e poder em uma só vibração.

Transmitir para o bem é, portanto, um ato de humildade cósmica. É reconhecer que o que sabemos não nos pertence – somos apenas administradores temporários da luz que recebemos. O conhecimento, quando consagrado ao amor, transforma-se em bênção compartilhada. Empoderar os que nos cercam para sua própria autonomia e evolução é a forma mais elevada de ensinar. E toda alma que se abre para doar o que sabe entra no fluxo da sabedoria divina, no qual o poder não é privilégio, mas responsabilidade.

Quantas vezes esse mesmo pensamento já apareceu para você?

☐ ☐ ☐ ☐ ☐ ☐ ☐

meus insights

O AMOR É O FUNDAMENTO

134

A gente pode morar numa casa mais ou menos, numa rua mais ou menos, numa cidade mais ou menos. Mas o nosso amor tem que ser extraordinário.

SAYUMI, CLARISSA. 15 FRASES INESQUECÍVEIS DE CHICO XAVIER PARA REFLETIR SOBRE A VIDA, O AMOR E O PERDÃO. NOVA BRASIL FM. DISPONÍVEL EM: HTTPS://NOVABRASILFM.COM.BR/.

Vivemos em um tempo em que o "extraordinário" é medido por padrões externos: o tamanho da casa, a marca do carro, o número de seguidores. Mas Chico, em sua simplicidade celestial, inverte a lógica do mundo: extraordinário é o amor, não o endereço. O que realmente importa não é onde moramos, mas como habitamos – o coração dos outros, a vida que nos acolhe, o instante que nos é dado. O luxo do espírito é a paz de consciência, e a verdadeira grandeza está em amar acima das circunstâncias.

Podemos ter uma casa modesta e um amor imenso, ou uma mansão e um coração vazio. A diferença está no olhar que escolhe o essencial. O amor extraordinário de que Chico fala não é feito de grandes posses, mas de pequenas constâncias: o perdão que insiste, o abraço que acolhe, o silêncio que compreende. Ele é extraordinário porque é raro – porque, em um mundo apressado, amar de verdade é ato de resistência espiritual.

O amor não é ornamento, é fundamento. Ele é a energia que sustenta a vida e dá sentido ao que os olhos não veem. É o único bem que, quanto mais se reparte, mais cresce. E é por isso que o Evangelho de Jesus permanece o código moral mais revolucionário da Terra: ele ensina que o valor de um ser humano não se mede pelo que ele tem, mas por quanto ele ama. Tudo o mais é cenário passageiro – o amor é o roteiro eterno.

No fim, as coisas "mais ou menos" são o palco discreto do milagre cotidiano. É nelas que o amor se revela extraordinário: no jantar simples, na palavra amiga, no esforço anônimo de servir. O mundo tenta nos convencer de que precisamos de mais; Chico nos recorda que basta amar melhor. Porque, quando o amor é extraordinário, até a vida comum se torna divina.

Quantas vezes esse mesmo pensamento já apareceu para você?

☐ ☐ ☐ ☐ ☐ ☐ ☐

meus insights

135

SENTIR É O IDIOMA DA ALMA

Ninguém pode imaginar, enquanto na Terra, o valor, a extensão e a eficácia de uma prece nascida na fonte viva do sentimento.

BIDU, JOÃO. 8 LIÇÕES DE SABEDORIA DE CHICO XAVIER PARA SER MAIS FELIZ. TERRA. DISPONÍVEL EM: HTTPS://WWW.TERRA.COM.BR/VIDA-E-ESTILO/.

Quantas vezes esse mesmo pensamento já apareceu para você?

O sentir é o idioma da alma. É por meio dele que o espírito se comunica com o infinito. Quando Chico diz que ninguém pode imaginar o valor de uma prece nascida do sentimento, ele nos lembra que a oração não é o que se diz, mas o que se vibra. As palavras ditas em oração são apenas o eco daquilo que o coração já pronunciou em silêncio. Palavras podem falhar; o sentimento, jamais. É a emoção sincera que dá forma e direção ao pensamento, tornando-o energia viva capaz de atravessar dimensões.

Sentir é abrir a porta para um universo inteiro dentro de nós. Cada emoção é uma frequência, uma cor, uma onda que nos conecta a planos sutis da criação. Quando sentimos com verdade – amor, gratidão, arrependimento, compaixão –, nosso campo vibracional se expande e responde ao campo divino. É nesse instante que a oração deixa de ser um pedido e se transforma em comunhão.

A ciência espiritual contemporânea, como demonstram as pesquisas de Masaru Emoto, revelou que até a água se organiza em formas geométricas perfeitas quando exposta a sentimentos elevados. Se a matéria reage ao amor, quanto mais o Espírito! O coração humano é um instrumento de ressonância – e a prece é a sua nota mais alta. Orar sentindo é sintonizar-se com a frequência do Criador, colaborando com Ele no fluxo de cura, criação e harmonia.

Por isso, a prece mais poderosa não é a que muda o mundo, mas a que muda quem ora. Quando o sentimento desperta, o universo responde. Dentro de nós há um templo sem paredes, em que cada emoção verdadeira se transforma em luz. E é dessa luz que nascem os milagres: não os que desafiam a natureza, mas os que revelam a natureza divina que habita em nós.

meus insights

O PROBLEMA NÃO É BRASÍLIA, SOMOS EU E VOCÊ

136

Devemos orar pelos políticos, pelos administradores da vida pública. A tentação do poder é muito grande. Eu não gostaria de estar no lugar de nenhum deles.

DISPONÍVEL EM: HTTPS://WWW.MENSAGEMESPIRITA.COM.BR/.

Quem de nós, honestamente, poderia garantir que faria diferente? A corrupção que condenamos no outro é, muitas vezes, o reflexo ampliado da corrupção que toleramos em nós mesmos – aquela pequena desonestidade com o tempo, com a palavra, com a consciência. É fácil apontar o dedo para os que estão no topo das estruturas; difícil é reconhecer os lugares íntimos onde o poder ainda nos seduz. Chico, com sua lucidez desarmada, nos recorda que o poder não é um privilégio: é uma prova.

A tentação do poder não começa em Brasília – começa no coração humano. Todo ego deseja ser reconhecido, influente, admirado. O poder, quando imaturo, incha o eu e encobre o nós. Por isso, Chico dizia que não gostaria de estar no lugar de quem governa: porque o verdadeiro líder é o primeiro a ser tentado. A liderança sem espiritualidade se transforma em vaidade institucionalizada. Já a liderança lúcida entende que poder é apenas serviço em escala ampliada.

A oração pelos políticos é mais do que um pedido por justiça: é um ato de empatia espiritual. É reconhecer que, se estivéssemos no mesmo palco, com as mesmas pressões, talvez tropeçássemos nos mesmos erros. A crítica sem compaixão não cura – apenas perpetua o ciclo da amargura coletiva. Orar é cooperar com a regeneração moral da humanidade, enviando ondas de lucidez e equilíbrio àqueles que sustentam, entre quedas e acertos, a máquina imperfeita do mundo.

Se a corrupção externa nos revolta, talvez seja hora de depurar a corrupção interna: o egoísmo, a omissão, o cinismo disfarçado de sabedoria. O bem público começa no foro íntimo. Cada vez que escolhemos o amor em vez do ressentimento, o diálogo em vez da crítica, a coerência em vez do atalho, contribuímos com a política celeste – aquela que rege o coração humano. Porque, no fim, governar o próprio espírito é a mais alta forma de poder.

Quantas vezes esse mesmo pensamento já apareceu para você?

meus insights

137

NAVE TERRA, CHEIA DE NATUREZA

Sem Deus no coração, as futuras gerações colocarão em risco a vida no planeta. Por maior que seja o avanço tecnológico da humanidade, impossível que o homem viva em paz sem que a ideia de Deus o inspire em suas decisões.

DISPONÍVEL EM: HTTPS://WWW.MENSAGEMESPIRITA.COM.BR/.

Quantas vezes esse mesmo pensamento já apareceu para você?

O planeta é uma nave viva, flutuando silenciosa no oceano cósmico. Chico Xavier, com sua visão espiritual de futuro, advertia que tecnologia sem transcendência é autodestruição. O progresso técnico é valioso, mas, sem a presença do sagrado no coração humano, torna-se um instrumento cego. De que adianta dominar os átomos, se não sabemos dominar o ego? Sem a consciência do Criador como princípio orientador, o homem se vê como dono da Terra, e não como hóspede.

A sustentabilidade não é apenas um projeto ecológico; é um estado espiritual. Preservar o planeta é preservar a morada que Deus nos confiou como escola evolutiva. Somos jardineiros cósmicos – e a Terra, o jardim onde aprendemos a amar a vida em todas as suas formas. Cada rio é uma artéria, cada floresta, um pulmão, cada espécie, uma célula do mesmo corpo universal. Quando destruímos o ambiente, ferimos a nós mesmos, porque o equilíbrio ecológico é também reflexo do equilíbrio interior.

A ecologia espiritual pede uma nova inteligência – aquela que une o saber científico à reverência pelo mistério da existência. É o que Pierre Teilhard de Chardin chamava de "cristificação da matéria": o momento em que a consciência humana reconhece que tudo é expressão do divino. Nesse ponto, cuidar do planeta deixa de ser obrigação e se torna ato de devoção. O planeta é um altar, e cada gesto de cuidado é uma prece que o mantém girando em harmonia.

Chico viu a Terra como um laboratório da regeneração. E talvez a mais bela forma de orar por ela seja cantar sua beleza, reconhecendo-a como lar e mestra. Como escreveu Rita Lee, em sua canção-oração, parafraseando a tradicional Ave-Maria:

Nave Terra cheia de natureza
O sol é convosco
Bendita sois vós entre os planetas
Bendito é o fruto de vossa semente: vida, vida, vida
Santa Terra mãe dos humanos
Providenciai por nós, mortais
Agora e na hora de nossa sorte, amém!

meus insights

A DOENÇA É UM PONTO DE VISTA

138

Na realidade, toda doença no corpo é processo de cura para a alma.

DISPONÍVEL EM: HTTPS://WWW.MENSAGEMESPIRITA.COM.BR/.

A doença é o corpo falando o que a alma silenciou. O organismo humano, em sua sabedoria biológica, é mestre em buscar homeostase – o equilíbrio dinâmico que mantém a vida em harmonia. Quando algo se desregula, o corpo cria compensações: se um sentido falha, outro se aguça; se um órgão adoece, outros se reorganizam para sustentar o todo. A doença, nesse contexto, é uma tentativa de ajuste, não uma punição. Assim também o espírito, nas múltiplas vidas orgânicas, encontra nas crises o caminho de sua cura.

A homeostase não é apenas física; é espiritual. Cada encarnação é um sistema de compensações morais, um delicado processo de reequilíbrio das energias e aprendizados. A dor corrige o rumo, a limitação desperta talentos adormecidos, a perda ensina o valor do amor. Emmanuel nos recorda que a alma, ao longo de suas existências, é tratada pela vida como um organismo em recuperação. O sofrimento, nesse olhar, é o remédio amargo que devolve a sensibilidade e a fé.

A ciência já reconhece que o corpo humano tem uma inteligência própria: cada célula reage ao ambiente tentando restabelecer harmonia. No nível quântico, o universo também age assim – ajustando, recriando, expandindo. O cosmos e o corpo obedecem à mesma lei: a do equilíbrio em movimento. Quando o espírito se desajusta, o corpo o expressa. Quando o espírito desperta, o corpo responde. A doença é, portanto, uma mensagem codificada da alma pedindo reconexão.

Chico Xavier compreendia isso com a ternura dos que já enxergam além da dor: o corpo padece, mas o espírito floresce. A doença não é o fim, é a mensageira da regeneração. É a alma sendo lapidada pelo tempo, aprendendo a amar, a perdoar e a renascer. Como o universo, o espírito também se cura expandindo. E quando o amor se torna o clima interior, a alma reencontra sua homeostase original: a paz que não depende da saúde, mas da consciência desperta que reconhece Deus em tudo – inclusive na dor que cura.

Quantas vezes esse mesmo pensamento já apareceu para você?

☐ ☐ ☐ ☐ ☐ ☐ ☐

meus insights

139

AS TRAMAS INVISÍVEIS DA VIDA

Ninguém cruza nosso caminho por acaso, e não entramos na vida de alguém sem motivo.

SAYUMI, CLARISSA. 15 FRASES INESQUECÍVEIS DE CHICO XAVIER PARA REFLETIR SOBRE A VIDA, O AMOR E O PERDÃO. NOVA BRASIL FM. DISPONÍVEL EM: HTTPS://NOVABRASILFM.COM.BR/.

Quantas vezes esse mesmo pensamento já apareceu para você?

☐ ☐ ☐ ☐ ☐ ☐ ☐

meus insights

A vida é uma tapeçaria invisível, tecida por fios que se encontram no tempo exato – nunca antes, nunca depois. O acaso é apenas o nome que damos ao propósito que ainda não compreendemos. Quando Chico Xavier afirma que ninguém cruza nosso caminho sem motivo, ele revela a matemática espiritual das relações humanas: cada encontro é um espelho, um portal, uma lição. Alguns chegam para curar, outros para despertar, e todos – absolutamente todos – cumprem uma função na jornada da alma.

Carl Gustav Jung chamou esse fenômeno de sincronicidade: coincidências significativas que não podem ser explicadas por causa e efeito, mas por afinidade de sentido. Ele dizia que o universo é um organismo simbólico, em que acontecimentos externos refletem estados internos. Quando dois destinos se cruzam, não é o acaso, mas o ritmo do inconsciente coletivo conspirando para o aprendizado de ambos. É como se a vida fosse uma grande orquestra, e cada relação, uma nota que precisa soar para completar a harmonia da canção.

Em linguagem espiritual, a sincronicidade é a lei da afinidade descrita por Emmanuel: pensamentos atraem pensamentos, corações chamam corações. Estamos constantemente imantados por vibrações compatíveis com o que sentimos e pensamos. Assim, os encontros da vida não são acidentes, mas ressonâncias. Cada pessoa que surge é um mensageiro – de amor, de teste ou de transformação. A questão é: estamos atentos ao que ela veio nos ensinar?

Quando despertamos para esse entendimento, deixamos de nos vitimizar pelos desencontros e começamos a agradecer pelos encontros – mesmo os difíceis. Cada relação é uma oportunidade de cura, e o outro é sempre o mestre disfarçado que o universo nos envia. A vida não erra endereços. Toda presença tem um motivo, toda ausência tem uma lição. E quando olhamos assim, percebemos que o amor é o grande sincronizador do cosmos – a força que faz tudo e todos se encontrarem, exatamente, no momento certo.

EU TENHO SAUDADES DE DEUS

140

Quanto mais o materialismo cresce, mais nosso Espírito tem saudade da união com Deus. Isso é nato em cada um de nós. Toda pessoa tem essa sede.

XAVIER, FRANCISCO CÂNDIDO / EMMANUEL. PALAVRAS DE CHICO XAVIER. 1. IDE EDITORA, 2019.

Há uma sede que nenhuma fonte humana sacia. É a nostalgia do Eterno, a lembrança de um lar anterior às fronteiras do tempo. Emmanuel, pela voz de Chico Xavier, nos recorda que essa saudade de Deus é instintiva do espírito – está gravada em cada alma como uma memória de origem. Quanto mais o mundo se afasta do sagrado, mais o ser humano experimenta o vazio interior, tentando preencher com consumo, poder e distrações aquilo que só o amor divino pode suprir.

Carl Gustav Jung, ao explorar as profundezas da psique, chegou à mesma constatação pela via da ciência. Em Memórias, Sonhos e Reflexões, ele afirma: "Não posso provar que Deus exista, mas que há em toda psique humana uma imagem de Deus, disso não posso duvidar". Para Jung, o arquétipo de Deus é um reflexo do Absoluto no inconsciente coletivo – uma presença simbólica que orienta a busca pelo sentido da vida. Negar essa dimensão é mutilar a alma; integrá-la é reencontrar a inteireza. O homem moderno, perdido em sua própria razão, tenta viver sem transcendência e acaba adoecendo de "claustrofobia cósmica", como dizia General Uchôa.

Chico e Jung convergem na mesma verdade expressa em linguagens distintas: Deus é um fato psicológico e espiritual. O materialismo, ao negar o mistério, produz uma secura existencial – o deserto da alma que esqueceu suas raízes metafísicas. A tecnologia avança, mas o coração se retrai; as conexões se multiplicam, mas o sentido se esvai. A sede de Deus é o impulso da alma que busca novamente a fonte.

E essa sede é graça, não carência. É o chamado do Criador vibrando em nós, convidando a cada um para voltar ao centro da vida. Quando o espírito se reaproxima do divino, tudo se reorganiza: a mente clareia, o corpo repousa, a existência se pacifica. Deus não é uma crença a ser provada – é uma experiência a ser vivida. E toda vez que o amor nos visita, ainda que por instantes, a saudade cessa. Porque, ali, somos novamente o que sempre fomos: filhos em comunhão com o Infinito.

Quantas vezes esse mesmo pensamento já apareceu para você?

☐ ☐ ☐ ☐ ☐ ☐ ☐

meus insights

141

EXPERIÊNCIAS PEDAGÓGICAS DA ALMA

Espiritualizar-se não significa ser miserável, tampouco deixar de desfrutar de maneira racional os bens materiais que o homem, com sua inteligência e seu trabalho, já criou.

XAVIER, FRANCISCO CÂNDIDO / EMMANUEL. PLANTÃO DE RESPOSTAS. 1. ED. SÃO PAULO: IDE, 1994.

Quantas vezes esse mesmo pensamento já apareceu para você?

☐ ☐ ☐ ☐ ☐ ☐ ☐

Durante séculos, a humanidade cultivou um equívoco perigoso: acreditar que a pobreza é sinal de pureza espiritual, enquanto a riqueza seria a marca da perdição material. Essa dicotomia simplista gerou culpa nos que prosperaram e resignação nos que sofreram, obscurecendo a verdade libertadora que Emmanuel e Chico sempre ensinaram: o valor moral não está no que se possui, mas no que se faz com o que se possui.

A riqueza e a pobreza são, ambas, experiências pedagógicas da alma. O pobre aprende o valor da confiança, da partilha e da esperança; o rico é convidado a exercitar o desprendimento, a generosidade e o serviço. Nenhuma das duas condições define o grau de evolução espiritual – o que importa é o uso que o espírito faz dos recursos, sejam eles escassos ou abundantes. Ser rico não é possuir muito, mas dar muito de si.

O verdadeiro perigo não está no dinheiro, mas no apego. O materialismo não é o acúmulo de bens, é o esquecimento da fraternidade. E o espiritualismo não é a escassez, é a consciência. Emmanuel nos recorda que os recursos da Terra pertencem ao Criador, e os homens são apenas administradores temporários – cada um responsável pelo que multiplica ou desperdiça. A riqueza pode ser bênção ou prisão; a pobreza, oportunidade ou revolta. Tudo depende da vibração moral que envolve o ato de possuir.

O Evangelho de Jesus nunca condenou o ouro, mas o coração escravizado a ele. O Cristo não pregou a miséria, pregou o amor. A abundância é natural à vida – o universo é pródigo, e o espírito, herdeiro desse mesmo fluxo criador. O que a espiritualidade nos pede não é renúncia à prosperidade, mas coerência. Prosperar é servir em escala maior. Dar é o modo mais sublime de multiplicar.

meus insights

SOMOS SEMPRE A SOMA DE MUITOS

142

É que sentindo, mentalizando, falando ou agindo, sintonizamo-nos com as emoções e ideias de todas as pessoas, encarnadas ou desencarnadas, da nossa faixa de simpatia. (...) Em qualquer providência e em qualquer opinião, somos sempre a soma de muitos.

XAVIER, FRANCISCO CÂNDIDO / EMMANUEL.
PENSAMENTO E VIDA. BRASÍLIA: FEB, 2016.

A frase de Emmanuel é um convite a expandir a noção de individualidade. Não há pensamentos isolados, sentimentos desconectados, ações sem ecos. Vivemos – e sempre vivemos – em rede vibratória, em comunhão constante com consciências visíveis e invisíveis. Cada emoção é uma frequência; cada ideia, uma emissão; cada escolha, uma sintonia. Em qualquer tempo, em qualquer lugar, somos seres relacionais no plano da matéria e no plano do espírito.

O paradigma religioso tradicional – centrado em templos, dias sagrados e intermediários espirituais – fragmentou essa consciência. Separou o divino do cotidiano, o Céu da Terra, o humano do sagrado. Fez da espiritualidade um evento, quando, na verdade, ela é um estado. Como se Deus habitasse apenas o domingo, e não o instante presente. Como se fosse preciso um altar para orar, quando o próprio coração é o templo onde o Infinito habita.

Essa é a essência da exoconsciência, a consciência expandida que reconhece nossa interligação universal. Nada está fora da teia. Cada pensamento nosso repercute em alguém, cada gesto ressoa no campo comum da vida. A separação é apenas uma ilusão pedagógica, necessária para o aprendizado da autonomia. Quando despertamos para essa percepção, entendemos que a espiritualidade não é um refúgio, mas um fluxo: ela se manifesta na palavra gentil, no trabalho consciente que você faz todos os dias, no amor que se doa.

"Somos a soma de muitos", diz Emmanuel – e essa é uma das maiores verdades espirituais e científicas da era moderna. A física quântica nos fala de entrelaçamento; a psicologia profunda, de inconsciente coletivo; a mediunidade, de sintonia espiritual. Três linguagens para o mesmo mistério: tudo está em tudo. A cada respiração, trocamos energia, ideias e vibrações. Somos ao mesmo tempo emissores e receptores do divino, coautores de um universo em eterna comunhão.

Quantas vezes esse mesmo pensamento já apareceu para você?

☐ ☐ ☐ ☐ ☐ ☐ ☐

meus insights

143

ÁGUA: VEÍCULO VIBRATÓRIO

A água, como fluido criador, absorve, em cada lar, as características mentais de seus moradores.

XAVIER, FRANCISCO CÂNDIDO / ANDRÉ LUIZ. NOSSO LAR. 1. ED. RIO DE JANEIRO: FEDERAÇÃO ESPÍRITA BRASILEIRA, 1944. EDIÇÃO KINDLE.

Quantas vezes esse mesmo pensamento já apareceu para você?

André Luiz, com sua lucidez espiritual, antecipou em 1944 o que a ciência começaria a explorar décadas depois: a água é um organismo vivo de memória vibratória. Em cada lar, ela se torna espelho do campo mental dos que o habitam. Absorve emoções, pensamentos e intenções – e, como fluido criador, redistribui essa energia no ambiente, como se fosse uma tradutora invisível da psicosfera humana. A água não apenas reflete; ela responde.

O pesquisador japonês Masaru Emoto demonstrou, por meio de registros cristalográficos, que moléculas de água expostas a palavras de amor, oração e gratidão formavam estruturas harmônicas e belas, enquanto aquelas submetidas a vibrações de ódio, medo e indiferença geravam formas caóticas e disformes (*The Hidden Messages in Water*, 2004). Seu trabalho, ainda que contestado em parte da academia, despertou o mundo para uma verdade intuitiva: a consciência imprime forma na matéria.

Outros estudiosos seguiram essa trilha. O bioquímico Jacques Benveniste, em seus experimentos sobre "memória da água", sugeriu que a estrutura molecular pode reter informações vibracionais mesmo após a remoção física da substância original – um eco energético que transcende o visível. Mais tarde, o físico Luc Montagnier, prêmio Nobel por descobrir o vírus HIV, ampliou essa hipótese ao demonstrar que sequências de DNA podem ser reconstruídas em tubos de água pura submetidos a campos eletromagnéticos específicos.

Tudo isso confirma o que Chico Xavier psicografou de André Luiz: a água é portadora de consciência latente. Quando oramos, agradecemos ou fluidificamos a água, estamos reorganizando suas vibrações – e, ao bebê-la, reintegramos ao corpo uma energia impregnada de luz e intenção. Ela se torna, literalmente, um veículo de bênçãos.

Assim como o lar reflete seus moradores, a água reflete o espírito. Se quisermos ambientes mais saudáveis, lares mais serenos e corpos mais harmônicos, o primeiro passo é purificar o pensamento. A água não distingue religiões, distingue vibrações. E diante do amor, ela se torna luz líquida – mensageira silenciosa entre o humano e o divino.

meus insights

144

EDUCAR É FORMAR CONSCIÊNCIA

Mais do que informar – educar.

XAVIER, FRANCISCO CÂNDIDO / ESPÍRITOS DIVERSOS. AULAS DA VIDA. FEB, 2021.

Corremos o risco de abandonar a democracia pela infocracia, como alerta o filósofo sul-coreano Byung-Chul Han. O poder econômico hoje se concentra com quem retém os dados de 7 bilhões de seres humanos online. A informação, que um dia foi sinônimo de liberdade, transformou-se em instrumento de controle. A superexposição de dados, notícias e opiniões cria um ruído ensurdecedor que confunde a mente e paralisa a consciência. Sabemos tudo, mas compreendemos pouco. E quando o conhecimento perde profundidade, a educação perde sentido.

Educar, no sentido mais amplo, não é despejar informações – é formar consciência. A informação apenas preenche; a educação transforma. O saber sem reflexão gera saturação, e a saturação entorpece. Vivemos na época do "scroll infinito", em que o gesto de deslizar o dedo substitui o exercício de pensar. O que deveria expandir horizontes agora estreita perspectivas. Somos vigiados, medidos, rastreados – e, ironicamente, cada dado que fornecemos à rede é usado para nos manter presos a ela.

Chico Xavier, pela pena de espíritos instrutores, antecipou esse dilema: conhecimento sem sabedoria é estagnação. Informar é acender a luz externa; educar é despertar o sol interior. Só a educação espiritual – aquela que integra mente, coração e propósito – pode romper o ciclo hipnótico da distração digital. É o antídoto para a ansiedade informacional e para a alienação do excesso de estímulos.

A alma ilumina-se não com dados, mas com discernimento. Estudar é dever, mas aprender é conquista. Educar, portanto, é criar autonomia. É libertar o ser humano da dependência de algoritmos, dogmas e opiniões alheias. É guiá-lo ao ponto onde possa pensar por si mesmo – e sentir com o outro. Quando a educação se torna ato de amor, ela não transmite apenas ideias: transmite luz.

Quantas vezes esse mesmo pensamento já apareceu para você?

☐ ☐ ☐ ☐ ☐ ☐ ☐

meus insights

PROPÓSITO E LUCIDEZ, SEMPRE!

145

Não te afastes da lógica, a fim de que não te gastes sem proveito, embaraçando o orçamento das próprias forças com aborrecimentos inúteis.

XAVIER, FRANCISCO CÂNDIDO / ESPÍRITOS DIVERSOS. AULAS DA VIDA. FEB, 2021.

Quantas vezes esse mesmo pensamento já apareceu para você?

☐ ☐ ☐ ☐ ☐ ☐ ☐

Começar uma escola filosófica, como o Círculo, foi uma escolha que exigiu de mim mais do que coragem – exige todos os dias propósito e lucidez. Vivemos em um tempo em que o conhecimento virou mercadoria, e o ensino, uma vitrine de soluções rápidas. O mercado de cursos online ensina "como fazer", mas raramente se preocupa em ensinar "por que fazer". O que se empurra é técnica, não sabedoria. Mas sem filosofia, sem lógica e sem reflexão, o "como" perde direção – e o resultado, muitas vezes, é uma baita cagada existencial.

A filosofia, para mim, é o elemento básico do autoconhecimento estratégico. Ela é o GPS da consciência. Sem ela, nossas decisões são apenas reações automáticas, baseadas em percepções limitadas e emoções desordenadas. A lógica, nesse contexto, não é frieza racional: é coerência interior. É o alinhamento entre o que se pensa, o que se sente e o que se faz. É o que impede o espírito de desperdiçar energia com aborrecimentos inúteis – exatamente como alertava Emmanuel, por meio de Chico Xavier.

Às vezes me perguntam: "Pra que servem os cursos do Círculo Escola?". Minha vontade honesta é responder: "Pra você tentar fazer menos merda com a sua vida". Porque filosofia serve exatamente para isso – para reduzir o ruído interno, evitar dramas desnecessários e dar sentido aos próprios passos. É um treino de lucidez. Um exercício de atenção plena. Uma alquimia entre razão e intuição.

No fundo, seguir a lógica é aprender a pensar com o coração e sentir com a mente. É unir a clareza da análise à compaixão da alma. Não se trata de viver sem emoção, mas de viver com direção. A lógica espiritual é o farol que ilumina a travessia humana: sem ela, tropeçamos nas próprias sombras. Com ela, transformamos tropeços em aprendizado – e a vida, em caminho consciente.

Introdução à Filosofia

Descubra o poder transformador da Filosofia: aprenda a pensar com clareza, agir com propósito e viver com significado.

meus insights

É MENOS SOBRE O QUE FALAMOS E MAIS SOBRE O QUE FAZEMOS

O exemplo é uma força que repercute de maneira imediata, longe ou perto de nós.

146

DISPONÍVEL EM: HTTPS://WWW.MENSAGEMESPIRITA.COM.BR/.

Meu avô, Paulo Pozati, foi um desses exemplos que não se apagam com o tempo. Morei quatro anos com ele e dividimos o mesmo quarto – e, mais do que convivência, partilhamos uma forma de ver o mundo. Era um homem criativo, espirituoso e sagaz. Um inventor doméstico, sempre com uma ideia nova ou uma piada pronta no bolso, dessas que desarmam o cansaço e devolvem cor ao dia. Seu humor simples e seu olhar prático eram lições silenciosas sobre como transformar o ordinário em extraordinário.

Minha tia Telma, cronista afetuosa da nossa família, começou a registrar em caderno as histórias que ele protagonizou. Uma delas sempre me toca: quando viveram em Barretos–SP, meu avô tinha um vizinho que passava por sérias dificuldades. O homem havia conseguido comprar um terreno, mas o dinheiro não dava para construir a casa, pois todo o salário se esvaía no aluguel do imóvel em que vivia com a família. Meu avô, que nas horas vagas também era pedreiro, ofereceu-se para construir-lhe a casa. A ideia era simples e genial: quando o vizinho pudesse se mudar, aliviado do aluguel, começaria a pagar aos poucos pelo trabalho do meu avô.

Assim fizeram. E daquela obra nasceu muito mais que uma casa – nasceu uma amizade para a vida toda. Meu avô não tinha grandes discursos sobre bondade ou justiça; ele apenas agia a partir do que acreditava: "Toda pessoa precisa de um teto para viver". Era um homem que entendia, sem precisar dizer, que exemplo é verbo encarnado. Suas ações falavam mais alto que qualquer doutrina, e sua fé se construía em tijolos de amor prático e mãos calejadas.

Hoje, tantas décadas depois, percebo o quanto seu gesto repercute. O exemplo dele atravessou o tempo, ecoou nas escolhas que faço e – quem sabe – chega até você, leitor, como uma centelha de inspiração. Chico Xavier tinha razão: o exemplo é uma força imediata, um campo magnético de influência invisível que molda consciências e desperta vocações. Que a vida de Seu Paulo Pozati, com sua generosidade tranquila e sua graça simples, continue ensinando: agir pelo bem é a forma mais alta de ensinar. Saravá, Seu Paulo!

☐ ☐ ☐ ☐ ☐ ☐ ☐

Quantas vezes esse mesmo pensamento já apareceu para você?

meus insights

147

ESPIRITUALIDADE É SOBRE IDENTIDADE

Quem se aceita como é, doando de si à vida o melhor que tem, caminha mais facilmente para ser feliz como espera ser.

DISPONÍVEL EM: HTTPS://WWW.MENSAGEMESPIRITA.COM.BR/.

Quantas vezes esse mesmo pensamento já apareceu para você?

☐ ☐ ☐ ☐ ☐ ☐ ☐

meus insights

Durante muitos anos, briguei com meus próprios cachos. Eu os via como um obstáculo estético, uma rebeldia capilar contra o ideal de beleza que o mundo insistia em impor. Admirava o cabelo liso dos galãs de cinema – o estilo George Clooney – e tentava de tudo: corte curto, alisamento, chapinha. Mas o cacho é teimoso, e teimosia é outra forma de dizer resiliência. O que eu tentava apagar era justamente o que me fazia único.

Quando comecei meu processo de despertar espiritual, percebi que havia um propósito em tudo – até nos fios que resistiam ao ferro quente da vaidade. "Até os fios de vossos cabelos estão contados", lembrou o Mestre. Intuí que, para cumprir minha missão, minha imagem também teria um papel simbólico: meu rosto seria reconhecido, e meu corpo se tornaria veículo da mensagem que carrego na alma. Então me perguntei: "A quem falo? A quem ensino?" – ao povo brasileiro. E que rosto tem o povo brasileiro? Que cabelo tem o Brasil? Enrolado, diverso, vivo, misturado, caótico (exatamente o meu cabelo pela manhã, quando acordo!)

Foi ali que entendi que espiritualidade também é identidade. Não poderia falar de autenticidade e conexão com o divino escondendo-me atrás de uma estética publicitária eurocêntrica. Aceitar meus cachos foi um ato político, filosófico e profundamente espiritual. Cada fio que voltou a se curvar me lembrava da minha origem, do meu povo, da verdade sobre mim. Porque o corpo é a primeira vestimenta do espírito, e negar a própria forma é recusar parte da missão que viemos cumprir.

Assumir-se é um ato de coragem e amor. Quando nos aceitamos, paramos de desperdiçar energia tentando ser outro e passamos a investir força em ser inteiros. A felicidade não mora na conformidade, mora na coerência. E como Chico Xavier ensinava, quem se doa à vida com o melhor que tem – com todos os seus cachos, curvas e cores – caminha mais leve rumo à alegria que busca. A libertação espiritual começa quando o espelho deixa de ser um campo de batalha e se torna um altar onde o divino nos devolve o próprio reflexo.

RIR É O MELHOR REMÉDIO

148

A melhor maneira de aprender a desculpar os erros alheios é reconhecer que também somos humanos, capazes de errar talvez ainda mais desastradamente que os outros.

DISPONÍVEL EM: HTTPS://WWW.MENSAGEMESPIRITA.COM.BR/.

Ah, as cagadas que fazemos e varremos para debaixo do tapete... quem nunca? A vida é um eterno estágio, e, se existe um Deus observando nossa trajetória, ele provavelmente ri conosco – não de nós. Aprender a rir das próprias limitações é libertador. Rir é aceitar-se humano, é reconhecer que tropeçar faz parte da caminhada. O problema é que, ao tentar parecer impecáveis, acabamos mais preocupados em esconder nossas falhas do que em curá-las. E é aí que o ego substitui o aprendizado pela aparência – e o coração endurece.

O julgamento é a tentativa infantil de afastar de nós o que ainda não aceitamos dentro de nós mesmos. Apontar o dedo para o erro alheio é uma forma de negar nossas próprias sombras. Jung dizia que a sombra é o que não queremos ser, mas somos sem exatamente saber. E enquanto não olhamos de frente para ela, seguimos projetando sobre o outro aquilo que ainda nos incomoda. Quando rimos de nós mesmos, a sombra perde o poder. O riso é o sopro que dissolve o peso da culpa e abre espaço para a compreensão.

Chico Xavier, com sua serenidade luminosa, lembrava que a compreensão é o primeiro passo do perdão. E compreender é ver o outro sem o filtro do moralismo, enxergando o humano em cada erro, a dor por trás de cada falha, o aprendizado em cada tropeço. Só quem se reconhece imperfeito pode realmente perdoar. E só quem se perdoa pode caminhar em paz.

Não quero ser perfeito. Uma pessoa perfeitinha não serve de exemplo para ninguém. Rasgo quando posso minhas cagadas publicamente a olho nu. Nisso sou inteiro, e com isso motivo quem é como eu. Menos perfeição, mais completude.

Então, da próxima vez que a vida colocar você diante de uma "cagada", sua ou de alguém, respire fundo e ria um pouco. O riso não é fuga – é transcendência. Ele desarma o ego e abre espaço para o espírito. Porque no fundo, toda queda é uma aula e todo erro é um espelho. A evolução não pede perfeição: pede honestidade com a própria humanidade.

Quantas vezes esse mesmo pensamento já apareceu para você?

☐ ☐ ☐ ☐ ☐ ☐ ☐

meus insights

149

ONTEM JÁ FOI. AMANHÃ AINDA NÃO CHEGOU

Cada dia que amanhece se assemelha a uma página em branco, na qual gravamos os nossos pensamentos, ações e atitudes. Na essência, cada dia é a preparação de nosso próprio amanhã.

DISPONÍVEL EM: HTTPS://WWW.MENSAGEMESPIRITA.COM.BR/.

Quantas vezes esse mesmo pensamento já apareceu para você?

☐ ☐ ☐ ☐ ☐ ☐ ☐

Hoje. Tudo o que você realmente tem é hoje. Ontem já foi. Amanhã ainda há de vir (ou não!). O único território onde a vida realmente acontece é este instante que pulsa agora, diante de você. Hoje é o palco do eterno presente, o momento em que as possibilidades se tornam fatos, as ideias se transformam em ações e a fé se converte em movimento.

Vivemos tão obcecados com o que já passou e tão ansiosos com o que ainda não chegou que nos esquecemos de viver o que está aqui. O excesso de passado paralisa; o excesso de futuro angustia. Mas o presente – o agora – é o único lugar onde podemos agir. O que você vai fazer de diferente hoje? Que escolha pequena, mas consciente, pode mudar o rumo da sua história? Às vezes, é apenas levantar com um pensamento novo, agradecer antes de reclamar, respirar antes de reagir, ouvir antes de responder.

Chico Xavier dizia que cada amanhecer é uma nova chance que Deus nos dá para recomeçar, e não há recomeço sem presença. O hoje é o campo onde plantamos as sementes invisíveis do amanhã. E o curioso é que a vida sempre retribui na mesma moeda: se plantamos pressa, colhemos exaustão; se plantamos amor, colhemos paz; se plantamos consciência, colhemos liberdade. O destino é o somatório dos nossos "hojes" bem vividos.

Então, pare um pouco. Inspire fundo. Olhe ao redor. Tudo o que realmente importa está acontecendo agora. A vida não espera a sua agenda se organizar, ela pulsa em cada segundo que você respira. Hoje é o ensaio e o espetáculo, o caminho e o destino, a página e o livro. O que você escreverá nela?

meus insights

GENTE DE BEM NÃO TEME NINGUÉM

150

Cada boa ação que você pratica é uma luz que você acende em torno dos próprios passos.

DISPONÍVEL EM: HTTPS://WWW.MENSAGEMESPIRITA.COM.BR/.

Gente de bem não teme ninguém. Certa vez, passei a noite inteira acordado, tomado por vozes que sussurravam em minha mente o quanto eu era insuficiente. Naquele tempo, o Círculo Escola Filosófica ainda engatinhava, e eu me sentia um intruso entre os pensadores que eu tanto admirava. As vozes diziam: "Fica quieto, Pozati. Volta pra trás das câmeras. Deixa os verdadeiros intelectuais falarem. Ninguém precisa das tuas bobagens". E quanto mais eu tentava silenciar a mente, mais elas riam, zombando do meu propósito, me reduzindo à insegurança e trazendo à tona meu "animal de poder": um vira-lata caramelo. Me torturava me achando pequeno diante dos cães de raça do pensamento.

A noite foi longa. O corpo pesava como chumbo, e a razão parecia uma lâmina cega. Mas o amanhecer chegou – e, com ele, as demandas do dia. Eu precisava estar presente no Fórum de Ciência e Espiritualidade, um evento que estávamos promovendo. As portas do teatro se abriram, e, uma a uma, as pessoas começaram a entrar. Eu ainda carregava as vozes dentro, repetindo: "Você não é nada, melhor ficar na sua e parar de inventar moda". Até que, de repente, um rapaz enorme se aproximou. Tinha o sorriso aberto e o olhar limpo. Me abraçou firme e disse: "Eu só vim aqui pra te agradecer. Se estou vivo hoje, é graças a você. Eu ia me jogar da janela do meu apartamento, quando, do nada, o YouTube começou a tocar um vídeo seu. Parei pra assistir... e nunca mais parei".

Naquele instante, todas as vozes se calaram. O silêncio que se fez dentro de mim foi sagrado. Percebi que o bem não precisa ser perfeito para iluminar – ele só precisa acontecer. A gratidão daquele homem foi o exorcismo mais eficiente que já testemunhei. Foi como se Deus dissesse: "Viu? Até você e o seu vira-lata caramelo servem". A luz que acendemos nos outros acaba voltando, clareando os nossos próprios passos.

Desde então, entendi que a gratidão é a oração mais poderosa e o remédio mais eficaz contra qualquer sombra. O mal se alimenta da dúvida; o bem, da ação. Gente de bem não teme ninguém, porque aprendeu que a força do amor não precisa de palco – basta um gesto, uma palavra, uma presença. E, às vezes, tudo de que o universo precisa para continuar é de uma boa ação sua, acendendo uma pequena chama em torno dos próprios passos.

Quantas vezes esse mesmo pensamento já apareceu para você?

☐ ☐ ☐ ☐ ☐ ☐ ☐

meus insights

151

NADA SE PERDE, TUDO ENSINA

O homem se renova sempre. A luta enriquece-o, a dor aprimora-lhe as emoções, e o sacrifício tempera-lhe o caráter.

BIDU, JOÃO. 8 LIÇÕES DE SABEDORIA DE CHICO XAVIER PARA SER MAIS FELIZ. TERRA. DISPONÍVEL EM: HTTPS://WWW.TERRA.COM.BR/VIDA-E-ESTILO/.

Quantas vezes esse mesmo pensamento já apareceu para você?

☐ ☐ ☐ ☐ ☐ ☐ ☐

meus insights

Na vida, nada se perde – tudo ensina. Mas a grande pergunta é: temos olhos para ver? Vivemos em um mundo que evita o desconforto como quem foge do fogo, mas é justamente o fogo que purifica o ouro. Queremos crescer sem dor, aprender sem cair, amadurecer sem conflito. Esquecemos que é no terreno da adversidade que as raízes da alma se aprofundam. Cada lágrima, cada frustração, cada silêncio imposto pela vida é uma aula disfarçada – e o espírito desperto é aquele que aprende até mesmo quando sofre.

A luta é o campo onde o espírito se fortalece. Quando tudo parece conspirar contra, é ali que se revela o quanto já evoluímos. O sofrimento, por mais árido, pode ser o cadinho onde a consciência é lapidada. Emmanuel, pela psicografia de Chico Xavier, ensinava que a dor é o buril divino lapidando o espírito. E é verdade: o sofrimento não é castigo, é ferramenta. Ele rasga a superfície das aparências e nos obriga a olhar para dentro, onde reside o diamante bruto da essência.

O sacrifício, por sua vez, é o tempero da grandeza. Não aquele que se impõe por culpa, mas o que nasce da entrega voluntária – a renúncia feita por amor. É o ato de abrir mão do conforto imediato em nome de um propósito maior. O sacrifício dá densidade à fé e maturidade ao coração. É o que diferencia o idealista do sonhador. E, ao final, percebemos que cada batalha, cada dor e cada entrega nos tornaram mais humanos, mais conscientes, mais próximos do divino.

O ser humano se renova sempre. Cada recomeço é um testemunho da força silenciosa da vida que insiste em florescer dentro de nós. Quando aprendemos a enxergar sentido no que nos desafia, a existência se transforma num livro mágico, e cada dia é uma página nova escrita com coragem e aprendizado. O sofrimento passa. O que fica é o que ele nos ensinou.

O QUE VOCÊ LEVARÁ PARA A OUTRA VIDA?

152

Há os que possuem recursos materiais suficientes ao próprio conforto e se lastimam, insones, por haverem perdido certo negócio.

XAVIER, FRANCISCO CÂNDIDO / ESPÍRITOS DIVERSOS. AULAS DA VIDA. FEB, 2021.

A vida moderna parece ter se especializado em fabricar insatisfeitos profissionais. Mesmo com tudo à mão – conforto, status, reconhecimento – há quem perca o sono por um negócio que deu errado, uma oportunidade que escapou ou um resultado que não saiu como esperado. O sofrimento não vem da falta, mas do desequilíbrio entre desejo e propósito. Quando esquecemos o que viemos fazer neste mundo, qualquer contratempo se transforma em tragédia.

O que diferencia o aflito do ser consciente não é a quantidade de bens, mas a qualidade da perspectiva. Aquele que vive guiado pela consciência do propósito enxerga o mundo como escola e cada perda como lição. Aprende que o universo opera por leis de compensação: quando uma porta se fecha, é porque o fluxo da vida precisa ser redirecionado. Mas quem vive desconectado de si mesmo mede o valor da existência pelos números da conta bancária e acaba escravizado pela ilusão da escassez.

A riqueza verdadeira é aquela que se pode levar além da morte. Quando o espírito desperta para sua missão, entende que a prosperidade material é apenas uma ferramenta, e não um fim. A consciência do propósito amplia a visão – e o que antes parecia fracasso se torna apenas movimento. A alma em paz não teme o saldo que oscila, porque seu patrimônio é interior.

Ter consciência do que se veio fazer no mundo é libertador. É como trocar o microscópio pelo telescópio: o olhar se expande e a dor se relativiza. O que se perde em valor monetário, ganha-se em sabedoria. O que se deixa de acumular em bens, acumula-se em luz. E então, mesmo diante das instabilidades da vida, o coração aprende a descansar – porque quem conhece o próprio propósito não sofre por aquilo que o dinheiro não pode comprar: sentido.

Quantas vezes esse mesmo pensamento já apareceu para você?

☐ ☐ ☐ ☐ ☐ ☐ ☐

meus insights

153

CÃES LADRAM E A CARAVANA PASSA

Estávamos, certa vez, sob chuvas de observações, e pedi ao Espírito de Emmanuel: "Que fazer! dizem tanto mal...", e ele respondeu: "Olha, a boca do mal na Terra é como a boca da noite. Ninguém consegue fechá-la. Vamos trabalhar, trabalhar...".

XAVIER, FRANCISCO CÂNDIDO / EMMANUEL. PALAVRAS DE CHICO XAVIER. 1. IDE EDITORA, 2019.

Quantas vezes esse mesmo pensamento já apareceu para você?

Os cães ladram e a caravana passa. Ninguém joga pedra em árvore sem fruta, nem gasta tempo criticando o que não incomoda. Vivemos em tempos digitais, em que o direito de expressão virou também oportunidade de destruição. Na internet, todos parecem ter voz – mas nem todos têm consciência. O design das redes é democrático apenas na aparência: o sábio e o estúpido falam com a mesma fonte, do mesmo tamanho e com a mesma visibilidade. Só que, lamentavelmente, há mais ignorância ativa do que sabedoria silenciosa.

Gente estúpida geralmente tem muito tempo livre para opinar na internet.

Chico Xavier enfrentava críticas públicas e calúnias muito antes da era dos comentários anônimos. E, ainda assim, ensinava serenidade. Emmanuel lhe dizia: "A boca do mal é como a boca da noite". Em outras palavras, não se cala o escuro brigando com ele – acende-se uma luz e segue-se o trabalho. A sabedoria está em não desperdiçar energia tentando controlar a opinião alheia. A crítica, quando vem com amor, é espelho; quando vem com ódio, é apenas ruído.

Aprendi isso com uma simples pergunta que se tornou meu mantra contra a violência digital: "Se estivéssemos em uma sala, essa pessoa teria coragem de dizer isso na minha frente?". Se a resposta for sim, paro e reflito: o que esse incômodo me mostra sobre mim? Mas se a resposta for não, aplico o método infalível – filosofia Activia + Johnny Walker: sigo cagando e andando pro que dizem. Porque a sanidade é um bem muito precioso para ser entregue aos trolls da internet.

O tempo que perdemos tentando nos justificar para o mal é o mesmo tempo que poderíamos investir trabalhando pelo bem. A caridade também é não revidar, é não alimentar o ciclo da ofensa, é não transformar veneno em pauta. Então, sigo como Chico: trabalhando, sorrindo e mandando beijos de luz a todos – inclusive aos que falam mal. E no final penso: cada um que pague sua própria terapia.

meus insights

O QUE MEUS SENTIMENTOS DIZEM SOBRE MIM?

154

Precisamos desalojar o ódio, a inveja, o ciúme, a discórdia de nós mesmos, para que possamos chegar a uma solução em matéria de paz, de modo a sentirmos que "os tempos são chegados" para a felicidade humana.

XAVIER, FRANCISCO CÂNDIDO / ANDRÉ LUIZ. NOSSO LAR. 1. ED. RIO DE JANEIRO: FEDERAÇÃO ESPÍRITA BRASILEIRA, 1944. EDIÇÃO KINDLE.

O que o ódio do outro diz sobre mim? O que a inveja diz sobre mim? O que o ciúme diz sobre mim? O que a discórdia diz sobre mim?

Essas perguntas soam incômodas porque nos viram do avesso. Estamos habituados a pensar o mal como algo que vem de fora, mas a verdadeira transformação espiritual começa quando reconhecemos que as trevas que nos cercam são reflexos das que ainda carregamos por dentro. Chico Xavier, com a razão de André Luiz, nos convida à mais difícil das reformas: a interna. É fácil rezar pela paz do mundo, difícil é desalojar o inimigo que mora em nosso próprio peito.

O ódio fala da dor não curada – é o amor que foi ferido e não soube se regenerar. Transmuta-se em compaixão quando olhamos para o ofensor e enxergamos sua própria ignorância como reflexo da nossa. A inveja é o espelho que mostra o que ainda não reconhecemos em nós como possível. Transforma-se em admiração quando a usamos como bússola: "O que vejo no outro que também posso desenvolver em mim?". O ciúme denuncia o medo de perder o que acreditamos possuir. Transmuta-se em confiança quando compreendemos que nada é realmente nosso, apenas compartilhado pela graça do tempo. E a discórdia é o grito do ego que quer ter razão. Dissolve-se em diálogo quando cedemos o lugar ao encontro.

O caminho da paz não é diplomático, é alquímico. Cada emoção densa é matéria-prima para a alma evoluir. O ódio é chumbo, mas dentro dele repousa o ouro da empatia. A inveja é fumaça, mas nela há o perfume da inspiração. O ciúme é ferro em brasa, que se resfria em ternura quando mergulha na consciência. A discórdia é pedra bruta, lapidada pelo silêncio.

Os "tempos são chegados" – não lá fora, mas dentro de cada um de nós. O mundo será pacífico quando o coração humano aprender a ser laboratório de vida em plenitude. E o primeiro experimento é simples, mas profundo: ao sentir algo sombrio, não lute contra – transmute. Porque a felicidade, como a alquimia divina, nasce sempre da transformação das sombras em claridade.

Quantas vezes esse mesmo pensamento já apareceu para você?

☐ ☐ ☐ ☐ ☐ ☐ ☐

meus insights

155

ERRAR É HUMANO, APRENDER É DIVINO

Não devemos temer nossos erros; eles são janelas a nos indicarem o caminho a seguir. Seria impossível vencê-los se não os identificássemos tais quais são, nem maiores, nem menores.

XAVIER, FRANCISCO CÂNDIDO / EMMANUEL. PLANTÃO DE RESPOSTAS. 1. ED. SÃO PAULO: IDE, 1994.

Quantas vezes esse mesmo pensamento já apareceu para você?

☐ ☐ ☐ ☐ ☐ ☐ ☐

Estudos modernos em psicologia e neurociência emocional têm mostrado que não sofremos tanto pelo fato em si, mas pela interpretação que damos a ele. O acontecimento é objetivo, mas o sofrimento é subjetivo – nasce da forma como o lemos e do significado que projetamos sobre ele. Todo fato externo reverbera dentro de nós como uma onda, ativando memórias, crenças e feridas antigas. O que está fora apenas desperta o que já estava adormecido dentro.

Emmanuel, pela psicografia de Chico Xavier, nos lembra que o erro é uma janela, não uma sentença. Ele abre uma fresta por onde a luz do autoconhecimento entra. Mas, para enxergá-lo assim, é preciso renunciar à culpa e adotar o olhar do aprendiz. A culpa paralisa, o arrependimento liberta. A primeira se fixa no passado, a segunda nos impulsiona ao futuro. Quando reconhecemos o erro como um espelho e não como um castigo, começamos a compreender o valor pedagógico da vida.

Cada erro contém uma lição em código. Se o tratamos como inimigo, fechamos a janela que poderia ventilar o espírito; se o acolhemos como professor, abrimos espaço para o ar fresco da consciência. A paz, então, não está em evitar o erro, mas em colocar cada coisa no seu devido lugar – o fato no passado, o aprendizado no presente e a esperança no futuro.

Errar é humano, mas aprender é divino. Cada queda ensina o caminho da volta. E quando a dor se transforma em clareza, o erro se converte em sabedoria. Porque o espírito maduro não teme tropeços – ele sabe que toda pedra no caminho é um degrau em construção.

meus insights

EMPRESAS PRIVADAS DE EXPRESSÃO ESPIRITUAL

156

Nenhuma organização útil se materializa na crosta terrena sem que seus raios iniciais partam de cima.

XAVIER, FRANCISCO CÂNDIDO / ANDRÉ LUIZ. NOSSO LAR. 1. ED. RIO DE JANEIRO: FEDERAÇÃO ESPÍRITA BRASILEIRA, 1944. EDIÇÃO KINDLE.

Se você é empresário e a sua empresa tem um propósito claro, uma razão social sólida e o desejo genuíno de tornar o mundo um lugar melhor, parabéns: o seu empreendimento nasceu nas esferas superiores. O espírito de serviço que o move não é casualidade – é sintonia. André Luiz nos lembra que toda obra útil começa em planos mais altos antes de tomar forma nas mãos humanas. Empreender, portanto, é participar de um movimento divino de criação, em que ideias são sementes plantadas no campo da consciência.

A empresa é um corpo, e o propósito é sua alma. Sem alma, o corpo se desfaz; sem propósito, o negócio perde o norte. Quando você coloca seu talento, sua energia e seus recursos a serviço do bem coletivo, transforma o lucro em meio e consequência – não em meta. O dinheiro deixa de ser o fim e se torna o combustível para sustentar aquilo que tem valor de verdade: a realização do propósito que o inspirou.

A espiritualidade do novo tempo não se limita aos rituais de sábado nem às preces de domingo. Ela se manifesta com eficiência multidimensional – na ética das decisões, na justiça com os colaboradores, na generosidade com a comunidade e na coragem de inovar com consciência. O trabalho, quando alinhado ao propósito do espírito, torna-se uma forma de espiritualidade em movimento. O escritório vira templo, o cliente vira parceiro de evolução, o resultado vira energia circulante.

Ser um empreendedor espiritualizado é entender que não se trata apenas de vender, mas de servir; não de crescer a qualquer custo, mas de expandir com coerência. Quando a empresa vibra no campo do amor, ela atrai não clientes somente, mas consciências em ressonância. E é aí que o verdadeiro sucesso acontece – quando o trabalho humano se alinha à vontade divina e o lucro maior é poder olhar para o próprio empreendimento e dizer: "Isto é útil. Isto veio de cima. Isto não é meu".

meus insights

Quantas vezes esse mesmo pensamento já apareceu para você?

☐ ☐ ☐ ☐ ☐ ☐ ☐

Marketing, Empreendedorismo e Propósito

Desenvolvimento humano e espiritualidade para construção de negócios que geram valor e fazem sentido.

157

O TEMPO REVELA O QUE SOMOS

Em matéria de compreensão e experiência, todos nos assemelhamos aos frutos que o tempo vai amadurecendo a pouco e pouco.

XAVIER, FRANCISCO CÂNDIDO / EMMANUEL. PALAVRAS DE CHICO XAVIER. 1. IDE EDITORA, 2019.

Quantas vezes esse mesmo pensamento já apareceu para você?

☐ ☐ ☐ ☐ ☐ ☐ ☐

Tem vinho que melhora com o tempo – e tem vinho que azeda e vira vinagre. Assim também somos nós. O tempo, por si só, não garante sabedoria. Ele apenas oferece o barril onde a alma fermenta suas experiências. O que define o sabor da vida não é o passar dos anos, mas a qualidade da consciência que os atravessa. O mesmo tempo que amadurece o espírito desperto pode azedar o coração endurecido. Por isso, a pergunta essencial não é "quantos anos tenho?", mas "o que o tempo fez comigo – e o que eu fiz com o tempo?".

A maturidade não é uma coleção de aniversários, é o resultado de olhares revistos. Há quem envelheça preso à própria dor, alimentando ressentimentos como se fossem medalhas. Há quem, ao contrário, use o sofrimento como fermento para a empatia. O tempo é neutro – quem lhe dá direção é o espírito. Quando o eu se abre para o aprendizado, o tempo vira aliado; quando se fecha no orgulho, vira castigo. O amadurecimento acontece quando o passado deixa de ser prisão e se torna professor.

Fazer do tempo um amigo é aprender a escutar os seus silêncios. É perceber que cada fase tem sua colheita, e que nem toda poda é perda – às vezes é preparação para um novo florescer. O vinho bom é aquele que soube esperar. A alma boa é aquela que aprendeu a decantar o ego e a refinar a paciência. A consciência desperta transforma o tempo em alquimista, convertendo as dores em sabedoria e as esperas em serenidade.

O tempo não nos rouba a juventude – ele apenas revela o que sempre fomos. Quando há amor, a velhice não é decadência, é brilho polido. Quando há gratidão, o passado não pesa, ensina. O tempo é o grande parceiro da alma que se renova. E quanto mais consciência ele encontra, mais se transforma de carrasco em mestre – até o dia em que, amadurecidos, a gente possa brindar com ele, saboreando o vinho doce da paz interior.

meus insights

A VIDA É CONTRATO TEMPORÁRIO

158

Lembra-te de que as tuas possibilidades, tanto quanto as deles, dependem, inelutavelmente, das concessões e dos empréstimos de Deus.

XAVIER, FRANCISCO CÂNDIDO / ESPÍRITOS DIVERSOS. AULAS DA VIDA. FEB, 2021.

Quantas vezes esse mesmo pensamento já apareceu para você?

Até os pelos do meu braço vão voltar para a terra de onde vieram. Essa consciência, tão simples e tão profunda, dissolve qualquer traço de arrogância. Nada do que temos é nosso – tudo é empréstimo. O corpo, a saúde, os talentos, os afetos, até o sopro da vida são concessões divinas, dadas em regime de confiança e responsabilidade. E se nada me pertence, o que posso fazer senão me colocar no fluxo com leveza? O espírito maduro compreende que administrar é uma forma de amar: é cuidar do que é de Deus como se fosse seu, e devolver ao universo o que recebeu, multiplicado em bem.

A vida é um contrato temporário de uso – e o vencimento vem sempre sem aviso. Até a sobrancelha, que insistimos em moldar ao gosto do espelho, é um empréstimo momentâneo da biologia universal. Quando nos lembramos disso, o orgulho se desmonta e nasce a gratidão. De repente, o trabalho deixa de ser fardo e se torna missão; o dinheiro deixa de ser objetivo de vida e vira ferramenta; o corpo deixa de ser vaidade e passa a ser veículo para contribuição. A verdadeira liberdade está em compreender que possuir é passageiro, participar ativamente da vida é eterno.

Colocar todo o ser a serviço do bem é a única forma de honrar o empréstimo divino. Não importa onde a gente esteja – num escritório, numa escola, num hospital, ou em casa –, o trabalho útil é a assinatura da alma consciente. Contribuir é devolver com juros de amor o investimento que o Criador fez em nós. O universo é uma contabilidade espiritual perfeita: cada gesto de bondade é crédito, cada egoísmo é débito.

No fim das contas, tudo o que chamamos de "meu" será devolvido: o corpo à terra, o nome ao esquecimento, as conquistas ao tempo. O que realmente levamos é o que fizemos do que nos foi dado. Que, ao fim do contrato, Deus olhe para o extrato da nossa existência e encontre saldo positivo em luz, coragem e compaixão. Porque viver, afinal, é administrar um empréstimo sagrado – e o bem é a única forma legítima de pagamento.

meus insights

159

O QUE EU "QUERO QUERER"?

Deus nos concede a cada dia uma página de vida nova no livro do tempo. Aquilo que colocarmos nela corre por nossa conta.

BIDU, JOÃO. 8 LIÇÕES DE SABEDORIA DE CHICO XAVIER PARA SER MAIS FELIZ. TERRA. DISPONÍVEL EM: HTTPS://WWW.TERRA.COM.BR/VIDA-E-ESTILO/.

Quantas vezes esse mesmo pensamento já apareceu para você?

☐ ☐ ☐ ☐ ☐ ☐ ☐

meus insights

Meu filho Lorenzo tinha cinco anos. Estávamos no carro, voltando para casa, quando começou uma daquelas conversas que fazem a vida valer a pena.

– Lorenzo, o que você vai querer jantar quando chegar em casa?

– Suco de laranja!

– Suco de laranja não é jantar, menino! Perguntei o que você quer comer, não o que quer beber.

De bate-pronto, olhou para mim com aquela cara de malandro e disse:

– Não, pai... faz assim: quando chegar em casa, você cuida da sua vida e eu cuido da minha. Assim, eu faço o que eu quero querer, e você faz o que você quer querer.

Por um instante, fiquei em silêncio, saboreando o conceito. "O que eu quero querer." Que expressão poderosa – e filosófica. Brinquei com ele:

– Ótimo, combinado. Contanto que, enquanto eu pagar suas contas, você queira o que eu quero!

E seguimos rindo até em casa, mas a frase ficou martelando.

No fundo, Lorenzo estava certo: a vida é uma grande lição sobre o que queremos querer. Muitos dizem "se Deus quiser" como quem entrega o volante e tira as mãos da direção. É uma forma elegante de fugir da responsabilidade pela própria página no livro do tempo. Mas Deus quer – Ele sempre quer; o problema é que somos nós que muitas vezes não queremos querer o que Ele já nos inspirou.

Cada amanhecer é um contrato de coautoria entre o Criador e o Criatura. Deus fornece a página; a caneta é nossa. E se, como Lorenzo sugeriu, aprendermos a querer com consciência – a desejar o que é bom, belo e justo –, a vida deixa de ser um "se Deus quiser" resignado e passa a ser um "eu quero com Deus." O destino é divino, mas a escrita é nossa. Então, o que você quer querer hoje?

O QUE FAZ VOCÊ FELIZ?

A felicidade real começa em fazer a felicidade dos outros.

160

DISPONÍVEL EM: HTTPS://WWW.MENSAGEMESPIRITA.COM.BR/.

A frase de Chico Xavier é mais do que uma orientação moral – é uma lei biológica e espiritual. A ciência moderna começa a comprovar o que o Evangelho já ensinava há dois mil anos: somos programados para o altruísmo. Quando ajudamos alguém, o cérebro ativa os mesmos centros de prazer que se acendem ao receber uma boa notícia, comer algo delicioso ou ouvir uma música que amamos. Pesquisas conduzidas por Richard Davidson, da Universidade de Wisconsin, e Matthieu Ricard, o "homem mais feliz do mundo", segundo a neurociência, mostram que a compaixão é fisiologicamente recompensadora – ela literalmente muda a arquitetura do cérebro.

Quando fazemos o bem, o corpo libera dopamina, serotonina e ocitocina – neurotransmissores responsáveis pela sensação de bem-estar, confiança e vínculo social. A ocitocina, conhecida como o "hormônio do amor", reforça nossa empatia e diminui o cortisol, o hormônio do estresse. Estudos da Universidade de Harvard confirmam que pessoas engajadas em ações voluntárias apresentam menores índices de depressão e maior longevidade. Ou seja, a bondade é uma forma de autocuidado.

Mas não se trata de um prazer efêmero como o das recompensas materiais. O altruísmo produz um tipo de felicidade mais profunda e duradoura, chamada pelos pesquisadores de eudaimônica, em referência à filosofia de Aristóteles. Ela nasce do propósito, da conexão e do sentido – não do consumo. O cérebro humano é social por natureza: quando cooperamos, ele encontra sua frequência mais harmônica. Quando competimos, o sistema nervoso entra em modo de ameaça. Por isso, o egoísmo adoece, e o altruísmo cura.

Fazer o outro feliz é, portanto, uma forma inteligente de se manter saudável e espiritualmente equilibrado. Cada ato de generosidade é uma meditação em movimento, uma sinapse de luz entre o eu e o nós. No fundo, Chico apenas antecipou o que a ciência começa a compreender – o amor é a mais alta tecnologia da vida.

Quantas vezes esse mesmo pensamento já apareceu para você?

☐ ☐ ☐ ☐ ☐ ☐ ☐

meus insights

161

TODOS SOMOS IMPORTANTES

Perante Deus toda pessoa é importante.

DISPONÍVEL EM: HTTPS://WWW.MENSAGEMESPIRITA.COM.BR/.

Quantas vezes esse mesmo pensamento já apareceu para você?

☐ ☐ ☐ ☐ ☐ ☐ ☐

O documentário *Human,* de Yann Arthus-Bertrand, é um retrato poético e visceral dessa verdade que Chico Xavier tão bem resumiu. Ao reunir histórias de mais de duzentas pessoas de cinquenta países diferentes, o filme revela um mosaico de humanidade que transcende fronteiras, religiões e idiomas. Cada rosto, cada lágrima e cada sorriso traduzem o mesmo anseio essencial: amar e ser amado, sofrer e ser compreendido, errar e ser perdoado. Perante Deus, ninguém é estatística – todos são histórias vivas.

Assistir a *Human* é como contemplar a Terra de fora: as diferenças se dissolvem, e o que sobra é a beleza da diversidade. O pescador africano, a refugiada síria, a empresária francesa, o presidiário americano – todos compartilham a mesma centelha divina. Essa percepção nos convida a quebrar a hierarquia invisível que criamos entre as vidas. Ninguém é "melhor" ou "pior"; somos pontos de luz em intensidades diferentes, mas pertencentes ao mesmo corpo universal.

Quando olhamos o outro com os olhos de Deus – e não com os filtros do ego –, reconhecemos que a importância de alguém não está no que possui, mas no que é. Cada gesto, por menor que pareça, tem um impacto cósmico. O universo é um organismo interligado em que nenhuma vida é supérflua. Por isso, menosprezar alguém é negar uma parte de si mesmo.

O filme nos lembra que o divino se revela na simplicidade: no abraço de um estranho, na coragem de quem perdoa, na lágrima de quem recomeça. Ser humano é partilhar a dor e a beleza da existência. E se, como ensina Chico, toda pessoa é importante diante de Deus, o maior ato espiritual é tratar cada encontro como sagrado – porque é sempre Deus nos visitando em outro rosto.

meus insights

CONSCIÊNCIA, CONSISTÊNCIA E COERÊNCIA

162

O bem que praticares em qualquer lugar é seu advogado em toda a parte.

DISPONÍVEL EM: HTTPS://WWW.MENSAGEMESPIRITA.COM.BR/.

Toda ação que nasce do amor deixa uma marca vibratória no campo invisível da vida. Emmanuel chamava isso de associação mental: nossas ideias e sentimentos criam laços energéticos com consciências afins – encarnadas ou desencarnadas – que se atraem por sintonia. Assim, formamos ao nosso redor uma egrégora, uma atmosfera espiritual que nos acompanha, protege e orienta. Cada ato de bondade é uma semente luminosa nesse campo; cada pensamento elevado, um tijolo na construção de nossa fortaleza interior.

Em *Exoconsciência,* aprofundo essa visão ao afirmar que o ser humano é um sintonizador de campos sutis. Vivemos imersos num oceano de consciência e informação, e o que irradiamos mental e emocionalmente determina com quem e com o que nos conectamos. A prática do bem, portanto, é uma tecnologia espiritual de altíssima precisão: sintoniza-nos com frequências superiores e nos torna canais de cocriação do divino no mundo.

Mas essa egrégora não se forma apenas com intenções esporádicas. É o resultado simples – e poderoso – de três dimensões da vida consciente: consciência, consistência e coerência.

Consciência é saber o que se está fazendo, compreender o porquê das próprias escolhas e perceber seu impacto.

Consistência é repetir o bem, mesmo quando ninguém vê, até que ele se torne nossa segunda natureza. É construir no tempo.

Coerência é alinhar o pensar, o sentir e o agir, tornando o espírito inteiro uma única melodia de amor.

Como ensinou o espírito de Maria João de Deus, mãe de Chico Xavier, "seres invisíveis" nos amparam constantemente, guiando-nos pelas trilhas do aprendizado e da compaixão. Quando escolhemos o bem, nos unimos a esses espíritos luminosos que, discretamente, intercedem por nós nas instâncias do invisível. Eis o sentido profundo da frase de Chico: o bem que fazemos é um advogado que nunca nos abandona – ele nos defende, nos protege e nos eleva, em toda parte onde estivermos.

Quantas vezes esse mesmo pensamento já apareceu para você?

☐ ☐ ☐ ☐ ☐ ☐ ☐

meus insights

163

TURBULÊNCIAS DA VIDA

Morra com educação! Morra com fé em Deus!

XAVIER, FRANCISCO CÂNDIDO. PINGA-FOGO. PROGRAMA DE TV, TV TUPI, SÃO PAULO, 1971. TRANSCRIÇÃO INTEGRAL.

Quantas vezes esse mesmo pensamento já apareceu para você?

O avião balançava mais que político em época de eleição. A cada sacudida, uma revoada de "Ave-marias" ecoava pela cabine, misturando gemidos, promessas e o clássico coro de "Socorro, meu Deus!". Chico, sempre humano, olhou em volta e pensou: "Bem... todo mundo está gritando... eu também vou gritar".

Foi quando Emmanuel resolveu aparecer. Enquanto os passageiros viam apenas o caos, Chico viu o mentor atravessar calmamente o corredor.

– Por que você está gritando? – perguntou Emmanuel, num tom de quem dá bronca, mas com ternura de pai paciente. Chico, já meio suado, respondeu:

– Bem, o senhor não acha que estamos em perigo de vida?

– Estamos – respondeu o mentor, seco. – E o que há com isso? Não tem muita gente em perigo de vida? Vocês não são privilegiados, não é?

Chico arregalou os olhos. Ele, o homem da fé inabalável, o missionário das cartas consoladoras... estava com medo de cair do céu! Mas, fiel à sua humanidade cristalina, retrucou com sinceridade mineira:

– Tá bem, se estamos em perigo de vida, eu vou gritar! – E gritou. Gritou como todo bom mineiro que vê o chão sumir sob os pés:

– Socorro, meu Deus!

Emmanuel respirou fundo – se é que espírito respira – e respondeu com a clássica elegância pedagógica:

– Você não acha melhor calar, parar com isso, dar testemunho da sua fé, da sua confiança na imortalidade?

Chico, agora teólogo em crise existencial, rebateu:

– Ah, mas é a morte! Nós estamos apavorados diante da morte!

– Está bem – disse Emmanuel. – Então morra com educação, cale a boca e morra com educação, para não afligir a cabeça dos outros com seus gritos. Morra com fé em Deus!

O avião estabilizou. O silêncio foi devolvido à cabine. E lá estava Chico — meio pálido, meio rindo — pensando que talvez, no fundo, a fé fosse isso mesmo: um voo turbulento entre o medo humano e a confiança divina, com bons motivos para chorar... de rir de si mesmo, afinal!

meus insights

ISSO NÃO É FELICIDADE

164

A solidão é boa somente para refletir, porque, sem dúvida, fomos criados para viver uns com os outros.

XAVIER, FRANCISCO CÂNDIDO / EMMANUEL. PALAVRAS DE CHICO XAVIER. 1. IDE EDITORA, 2019.

Nossos padrinhos de casamento têm dois filhos pequenos, o Ian e o Noah, grandes amigos do meu filho Lorenzo. Os três são parceiros de aventuras – cúmplices no crime e na glória, como costumo brincar. Certa noite, o Ian ficou para dormir lá em casa, mas o Noah voltou com os pais, que, por causa da idade dele, ficaram receosos se ele se adaptaria à noite fora de casa.

Na volta, o pequeno, inconformado, desabafou no banco de trás do carro:

– Por que o Ian pode dormir no Lorenzo e eu não? Isso não é felicidade!!!

E pronto: ali estava, sem que ele soubesse, a mais pura definição de uma das lições mais profundas de Chico Xavier – a felicidade não é individual, é compartilhada.

A criança, com sua sabedoria natural, nos lembrou de algo que a vida adulta costuma nos fazer esquecer: ninguém é feliz sozinho. O ego tenta convencer a alma de que felicidade é conquista pessoal – o sucesso, o conforto, a viagem, o troféu. Mas, no fundo, o que realmente nos preenche são os laços, os encontros, os afetos. A felicidade é um fenômeno de ressonância emocional: vibra em quem dá e retorna ampliada. É a matemática divina em que o "eu" só encontra sentido dentro do "nós".

O bem que fazemos é o perfume que deixamos no caminho. Quando nos esforçamos para que o outro se sinta bem, algo se rearranja dentro de nós – e o coração descobre um tipo de contentamento que não depende de nada externo. A felicidade é verbo que se conjuga no plural da conexão: eu sou feliz quando nós somos felizes.

Quantas vezes esse mesmo pensamento já apareceu para você?

☐ ☐ ☐ ☐ ☐ ☐ ☐

meus insights

165

APRENDA A PARAR E COMEMORAR

Some as bênçãos de sua vida e vacine-se contra o desespero.

XAVIER, FRANCISCO CÂNDIDO / ESPÍRITOS DIVERSOS. AULAS DA VIDA. FEB, 2021.

Quantas vezes esse mesmo pensamento já apareceu para você?

☐ ☐ ☐ ☐ ☐ ☐ ☐

Vivemos em uma era em que o "fazer" substituiu o "ser". A sociedade do desempenho, como descreve Byung-Chul Han, transformou a vida em uma corrida infinita por resultados. Celebrar tornou-se quase um pecado – afinal, enquanto comemoramos, alguém está produzindo. Essa lógica perversa normaliza a exaustão e anestesia a gratidão. Quando não paramos para reconhecer o caminho percorrido, perdemos a perspectiva do já realizado e nos afogamos no desespero do que ainda falta fazer.

A cura para esse estado não vem de remédios, mas de uma prática espiritual: somar as bênçãos. Contar, literalmente, o que vai bem – as pequenas vitórias, as amizades, os aprendizados, o simples fato de respirar. Essa aritmética da gratidão reajusta o foco da mente e reconecta o coração com o essencial. Em vez de reclamar da chuva, aprendemos a sentir o perfume da terra molhada. O desespero nasce da ausência de memória espiritual – da amnésia do milagre cotidiano.

Chico Xavier nos convida, em essência, a viver a "contempla-ação" – esse estado em que a contemplação e a ação se alimentam mutuamente. Contemplar é reconhecer o valor do instante, conectar-se ao que é sagrado no agora. Transcender é celebrar o fluxo da vida como ele é, com seus altos e baixos. E, só então, agir – com a serenidade de quem sabe que tudo tem seu tempo e propósito.

A contemplação sem ação é fuga; a ação sem contemplação é desespero. Quando equilibramos as duas, vivemos em ritmo de eternidade, mesmo dentro do tempo. A alma se torna um relógio sagrado que marca não as horas do mundo, mas os batimentos do coração divino dentro de nós. E, assim, a soma das bênçãos se converte em antídoto – um elixir de esperança que nos vacina contra o desespero.

meus insights

A AGENDA DO CORAÇÃO É PRA HOJE

166

Se tiver que amar, ame hoje. Se tiver que sorrir, sorria hoje. Se tiver que chorar, chore hoje, pois o importante é viver o hoje. O ontem já foi, e o amanhã talvez não venha.

BIDU, JOÃO. 8 LIÇÕES DE SABEDORIA DE CHICO XAVIER PARA SER MAIS FELIZ. TERRA. DISPONÍVEL EM: HTTPS://WWW.TERRA.COM.BR/VIDA-E-ESTILO/.

Vivemos como se a vida fosse um ensaio geral para algo que ainda vai começar. Adiamos o amor, a alegria e até as lágrimas para um momento "mais oportuno" – como se houvesse tempo mais oportuno que o agora. O problema é que o tempo não espera. O que deixamos para depois se perde no abismo do nunca mais. O amanhã é uma suposição, o ontem uma lembrança, e o hoje é o único ponto onde a eternidade toca o tempo.

Chico Xavier nos convida à urgência da presença. Amar hoje é reconhecer que o coração não obedece a agendas. Sorrir hoje é gratidão pela vida que pulsa, mesmo em meio ao caos. Chorar hoje é permitir que a alma se lave e volte a florescer. A existência é feita desses movimentos – pulsar, sentir, expressar. Quem posterga a vida perde o compasso da própria humanidade.

Então, não espere as condições ideais para viver. O momento perfeito é este. O gesto possível é o suficiente. E o amor que se dá hoje é o único que realmente transforma. Porque o amanhã talvez não venha, mas o hoje – este milagre cotidiano – está aqui, pedindo que você o viva plenamente, antes que ele também se torne apenas mais um ontem.

Quantas vezes esse mesmo pensamento já apareceu para você?

meus insights

167

O QUE PENSAMOS, SENTIMOS E FAZEMOS

Ninguém quer saber o que fomos, o que possuíamos, que cargo ocupávamos no mundo; o que conta é a luz que cada um já tenha conseguido fazer brilhar em si mesmo.

DISPONÍVEL EM: HTTPS://WWW.MENSAGEMESPIRITA.COM.BR/.

Quantas vezes esse mesmo pensamento já apareceu para você?

Vivemos em uma sociedade obcecada por aparências. Títulos, cargos e posses funcionam como máscaras sociais que escondem o que realmente importa: o estado de consciência interior que conquistamos. Mas, diante das leis da vida, nada disso tem peso real. Quando o espírito atravessa os portais da eternidade, o que fica não é o currículo – é o brilho. E esse brilho não se compra, não se herda, não se ostenta: ele se constrói, silenciosamente, no exercício diário do amor e da verdade.

Chico nos lembra que o valor espiritual se mede não por prestígio, mas por autenticidade. Ser autêntico é um ato de coragem evolutiva – é despir-se das personagens que criamos para sermos aceitos e permitir que a alma apareça nua, simples, viva. É abandonar a necessidade de parecer e abraçar a beleza de ser. A evolução não exige perfeição, mas sinceridade: o compromisso real de não enganar a própria consciência.

A luz que brilha em nós nasce da coerência entre o que pensamos, sentimos e fazemos. É o reflexo da verdade vivida. Enquanto o mundo aplaude o personagem, o universo reconhece o ser. Menos máscaras, mais essência. Menos status, mais serviço. Porque, no final, tudo o que conta é o quanto conseguimos iluminar o caminho – dentro e fora de nós.

meus insights

FAZER RIR NÃO CUSTA NADA

168

A alegria do próximo começa muitas vezes no sorriso que você lhe queira dar.

DISPONÍVEL EM: HTTPS://WWW.MENSAGEMESPIRITA.COM.BR/.

Fui deixar o carro na concessionária para uma revisão. Na recepção, o rapaz que me atendia, ao notar o DDD do meu celular (de São Paulo), perguntou se eu já havia me adaptado "ao clima" de Curitiba. Rimos – porque quem vive aqui sabe que muitas vezes o tempo e o humor local têm semelhanças curiosas: imprevisíveis e, às vezes, frios. Ele então me contou que um novo vizinho havia se mudado em frente ao seu apartamento. Ele e a esposa, gentis, prepararam uma bandeja de pastéis como boas-vindas e foram até lá entregar. O vizinho agradeceu – e nunca mais falou com eles!

– Se você batesse na minha porta com uma bandeja de pastéis, eu te pediria em casamento! – brinquei. O balcão de atendimento virou palco de risadas, e aquele espaço, normalmente tenso, se transformou em algo leve, quase festivo. Não planejei nada – só deixei o bom humor me usar como instrumento. Eu fui palhaço de hospital por alguns anos e vez ou outra o meu *clown* escapa, e quando vejo, já estou fazendo palhaçaria!

No final da tarde, quando voltei para buscar o carro, o mesmo rapaz me recebeu com um sorriso sincero e os olhos marejados.

– Eu quero te agradecer. Hoje não era um bom dia. O clima estava pesado aqui dentro, as pessoas estavam irritadas, eu mesmo estava esgotado. Mas depois que você passou, tudo mudou. O ambiente ficou leve, as pessoas voltaram a se falar, o dia terminou bem. Não sei qual é a sua religião ou se você tem uma, mas a aura da concessionária inteira mudou depois que você passou por aqui. Hoje eu vou me lembrar de você na minha oração da noite.

Respirei fundo e respondi sem jeito como bom capricorniano que às vezes não consegue receber elogios tão sinceros:

– Vocês merecem isso!

Saí dali em silêncio, tomado pela certeza de que Deus se manifesta nas pequenas coisas. Que um sorriso pode ser um sopro divino em meio ao cansaço. Que ser luz não é um ato planejado – mas o resultado natural de quem se permite ser quem é, sem medo, sem máscaras, sem cálculo. Às vezes, tudo de que o céu precisa é de um coração disposto a sorrir para que a vida volte a sorrir de volta.

Quantas vezes esse mesmo pensamento já apareceu para você?

☐ ☐ ☐ ☐ ☐ ☐ ☐

meus insights

169

É SÓ AMAR. SÓ...

O Cristo não pediu muita coisa, não exigiu que as pessoas escalassem o Everest ou fizessem grandes sacrifícios. Ele só pediu que amássemos uns aos outros.

DISPONÍVEL EM: HTTPS://WWW.MENSAGEMESPIRITA.COM.BR/.

Quantas vezes esse mesmo pensamento já apareceu para você?

☐ ☐ ☐ ☐ ☐ ☐ ☐

Chico Xavier dizia que, se pudesse, mandaria pendurar nas portas de todas as cidades e prédios públicos o mandamento mais simples e mais revolucionário já proferido: “Amai-vos uns aos outros, como eu vos amei”. Tão curto, tão direto, tão prático – e, ainda assim, tão negligenciado. A humanidade, com toda a sua ciência e tecnologia, ainda tropeça no básico. Queremos soluções complexas para problemas simples, mas o amor continua sendo a equação que resolve tudo: das guerras às angústias pessoais.

Amar não é sentimento frágil; é força transformadora. É olhar para o outro e reconhecer nele a mesma centelha divina que pulsa em nós. É perceber que ninguém se salva sozinho. Amar exige empatia, escuta, paciência – e, muitas vezes, renúncia. Mas é exatamente aí que reside sua potência: amar é um ato de inteligência espiritual. É entender que o bem do outro é também o nosso, porque somos expressões diferentes do mesmo Todo.

Talvez a gente ainda deva ser lembrado desse mandamento, porque esqueceu de amar, começando por nós mesmos. Quem se desconecta do próprio coração se torna incapaz de estender pontes para o mundo. E, sem pontes, o amor não passa. Que o Cristo, repetido por Chico, nos relembre: não há espiritualidade verdadeira sem afeto, nem progresso real sem compaixão. O resto é ruído. O amor continua sendo o único mandamento que vale por todos os outros.

meus insights

O ESPELHO DO LIVRE-ARBÍTRIO

170

A vida é sempre o resultado de nossa própria escolha.

DISPONÍVEL EM: HTTPS://WWW.MENSAGEMESPIRITA.COM.BR/.

Não há injustiças no universo – há apenas efeitos cujas causas ainda não lembramos. O que chamamos de "sorte" ou "azar" é, na verdade, o retorno natural de sementes que plantamos, às vezes há séculos, em outros corpos, outras histórias, outras vidas. Cada escolha é uma pedra lançada no lago infinito da existência. As ondas se propagam, alcançam margens que não vemos e, um dia, retornam, trazendo o reflexo do que emitimos.

A reencarnação é o palco divino da responsabilidade. Nela a justiça cósmica não pune – educa. As dores que experimentamos hoje são convites à consciência, oportunidades para ajustar a rota e ressignificar a experiência. Nada nos acontece por acaso. Mesmo o que nos parece castigo quase sempre é lição de amor em linguagem firme, ensinando-nos a escolher melhor da próxima vez.

O livre-arbítrio é uma dádiva, mas também um espelho. Ele reflete, com precisão, a vibração do que somos e do que criamos. A vida não é um tribunal que julga; é um eco que devolve. Por isso, toda escolha carrega em si a semente do destino. Quando escolhemos com amor, a própria existência se encarrega de florescer em harmonia. Escolher conscientemente é, no fundo, aprender a cooperar com Deus na arte de criar o próprio caminho.

Quantas vezes esse mesmo pensamento já apareceu para você?

☐ ☐ ☐ ☐ ☐ ☐ ☐

meus insights

171

DEIXA DE RECLAMAR, CRIATURA!

Não se queixe da vida.

XAVIER, FRANCISCO CÂNDIDO / ESPÍRITOS DIVERSOS. AULAS DA VIDA. FEB, 2021.

Quantas vezes esse mesmo pensamento já apareceu para você?

Conta o espírito Hilário da Silva que certo homem, tomado de irritação e mau humor, resolveu descarregar seu azedume num vasto pomar. Caminhava entre as árvores como quem espalha trovões: chutava raízes, sacudia galhos, esmurrava troncos. As mangueiras balançavam em silêncio, as laranjeiras suportavam com paciência, e até os coqueiros, altivos, se limitavam a deixar cair algumas folhas. Mas, entre tantas, havia uma jaqueira – tranquila, firme, carregada de frutos. Quando o homem a sacudiu com força, a pobre árvore respondeu instintivamente à agressão: uma jaca madura despencou direto sobre a cabeça do infeliz.

O golpe foi certeiro. Diz Hilário, com um humor que faz jus ao nome, que o homem "subiu" tão rápido quanto a jaca caiu. Talvez, do outro lado, ao acordar no plano espiritual, seu primeiro pensamento tenha sido: "Nem as árvores respeitam mais ninguém!". Mas o mentor que o recebia pode ter respondido calmamente: "Meu filho, a natureza apenas devolveu o que recebeu. Cada sacudida nossa no mundo provoca frutos – uns doces, outros... pesados".

Seria cômico, se não fosse trágico, perceber quantas jacas ainda insistimos em sacudir todos os dias – nas palavras impensadas, nos julgamentos apressados, nos acessos de raiva. A vida não castiga; apenas devolve. Não se queixe das jacas que caem sobre sua cabeça – talvez sejam apenas os frutos daquilo que você mesmo balançou.

meus insights

O CHAMADO É PRA HOJE!

172

Emmanuel afirma que a Terra será um mundo regenerado por volta de 2057. Cabe, a cada um, longa e árdua tarefa de ascensão.

XAVIER, FRANCISCO CÂNDIDO / EMMANUEL. PLANTÃO DE RESPOSTAS. 1. ED. SÃO PAULO: IDE, 1994.

Adoramos esperar pelo que há de vir, mas raramente nos comprometemos a construir o que há de vir a ser. Queremos a regeneração da Terra, mas sem regenerar a nós mesmos. Desejamos um novo mundo, mas ainda agimos com as velhas sombras. Emmanuel nos lembra que o prazo espiritual para a transição planetária não é um convite à ansiedade, é um convite à ação. O futuro não é uma profecia inevitável – é uma construção coletiva, tecida pelas escolhas de cada consciência.

A marcha da evolução não para. Cada civilização que estaciona em sua própria ignorância é gentilmente deslocada pelo fluxo da vida. Se não nos adaptamos à frequência do amor, seremos naturalmente conduzidos a mundos onde o amor ainda precisará ser aprendido pela dor. A regeneração, portanto, não é um prêmio – é uma consequência. Entrar no fluxo é sintonizar-se com a lei de cooperação universal. Resistir a ele é prolongar o próprio sofrimento.

Como já ensinava o Espírito F. Arago, em *A Revista Espírita* (1868), as revoluções morais que transformam a humanidade não são fortuitas; são movimentos periódicos da natureza espiritual, correntes fluídicas que ligam o invisível ao visível, impulsionando a consciência coletiva para um novo patamar. Quando a humanidade atinge certo grau de maturidade, o planeta responde, e uma nova etapa começa – queiramos ou não.

Estamos no limiar de um novo ciclo. A Terra já vibra em outra frequência e nos convida a subir juntos. A regeneração não é um evento futuro: é um estado de espírito presente. Ou evoluímos por amor, ou a própria vida se encarregará de nos despachar para reaprender o que teimamos em não compreender. O prazo antevisto por Emmanuel é 2057, mas o chamado é agora.

Quantas vezes esse mesmo pensamento já apareceu para você?

☐ ☐ ☐ ☐ ☐ ☐ ☐

meus insights

173

A VIDA FALA, O TEMPO TODO, EM TUDO

Responde-nos a vida em todas as coisas e em todas as criaturas, segundo a natureza de nosso chamamento.

XAVIER, FRANCISCO CÂNDIDO / EMMANUEL.
PENSAMENTO E VIDA. BRASÍLIA: FEB, 2016.

Quantas vezes esse mesmo pensamento já apareceu para você?

☐ ☐ ☐ ☐ ☐ ☐ ☐

A vida fala em todas as coisas e em todas as criaturas. O universo é um espelho sensível à vibração do nosso ser. Aquilo que encontramos fora de nós é, em verdade, o eco do que emitimos. O mundo nos fala na mesma linguagem que falamos com ele – se o chamamos com amor, responde com beleza; se o chamamos com inquietação, devolve-nos ruídos.

No budismo zen, o "Sermão do Inanimado" ensina que tudo prega o dharma: as montanhas, o vento, as águas. Não há silêncio na Criação; há uma constante revelação para quem sabe ouvir. As coisas não falam por palavras, falam pela presença. O som da chuva é Buda ensinando impermanência, o firmamento noturno é lição de vastidão.

Gosto de pensar que as árvores são grandes mestras. Certa vez, dirigindo pela Regis Bittencourt de São Paulo a Curitiba, comecei a "presenciar" uma fantástica palestra das árvores que estavam pelo meu caminho. Coloquei presenciar entre aspas porque quero aqui o sentido metafísico da coisa: eu me fiz presente para o que elas sempre nos ensinaram: árvores só crescem para fora o que primeiro cresceram para dentro. O verdadeiro progresso não é expansão sem raiz, mas enraizamento que sustenta o florescimento. Tudo fala, mas é preciso quietar o coração para ouvir. Quem silencia por dentro começa a compreender o idioma secreto da vida.

meus insights

DESEJAR, SABER DESEJAR E MERECER

174

A realização nobre exige três requisitos fundamentais, a saber: primeiro, desejar; segundo, saber desejar; e terceiro, merecer; ou, por outros termos, vontade ativa, trabalho persistente e merecimento justo.

XAVIER, FRANCISCO CÂNDIDO / ANDRÉ LUIZ. NOSSO LAR. 1. ED. RIO DE JANEIRO: FEDERAÇÃO ESPÍRITA BRASILEIRA, 1944. EDIÇÃO KINDLE.

A realização nobre exige três requisitos fundamentais: desejar, saber desejar e merecer. Em poucas palavras, Lísias entregou uma fórmula iniciática, antiga como os templos e atual como o coração humano. Desejar é acender o fogo da intenção; saber desejar é purificar o motivo, eliminar os conflitos, superar as dúvidas, alinhando tudo a um plano maior; merecer é transformar o ideal em obra, pela persistência e pela retidão. Essa tríade, que em escolas antigas se guardava sob juramentos de silêncio, Chico Xavier a oferece ao mundo pela voz luminosa de André Luiz.

O que antes era privilégio de poucos iniciados, escondido em símbolos herméticos e ritos reservados, torna-se caminho acessível a todos. Os espíritos, através de Chico, cumprem um papel de democratização espiritual: o saber antes restrito às ordens e colégios ocultos agora se manifesta em linguagem simples, revestido de amor e serviço. A chave não está mais trancada nos templos – está nas mãos de quem deseja sinceramente servir.

Esta é a revolução silenciosa da obra de Chico: transformar o esoterismo em amor-movimento, a iniciação em prática do bem. Onde antes havia o segredo, ele plantou o Evangelho vivido. A senda do iniciado não é mais exclusiva dos que dominam mistérios, mas de quem se deixa dominar pelo amor. Desejar, saber desejar e merecer – eis o código que abre não apenas os portais da alma, mas também o coração do próprio Universo.

Quantas vezes esse mesmo pensamento já apareceu para você?

meus insights

175

MEDO DE PENSAR ALTO

Em toda a minha vida eu nunca tive chulé.

POZATI FILMES. QUANDO LEMBRO DE CHICO. TRANSCRIÇÃO. [S.L.]: POZATI FILMES, [S.D.].

Quantas vezes esse mesmo pensamento já apareceu para você?

Chico teve, de súbito, uma cãibra nos pés. Pediu ajuda para se levantar, apontando o pé. Tentava se recordar da palavra certa para explicar o que estava acontecendo, mas se enroscava no "Estou com... estou com..." – e a dita palavra cãibra não vinha. Num lampejo mental rápido, engraçadinho e no mínimo inoportuno, Geraldinho, que acompanhava a cena e tentava auxiliar Chico a se levantar, completou a frase mentalmente: "... com chulé". Em fração de segundos, tentou "apagar" o pensamento que fazia graça com o amigo que tanto amava.

– Estou com cãibra! – conseguiu, enfim, Chico lembrar a palavra. Ficou em pé, alongou os pés. A crise passou. Geraldinho achou que seu pensamento havia passado despercebido, quando, com toda a tranquilidade, Chico lhe mete o dedo bem no meio do nariz e diz:

– Olha, Geraldinho... fique você sabendo que, em toda a minha vida, eu nunca tive chulé!

Chico não precisava de clima, nem de música de fundo – bastava sua presença. A mediunidade nele era tão natural quanto respirar. Lia o pensamento alheio com a mesma simplicidade com que oferecia um copo d'água. Não havia teatro, nem suspense; havia amor, delicadeza e senso de humor.

Esse episódio mostra o verdadeiro Chico: o homem que vivia entre mundos sem separar um do outro. Sua mediunidade não fazia barulho – fazia bem. Ele "revelava" não para impressionar, mas para acolher. E ali, num comentário espirituoso sobre chulé, Chico deu uma aula de leveza espiritual: o médium que, mesmo entre anjos e risadas, nunca perdeu o perfume da humildade e do bom humor.

meus insights

PASSAMOS PELA PORTA QUE FAREMOS PASSAR

176

Na vida terrestre, nós temos sempre um programa de trabalho e de autoeducação a ser realizado, mas esse programa prossegue além desta vida conforme as nossas necessidades.

XAVIER, FRANCISCO CÂNDIDO. PINGA-FOGO. PROGRAMA DE TV, TV TUPI, SÃO PAULO, 1971. TRANSCRIÇÃO INTEGRAL.

Na vida, cada um de nós chega com um programa de trabalho e de autoeducação. Não é castigo nem acaso – é continuidade. O que chamamos de "crise existencial" que nos empurra muitas vezes ao processo de autoconhecimento é, na verdade, o despertar da consciência para esse roteiro interno. Quando a vida nos tira o chão, é porque quer que encontremos os próprios passos. A dor, muitas vezes, é o convite para lembrar quem somos e o que viemos aprender.

O autoconhecimento começa na crise, mas não termina nela. É uma travessia que atravessa existências. O que hoje descobrimos em meio ao caos, amanhã floresce em sabedoria. Cada vida é um capítulo dessa longa biografia do espírito, em que as perguntas que nos angustiam hoje são as respostas que daremos, em serenidade, no futuro. Às vezes, "passamos pela porta que faremos passar", nos lembrou certa vez o espírito de General Uchôa.

Chico nos lembra que o programa da alma não se encerra no túmulo. Prossegue, paciente, amoroso, até que saibamos viver em harmonia com a Lei que nos criou. Por isso, autoconhecimento é cooperar com Deus em nós – transformar a crise em currículo, o sofrimento em sentido e a existência em aprendizado sem fim.

Quantas vezes esse mesmo pensamento já apareceu para você?

☐ ☐ ☐ ☐ ☐ ☐ ☐

meus insights

177

O UNIVERSO É MEU CAMINHO

O Universo é meu Caminho. A Eternidade é meu Reino. A Imortalidade é minha Vida. O Coração é meu templo. O Próximo é meu Irmão. O Amor é minha Lei. A Verdade é meu Culto. A Paz é meu Abrigo. A Luz é minha Realização. O Trabalho é minha Bênção. A Dor é meu Aviso.

XAVIER, FRANCISCO CÂNDIDO / ESPÍRITOS DIVERSOS. AULAS DA VIDA. FEB, 2021.

Quantas vezes esse mesmo pensamento já apareceu para você?

Emmanuel nos oferece aqui um mapa cósmico em forma de oração. Cada verso é um degrau da consciência que desperta para a unidade com o Todo. O Universo é caminho – porque somos viajores do infinito – e a Eternidade é reino, não por conquista, mas por origem. Nada se perde. Tudo se transforma, e em cada transformação, a Imortalidade se revela como vida que não termina, apenas muda de roupa.

O coração, templo silencioso, abriga o altar onde o amor se faz lei e o próximo se reconhece irmão. A espiritualidade, assim, deixa de ser fuga para o alto e se torna encontro com o outro. A verdade não é dogma, é transparência: o culto não se faz em palavras, mas em atitudes que irradiam paz – esse abrigo íntimo de quem aprendeu a confiar.

Na luz, realizamos o sentido; no trabalho, abençoamos o tempo; na dor, despertamos a atenção. Emmanuel revela o segredo do aprendizado espiritual de sua própria experiência: tudo ensina, tudo serve, tudo salva. Quando vivemos esse credo universal, deixamos de procurar Deus nas alturas e passamos a encontrá-lo, silencioso e eterno, dentro de nós.

meus insights

A ALEGRIA É A NOSSA FORÇA

178

Deixe algum sinal de alegria, onde passe.

DISPONÍVEL EM: HTTPS://WWW.MENSAGEMESPIRITA.COM.BR/.

Deixar um sinal de alegria onde passamos é acender luzes em lugares por onde o desânimo costuma rastejar. A alegria verdadeira não é euforia nem fuga – é presença luminosa, nascida da confiança em Deus e da gratidão pela vida. Quando passamos pelo mundo com o coração alegre, tornamo-nos pontes entre o Céu e a Terra, pois toda alegria genuína tem algo de divina: ela cura sem discurso e consola sem esforço.

A egrégora de espíritos que inspiram o Círculo Escola sempre nos diz: a alegria é a nossa força. É energia espiritual que sustenta o trabalho, magnetiza o ambiente e contagia consciências. O bem-humorado não nega a dor; ele a transfigura. Sorri porque sabe que nada é em vão. O sorriso, nesse sentido, é oração que mostra os dentes, arranca lágrimas, faz doer a barriga – uma boa crise de riso é um jeito de dizer ao Universo: "Tô de boa com você, no seu fluxo!".

Ser alegre é ser canal da esperança. É deixar atrás de si rastros de luz em forma de risada, de gentileza, de acolhimento. A alegria é revolução suave: desarma o medo, dissolve o peso, harmoniza o campo. Se o amor é a lei que nos move, a alegria é o combustível que nos mantém em marcha. Que cada passo nosso deixe um rastro de luz e um eco de sorriso no coração dos que seguem.

meus insights

Quantas vezes esse mesmo pensamento já apareceu para você?

179

NEUTRALIZE OS SEUS INIMIGOS

A serenidade e o apreço pelos inimigos são os melhores antídotos para que as preocupações com eles não nos destruam.

DISPONÍVEL EM: HTTPS://WWW.MENSAGEMESPIRITA.COM.BR/.

Quantas vezes esse mesmo pensamento já apareceu para você?

☐ ☐ ☐ ☐ ☐ ☐ ☐

As relações humanas são fios de energia que tecem nossa vida mental. Toda simpatia ou antipatia cria um campo de ligação. Quando amamos, essa vibração nos eleva; quando odiamos, nos aprisiona. André Luiz, em Nosso Lar, explica que as inimizades persistentes se transformam em correntes de obsessão entre encarnados, prendendo mentes em círculos de ressentimento. O que começa como mágoa termina como sintonia doentia, em que cada um se alimenta da dor do outro.

Por isso, a serenidade e o apreço pelos inimigos são mais que virtudes morais – são medidas de higiene espiritual. Relaxar diante do desafeto é um ato de sabedoria: não se trata de conivência, mas de libertação. Quando deixamos de reagir, o laço começa a se desfazer, e o veneno emocional perde força. A paciência age como antídoto invisível, dissolvendo lentamente as vibrações densas do ódio.

Nem sempre é possível transformar o inimigo em amigo, mas é sempre possível neutralizá-lo dentro de nós. A verdadeira vitória não é vencê-lo, é deixar de ser escravo da raiva. Quando o coração encontra serenidade, o outro perde o poder de ferir. Assim, pela paz interior, desatamos os nós do passado e libertamos dois espíritos ao mesmo tempo: o dele – e o nosso.

meus insights

JESUS NO LEME

180

A Terra é uma embarcação cósmica de vastas proporções e não podemos olvidar que o Senhor permanece vigilante no leme.

DISPONÍVEL EM: HTTPS://WWW.MENSAGEMESPIRITA.COM.BR/.

A Terra é uma grande embarcação cósmica, navegando pelos mares do infinito sob o comando amoroso do Cristo. Emmanuel nos lembra: o Senhor está vigilante no leme. Minha querida amiga/irmã Mônica de Medeiros costuma repetir, com fé e o poder de resumo que lhe é próprio: "Jesus no leme". Essa simples expressão é um mantra de confiança – uma lembrança de que, mesmo quando as ondas da vida parecem revoltas, há uma inteligência divina conduzindo o rumo, sem jamais perder o controle do timão.

O leme simboliza a direção espiritual. Nós, tripulantes da Terra, temos nossas pequenas rotas pessoais, mas o destino maior da humanidade está sob a orientação do Mestre. Em meio às tempestades morais e às marés de transformação, a serenidade nasce quando reconhecemos essa presença firme no comando. Fé, nesse contexto, é não duvidar da bússola, mesmo quando o horizonte desaparece sob a névoa da incerteza.

"Jesus no leme" é mais que frase; é postura. É escolher a confiança em vez do medo, a colaboração em vez do desespero. O barco pode balançar, mas não naufraga. O Cristo conduz, Deus ampara, o Espírito sustenta e nós seguimos, aprendendo a remar em harmonia com o ritmo do amor.

Quantas vezes esse mesmo pensamento já apareceu para você?

meus insights

181

CONSCIÊNCIA COMO MOTOR DA EVOLUÇÃO

Sei o que devo ser e ainda não sou.

POZATI FILMES. QUANDO LEMBRO DE CHICO. TRANSCRIÇÃO. [S.L.]: POZATI FILMES, [S.D.].

Quantas vezes esse mesmo pensamento já apareceu para você?

☐ ☐ ☐ ☐ ☐ ☐ ☐

"Sei o que devo ser e ainda não sou" – nessa frase, Chico revela a grandeza de quem reconhece o próprio caminho sem vanglória nem culpa. É o testemunho da alma desperta, que já vislumbra a luz, mas ainda caminha na penumbra da imperfeição. Saber o que se deve ser é sinal de consciência; aceitar que ainda não se é, é sinal de humildade. Entre o ideal e o real, desenrola-se o campo de trabalho do espírito.

Essa consciência é o motor da evolução. Não se trata de autopunição, mas de compromisso amoroso com o próprio crescimento. O "ainda não sou" não é derrota – é projeto. Revela o coração que não se acomoda, mas também não se desespera. Reconhecer a distância entre o que somos e o que devemos ser é, paradoxalmente, o primeiro passo para diminuí-la.

Diante do universo, Chico se coloca como aprendiz eterno. Esta é a postura dos sábios: caminhar com os olhos no alto e os pés no chão. A meta é divina, mas o processo é humano. Cada erro corrigido, cada gesto de amor, cada renúncia silenciosa nos aproxima um pouco mais daquilo que já sabemos, no fundo da alma, que fomos criados para ser.

meus insights

182

AMAR É UM ATO CRIADOR

Em matéria de felicidade convém não esquecer que nos transformamos sempre naquilo que amamos.

DISPONÍVEL EM: HTTPS://WWW.MENSAGEMESPIRITA.COM.BR/.

Diz a ciência das dietas que somos o que comemos – e com razão. Aquilo que ingerimos molda nosso corpo. Mas, em plano mais profundo, é ainda mais verdadeiro dizer: somos o que amamos. O amor é o alimento da alma, a substância que define o que nos tornamos. Aquilo a que devotamos o coração acaba por nos moldar em silêncio, como o rio que, ao acariciar a pedra, muda sua forma sem pressa.

Amar é um ato criador. Se amamos o bem, tornamo-nos bondade; se amamos o poder, viramos ambição; se amamos a luz, passamos a irradiá-la. Cada afeto é uma semente plantada em nosso campo interior, e dela germina o tipo de vida espiritual que cultivamos. O amor é a dieta do espírito – e cada escolha afetiva é um prato servido à nossa própria evolução.

Por isso, convém conferir o que alimenta nossa alma. Amar não é apenas sentir – é escolher o que deixamos morar em nós. Que o nosso amor se volte ao que é nobre, belo e verdadeiro, para que a gente se transforme, pouco a pouco, na própria expressão daquilo que ama: a felicidade que não depende de ter, mas de ser.

Quantas vezes esse mesmo pensamento já apareceu para você?

meus insights

183

ESCUTAR DE VERDADE É UM DOM

Ajude conversando. Uma boa palavra auxilia sempre.

DISPONÍVEL EM: HTTPS://WWW.MENSAGEMESPIRITA.COM.BR/.

Quantas vezes esse mesmo pensamento já apareceu para você?

Vivemos na era da barulheira de comunicação. Byung-Chul Han alerta: “A hipercomunicação atual reprime o livre-espaço do silêncio e da solidão, unicamente no qual seria possível dizer coisas que realmente valeria a pena serem ditas”. Fala-se muito, mas pouco se diz. A boa palavra – aquela que auxilia – só nasce do silêncio interior. Chico, com sua sabedoria simples, nos recorda: “Ajude conversando. Uma boa palavra auxilia sempre”. Mas conversar, aqui, não é despejar sons – é ofertar alma.

Han descreve o que perdemos: “A barulheira de comunicação não possibilita a escuta”. E sem escuta, toda conversa se torna eco do próprio ego. O convite de Chico é revolucionário justamente por isto: conversar é criar comunhão. É transformar o verbo em cuidado. A palavra que ajuda é aquela que nasce de um coração disponível, não de uma mente ansiosa para dar resposta.

“O escutar é um presentear, um dar, um dom. Só ele traz o outro primeiramente à fala”, diz Han. Escutar é, portanto, um ato criador. É dar ao outro o espaço de ser. Quando escutamos com presença, libertamos o outro de seu silêncio pesado e o convidamos a existir em paz. A boa conversa é sempre terapêutica, porque é mediúnica – canaliza a vida que passa entre dois corações.

Chico sabia disso intuitivamente: o verbo cura quando é ponte, não arma. Por isso, ajudar conversando é uma forma de amor discreto. Em um mundo que grita para ser visto, ouvir é o novo milagre. Que nossas palavras, nascidas do silêncio e banhadas de amor, devolvam à comunicação o que ela perdeu: o poder de curar.

meus insights

DIÁLOGO ENTRE LUZ E SOMBRA

184

Buscando a luz, não amaldiçoe a sombra.

XAVIER, FRANCISCO CÂNDIDO / ESPÍRITOS DIVERSOS. AULAS DA VIDA. FEB, 2021.

"Buscando a luz, não amaldiçoe a sombra", aconselha André Luiz em linguagem simples e cirúrgica. Na ânsia de evoluir, muitos acreditam que elevar a vibração é fugir da dor, que negar o conflito é apagar a tristeza. Fingir que está tudo bem para ostentar a carteirinha de pessoa de luz é uma opção que traz prejuízos catastróficos. Quem busca a luz sem compreender a sombra acaba apenas trocando de disfarce. A sombra não desaparece porque é negada; ela se fortalece. Torna-se, como diria Jung, um hóspede que, não sendo recebido, arromba a casa para ser ouvido.

André Luiz e Jung se encontram neste ponto: ambos reconhecem que a alma humana é um campo de integração, não de extermínio. O autoconhecimento verdadeiro não é guerra entre luz e sombra, mas diálogo. Quando amaldiçoamos nossas zonas obscuras, projetamos nelas o que não aceitamos em nós – e passamos a enxergá-las no outro. A sombra não é inimiga: é professora. Mostra-nos, pela dor e pelo erro, onde ainda não amamos o suficiente.

Elevar a vibração, portanto, não é suprimir o que é denso, mas transmutar. É acender consciência dentro do vasto oceano do inconsciente, sem medo de olhar. A luz que cura não é a que cega a escuridão, mas a que lhe dá sentido. A sombra só se dissolve quando é compreendida – e isso requer humildade, não negação.

Assim, ao buscar a luz, acolha sua sombra como parte do caminho. Deus não rejeita nossas trevas; ilumina-as por dentro. A evolução não é fuga, é reconciliação. Toda sombra reconhecida se torna clarão – e todo clarão autêntico nasceu de uma noite enfrentada com amor.

Quantas vezes esse mesmo pensamento já apareceu para você?

☐ ☐ ☐ ☐ ☐ ☐ ☐

meus insights

185

NÃO FUJA DA RAIA

A pretexto de subir ao Céu, não abandone a Terra.

XAVIER, FRANCISCO CÂNDIDO / ESPÍRITOS DIVERSOS. AULAS DA VIDA. FEB, 2021.

Quantas vezes esse mesmo pensamento já apareceu para você?

O aviso de André Luiz, por meio de Chico, é uma correção amorosa a séculos de equívoco espiritual. A tradição religiosa, marcada por culpa e fuga, ensinou que a vida na Terra é castigo, e o corpo, prisão. Assim, muitos sonham com o Céu enquanto negam o chão. Mas não há ascensão sem encarnação. Deus não nos pede para escapar do mundo, e sim para santificá-lo com a nossa presença.

A matéria é sagrada. O pó da Terra guarda o sopro do Criador. Cada célula vibra com a mesma energia que acende as estrelas. O Espírito não se macula ao tocar a carne – ele a ilumina. Quando compreendemos isso, o cotidiano deixa de ser fardo e se torna rito. Cozinhar, trabalhar, cuidar, sorrir: tudo é liturgia se feito com amor consciente. Heráclito dizia que "na cozinha também se encontram os deuses", quando era surpreendido cozinhando.

A experiência da matéria é escola da alma. É nela que o amor se faz gesto, que a fé se torna obra, que o divino se experimenta no humano. Subir ao Céu é descer profundamente em si, até encontrar Deus no átomo e no afeto, no pão e no abraço. A Terra é o templo onde a eternidade se ensaia em cada instante.

O erro é querer chegar ao alto desprezando o chão. O Céu não está além das nuvens, mas dentro da vida que agora vivemos. Amar a Terra é a forma mais pura de se aproximar do Céu – porque é nela que Deus nos plantou para florescer.

meus insights

PASSADO, PRESENTE E FUTURO

186

O Passado é minha Advertência. O Presente é minha Realidade. O Futuro é minha Promessa. O Equilíbrio é minha atitude.

XAVIER, FRANCISCO CÂNDIDO / ESPÍRITOS DIVERSOS. AULAS DA VIDA. FEB, 2021.

O passado é advertência – não prisão. É memória viva do que já fomos, espelho das escolhas que nos trouxeram até aqui. Olhá-lo com gratidão é reconhecer o aprendizado escondido nos erros e dores. Quem amaldiçoa o passado carrega seu peso; quem o compreende, extrai dele sabedoria. O presente é realidade – o único tempo em que a vida acontece. Nele habitam as chances de reparar, recomeçar e semear. O agora é sagrado porque é o ponto de encontro entre o que fomos e o que seremos. Toda transformação espiritual nasce desse instante em que escolhemos agir com consciência.

O futuro é promessa – não fuga. É o campo das possibilidades que germinam das atitudes de hoje. Por isso, o equilíbrio é a chave: unir memória e esperança em harmonia, sem nostalgia nem ansiedade. Quando equilibramos os tempos dentro de nós, o passado se torna lição, o presente, templo, e o futuro, horizonte. Assim, cada passo é eternidade em movimento.

Quantas vezes esse mesmo pensamento já apareceu para você?

meus insights

187

MEDIUNIDADE COM AUTONOMIA

Os sintomas podem ser variados, de acordo com o tipo de mediunidade. Irritabilidade, sonolência sem motivo, dores sem diagnóstico definido, mau humor e choro inexplicável podem indicar necessidade de esclarecimento e estudo.

XAVIER, FRANCISCO CÂNDIDO / EMMANUEL. PLANTÃO DE RESPOSTAS. 1. ED. SÃO PAULO: IDE, 1994.

Se vivemos em rede com planos, dimensões e consciências diversas, é natural que nem tudo o que sentimos seja inteiramente nosso. Somos transmissores e receptores num vasto campo espiritual. Irritabilidade, sono repentino, dores sem causa física, tristeza súbita – às vezes, não são apenas sintomas, mas sinais de sintonia. Emmanuel nos lembra que mediunidade é sensibilidade, e sensibilidade pede educação.

Desenvolver a mediunidade é como ajustar a precisão do nosso roteador interno de Wi-Fi. Quando o sinal está descalibrado, captamos ruídos; quando sintonizado, acessamos a frequência. O estudo e o esclarecimento ajudam a filtrar as conexões, fortalecendo o discernimento que separa o que vem do outro e o que nasce de nós. O autoconhecimento é o melhor antivírus – protege e purifica o canal.

O médium consciente aprende a navegar pelas ondas do invisível sem se afogar nelas. Não se trata de desligar o wi-fi espiritual, mas de saber com quem estamos conectando. A mediunidade não é um peso, é uma tecnologia divina de comunhão entre mundos. Quando o coração é o roteador e o amor é a senha, o sinal da vida flui limpo, e o espírito se torna instrumento da paz.

Quantas vezes esse mesmo pensamento já apareceu para você?

☐ ☐ ☐ ☐ ☐ ☐ ☐

meus insights

Mediunidade com autonomia

Uma jornada profunda, leve e transformadora para quem quer integrar espiritualidade ao cotidiano e despertar seu potencial com autonomia.

188

PARENTALIDADE É TRANSCENDÊNCIA COTIDIANA

Nasce a criança, trazendo consigo o patrimônio moral que lhe marca a individualidade antes do renascimento no plano físico; no entanto, receberá os reflexos dos pais e dos mestres que lhe imprimirão à nova chapa cerebral as imagens que, em muitas ocasiões, lhe influenciarão a existência inteira.

XAVIER, FRANCISCO CÂNDIDO / EMMANUEL. PENSAMENTO E VIDA. BRASÍLIA: FEB, 2016.

Nasce a criança, e com ela renasce o mundo. Emmanuel nos recorda que cada espírito chega à Terra trazendo um patrimônio moral próprio, mas aberto às impressões da família, da cultura e da convivência. Somos seres espirituais que herdam não apenas genes, mas também gestos, palavras, silêncios. A nova mente é uma chapa em branco sobre a qual a amorosidade dos pais e mestres gravará marcas profundas.

Merleau-Ponty, em sintonia filosófica com Emmanuel, afirma que "nascer é, simultaneamente, nascer do mundo e nascer para o mundo". A criança nasce do mundo – moldada por um ambiente que já a precede –, mas também nasce para o mundo, como promessa de futuro.

Quando amamos, educamos e exemplificamos, deixamos em nossos filhos não apenas lembranças, mas também modos de ser. "Sou uma estrutura psicológica e histórica", diz Merleau-Ponty. Assim também são os filhos: estruturas que carregam o passado, mas se abrem a infinitas possibilidades. Eis a beleza da parentalidade espiritual, em que parte de nós se estende no tempo a partir da vida e das atitudes dos nossos filhos. O que os tocamos no presente reverbera no porvir.

Parentalidade é transcendência cotidiana. Ser pai ou mãe é ver-se continuar em outro corpo, em outro tempo, em outra história. É perpetuar, no fluxo da vida, as lições que o amor escreveu em nós. A criança é a oportunidade de o Espírito experimentar a eternidade através do vínculo.

Por isso, como ensina o filósofo, "não somos livres apesar do mundo, mas graças a ele". Cada relação nos constitui. Educar é participar da criação divina, ajudando Deus a esculpir consciências. No rosto dos filhos, o tempo nos devolve o reflexo daquilo que plantamos – e nos convida, sempre, a sermos melhores jardineiros da vida.

Quantas vezes esse mesmo pensamento já apareceu para você?

☐ ☐ ☐ ☐ ☐ ☐ ☐

meus insights

189

A ÁGUA VIVA AINDA ESTÁ NA FONTE

Quando alguém deseja algo ardentemente, já se encontra a caminho da realização (...).

XAVIER, FRANCISCO CÂNDIDO / ANDRÉ LUIZ. NOSSO LAR. 1. ED. RIO DE JANEIRO: FEDERAÇÃO ESPÍRITA BRASILEIRA, 1944. EDIÇÃO KINDLE.

Quantas vezes esse mesmo pensamento já apareceu para você?

André Luiz nos lembra que o desejo sincero é a primeira centelha da criação – é o motor do espírito em marcha. Raul Seixas cantou o mesmo mistério em forma de poesia: "Veja, não diga que a canção está perdida. Tenha fé em Deus, tenha fé na vida. Tente outra vez". O desejo é oração e profecia ao mesmo tempo; é a alma dizendo ao universo: "Eu quero viver".

Quando tudo parece seco, "beba, pois a água viva ainda está na fonte". A fonte é a esperança, o coração do próprio Deus – e quem ainda tem sede, ainda tem caminho. O desânimo é ilusão de ótica da alma: a estrada nunca termina para quem continua andando. Deus se move em nós, não à nossa frente. É o passo da fé que constrói a ponte.

Desejar é soprar o fogo da vida, é participar do impulso criador que move os mundos. "Basta ser sincero e desejar profundo, você será capaz de sacudir o mundo." O impossível começa no coração que insiste. A força da vontade é uma assinatura divina: nela, Deus experimenta, em nós, o prazer de recomeçar.

Por isso, não amaldiçoe a queda. Tente outra vez. Levante sua mão sedenta e recomece a andar. Mesmo que doa, mesmo que demore – há uma voz que canta dentro de você, e ela é a própria Vida, girando e dançando no ar. Quem deseja com pureza não implora: cria. E quem cria com amor jamais perde, apenas amadurece. Porque no fim de toda tentativa, o que se realiza não é o sonho – é o sonhador.

meus insights

VAI SE ACHANDO, VAI...

190

O nosso ponto de vista religioso não nos isenta da execução das leis cármicas no campo de nossos destinos.

XAVIER, FRANCISCO CÂNDIDO. PINGA-FOGO. PROGRAMA DE TV, TV TUPI, SÃO PAULO, 1971. TRANSCRIÇÃO INTEGRAL.

O fato de alguém professar uma fé, falar bonito sobre espiritualidade ou citar o Evangelho de cor não o torna isento das leis que regem o universo. Emmanuel, pela voz de Chico, é direto: "O nosso ponto de vista religioso não nos isenta da execução das leis cármicas". Em outras palavras, o carma não se impressiona com rótulos. Ele responde ao que somos, não ao que dizemos ser.

Há quem use a religião como escudo, acreditando que o ritual ou a frequência ao templo bastam para escapar das consequências dos próprios atos. Mas a lei divina é matemática de amor: cada semente gera seu fruto, e nenhum discurso piedoso muda a natureza da colheita. Espiritualidade não é imunidade, é responsabilidade. Quanto mais luz recebemos, mais claro fica o tamanho da nossa sombra.

De nada adianta ostentar mediunidade, conhecimento esotérico ou superioridade moral. A verdadeira elevação não se prova por palavras, mas por atitudes. Deus não concede privilégios a quem o menciona, mas oportunidades a quem o pratica. O Céu não se compra com incenso; constrói-se com coerência.

Por isso, menos sermão e mais serviço. Menos julgamento e mais compaixão. Cada um de nós está aprendendo a mesma lição – apenas em capítulos diferentes. A fé que não se traduz em humildade se transforma em vaidade disfarçada de virtude. Não é espiritualidade, é ego com glitter. Então, respira fundo, baixa a bola e lembra: fica na tua e faz a tua parte. O resto, a vida se encarrega de ensinar.

Quantas vezes esse mesmo pensamento já apareceu para você?

meus insights

191

NÃO TENHA VERGONHA DE COMEÇAR SIMPLES

A estrada que Jesus trilhou para a glória da ressurreição começava na poeira de Jerusalém.

XAVIER, FRANCISCO CÂNDIDO / ESPÍRITOS DIVERSOS. AULAS DA VIDA. FEB, 2021.

Quantas vezes esse mesmo pensamento já apareceu para você?

☐ ☐ ☐ ☐ ☐ ☐ ☐

O sublime nasce do simples. O divino se manifesta no chão. Cristo não surgiu coroado de luz – caminhou entre pedras, suor e incompreensões. É na poeira dos nossos dias comuns que também começamos a erguer nossas próprias ressurreições. Nenhuma grande obra espiritual começa pronta; toda luz um dia foi centelha, todo voo começou com tropeços.

Há quem espere o cenário perfeito para agir, o momento ideal para servir, o reconhecimento antes do trabalho. Mas a lição do Mestre é clara: a grandeza não está no palco, está no propósito. Jesus começou seu caminho de glória lavando pés, abraçando leprosos e consolando corações. O que era pó se tornou caminho de estrelas.

Os Espíritos nos lembram que toda elevação se constrói na humildade. A poeira de Jerusalém simboliza o ponto de partida de todos nós – o cotidiano, o esforço silencioso, o serviço anônimo. É ali que o ouro do espírito se refina. Ninguém chega ao alto sem primeiro aprender a se ajoelhar diante da vida.

Por isso, não tenha vergonha dos começos simples. Toda grande jornada espiritual tem cheiro de terra, mãos calejadas e coração em aprendizado. Se hoje seus passos parecem pequenos, lembre-se: foi na poeira que Jesus começou o trajeto da eternidade. Persevere. Um dia, o chão que hoje suja seus pés será o mesmo que aclamará sua luz.

meus insights

A VIDA É SINFONIA ENTRE AMIGOS

192

Sempre recebi os elogios como incentivos dos amigos para que eu venha a ser o que tenho consciência de que ainda não sou.

DISPONÍVEL EM: HTTPS://WWW.MENSAGEMESPIRITA.COM.BR/.

Nessa humildade está o mesmo espírito que vibra na canção dos Beatles: "With a little help from my friends" (Com uma ajudinha dos meus amigos). A vida é sinfonia coletiva, e cada nota nossa soa melhor quando ecoa na presença dos que nos amam. Os elogios, como os aplausos, não são coroação – são acordes de incentivo para que a gente continue a aprender a cantar no tom e no bem, sendo completos.

A música pergunta "*What would you think if I sang out of tune*?" (O que você pensaria se eu cantasse desafinado?) – e Chico responderia com um sorriso: "Continue tentando". Amigos verdadeiros não nos abandonam quando desafinamos; oferecem o ouvido paciente e o coração afinador. Eles não nos aplaudem por perfeição, mas por coragem. E toda vez que alguém acredita em nós, um pouco do que ainda não somos começa a florescer.

O Evangelho vivido é isto: amor em forma de parceria, fé que se compartilha. "*I get by with a little help from my friends*" (Eu sobrevivo com uma ajudinha dos meus amigos). Crescemos uns nos outros, com os outros e pelos outros. Somos aprendizes que se apoiam para alcançar notas mais altas. Os amigos, de cá e de lá, são a orquestra invisível que sustenta nosso canto.

Por isso, que todo elogio seja ouvido como impulso, não como prêmio. Que cada palavra de apoio soe como convite para nos tornarmos dignos dela. E quando a vida parecer fora de tom, que a gente lembre com ternura: ninguém evolui sozinho – todos chegamos lá com uma ajudinha dos amigos.

Quantas vezes esse mesmo pensamento já apareceu para você?

meus insights

193

SOMOS TODOS MUITO CONFUSOS

A verdade tem seu tempo. Não force o entendimento alheio.

SAYUMI, CLARISSA. 15 FRASES INESQUECÍVEIS DE CHICO XAVIER PARA REFLETIR SOBRE A VIDA, O AMOR E O PERDÃO. NOVA BRASIL FM. DISPONÍVEL EM: HTTPS://NOVABRASILFM.COM.BR/.

Quantas vezes esse mesmo pensamento já apareceu para você?

A verdade tem seu tempo – e às vezes ela chega com o humor de uma criança de seis anos, de mochila nas costas e um olhar indignado com o cosmos. Era fim de tarde, chuva miúda, aquele friozinho que deixa o dia muito preguiçoso, meio depressivo – quando Lorenzo, do banco de trás do carro, suspira:

– Vocês são muito confusos... o mundo é muito confuso!

– Por quê, filho? – pergunto, achando que viria uma questão filosófica sobre a origem do universo.

Ele, sério, devolve:

– É que eu tenho certeza que ontem era sábado e hoje deveria ser domingo... mas todo mundo decidiu que hoje é segunda-feira! Isso é muito confuso!

Gargalhadas, claro. Porque a verdade dele era perfeita. Quantas vezes também sentimos que o mundo está errado, só porque não está de acordo com o nosso ritmo? Lorenzo apenas expressou o que todos pensamos diante da vida: "Não era pra ser assim hoje!". E é aí que Chico nos cutuca: a verdade tem seu tempo – o nosso e o dos outros.

Nem toda confusão precisa de explicação; às vezes, só de ternura. O que hoje é segunda na Terra, pode ser sábado na alma. Então, respire, aceite o calendário divino e confie: o tempo certo chega – até pra quem ainda está tentando entender por que o fim de semana acabou.

meus insights

PRAZER, EU SOU O PANÇA RICA

A melhoria do mundo começa em cada um de nós.

194

POZATI FILMES. QUANDO LEMBRO DE CHICO. TRANSCRIÇÃO. [S.L.]: POZATI FILMES, [S.D.].

– Pai, não tô conseguindo dormir sozinho na minha cama, sabe?

– É mesmo, filho?

– É porque eu sinto muita falta da sua pancinha riquinha pertinho de mim...

Sorri sem saber se ria ou mordia ele. A “pancinha riquinha” que eu tanto julgava diante do espelho virou abrigo, virou aconchego. E naquele instante, lembrei do Chico: “A melhoria do mundo começa em cada um de nós”. Começa quando aceitamos que o amor se manifesta também nas nossas imperfeições.

A gente fala em melhorar o mundo, mas muitas vezes tenta fazê-lo a partir de uma imagem ideal – do corpo perfeito, da vida impecável, da alma iluminada. Só que o mundo não precisa de versões editadas de nós mesmos; precisa de gente real, disponível, amorosa, mesmo com suas “pancinhas riquinhas” de humanidade. Não sou o pai forte e galã. Sou o “papai pança rica”, “papai bundinha de capivara”, e por aí vai... (sempre digo: antes de ter filhos, tenha autoestima!).

Talvez melhorar o mundo seja exatamente isto: deixar de esconder o que é frágil e oferecer o que é verdadeiro. Porque quando algo em nós se entrega com ternura, o outro se sente em casa. E o amor, esse velho mestre, encontra um novo lugar para morar – bem ali, entre um riso de criança, um coração que se deixa abraçar.... e sua pancinha macia!

meus insights

Quantas vezes esse mesmo pensamento já apareceu para você?

195

O CÉU AJUDA QUEM TEM FOCO

Não interrompa os seus passos, no serviço do bem, porque justamente na execução dos seus próprios encargos é que os mensageiros de Deus encontrarão os meios de trazerem a você o socorro preciso.

XAVIER, FRANCISCO CÂNDIDO / ESPÍRITOS DIVERSOS. AULAS DA VIDA. FEB, 2021.

Quantas vezes esse mesmo pensamento já apareceu para você?

meus insights

Eu me lembro com nitidez do dia em que conheci o Marcial Conte, editor da Citadel – a casa que hoje faz este livro chegar até as mãos do leitor. Tudo começou depois do documentário *Data Limite,* quando eu já vinha, fazia algum tempo, viajando e palestrando sobre a filosofia que inspirava o filme. A cabeça, porém, começou a pesar. Era como se um livro inteiro insistisse em nascer dentro de mim. As ideias se atropelavam, as palavras me assombravam antes de dormir. Não havia mais como adiar.

Peguei um fim de semana e me recolhi numa chácara. Levei comigo silêncio, café e propósito. Foram três dias intensos de escrita, quase sem interrupção. E quando o domingo terminou, o livro *Data Limite* estava pronto. Na segunda-feira, sentado no escritório, revisando as últimas páginas, senti uma gratidão imensa – e uma ousadia tranquila. Olhei para o alto e falei mentalmente com o Chico:

"Chico, a minha parte eu já fiz. O livro está pronto. Agora seria bom se você se coçasse por aí e me arrumasse uma editora, porque afinal de contas eu não posso fazer tudo sozinho". Ele no mínimo deve dar boas risadas comigo. Mal terminei a frase e o telefone tocou. Era a Pâmela, então secretária do Marcial. "Oi, tudo bem? Nós da Citadel somos muito fãs do *Data Limite*. Você já pensou em escrever um livro sobre o documentário?". Eu ri e respondi: "Se eu pensei? O livro está pronto". Ela exclamou: "Bah, que pena, queríamos muito publicar!". E eu completei: "Não, o livro está pronto, mas não está publicado". Do outro lado, um grito de entusiasmo: "Pelo amor de Deus, então deixa eu marcar uma reunião com o meu editor!".

Na noite seguinte, estávamos jantando no Le Jazz, na Rua dos Pinheiros. Conversamos por quatro horas seguidas, sem parar. Parecíamos companheiros de aventura que havia muito não se viam e precisavam colocar todo o assunto das viagens em dia. O Marcial comeu uns quatro camemberts do restaurante e quase teve um piriri, e, se não fosse pelas urgências intestinais, ainda estaríamos lá conversando. Ninguém queria sair dali. Era um reencontro de almas – e eu sabia que o Chico tinha armado aquilo tudo. Tem horas que a gente parece que reencontra uma parte perdida da família enquanto faz o que veio fazer. Foi assim que reencontrei meu irmão Marcial Conte.

Hoje, olho para trás e vejo que o apoio espiritual sempre chega no tempo certo – nunca antes, nunca depois – e sempre enquanto seguimos caminhando. O céu ajuda quem não para de trabalhar.

SE TÁ RUIM COM DEUS, IMAGINA SEM ELE

196

Se lutamos tanto, mantendo-nos em prece, o que será de nós se não orarmos?

XAVIER, FRANCISCO CÂNDIDO / ESPÍRITOS DIVERSOS. AULAS DA VIDA. FEB, 2021.

Tem dias em que a vida parece pesar mais do que o corpo pode carregar. A mente se enche de dúvidas, o coração se cansa da espera e a fé parece um fio gasto, prestes a se romper. Mesmo assim, é nesses instantes que a conexão se faz mais necessária. Orar não é um luxo dos momentos tranquilos, é o gesto de sobrevivência da alma em meio à tempestade. A oração não muda, de imediato, o que acontece ao redor, mas muda o jeito como atravessamos o que acontece. E, quando a gente ora, a gente se reposiciona – não diante do mundo, mas diante de Deus. Há quem diga: "Se eu rezo tanto e as coisas continuam difíceis, pra que orar?". Mas é justamente porque as coisas estão difíceis que precisamos permanecer em sintonia com a turma de lá. Se lutamos tanto, estando conectados com eles, o que seria de nós sem eles? A oração não é um escudo mágico contra a dor, é a respiração do espírito em meio ao caos. É o sopro que nos liga à Fonte quando tudo mais falha. Sem oração, o coração perde o norte; sem Deus, a luta se torna desespero.

A verdade é simples e contundente: se está ruim com Deus, imagine sem Ele. A oração não nos livra das provas, mas nos livra de sucumbir a elas. Ela não faz o problema desaparecer, mas ilumina o caminho até a solução. Por isso, quando o peso for grande e a fé parecer pequena, feche os olhos e respire em silêncio. Diga o que sente, mesmo que em lágrimas. O Céu sempre ouve – e, mais do que ouvir, responde, no tempo e na forma que a alma precisa.

Quantas vezes esse mesmo pensamento já apareceu para você?

☐ ☐ ☐ ☐ ☐ ☐ ☐

meus insights

197

TRABALHO COM SENTIDO

A gente deve lutar contra o comodismo e a ociosidade; caso contrário, vamos retornar ao mundo espiritual com enorme sensação de vazio. Dizem que eu tenho feito muito, mas, para mim, não fiz um décimo do que deveria ter feito.

DISPONÍVEL EM: HTTPS://WWW.MENSAGEMESPIRITA.COM.BR/.

Quantas vezes esse mesmo pensamento já apareceu para você?

☐ ☐ ☐ ☐ ☐ ☐ ☐

A vida é uma escola, e o tempo, o professor mais exigente que existe. Todos os dias ele nos pergunta, em silêncio: "O que você fez com o dom da existência que lhe confiei?". O comodismo é o sono da alma. Quando deixamos de servir, de criar, de aprender, algo em nós começa a murchar. Trabalhar – seja no ofício das mãos ou no exercício do amor – é a forma que o espírito encontra de se expandir. Não é o esforço que nos cansa, é o vazio de não fazer o que viemos fazer.

Muitos acreditam que o descanso é o prêmio do dever cumprido – e de fato, merecemos descanso e períodos de contemplação –, sem perder de vista que o verdadeiro descanso vem do coração em paz por ter trabalhado com sentido. O que nos angustia, na verdade, é perceber o tempo passando e nós parados, órfãos de significado. Chico dizia que o maior arrependimento de quem retorna ao mundo espiritual é sentir-se vazio por não ter aproveitado as oportunidades de crescimento.

Fazer muito ou pouco não importa tanto quanto fazer sentido. A medida do dever cumprido não está no aplauso do mundo, mas na consciência tranquila. O verdadeiro cansaço não vem do trabalho pelo trabalho, mas da ausência de sentido e transcendência. No fim, o que realmente pesa não é o esforço feito, mas o bem que deixamos de fazer.

meus insights

CAMARADAGEM ENTRE DIMENSÕES

Você nem sempre terá o que deseja, mas, enquanto estiver ajudando os outros, encontrará os recursos de que precisa.

198

DISPONÍVEL EM: HTTPS://WWW.MENSAGEMESPIRITA.COM.BR/.

A vida espiritual não é um espetáculo de milagres prontos; é uma parceria em movimento. Os benfeitores não fazem por nós – fazem conosco. O auxílio divino encontra caminho quando permanecemos em marcha. É a vibração do trabalho no bem que acende o farol da nossa sintonia, permitindo que os mensageiros nos localizem no mapa energético do universo.

Nas aulas de "Mediunidade com Autonomia", costumo lembrar: espíritos não nos substituem – nos potencializam. E é isso. Quando servimos, a frequência se alinha; quando paramos, o canal se fecha. A espiritualidade superior não atua sobre a ociosidade, mas sobre a disposição. A ajuda não vem enquanto esperamos – vem enquanto fazemos.

É camaradagem entre dimensões. Nós ofertamos o esforço; eles ofertam a inspiração. Nós doamos o suor; eles acrescentam a luz. É como um mutirão invisível, em que cada gesto no bem, por menor que pareça, abre uma clareira para o auxílio chegar.

Por isso, não pare. Nem que seja um passo por vez, continue caminhando. Deus trabalha por meio de quem trabalha. Enquanto você age com amor, o Céu se move por dentro de você.

Quantas vezes esse mesmo pensamento já apareceu para você?

☐ ☐ ☐ ☐ ☐ ☐ ☐

meus insights

Mediunidade com autonomia

Uma jornada profunda, leve e transformadora para quem quer integrar espiritualidade ao cotidiano e despertar seu potencial com autonomia.

199

EM TODA BRINCADEIRA, UM FUNDO DE VERDADE

Meu amigo, observe o tempo, pense no tempo, aceite o tempo e agradeça ao tempo, de vez que o tempo recomeça a cada dia e todos nós, com a Bênção de Deus, tudo podemos recomeçar.

XAVIER, FRANCISCO CÂNDIDO / ESPÍRITOS DIVERSOS. AULAS DA VIDA. FEB, 2021.

Quantas vezes esse mesmo pensamento já apareceu para você?

☐ ☐ ☐ ☐ ☐ ☐ ☐

meus insights

– Oh não! Meu boneco morreu. Agora ele vai para o plano espiritual...

Olhei curioso.

– Nossa, filho, e onde vai ser o plano espiritual na nossa brincadeira?

– Em cima da bancada azul – respondeu direto. – E agora o Espírito Santo vai vir buscar o espírito dele.

Pegou o pterodátilo de plástico, abriu bem as asas e fez o bonequinho subir até a tal bancada azul. Lá o deixou repousar, com toda a solenidade que só uma criança poderia emprestar à cena.

– O pterodátilo é o Espírito Santo? – perguntei, tentando conter o riso.

– Sim! – respondeu, convicto.

– Entendi... – e ri alto, com o coração leve.

Ignorando minha gargalhada e dando continuidade à narrativa, ele continua:

– E agora meu boneco vai se preparar pra renascer, mas agora eu vou ter que ser outro cara na brincadeira, porque vai ser outra vida...

– Entendi... é uma reencarnação, então? Menino, de onde você tira todas essas ideias? – perguntei, entre risos.

– Das suas aulas do Círculo, oras... – respondeu com a maior naturalidade do mundo.

O mais curioso é que, nessa dimensão física da vida, até os seis anos de idade quando essa cena aconteceu, ele nunca parou pra assistir a uma aula minha. Mas naquele instante, percebi: a sabedoria não vem apenas do que ensinamos, mas do que emanamos. As crianças escutam com o coração – e talvez, antes de nascer, já tenham frequentado outras salas de aprendizado, em planos em que o amor é a língua principal. Há momentos em que eles simplesmente captam e o invisível se revela na voz das crianças. Elas falam do sagrado com uma naturalidade que a gente perde ao crescer.

Chico dizia que, quando servimos ao bem, nunca nos faltam os recursos de que precisamos. E talvez o maior recurso seja este: o olhar puro que nos recorda do essencial. Nem sempre teremos o que desejamos, mas, se estivermos no propósito, amando, educando, seremos sempre amparados. Às vezes, o Espírito Santo vem em forma de pterodátilo – só para nos lembrar que o Céu continua aberto para quem se dispõe a brincar com a sua criança interior.

200

PLANEJAMENTO É INTELIGÊNCIA, ABORTO É ASSASSINATO

Há clara diferença entre impedir a vinda de almas através do aborto, por egoísmo e desejo de sensualidade desequilibrada, e optar por um planejamento consciente, que cabe ao casal decidir.

XAVIER, FRANCISCO CÂNDIDO / EMMANUEL. PLANTÃO DE RESPOSTAS. 1. ED. SÃO PAULO: IDE, 1994.

A vida é uma obra sagrada, e cada nascimento é um capítulo escrito entre dois mundos. Quando um espírito se prepara para reencarnar, ele começa a tecer, junto à mãe e ao pai, o corpo que usará para aprender e crescer. O espermatozoide não venceu a corrida para fecundar o óvulo que deu origem a você, você o escolheu com dedos espirituais. Esse entrelaçar de energias é um ato divino de cooperação entre o Céu e a Terra. Interromper esse processo, por egoísmo ou desequilíbrio, é romper violentamente uma trama de amor e progresso – é negar ao espírito a oportunidade que ele conquistou, muitas vezes, depois de longas esperas e lutas no plano espiritual.

Mas há uma clara diferença entre o aborto irresponsável e o planejamento familiar consciente. A espiritualidade não condena o uso da razão. Ao contrário: é sempre bom alinhar nossos sentimentos às nossas possibilidades. Planejar a chegada dos filhos não é rejeitar a vida, é honrá-la – escolhendo recebê-la com preparo, com estrutura emocional e material, com a maturidade que o amor requer. A paternidade e a maternidade devem ser frutos não do acaso, mas do compromisso. Se escapou, talvez seja porque enrolamos demais e o espírito tinha hora marcada para chegar – e mudar tudo dentro de nós.

Emmanuel recorda que o ato de gerar deve ser guiado pela consciência, não pela impulsividade. Cada casal é livre para decidir o momento certo, mas nunca para negar, por capricho, a dádiva de servir como instrumento da reencarnação. Planejamento é inteligência, aborto é assassinato. O verdadeiro planejamento é espiritual: é olhar para o futuro com responsabilidade e ternura, sabendo que, ao acolher uma alma, acolhemos um projeto de Deus.

Quantas vezes esse mesmo pensamento já apareceu para você?

☐ ☐ ☐ ☐ ☐ ☐ ☐

meus insights

201

SEU FUTURO NA SUA MEMÓRIA

A vocação é a soma dos reflexos da experiência que trazemos de outras vidas.

XAVIER, FRANCISCO CÂNDIDO / EMMANUEL.
PENSAMENTO E VIDA. BRASÍLIA: FEB, 2016.

A vocação é mais do que uma escolha – é uma lembrança. É como se o nosso futuro estivesse gravado em nossa memória. Cada alma, ao renascer, traz em si o eco das experiências que viveu e os talentos que lapidou. A vida não começa do zero; ela continua. O que chamamos de "aptidão" ou "inclinação natural" é, na verdade, o reflexo do que já fomos e do que ainda precisamos aperfeiçoar. Quando o espírito retorna à Terra, ele traz consigo o mapa das suas conquistas e pendências. E o chamado interior, que sentimos como desejo ou sonho, é a bússola da alma tentando nos reconduzir ao caminho que lhe é próprio.

Lembrei-me de uma experiência marcante quando li esse pensamento. Estava em Cotia–SP, em um centro espiritualista, conduzindo uma oração de cura interior para um grupo grande de umas duzentas pessoas. Em meio ao processo, enquanto facilitava aquele momento de sintonia, minha tela mental se abriu, e vi a imagem de uma moça mergulhada em profunda tristeza. Ela havia herdado a empresa de contabilidade da família e se formado na mesma área, mas seu verdadeiro sonho era ser pianista. Eu disse isso no microfone, tomado por aquela percepção. De repente, ouvi um choro forte vindo do fundo da sala. Era ela. Naquele instante, percebi o quanto sofremos quando abafamos a voz da alma para atender às expectativas do mundo.

Quantas vocações são sufocadas em nome de padrões, tradições ou medos? Quantas almas adoecem por viver vidas que não lhes pertencem? Falta sensibilidade para perceber, nas crianças e nos jovens, o que neles emerge de espontâneo e luminoso – o sopro do espírito que pede expressão. Se, desde cedo, aprendêssemos a respeitar esses impulsos, teríamos adultos mais plenos, felizes e realizados. Cada um de nós traz uma melodia a ser tocada na sinfonia da vida. Quando a tocamos com fidelidade ao nosso chamado, toda a criação se harmoniza um pouco mais.

Quantas vezes esse mesmo pensamento já apareceu para você?

☐ ☐ ☐ ☐ ☐ ☐ ☐

meus insights

O QUE TEM PRA HOJE?

202

Não sobrecarregue seu dia com as preocupações da noite.

SAYUMI, CLARISSA. 15 FRASES INESQUECÍVEIS DE CHICO XAVIER PARA REFLETIR SOBRE A VIDA, O AMOR E O PERDÃO. NOVA BRASIL FM. DISPONÍVEL EM: HTTPS://NOVABRASILFM.COM.BR/.

A mente tem o costume de viajar antes da hora. Enquanto o corpo vive o presente, o pensamento já está no amanhã, imaginando problemas que talvez nunca existam. É assim que desperdiçamos a paz de hoje tentando resolver as inquietações do futuro.

Mas a vida se constrói um dia por vez. O amanhã não precisa da sua ansiedade – precisa da sua serenidade. Cada coisa floresce em seu tempo, e o tempo certo sempre chega. Não carregue o peso do que ainda não aconteceu. “O Pão nosso de cada dia nos dai hoje”, ensinou Cristo. Não o pão da semana, não o estoque para o mês. Existe um tempo para cada coisa, e cada coisa, ao seu tempo, pede de nós presença tranquila.

Confie. Faça o que lhe cabe agora. A noite cuidará do que pertence à noite, e o dia trará consigo a luz suficiente para o próximo passo. É assim que o coração aprende a descansar em Deus.

meus insights

Quantas vezes esse mesmo pensamento já apareceu para você?

203

QUEM VOCÊ REALMENTE É

Não sabe que há chuvas que destroem e chuvas que criam? Lágrimas há também assim (...). Um espelho enfuscado não reflete a luz.

XAVIER, FRANCISCO CÂNDIDO / ANDRÉ LUIZ. NOSSO LAR. 1. ED. RIO DE JANEIRO: FEDERAÇÃO ESPÍRITA BRASILEIRA, 1944. EDIÇÃO KINDLE.

Quantas vezes esse mesmo pensamento já apareceu para você?

No livro O Cavaleiro Preso na Armadura, o herói veste uma couraça tão pesada que esquece quem é por dentro. A armadura, construída para protegê-lo, acaba se tornando sua prisão. Quantos de nós fazemos o mesmo? Revestidos de papéis, títulos e defesas para enfrentar o mundo, acabamos sufocados por aquilo que criamos. Quando, por fim, o cavaleiro chora – pela primeira vez em muito tempo –, o ferro começa a se dissolver. As lágrimas, que antes ele via como sinal de fraqueza, tornam-se o solvente da ilusão.

Há dores que não vêm para punir, mas para limpar. Como ensina Lísias em Nosso Lar: “Não sabe que há chuvas que destroem e chuvas que criam? Lágrimas há também assim”. Há lágrimas que inundam de desespero, e há lágrimas que lavam a alma. O choro sincero é o movimento do espírito que, cansado de resistir, finalmente se rende à verdade. Quando o coração chora, a alma respira. E, como um espelho embaçado que se limpa com água pura, o ser volta a refletir a luz que sempre o habitou.

Vivemos, nós homens, a ditadura do “homem não chora”. Chorar não é fraqueza; é se desarmar. É deixar para trás a ilusão do homem tradicional para voltar a ser humano. É permitir que a dor cumpra sua função sagrada de dissolver as armaduras do orgulho, da vaidade e do medo. É reconhecer que, por trás da aparência de controle, somos aprendizes em jornada. As lágrimas, quando sinceras, se transformam em orações líquidas – elas não apenas caem dos olhos, mas também sobem, como vapor, ao coração de Deus. Depois de chorar, o cavaleiro reencontra a leveza do seu próprio ser. E nós, quando permitimos que a alma se lave, descobrimos que a luz não vem de fora: ela apenas aguardava o instante de poder brilhar outra vez.

meus insights

PARA DE CRIAR CASO

204

Tudo que criamos para nós, de que não temos necessidade, se transforma em angústia.

SAYUMI, CLARISSA. 15 FRASES INESQUECÍVEIS DE CHICO XAVIER PARA REFLETIR SOBRE A VIDA, O AMOR E O PERDÃO. NOVA BRASIL FM. DISPONÍVEL EM: HTTPS://NOVABRASILFM.COM.BR/.

Minha avó Maria era uma mulher prática, daquelas que resolviam a vida com um pano de prato e uma boa palavra. Quando via arengando um com o outro, dizia logo: "Para de criar caso, moleque!". E essa frase, tão simples, carrega uma sabedoria imensa. Porque é justamente isso que fazemos, muitas vezes: criamos caso com a vida. A gente se apega ao que não importa, se ofende por bobagens, acumula ressentimentos, tralhas, promessas e até ideias que já não servem mais. Falta, muitas vezes, o pragmatismo da Dona Maria.

Ser pragmático, do ponto de vista espiritual, não é ser frio, nem indiferente – é ser lúcido. É compreender que o essencial nunca pesa. Tudo o que criamos e desejamos sem real necessidade – seja um bem material, uma posição social, ou uma preocupação – acaba se transformando em angústia, como alertou Chico Xavier. A alma prática é aquela que aprende a viajar leve, desapegada do supérfluo, focada naquilo que realmente importa: amar, contribuir, aprender e seguir adiante. O resto é bagagem que o tempo tratará de tirar das mãos.

A objetividade espiritual é a arte de discernir o que acrescenta do que apenas ocupa espaço. É não desperdiçar energia com o que não tem objetivo e propósito. Quem aprende a ser simples não é pobre – é livre. E quem é livre, vive em paz. Talvez, no fundo, toda espiritualidade verdadeira seja um retorno à praticidade das avós: parar de criar caso com a vida e fazer o que precisa ser feito, com amor e serenidade. No fim das contas, o caminho da alma é mais leve do que a mente costuma complicar.

Saravá Dona Maria!

Quantas vezes esse mesmo pensamento já apareceu para você?

☐ ☐ ☐ ☐ ☐ ☐ ☐

meus insights

205

O TEMPO É O ESPELHO DA CONSCIÊNCIA

A questão mais aflitiva para o espírito no Além é a consciência do tempo perdido.

DISPONÍVEL EM: HTTPS://WWW.MENSAGEMESPIRITA.COM.BR/.

Quantas vezes esse mesmo pensamento já apareceu para você?

☐ ☐ ☐ ☐ ☐ ☐ ☐

O tempo é o grande espelho da consciência. Quando a carne se desprende e o espírito desperta do outro lado, o que mais dói não é o que foi feito – é o que não foi vivido. A questão mais aflitiva no Além, dizia Chico, é a consciência do tempo perdido. E talvez Renato Russo tenha intuído o mesmo ao cantar: "Todos os dias, quando acordo, não tenho mais o tempo que passou". O tempo não se guarda, não se estoca, não se devolve. Ele apenas flui – e pede presença. "Temos todo o tempo do mundo", diz a canção, mas a eternidade não é feita de horas infinitas: é feita de instantes bem vividos. Cada gesto, cada olhar, cada palavra que nasce do amor é uma eternidade em miniatura. O tempo da alma é o agora. E é no agora que se constroem os mundos de amanhã. A tempestade, mesmo quando chega cinza, traz no ventre a luz de um novo sol. O segredo é seguir, como canta a letra: "Sempre em frente, não temos tempo a perder".

Nosso suor sagrado é o símbolo da vida em movimento. Trabalhar, amar, aprender – tudo isso é liturgia do tempo. Quem serve a um propósito transforma os minutos em eternidade. O que amarga o relógio é a ociosidade da alma, o adiar constante do que poderia ser hoje. O espírito lúcido entende que cada dia é uma página sagrada, e que o relógio não é inimigo, mas mestre: ele nos ensina a escolher o que realmente importa.

No fim, quando a música cessa e o silêncio retorna, percebemos que nada foi em vão se houve amor. "Nem foi tempo perdido", canta Renato, "somos tão jovens." E de fato somos – jovens na eternidade, viajores do infinito. O tempo só se perde quando deixamos de amar. Fora isso, cada segundo é semente de luz plantada no coração de Deus.

meus insights

O CÉU E O INFERNO EM NÓS

Cada criatura constrói na própria mente e no próprio coração o paraíso que a erguerá ao nível sublime da perfeita alegria, ou o inferno que a rebaixará aos mais escuros antros de sofrimento.

206

DISPONÍVEL EM: HTTPS://WWW.MENSAGEMESPIRITA.COM.BR/.

Cada criatura, segundo o ensinamento dos espíritos, ergue em si o paraíso ou o inferno – conforme o que planta no coração e mente. Não é Deus quem impõe tormentos nem dá glórias, mas, sim, o fruto das escolhas interiores que cultivamos. Esse princípio casa muito bem com a perspicácia de Screwtape, o demônio sênior na obra de C. S. Lewis, que orienta seu aprendiz sobre como capturar almas. Em uma das cartas de um diabo ao seu aprendiz, Screwtape aconselha: "A estrada mais segura para o Inferno é gradativa – a ladeira é suave, o solo é macio, sem curvas acentuadas, sem marcos e sem postes indicadores".

Percebe-se aqui como o Inferno – entendido metaforicamente como estado de sofrimento interior – não chega por grandes catástrofes, mas por acúmulo lento de escolhas pequenas que desviam o ser da luz. É exatamente isso: cada pensamento negativo, cada má intenção escondida ou ressentimento prolongado é uma gota de vaselina no escorregador para o inferno interior que criamos para nós mesmos.

Outro trecho esclarece como o diabo tenta manter o ser humano afastado daquilo que realmente importa: "É engraçado como os mortais sempre nos imaginam colocando coisas em suas mentes: na realidade, nosso melhor trabalho é manter as coisas fora delas".

Isso indica que a armadilha está em impedir que o bem, a luz, os bons sentimentos penetrem na mente e no coração – que, por sua vez, são os terrenos onde o "paraíso ou inferno" internos se constroem. Se permitimos que os bons impulsos sejam barrados, cultivamos o vazio, a frieza e a desesperança, ao passo que fortalecemos o sofrimento interior. A mente vazia é de fato, a oficina do diabo.

Da sabedoria dos espíritos à sagacidade de C. S. Lewis, o "paraíso" que podemos alcançar dentro de nós depende da permissão que damos à luz de nos acessar – pela fé, pelo serviço, pela humildade e pela fraternidade. E o "inferno" interior vem do egoísmo, da resistência ao bem, dos desvios sutis que se acumulam no dia a dia.

Não perca de vista a sua cidadania espiritual! Mantenha o foco no que você veio fazer neste mundo, e dê trabalho dobrado para o diabo.

Quantas vezes esse mesmo pensamento já apareceu para você?

☐ ☐ ☐ ☐ ☐ ☐ ☐

meus insights

207

PROCURADOS NO INFERNO

Compreender constantemente. Trabalhar sempre. Descansar, quando se mostre necessária a pausa de refazimento. Parar nunca.

DISPONÍVEL EM: HTTPS://WWW.MENSAGEMESPIRITA.COM.BR/.

Quantas vezes esse mesmo pensamento já apareceu para você?

☐ ☐ ☐ ☐ ☐ ☐ ☐

Há espíritos que se tornam faróis apenas por permanecerem fiéis ao bem. São Cura d'Ars, o humilde padre de aldeia, é um desses exemplos. Num vilarejo pequeno da França, ele transformou um confessionário esquecido em uma porta aberta para o Céu. Passava até dezesseis horas por dia atendendo almas aflitas, oferecendo conselho, perdão e consolo. Seu coração era um altar de trabalho silencioso – e, segundo a tradição, sua luz era tamanha que o próprio inferno o tinha na lista dos mais "procurados".

Diz-se que o demônio, furioso com as conversões que o santo realizava, lhe aparecia com frequência, tentando perturbá-lo. Chegava a incendiar sua cama, a fazer barulho, a insultá-lo. Mas Cura d'Ars, sereno, dizia apenas: "Ah, é você de novo? Está com inveja das almas que hoje Deus me enviou...". E voltava a dormir tranquilo. Não havia espaço em sua mente para o medo, porque ele compreendia a essência do serviço: quem trabalha no bem se torna instrumento da luz – e a sombra, inevitavelmente, se incomoda.

"Compreender constantemente. Trabalhar sempre. Descansar, quando se mostre necessária a pausa de refazimento. Parar nunca." Essa frase de Chico Xavier resume a mesma postura. O bem não conhece feriado. Há pausas para renovar as forças, contemplar, sintonizar e se reconectar com o essencial, mas nunca para desistir. Quem trabalha para amor não trabalha por reconhecimento, mas por coerência com sua própria essência.

Que São Cura d'Ars nos envie os seus palpites – serenos, ativos e um pouco provocadores do mal, apenas por insistirmos em fazer o bem. Se, ao final do dia, o Inferno estiver irritado com a gente, é sinal de que no Céu está rolando uma festa de arromba. Que cada um de nós mereça seu próprio convite VIP.

meus insights

SER FELIZ? SOZINHO?

208

Enquanto houver um gemido na paisagem em que nos movimentamos, não será lícito cogitar da felicidade isolada para nós mesmos.

DISPONÍVEL EM: HTTPS://WWW.MENSAGEMESPIRITA.COM.BR/.

Dizem que, quando Siddhartha Gautama alcançou a iluminação, às margens do rio Nairanjana, a Terra inteira silenciou. Ele havia compreendido o ciclo da dor, a causa do sofrimento e o caminho que conduz à libertação. Diante dele se abria o Nirvana – o estado supremo de paz, onde o espírito se dissolve na luz como gota que se entrega para o oceano e cessa toda a necessidade de renascer. Mas, ao invés de atravessar, Buda olhou em volta e viu o mundo ainda em prantos. Então, renunciou à bem-aventurança imediata e permaneceu entre os homens para ensiná-los a despertar. Seu coração não suportava a ideia de ser feliz sozinho.

"Melhor do que entrar no Nirvana é ajudar todos os seres a encontrarem o caminho", teria dito.

Esse gesto ecoa o mesmo princípio que Chico Xavier nos recorda: "Enquanto houver um gemido na paisagem em que nos movimentamos, não será lícito cogitar da felicidade isolada para nós mesmos". A verdadeira evolução não é uma fuga da Terra, mas um retorno amoroso a ela. O espírito verdadeiramente iluminado busca não apenas sair do sofrimento, mas também encontrar com todos o caminho da felicidade. É o amor que o faz permanecer – e é o amor que o torna livre mesmo quando permanece.

A felicidade individual, sem solidariedade, é miragem. Nenhum ser desperta por completo se o mundo ainda dorme em dor. É por isso que os grandes corações – os Budas, os Cristos, os Franciscos, os Chicos – se fazem pontes entre o Céu e a Terra. Eles já poderiam habitar o paraíso, mas escolhem ser caminho para que outros cheguem lá também.

Assim, quando pensamos em felicidade, é bom recordar: o nirvana não é um destino distante, é um estado de consciência que floresce cada vez que decidimos amar, servir e compreender. A paz verdadeira não se alcança ao fugir do mundo, mas ao abraçá-lo – mesmo quando ele geme.

Quantas vezes esse mesmo pensamento já apareceu para você?

☐ ☐ ☐ ☐ ☐ ☐ ☐

meus insights

209

ELES ESTÃO NO MEIO DE NÓS

Entre nós reencarnam espíritos vindos de outros planetas...

XAVIER, FRANCISCO CÂNDIDO / EMMANUEL. PLANTÃO DE RESPOSTAS. 1. ED. SÃO PAULO: IDE, 1994.

Quantas vezes esse mesmo pensamento já apareceu para você?

Há muito mais humanidade no universo do que nossa imaginação suporta. Quando Emmanuel afirma que entre nós reencarnam espíritos vindos de outros planetas, ele rompe o muro do antropocentrismo espiritual terrestre. Somos, afinal, uma raça em trânsito – aprendizes num vasto colégio cósmico. E como mostram os testemunhos do documentário *No meio de nós*, da Pozati Filmes, muitos desses irmãos mais velhos já caminham entre nós, discretos, auxiliando silenciosamente o avanço moral e científico da Terra. São consciências que já superaram o materialismo e o medo, vindas para semear novos paradigmas de convivência, amor e conhecimento.

O filme nos lembra que a humanidade vive hoje o seu "rito de passagem" evolutivo – um planeta adolescente que precisa amadurecer espiritualmente. Vivemos, como se diz ali, "a bagunça do quarto antes da mudança para o andar de cima". A transição planetária não é castigo, mas parto. Dói, porque nos chama a uma nova forma de consciência: multidimensional, solidária e responsável. Essa reencarnação de espíritos de outras esferas – que Emmanuel e tantos instrutores descrevem – é o influxo de luz que vem equilibrar a sombra do atraso humano, reacendendo em nós a memória do lar estelar de onde viemos.

Esses espíritos não chegam para resolver nossos problemas, mas para inspirar soluções. São mensageiros de uma humanidade futura, que já vive o que ainda estamos aprendendo: a cidadania cósmica.

Reconhecer essa presença e realidade é mais do que curiosidade ufológica: é um chamado à lembrança. Porque o céu que eles cruzam também mora em nós. Somos feitos do mesmo pó das estrelas e da mesma luz que os move. Talvez o verdadeiro contato extraterrestre comece quando cada um de nós desperta o universo interior e compreende que jamais estivemos sós – apenas adormecidos à própria grandeza.

meus insights

O QUE SOMOS EM ESSÊNCIA

Cada espírito recebe, no plano em que se encontra, certa quota de recursos para honrar a Obra Divina e engrandecê-la.

210

XAVIER, FRANCISCO CÂNDIDO / EMMANUEL. PENSAMENTO E VIDA. BRASÍLIA: FEB, 2016.

Cada espírito, ensina Emmanuel, recebe uma quota de recursos para honrar a Obra Divina. Esses recursos não são apenas dons espirituais no sentido místico – são também as potencialidades psicológicas, os talentos naturais com que Deus nos semeia. Donald Clifton, criador da psicologia dos pontos fortes, dizia que o maior erro da educação e da gestão humana foi gastar energia tentando corrigir fraquezas, quando a verdadeira excelência brota do cultivo consciente das forças naturais. Nesse ponto, ciência e espiritualidade se abraçam: ambos reconhecem que o divino e o extraordinário se expressam de modo singular em cada criatura.

Cada talento é uma centelha do Criador vestida de cor humana. É uma energia psíquica, uma forma particular de sentir, pensar e agir, que revela algo da infinita variedade de Deus. Quando o espírito utiliza seus talentos com consciência e propósito, entra no fluxo – esse estado de alinhamento em que toda ação se torna extraordinária, e o tempo parece se dissolver. Nesse momento, o trabalho se converte em espiritualidade, e a expressão individual se transforma em ponte entre mundos. Já não pensamos, sentimos ou agimos sozinhos. Somos aqui a soma de muitos. Alcançamos o que Clifton chamava de "vislumbres subconscientes de excelência" – ou seja, fazemos coisas tão extraordinárias que chegamos a nos perguntar "como eu fiz isso?".

Mas quando ignoramos esses talentos – por medo, comparação ou falta de autoconhecimento –, eles se convertem em sombras que nos arrastam. Pensamos no bem que queremos fazer e fazemos o mal que não queríamos fazer, parafraseando o apóstolo Paulo. A mesma energia que poderia nos elevar passa a nos arrastar para o porão da alma. A força da empatia pode se tornar absorção do sofrimento alheio; o talento da comunicação pode degenerar em vaidade; a curiosidade do estudioso, em dispersão. Por isso, o autoconhecimento é também um movimento de espiritualidade: reconhecer os talentos é reconhecer os traços de Deus que vibram em nós.

A quota divina que recebemos não é para ser guardada, mas multiplicada – como na parábola dos talentos. Os estudantes de Nebrasca que investiram tempo e técnica para desenvolver o que traziam de natural praticamente decuplicaram seu potencial, segundo o estudo de Donald Clifton. Cada vez que um talento é usado em benefício do bem, o universo se expande um pouco mais em beleza e sentido. Trabalhar os próprios dons é colaborar com o Criador – é devolver à vida, com gratidão, o investimento de amor que ela fez em nós.

Quantas vezes esse mesmo pensamento já apareceu para você?

☐ ☐ ☐ ☐ ☐ ☐ ☐

meus insights

211

AGUENTA FIRME

A morte do corpo não conduz o homem a situações miraculosas.

XAVIER, FRANCISCO CÂNDIDO / ANDRÉ LUIZ. NOSSO LAR. 1. ED. RIO DE JANEIRO: FEDERAÇÃO ESPÍRITA BRASILEIRA, 1944. EDIÇÃO KINDLE.

A morte do corpo não é o fim, é apenas uma mudança de estado. André Luiz, ao despertar no Além, descobriu o que muitos ainda ignoram: "a morte do corpo não conduz o homem a situações miraculosas". O espírito leva consigo o mesmo coração, os mesmos pensamentos, as mesmas dores e esperanças que cultivou na Terra. Não há milagre que apague, de um instante para outro, as sombras que se acumularam no íntimo. Por isso, toda ideia de que a morte pode resolver problemas é um equívoco doloroso – e perigoso.

O suicídio não é libertação, é adiamento com muito prejuízo e atraso. A alma que abandona o corpo antes do tempo acorda no mesmo sofrimento, agora ampliado pela consciência do gesto e pela ausência dos recursos físicos que poderiam ajudá-la a recomeçar. Ninguém é condenado por Deus – mas todos somos convidados a compreender, amar e reconstruir. A dor não é castigo, é parte do processo de cura da alma. O que dói em nós é o que precisa ser iluminado. Se dói enquanto estamos no corpo físico, dói muito mais quando estamos fora dele. Vai por mim, fazer terapia na vida é bem mais agradável do que achar que a morte por si só vai resolver as suas tretas.

Por mais escura que pareça a noite, a vida sempre oferece caminhos de retorno. Há pessoas que amam você, mesmo quando você duvida disso. Há profissionais e mãos dispostas a acolher. Há um Deus que não desiste de você – nunca. A vida não é uma punição, é um presente em andamento. E toda tempestade, por mais longa, termina em alvorada. André Luiz, depois de anos de sofrimento no umbral, foi resgatado pela oração e pelo trabalho no bem quando pensou no Autor da vida. Descobriu que servir é o antídoto da dor, e que a esperança é sempre a primeira luz que volta a acender.

Acredite: o que parece o fim é, na verdade, um pedido de recomeço. E o recomeço é possível – aqui, agora, dentro de você. A vida é a escola que o amor preparou para que todos nós aprendamos, pouco a pouco, a ser luz.

Quantas vezes esse mesmo pensamento já apareceu para você?

☐ ☐ ☐ ☐ ☐ ☐ ☐

meus insights

UMA RAZÃO PARA VIVER

Desperta e faz algo que te impulsione para a frente, na estrada da elevação.

212

XAVIER, FRANCISCO CÂNDIDO / ESPÍRITOS DIVERSOS. AULAS DA VIDA. FEB, 2021.

A frase parece simples, mas contém o mesmo chamado essencial do Ikigai, conceito japonês que significa literalmente "uma razão para viver". É o ponto de encontro entre o que amamos, o que fazemos bem, o que o mundo precisa e o que nos sustenta. Encontrar o próprio Ikigai é despertar para uma vida com propósito, em que o fazer é também uma forma de servir e evoluir. A primeira esfera do Ikigai é o que você ama – aquilo que acende o coração. O amor é a centelha que move a alma para a frente, e sem ele o trabalho se torna rotina vazia. A segunda é o que você faz bem – seus dons e talentos, a quota divina de que fala Emmanuel. Quando o espírito reconhece e lapida suas habilidades, ele colabora com o Criador na obra da vida. A terceira esfera é o que o sustenta, não apenas materialmente, mas também emocional e espiritualmente – o equilíbrio entre dar e receber, servir e ser cuidado. E a quarta esfera é o que o mundo precisa: porque nenhum propósito é completo se não toca o outro, se não cura algo além de si mesmo. Repare que é "o que o mundo precisa", e não "o que o mundo quer". Eu sempre digo que o mundo não sabe direito o que quer. Na verdade, a maioria das pessoas acha que quer o que outros quiseram que elas quisessem.

Quando essas quatro forças se alinham, o movimento da vida deixa de ser luta e se torna fluxo. O Ikigai é o estado de alma de quem acorda com sentido e se deita em paz. É o momento em que o dever encontra o prazer, e o amor se torna disciplina. O espírito que vive seu propósito não se exaure – expande-se.

Assim, o convite de Chico é o mesmo dos antigos mestres orientais: desperta! Move-te! A elevação não vem da espera, mas da ação consciente. A estrada da ascensão começa onde o coração diz "sim" à vida. E cada passo dado com amor é um degrau rumo ao seu próprio céu interior.

Quantas vezes esse mesmo pensamento já apareceu para você?

☐ ☐ ☐ ☐ ☐ ☐ ☐

meus insights

213

O TEU GRITO ROMPEU A MINHA SURDEZ

O telefone toca de lá para cá.

SAYUMI, CLARISSA. 15 FRASES INESQUECÍVEIS DE CHICO XAVIER PARA REFLETIR SOBRE A VIDA, O AMOR E O PERDÃO. NOVA BRASIL FM. DISPONÍVEL EM: HTTPS://NOVABRASILFM.COM.BR/.

Quantas vezes esse mesmo pensamento já apareceu para você?

☐ ☐ ☐ ☐ ☐ ☐ ☐

Estávamos na última semana de edição do documentário Data Limite segundo Chico Xavier. Foram dias longos, de dez a doze horas de trabalho ininterrupto com a montagem e edição do filme. O corpo exausto, a mente em transe, o coração latejando entre a espiritualidade e o cansaço. Numa dessas madrugadas, cheguei em casa e desabei na cama, morto. Foi aquele dia em que a gente simplesmente desaba e já começa a babar e roncar. Não me lembro de ter sonhado. Mas, de repente, uma voz ecoou pelo quarto. Não era uma voz mental, um sussurro de pensamento. Era uma voz física que ecoou no ambiente. Não só ecoou, como também me assustou e acordou bruscamente. Caí da cama com o susto que levei. Ela disse apenas uma palavra:

– Juliano...

Era a voz dele. Não dentro da cabeça – no ar. O som vibrava, real, como se o espaço inteiro respirasse por um instante. Fiquei ali, com o coração disparado, tentando entender o que havia acabado de acontecer. Não havia mensagem além do nome. Só o meu nome. E, no entanto, tudo estava dito.

Sempre que me lembro dessa noite, me vem à mente Santo Agostinho em *Confissões*: "Meu Deus, tu me chamaste, e o teu grito rompeu a minha surdez". Foi isso. Um chamado. Uma senha. O telefone tocando do outro lado da vida. E quando ele toca, não há mais retorno. Algo em nós desperta, e o som continua ressoando, mesmo no silêncio.

O telefone toca de lá para cá. Chico dizia isso com a naturalidade de quem sabia, por experiência, que o amor vence a distância entre dimensões. Eu também aprendi isso – não nos livros, mas na carne. Às vezes, o toque vem como uma inspiração, uma lembrança, um arrepio, um encontro improvável. É o Céu chamando a Terra, lembrando que a separação é uma ilusão. Quando o telefone toca de lá para cá, ele nos toca. E, uma vez tocados, nunca mais voltamos a ser os mesmos. Foi quando sinceramente deixei que Agostinho ecoasse uma vez mais em mim: "Deus, dá-me o que mandas, e manda-me o que queiras de mim!".

meus insights

AGIR COM O CORAÇÃO

214

Nada se realiza de útil e grande sem a coragem.

DISPONÍVEL EM: HTTPS://WWW.MENSAGEMESPIRITA.COM.BR/.

Nada se realiza de útil e grande sem a coragem. *Cor agire* – agir com o coração – é o verdadeiro sentido dessa palavra tantas vezes banalizada. Coragem não é ausência de medo, é a decisão de mover-se apesar dele. É o momento em que o pensamento se aquece no fogo do sentimento e se transforma em ação consciente.

Rudolf Steiner dizia que o ser humano é um triplo instrumento: pensa com a cabeça, sente com o coração e age com as mãos. Quando essas três forças se alinham, o Espírito encontra passagem. O pensamento sem calor se torna árido; o sentimento sem direção se perde em devaneio; e a ação sem consciência se transforma em automatismo. A coragem é o ponto de convergência entre esses três mundos – é o Espírito dizendo à vida: "eu participo".

Coragem é o amor em movimento, o pensamento encarnado em gesto. É a vibração do coração que impulsiona o braço e ilumina o caminho. E, em tempos de medo e dúvida, é ela que nos devolve o sentido de sermos humanos – seres capazes de pensar com lucidez, sentir com ternura e agir com propósito.

Quantas vezes esse mesmo pensamento já apareceu para você?

meus insights

215

SOMOS TODOS GRÃOS DE AREIA

Meus filhos, não escarneçam da criação. Um grão de areia equivale ao pequenino sol refletindo a luz de Deus.

POZATI FILMES. QUANDO LEMBRO DE CHICO. TRANSCRIÇÃO. [S.L.]: POZATI FILMES, [S.D.].

Quantas vezes esse mesmo pensamento já apareceu para você?

meus insights

Chico Xavier tinha apenas doze anos quando o governo de Minas Gerais lançou um concurso de redação entre os alunos do ensino primário. O tema era o centenário da Independência do Brasil. Ele escreveu uma composição e conquistou o terceiro lugar em todo o estado – medalha de bronze. Mas o próprio Chico contou, mais tarde, que aquele texto foi fruto de um fenômeno mediúnico.

Durante a prova, enquanto pensava sobre o que escrever, ele viu – e ouviu – um espírito que lhe ditava as palavras:

"O Brasil, descoberto por Pedro Álvares Cabral..."

Assustado, Chico olhou para o colega ao lado, Alencar de Assis, e disse:

– Alencar, tem um homem aqui me dizendo o que eu devo escrever!

O colega, rindo, respondeu:

– Ah, Chico, isso é medo da prova!

Mesmo assim, ele continuou a anotar o que ouvia. A redação foi premiada. Mas os colegas começaram a cochichar que ele havia copiado de algum livro, tamanha era a qualidade do texto. Para provar fraude, uma das alunas sugeriu que a professora propusesse um novo tema – algo difícil, impossível de se copiar: areia.

A professora Rosária Laranjeira, relutante, aceitou o desafio e pediu a Chico que escrevesse, ali mesmo, diante da turma. O menino fechou os olhos, respirou fundo e começou a escrever no quadro:

"Meus filhos, não escarneçam da criação. Um grão de areia equivale ao pequenino sol refletindo a luz de Deus."

A sala ficou em silêncio. A professora se emocionou profundamente. Nunca mais voltou a tocar naquele assunto.

Esse episódio, segundo Carlos Baccelli, é o marco da primeira psicografia de Chico Xavier, ocorrida cinco anos antes de seu contato "oficial" com o espiritismo. Mostra que a mediunidade se manifestava nele de modo natural, espontâneo e inquestionável – mas também cercada de desconfiança, ironias e provas. A criança prodígio, admirada por uns e alvo de zombaria por outros, começava ali o longo aprendizado de humildade e resistência que marcaria toda a sua missão espiritual.

O “POR QUE” VERSUS “PARA QUE”

216

Quando o sofrimento bater à porta, abra com humildade e diga: entra, ensina-me.

SAYUMI, CLARISSA. 15 FRASES INESQUECÍVEIS DE CHICO XAVIER PARA REFLETIR SOBRE A VIDA, O AMOR E O PERDÃO. NOVA BRASIL FM. DISPONÍVEL EM: HTTPS://NOVABRASILFM.COM.BR/.

Quando o sofrimento bate à porta, nossa primeira reação costuma ser perguntar: por que isso aconteceu comigo? Essa pergunta é humana – e legítima. Ela busca compreender causas, efeitos, escolhas e consequências. Mas se permanecermos apenas nela, corremos o risco de ficar presos ao passado, girando em torno do mesmo ponto, alimentando mágoas e justificativas. O “por que” explica, mas nem sempre transforma.

O “para que”, por outro lado, abre um portal: para que isso está acontecendo comigo? Ele não olha para trás, mas para dentro e para a frente. Ao perguntar para que isso aconteceu, deixamos de buscar culpados e passamos a procurar sentido. A dor se torna professora, e o problema, sala de aula. O “para que” não nega o sofrimento, mas o integra – transforma o golpe em impulso e a queda em degrau.

É nesse espírito que Chico Xavier nos convida: “Quando o sofrimento bater à porta, abra com humildade e diga: entra, ensina-me”. Porque o sofrimento, quando acolhido com humildade, revela-se um mestre paciente. Ele não veio destruir, veio depurar. A dor é o esmeril da alma: desgasta, sim, mas para que o brilho interior se manifeste. Nenhuma lágrima é desperdiçada quando rega o campo do autoconhecimento.

A vida, afinal, não quer nos punir – quer nos despertar. Cada experiência difícil é uma lição escrita em linguagem intensa. E quando trocamos o “por que” pelo “para que”, deixamos de ser vítimas do destino para nos tornarmos aprendizes da existência. Assim, o sofrimento deixa de ser visita indesejada e passa a ser aquele amigo severo, mas justo, que chega sempre na hora certa – trazendo na bagagem o próximo passo da nossa evolução.

Quantas vezes esse mesmo pensamento já apareceu para você?

☐ ☐ ☐ ☐ ☐ ☐ ☐

meus insights

217

O PREÇO DA LÍNGUA AFIADA

Não critiques. A lâmina de nossa reprovação volta-se, invariavelmente, contra nós, expondo-nos às próprias deficiências.

DISPONÍVEL EM: HTTPS://WWW.MENSAGEMESPIRITA.COM.BR/.

Quantas vezes esse mesmo pensamento já apareceu para você?

☐ ☐ ☐ ☐ ☐ ☐ ☐

"Não critiques." Chico Xavier lembra com a serenidade de quem sabe que a crítica, quando nasce do orgulho, é um espelho invertido: reflete menos sobre o outro e mais sobre nós. "A lâmina da reprovação volta-se contra quem a empunha", diz ele, e essa imagem é precisa – porque toda vez que julgamos, revelamos, mesmo sem perceber, aquilo que ainda não curamos em nós.

Jesus já havia apontado esse mesmo princípio quando perguntou: "Por que te preocupas com o cisco no olho do teu irmão, se não percebes a trave que está no teu próprio olho?" (Mateus 7:3). A crítica é, muitas vezes, uma defesa contra a autocrítica. É mais fácil apontar do que transformar. Mais cômodo perceber a limitação do outro do que encarar nossas sombras. Mas o julgamento, mesmo disfarçado de boa intenção, é um veneno sutil: intoxica primeiro quem o produz.

O verdadeiro olhar é compassivo. Ele enxerga os limites do outro, sim, mas como quem reconhece neles a própria possibilidade de erro. Quando amadurecemos espiritualmente, deixamos de usar o olhar como arma e passamos a usá-lo como espelho – não para reprovar, mas para compreender. A trave, afinal, é símbolo da nossa limitação, e o cisco, do aprendizado que o outro nos desperta.

Criticar é fácil; compreender, difícil. Mas é na compreensão que germina a fraternidade. Quando paramos de medir o outro pela régua da nossa vaidade, o coração encontra paz. E quanto mais luz projetamos sobre o bem, menos tempo sobra para caçar sombras. Que o nosso olhar, portanto, não seja uma lâmina, mas uma ponte. E que cada julgamento não dito se transforme em oração silenciosa por quem ainda luta – inclusive nós.

meus insights

NADA ESCAPA À LEI

218

Ninguém recolhe o bem sem conquistá-lo e ninguém recebe o mal sem atraí-lo.

DISPONÍVEL EM: HTTPS://WWW.MENSAGEMESPIRITA.COM.BR/.

A sentença de Chico Xavier ecoa um dos princípios mais antigos da sabedoria universal: o de causa e efeito. No *Caibalion,* William Walker Atkinson escreve que "nada escapa à Lei. Tudo está dentro da grande cadeia ou rede de causalidade, estendendo-se do mais alto ao mais baixo; e o homem, apesar de parecer um agente livre em certos planos, é sempre um elo dessa cadeia" (*O Caibalion*, cap. IX – O Princípio de Causa e Efeito).

Somos, portanto, fios conscientes dessa teia viva que vibra entre mundos. Nenhum pensamento, palavra ou gesto se perde – tudo repercute, tudo retorna. O acaso é apenas o nome que damos às causas que ainda não compreendemos. A cada escolha, lançamos ondas no vasto oceano da existência; e o que volta a nós, cedo ou tarde, é a exata vibração do que emitimos.

Essa "rede de causalidades" não é uma prisão – é uma orquestra. Quando agimos com amor, sabedoria e intenção clara, tocamos notas harmônicas que elevam o conjunto. Mas quando vibramos em medo, orgulho ou indiferença, desafinamos com o Todo e atraímos experiências corretivas. É o universo nos ajudando a reencontrar o tom original de nossa consciência.

O Caibalion ensina que o sábio não luta contra a lei, mas a compreende e a utiliza. "Os mestres servem-se da Lei, em vez de serem seus escravos", diz o texto. Ao invés de simplesmente tentar compreender com todos os detalhes a ampla rede de causas que geraram o efeito que está diante de nós, é mais inteligente tentar descobrir como podemos, a partir da elaboração do efeito, gerar causa de efeitos melhores.

A mesma ideia vibra nas palavras de Chico: o bem é conquista, o mal é sintonia. A vida é um campo de energia moral em que tudo que nasce no coração retorna ao coração – purificado ou amplificado. Assim, o destino não é imposição, é resposta. O universo é um espelho em movimento. E compreender a lei de causa e efeito é assumir o poder – e a responsabilidade – de ser causa consciente do próprio caminho.

Quantas vezes esse mesmo pensamento já apareceu para você?

meus insights

219

A FELICIDADE É UMA ESCOLHA DIÁRIA

Recorda: felicidade é uma construção a fazer. O alicerce está em ti mesmo.

DISPONÍVEL EM: HTTPS://WWW.MENSAGEMESPIRITA.COM.BR/.

Quantas vezes esse mesmo pensamento já apareceu para você?

☐ ☐ ☐ ☐ ☐ ☐ ☐

Chico Xavier e Mahatma Gandhi convergem na mesma verdade – a de que a paz e a alegria não são dádivas que nos chegam de fora, mas obras interiores erguidas tijolo a tijolo. Gandhi dizia: “Não existe caminho para a felicidade; a felicidade é o caminho”. Isso significa que ela não é destino, mas forma de caminhar – é o modo como tocamos o mundo e deixamos o mundo nos tocar.

A alegria verdadeira não se herda, nem se compra – constrói-se. É obra íntima, silenciosa, edificada no terreno do próprio ser. O xeque Mohammed bin Rashid Al Maktoum, líder visionário de Dubai, expressa esse mesmo princípio sob uma ótica contemporânea. Em *Reflections on Happiness and Positivity*, ele escreve: “A felicidade é uma escolha diária, um modo de pensar e servir. É a energia que movimenta sociedades e constrói nações”. Para ele, um povo feliz é aquele que se vê útil, que encontra propósito coletivo no bem comum. É o mesmo alicerce de que fala Chico – só que ampliado para a escala social: a felicidade pessoal se torna sustentável quando gera felicidade à sua volta. Quando questionado sobre quanto do orçamento ele iria dispor para investir em felicidade, respondeu serenamente algo como: considerando que sua ausência afeta negócios, prejudica a saúde, ameaça a segurança e debilita a educação, todo o orçamento da nação estará orientado para o objetivo da felicidade.

A construção interior que Gandhi e Chico propõem, e que o xeque traduz em ação prática e política pública, é uma arquitetura espiritual de dentro para fora. Primeiro, edificamos a paz em nós; depois, ela se irradia como luz sobre os que nos cercam. Nenhum projeto humano – seja um império, uma empresa, uma família ou um coração – se sustenta se não houver contentamento no trabalho, sentido no servir e gratidão pelo simples fato de existir.

Felicidade é o fruto da harmonia entre pensar, sentir e agir em sintonia com o bem. É o equilíbrio entre a coragem de transformar o mundo e a humildade de transformar-se. É quando o dever se faz amor, e o amor se faz dever. E é aí que os ensinamentos de Chico, Gandhi e xeque Mohammed se encontram: a felicidade não é um prêmio, é uma tarefa divina – um canteiro de luz que cada um deve cultivar em si para que o mundo floresça.

meus insights

MESMO QUANDO TUDO ESTÁ UMA MERDA

220

O seu pior momento na vida é sempre o instante de melhorar.

DISPONÍVEL EM: HTTPS://WWW.MENSAGEMESPIRITA.COM.BR/.

Quando assisti ao documentário *Por dentro da mente de Bill Gates*, encontrei um episódio em que o bilionário apoia o desenvolvimento de uma estação de tratamento de água para uma cidade africana sem saneamento básico. O projeto, chamado OmniProcessor, tinha uma meta ousada: transformar fezes humanas em água potável, energia e dignidade. De um lado, um banheiro; do outro, uma torneira com água limpa – o ciclo da vida restaurado pela inteligência humana.

Durante os testes, algo inusitado aconteceu. Nas fezes acumuladas para o estudo começaram a surgir brotos de tomate. A digestão humana havia dissolvido tudo, menos o poder da semente. Aquelas minúsculas vidas, resistentes, atravessaram o processo mais degradante que se possa imaginar – e mesmo ali, entre resíduos e odores, insistiam em nascer.

A imagem é quase uma parábola espiritual. As fezes, resultado do que o corpo rejeita, tornaram-se berço de algo novo. O projeto provava que até o desperdício pode ser fonte de recurso; e a natureza, com seu humor divino, lembrava que até naquilo que julgamos inútil, a vida insiste. Bill Gates bebeu a água resultante do processo – água pura, limpa, extraída do impensável. Um símbolo perfeito da alquimia que também acontece dentro de nós.

Porque o espírito é assim: mesmo nos piores dias, quando tudo parece "um monte de merda", algo dentro continua germinando. As provas, os erros, as quedas – são o adubo da consciência. A semente divina em nós não se dissolve na dor; ela espera o tempo da luz. E, quando menos esperamos, rompe a crosta da desesperança para se tornar árvore.

Quantas vezes esse mesmo pensamento já apareceu para você?

☐ ☐ ☐ ☐ ☐ ☐ ☐

meus insights

221

MENOS TEMPLOS, MAIS CONSCIÊNCIA

Se Allan Kardec tivesse escrito que fora do espiritismo não há salvação, eu teria ficado com Jesus, em sua simplicidade.

SAYUMI, CLARISSA. 15 FRASES INESQUECÍVEIS DE CHICO XAVIER PARA REFLETIR SOBRE A VIDA, O AMOR E O PERDÃO. NOVA BRASIL FM. DISPONÍVEL EM: HTTPS://NOVABRASILFM.COM.BR/.

Quantas vezes esse mesmo pensamento já apareceu para você?

Se Allan Kardec tivesse escrito que "fora do espiritismo não há salvação", Chico teria ficado com Jesus – e com razão. Sua frase não é uma rejeição ao espiritismo, mas uma defesa da liberdade espiritual diante dos limites do dogma. Ela ecoa com força neste novo tempo em que cresce o número dos "sem religião", mas não dos sem fé. O Censo de 2022 mostra que 14% dos brasileiros já se declaram sem religião, e, entre os jovens de 16 a 24 anos no Rio de Janeiro, esse número chega a 34%, superando católicos e evangélicos.

O fenômeno não é apenas estatístico, é civilizacional. Como observo no livro *Os sem religião*, vivemos "um movimento de espiritualização da humanidade que se realiza para além dos domínios da religião". A fé deixou de ser monopólio das instituições. O ser humano começa a descobrir que sua relação com o divino é direta, intransferível, e que espiritualidade não é frequentar instituições, mas habitar o sentido. Espiritualidade não é e nunca deveria ter sido propriedade da religião institucional.

A religião, em sua função histórica, ensinou-nos o caminho até o altar. Mas agora o altar se acendeu dentro de cada consciência. Não se trata de negar as tradições, e sim de transcendê-las. A verdadeira religião interior atua como uma pedagoga, ensinando-nos a construir um relacionamento com Deus – sem intermediários, com autenticidade e vulnerabilidade. É o retorno à simplicidade que Jesus viveu e ensinou: amar a Deus e ao próximo como a si mesmo – sem precisar de crachá religioso para isso.

Talvez este seja o novo tempo que Chico pressentiu: um tempo de fé viva e pensamento livre, em que a espiritualidade se faz ponte, não fronteira. Menos templos, mais consciência. Menos rótulo, mais essência. Porque, afinal, Deus nunca pediu religião – pediu apenas amor.

meus insights

O PODER DA PERSPECTIVA

222

Se um espírito reencarna em condições aparentemente desfavoráveis é porque obteve o merecimento para tanto. Isto porque, se ele solicita uma oportunidade de resgate de uma dívida do passado, essa oportunidade só lhe é dada quando ele demonstra possuir todos os instrumentos para vencer os obstáculos com os quais deve-se deparar nesta nova existência.

XAVIER, FRANCISCO CÂNDIDO / EMMANUEL. PLANTÃO DE RESPOSTAS. 1. ED. SÃO PAULO: IDE, 1994.

Deus é justo – mas nossa visão, limitada ao instante, muitas vezes não é. Quando olhamos a vida apenas por uma existência, tudo parece confuso: por que uns nascem com saúde e outros com limitações? Por que há sofrimento onde deveria haver pureza? Sem compreender o longo fio da vida espiritual, julgamos a vulnerabilidade como injustiça divina. Mas a vida não começa no berço nem se encerra no túmulo. Ela se desdobra em muitas experiências, cada uma parte de um mesmo plano de amor e aprendizado.

Emmanuel explica que, quando um espírito reencarna em condições aparentemente desfavoráveis, é porque obteve o merecimento para isso. Parece paradoxal: merecimento para a dor? Mas é exatamente o contrário – é merecimento para o resgate, para a cura, para o reencontro com a própria luz. A oportunidade da prova é um voto de confiança espiritual, jamais uma punição. Deus não entrega fardos a quem não pode carregá-los; entrega caminhos àqueles que já têm forças para percorrê-los.

As dores, as doenças, as privações e desafios não são castigos, são cirurgias espirituais. São experiências cuidadosamente escolhidas pela alma, com o auxílio de mentores amorosos, para reparar desequilíbrios do passado e desenvolver virtudes que ainda dormem. Às vezes, a limitação do corpo é a libertação do espírito; o silêncio imposto pela doença é o despertar da escuta interior; a perda é o início da entrega.

Quando ampliamos o olhar e reconhecemos a reencarnação como expressão da pedagogia divina, tudo muda de sentido. O sofrimento se transforma em aula, a diferença em missão, e a fragilidade em portal de força. A Justiça de Deus não se revela no instante, mas no conjunto. E, quando a alma enfim compreende isso, ela descansa – não porque deixou de lutar, mas porque aprendeu que o amor é o próprio princípio da Lei.

Quantas vezes esse mesmo pensamento já apareceu para você?

☐ ☐ ☐ ☐ ☐ ☐ ☐

meus insights

223

UMA FLORESTA DE PENSAMENTOS

A sociedade humana pode ser comparada à imensa floresta de criações mentais, em que cada espírito, em processo de evolução e acrisolamento, encontra os reflexos de si mesmo.
Aí dentro os princípios de ação e reação funcionam exatos.

XAVIER, FRANCISCO CÂNDIDO / EMMANUEL.
PENSAMENTO E VIDA. BRASÍLIA: FEB, 2016.

Quantas vezes esse mesmo pensamento já apareceu para você?

☐ ☐ ☐ ☐ ☐ ☐ ☐

A sociedade humana é uma floresta de pensamentos. Cada mente é uma árvore, lançando ao espaço os frutos de suas ideias, os perfumes de suas intenções e as sombras de seus medos. Andamos entre elas sem perceber que respiramos o ar que nós mesmos exalamos – e que tudo o que emitimos retorna, cedo ou tarde, em forma de clima moral. Quando Emmanuel diz que vivemos "numa imensa floresta de criações mentais", ele nos convida a entender que a humanidade não é apenas um conjunto de corpos, mas um ecossistema de consciências.

Dentro dessa floresta, os princípios de ação e reação atuam com exatidão. Cada pensamento é uma semente, e cada semente encontra o solo vibratório que merece. Se plantamos desconfiança, crescemos entre espinhos; se cultivamos amor, florescemos em jardins de paz. A vida é o campo onde nossas criações mentais se projetam e retornam. E o curioso é que o retorno nunca é castigo – é sempre aula. O que chamamos destino é apenas o eco de nós mesmos, voltando pelo vale do tempo.

Por isso, compreender o mundo é também compreender o próprio pensamento. A violência, a fome, o egoísmo e a indiferença que observamos no coletivo não são fenômenos externos: são florestas que nós, como espécie, semeamos ao longo dos séculos. A Terra é o espelho do que pensamos, e o social é o reflexo do espiritual. Se quisermos um planeta mais justo, precisamos começar por clarear o terreno da mente, aparar os galhos secos do orgulho e adubar o solo da alma com compaixão.

A boa notícia é que a floresta se renova todos os dias. Cada gesto, cada ideia nova, cada oração sincera é um broto de luz rasgando a sombra. Quando um coração desperta, o clima moral do mundo melhora um pouco. E assim, de consciência em consciência, o planeta vai respirando melhor. A floresta humana floresce na medida em que cada árvore aprende a transformar sombra em abrigo e raiz em serviço.

meus insights

QUEM RECLAMA SE INFLAMA

224

Lamentação denota enfermidade mental e enfermidade de curso laborioso e tratamento difícil. É indispensável criar pensamentos novos e disciplinar os lábios.

XAVIER, FRANCISCO CÂNDIDO / ANDRÉ LUIZ. NOSSO LAR. 1. ED. RIO DE JANEIRO: FEDERAÇÃO ESPÍRITA BRASILEIRA, 1944. EDIÇÃO KINDLE.

A queixa constante é como um vazamento silencioso de energia vital. Quem vive se lamentando não percebe que cada palavra de desânimo espalha chorume emocional no ambiente e intoxica o próprio campo mental. André Luiz chama isso de enfermidade de difícil tratamento, porque a mente que reclama se retroalimenta: quanto mais lamenta, mais encontra motivos para lamentar. É um ciclo que esgota o corpo, obscurece a razão e contamina o entorno.

A psicologia moderna confirma o que a sabedoria espiritual já sabia. Pesquisas sobre contágio emocional mostram que os estados de humor se propagam como vírus invisíveis. Em um estudo publicado na revista Psychological Science, pesquisadores observaram que pessoas expostas a emoções negativas em um grupo social tendem a reproduzir as mesmas expressões e sentimentos, mesmo sem perceber. Outro levantamento, feito pela Harvard Business School, demonstrou que trabalhar com colegas cronicamente pessimistas reduz o desempenho e aumenta os índices de estresse em até 30%. O cérebro social responde às vibrações do grupo – e um único foco de negatividade pode alterar todo o clima.

Por isso, Chico e André Luiz insistem: disciplinar os lábios é higiene mental. Não se trata de repressão, mas de alquimia interior. Substituir o lamento pela gratidão, o pessimismo pela ação e o julgamento pela compreensão. Cada palavra que emitimos é um microclima que criamos ao redor. Se falamos luz, o ambiente floresce; se falamos sombra, tudo murcha.

Criar pensamentos novos é escolher o tipo de atmosfera em que queremos viver. O silêncio pode ser remédio, mas o verbo consciente é cura. Quando aprendemos a calar o que destrói e a falar o que constrói, não apenas tratamos a mente – tratamos o mundo que ela habita.

Quantas vezes esse mesmo pensamento já apareceu para você?

☐ ☐ ☐ ☐ ☐ ☐ ☐

meus insights

CORAGEM ESPIRITUAL

225

O espírito se engrandece quando aprende a perdoar.

SAYUMI, CLARISSA. 15 FRASES INESQUECÍVEIS DE CHICO XAVIER PARA REFLETIR SOBRE A VIDA, O AMOR E O PERDÃO. NOVA BRASIL FM. DISPONÍVEL EM: HTTPS://NOVABRASILFM.COM.BR/.

Quantas vezes esse mesmo pensamento já apareceu para você?

meus insights

Perdoar não é gesto de fraqueza, mas ato de coragem espiritual – e o corpo também agradece. A medicina moderna, com foco em saúde mental e biologia do estresse, confirma o que as tradições espirituais sempre ensinaram: o perdão traz benefícios reais para a saúde da mente e do corpo.

Estudos empíricos publicados na Harvard Health mostram que a prática do perdão reduz a ansiedade, a depressão, a raiva e a hostilidade – elevando a autoestima e a satisfação com a vida. Em um estudo longitudinal de cinco semanas da PMC, verificou-se que o aumento do perdão está associado à diminuição do estresse, que por sua vez se correlaciona a uma melhora nos sintomas psicológicos. Em nível físico, a Johns Hopkins destaca que o perdão pode reduzir pressão arterial, melhorar o perfil lipídico, aliviar dores crônicas e promover melhor sono – porque ele acalma o estado de "luta ou fuga" persistente, reduzindo hormônios do estresse como o cortisol.

Uma revisão publicada na Harvard Health ainda reforça: pessoas que perdoam tendem a viver com menos depressão, menor hostilidade, menor uso de substâncias e maior bem-estar geral. O mecanismo por trás desse "milagre biológico" envolve três vetores principais:

→ Redução da ruminação e da raiva – quando mantemos mágoas, revivemos o dano mentalmente, ativando o estresse constante. O perdão interrompe esse loop.

→ Ativação de circuitos neurais empáticos – perdoar exige compaixão, tomada de perspectiva, o que ativa regiões cerebrais envolvidas em regulação emocional e conexão social.

→ Restabelecimento da homeostase fisiológica – menos adrenalina, cortisol e inflamação; o organismo pode reparar e manter o equilíbrio com mais eficiência.

Quando o espírito aprende a perdoar, ele não apenas cresce moralmente: ele permite que o corpo deixe de sofrer junto com as mágoas. Perdoar não significa esquecer nem justificar o que ocorreu; significa permitir que a luz da compaixão supere a sombra do ressentimento. O espírito que perdoa colhe saúde – interior e exterior – e se torna um canal mais puro da energia do bem.

TOMA LÁ, DÁ CÁ!

226

Podes contar com Deus na solução de todos os teus problemas, entretanto, não te esqueças de que Deus conta contigo em todos os teus caminhos.

DISPONÍVEL EM: HTTPS://WWW.MENSAGEMESPIRITA.COM.BR/.

A relação com o Divino não é súplica de um lado só, é aliança. Deus não é o mágico que resolve, é o Mestre que ensina. Ele age através das nossas mãos, fala pela nossa voz, caminha nos nossos passos. Quando rogamos por um milagre, muitas vezes Ele nos responde com uma tarefa.

Esperamos que Deus nos carregue, mas Ele prefere nos fortalecer. A fé verdadeira não é passividade, é parceria. A espiritualidade oferece o roteiro, mas o chão é com a gente. Cada esforço, por menor que pareça, é um sinal de que confiamos. Cada atitude coerente é uma prece em movimento. A providência divina é o vento, mas a vela precisa estar aberta.

Por isso, ore, confie – e aja. Esperar sem agir é como pedir colheita sem semear. Quando cooperamos com Deus, a vida flui; quando cruzamos os braços, o tempo nos empurra. O Criador conta com a gente para concluir o que começou em nós. E quando o homem se move com fé, o mundo espiritual se move com ele.

Quantas vezes esse mesmo pensamento já apareceu para você?

meus insights

227

MÉDIUMS EM AÇÃO

Todos os homens, em suas atividades, profissões e associações, são instrumentos das forças a que se devotam. Produzem, de conformidade com os ideais superiores ou inferiores em que se inspiram, atraindo os elementos invisíveis que os rodeiam, conforme a natureza dos sentimentos e ideias de que se nutrem.

XAVIER, FRANCISCO CÂNDIDO / ANDRÉ LUIZ. NOS DOMÍNIOS DA MEDIUNIDADE. FEB, 1944. EDIÇÃO KINDLE.

Quantas vezes esse mesmo pensamento já apareceu para você?

Mediunidade não é um dom para ser usado exclusivamente em centro espírita, mas uma função da consciência em toda parte. Sinto muito os religiosos que possam me criticar por dizer isso claramente, mas sugiro que levem a discussão a André Luiz. Todos os seres humanos, em qualquer profissão ou contexto, são instrumentos das forças a que se devotam. Ou seja, somos canais onde quer que estejamos, façamos o que façamos. E isso engloba inclusive o âmbito profissional. André derruba o mito de que mediunidade só se pratica em centro espírita. A mediunidade não está apartada da vida comum – é o próprio ser humano em relação, sintonizando, traduzindo e servindo conforme o ideal que alimenta.

O carpinteiro, o médico, o professor, a mãe, o artista – todos são canais vivos, expressando o invisível através de gestos, palavras e intenções. Ninguém desliga a mediunidade quando passa o crachá para entrar na firma, baby! No ateliê, no hospital, no lar ou na rua, a mediunidade acontece como respiração espiritual: constante, silenciosa e reveladora daquilo que o coração cultiva.

Quando nos alinhamos a ideais de amor, cooperação e beleza, tornamo-nos pontes das forças superiores. Mas quando nos fixamos em sombras de egoísmo, ressentimento e vaidade, também medianizamos, só que forças enfermas do psiquismo coletivo.

O centro espírita é escola, não fronteira! O exercício mediúnico verdadeiro se dá na vida – no modo como ouvimos, acolhemos e servimos. Cada ato é uma psicografia invisível escrita no campo vibracional do mundo. A questão não é onde praticar, mas com que intenção e sintonia praticamos o viver.

meus insights

A CURA É CONVERSA COM A ALMA

228

O corpo doente reflete o panorama interior do espírito enfermo.

XAVIER, FRANCISCO CÂNDIDO / EMMANUEL. O CONSOLADOR. FEB, 2019. EDIÇÃO KINDLE.

Essa frase nos remete à raiz da psicossomática: a ideia de que mente e corpo não estão separados, mas entrelaçados. A medicina moderna formalizou esse olhar no século 19 com Johann Heinroth, que em 1818 usou o termo *psychosomaticus* para descrever doenças em que "alma e corpo" interagem.

Ao longo do século 20, esse campo se organizou como disciplina médica, reunindo psiquiatria, psicologia, biologia e clínica geral para estudar como fatores psicológicos influenciam o surgimento, a evolução e a cura de doenças físicas. Hoje se reconhece que o estresse psicológico, traumas emocionais, ansiedade crônica e depressão podem disparar mecanismos fisiológicos nocivos – como disfunções do sistema imunológico, desequilíbrios hormonais e inflamações prolongadas.

Em períodos recentes, percebe-se um crescimento marcado dos sintomas psicossomáticos: por exemplo, em ambientes estudados durante a pandemia, a prevalência desses sintomas saltou de 22% para 39%, segundo a ScienceDirect. Em outro estudo da BioMed Central, entre estudantes de medicina, aproximadamente 14,3% apresentaram transtornos psicossomáticos – sintomas no corpo que não podem ser explicados apenas por causas físicas.

Mas longe de ser mera estatística fria, tudo isso confirma espiritualmente o que Chico nos diz: o corpo é espelho do interno. Uma alma que sofre, que geme, que guarda mágoas e tensões, acaba repercutindo isso na carne. A doença física não nasce do acaso, quando tem raiz psicossomática: ela é o grito do espírito pedindo atenção.

Curar não é silenciar sintomas – é dialogar com a alma. Em cada tratamento, o médico mais sábio reconhecerá a história interior do paciente. E cada paciente que caminha na autoconsciência trata a si mesmo como templo.

Quantas vezes esse mesmo pensamento já apareceu para você?

☐ ☐ ☐ ☐ ☐ ☐ ☐

meus insights

É INVISÍVEL, MAS CURA DE VERDADE!

229

O médico honesto e sincero, amigo da verdade e dedicado ao bem, é um apóstolo da Providência Divina, da qual recebe a precisa assistência e inspiração.

XAVIER, FRANCISCO CÂNDIDO / EMMANUEL. O CONSOLADOR. FEB, 2019. EDIÇÃO KINDLE.

Em sua aula no curso de "Exoconsciência" do Círculo Escola, o Dr. Marcos Boulos, infectologista e professor da Faculdade de Medicina da USP, afirmou com serenidade científica: "A oração tem impacto mensurável na recuperação dos pacientes". Ele cita estudos internacionais que demonstram que pessoas que mantêm uma prática espiritual – mesmo sem vínculo religioso – apresentam menor tempo de internação, níveis mais baixos de cortisol e maior resposta imunológica. A medicina moderna começa, enfim, a medir o invisível.

A ciência confirma o que o espírito já intuía. Pesquisas da Universidade do Missouri mostram que crenças e práticas espirituais estão associadas à atividade neuroimune, fortalecendo um modelo de saúde "psiconeuroimunológico de base espiritual" (Supportive Care in Cancer, Hulett et al., 2020). No Brasil, o Departamento de Espiritualidade e Medicina Cardiovascular da Sociedade Brasileira de Cardiologia afirma que espiritualidade "representa um conjunto de valores morais, mentais e emocionais que orientam atitudes e comportamentos observáveis e mensuráveis", influenciando diretamente o bem-estar físico e psicológico. A própria OMS reconhece, desde 1988, a dimensão espiritual como parte integrante da saúde humana – ao lado da biológica, psicológica e social.

A oração, segundo Boulos, é um ajuste vibratório: ela reorganiza o sistema nervoso autônomo, acalma o corpo e reequilibra o sistema imunológico. É como se a mente, ao elevar-se, desse ordem ao corpo para lembrar-se da vida. O médico que ora – seja em silêncio, seja pelo cuidado compassivo – sintoniza-se com uma rede de inteligência superior que inspira diagnóstico, serenidade e precisão.

Assim, Emmanuel e Boulos se encontram no mesmo campo: a medicina do futuro será tão espiritual quanto científica. O médico que trata o corpo e ora pela alma é mais do que um técnico – é um canal da Providência, curando não apenas com bisturis e fármacos, mas também com a vibração do amor que compreende.

Quantas vezes esse mesmo pensamento já apareceu para você?

☐ ☐ ☐ ☐ ☐ ☐ ☐

meus insights

OS ESCOLHEMOS PORQUE FOMOS POR VÓS ESCOLHIDOS

230

O guia espiritual é também um irmão e um amigo, que nunca ferirá as vossas mais queridas esperanças.

XAVIER, FRANCISCO CÂNDIDO / EMMANUEL. O CONSOLADOR. FEB, 2019. EDIÇÃO KINDLE.

Quantas vezes esse mesmo pensamento já apareceu para você?

Isso me lembra uma mensagem que recebemos certa vez de um espírito da egrégora do Círculo. "Pois sou o menor dos apóstolos, nem sou digno de ser chamado apóstolo, porque persegui a igreja de Deus. Mas pela graça de Deus sou o que sou; e sua graça em mim dispensada não foi estéril. Ao contrário, trabalhei mais do que todos eles; não eu, mas a graça de Deus que está comigo." (I Cor 15, 9-10)

Somos o que somos! Há uma mútua cooperação entre vidas a nos impulsionar no projeto maior. Não os escolhemos por serem especiais ou para lhes conferir algum destaque na sociedade humana. Nós os escolhemos porque outrora fomos por vós escolhidos para construção das bases do edifício no qual laborais agora. E tão logo se cumpra o vosso turno, retornaremos nós à obra, sob vossa supervisão. Porque não somos anjos elevados que estão em condição de vos julgar, mas ao contrário, participamos de vossas angústias e dilemas quais companheiros de trabalho que se cruzam na troca de turno.

Ainda assim, ressalta-se o fato de que é o projeto que nos une e eleva, tijolo por tijolo, e que o Cristo há de nos compensar a todos, segundo nossas obras.

Tenham confiança e não desanimem! A cada novo piso concretado, mais largo horizonte nos brinda, e mais segurança nos exigem os empreiteiros, para nosso próprio bem!

Um amigo do Círculo
2 de dezembro de 2019

meus insights

231

O MAIS ÚTIL DE TODOS OS SABERES

A Filosofia constitui, de fato, a súmula das atividades evolutivas do Espírito encarnado, na Terra.

XAVIER, FRANCISCO CÂNDIDO / EMMANUEL. O CONSOLADOR. FEB, 2019. EDIÇÃO KINDLE.

Quantas vezes esse mesmo pensamento já apareceu para você?

Filosofar é aprender a ver. É limpar os olhos da alma para que a vida revele suas múltiplas cores. Emmanuel nos lembra que a filosofia é a síntese da evolução espiritual – a soma de tudo o que o ser humano descobre, sente e compreende em sua passagem pela Terra. Por isso, pensar é também orar: cada ideia que nasce do amor ao conhecimento aproxima o espírito da sua própria essência divina.

No Círculo Escola Filosófica, acreditamos que pensar não precisa ser complicado. A filosofia pode – e deve – ser uma conversa de olhos brilhando, um riso que desarma, uma pausa para respirar junto e refletir sobre o que nos move. Tornar a filosofia simples é devolver o seu caráter humano, sensível e transformador. É permitir que o pensamento desça do pedestal acadêmico e caminhe descalço entre as pessoas.

Como diz Marilena Chauí, "se abandonar a ingenuidade e os preconceitos do senso comum for útil; se não se deixar guiar pela submissão às ideias dominantes e aos poderes estabelecidos for útil; se buscar compreender a significação do mundo, da cultura, da história for útil; se conhecer o sentido das criações humanas nas artes, nas ciências e na política for útil; se dar a cada um de nós e à nossa sociedade os meios para serem conscientes de si e de suas ações numa prática que deseja a liberdade e a felicidade para todos for útil, então podemos dizer que a filosofia é o mais útil de todos os saberes de que os seres humanos são capazes". Ela não é luxo intelectual, é ferramenta de despertar. É um jeito de estar no mundo com mais consciência, mais empatia e mais verdade.

O curso de "Introdução à Filosofia" do Círculo nasceu desse amor: o amor por pensar juntos, por ler com o coração e rir enquanto aprendemos. Queremos que cada pessoa viva o seu "novo nascimento" – não no sentido místico apenas, mas também no sentido da lucidez. Porque filosofar, no fundo, é aprender a amar melhor: a vida, as ideias e uns aos outros.

Introdução à Filosofia

Descubra o poder transformador da Filosofia: aprenda a pensar com clareza, agir com propósito e viver com significado.

meus insights

SABER ESPERAR É UM ATO ESPIRITUAL

232

O tempo é um remédio divino.

SAYUMI, CLARISSA. 15 FRASES INESQUECÍVEIS DE CHICO XAVIER PARA REFLETIR SOBRE A VIDA, O AMOR E O PERDÃO. NOVA BRASIL FM. DISPONÍVEL EM: HTTPS://NOVABRASILFM.COM.BR/.

O tempo cura feridas, mágoas, ressentimentos e, acredite, também a cura coceira de comprar. Vivemos numa cultura que confunde desejo com necessidade e prazer com posse. As vitrines são templos modernos, e os cartões, suas velas acesas. A sociedade do consumo tem um único mandamento: "compre agora" – além do tradicional "mas espere – não é só!". O imediatismo é um veneno travestido de recompensa que ativa o gatilho da escassez. É a antítese da serenidade. Por isso, aprendi a usar o tempo como antídoto da impulsividade.

A minha estratégia é simples. Quando algo me chama atenção – um sapato, um celular, uma novidade qualquer –, eu paro, observo, sinto o impulso subir, e não nego o desejo. Apenas digo a mim mesmo: eu volto daqui a uma semana. E deixo o tempo trabalhar. É impressionante o que sete dias fazem com o impulso. O que parecia essencial se dissolve como espuma. O desejo que era fogo vira cinza – e, com sorte, sabedoria. Se, ao fim de uma semana, aquilo ainda fizer sentido, volto e compro. Mas nove em cada dez vezes, percebo que o tempo curou a ansiedade que o marketing inflamou.

O psicólogo Daniel Kahneman, prêmio Nobel de Economia, explica que o cérebro busca recompensas imediatas para aliviar tensões emocionais. Cada compra impulsiva é uma tentativa de regular o humor. O tempo, nesse caso, é o intervalo necessário para o sistema racional reassumir o controle. O consumo deixa de ser fuga e volta a ser escolha.

Esperar é um ato espiritual. É confiar que o vazio não precisa ser preenchido às pressas. O tempo, quando respeitado, cura o excesso – inclusive o de querer. Se eu não posso agora, espero o tempo em que eu puder. Se não preciso agora, deixo o tempo provar isso. Se não tenho a grana, aguardo o tempo que tiver – não parcelo. O relógio, quando usado com sabedoria, é um dos maiores terapeutas que já tivemos. O tempo é, de fato, um remédio divino – inclusive contra a febre do consumo.

Quantas vezes esse mesmo pensamento já apareceu para você?

meus insights

233

O PRIMEIRO TEMPLO DA ALMA

A ligação do espírito à matéria começa na concepção, mas só é completada por ocasião do nascimento. Desde o instante da concepção, o espírito designado para habitar certo corpo a este se liga por um laço fluídico, que cada vez mais vai se fixando até o instante em que a criança vê a luz.

XAVIER, FRANCISCO CÂNDIDO / EMMANUEL. PLANTÃO DE RESPOSTAS. 1. ED. SÃO PAULO: IDE, 1994.

O ventre é o primeiro templo da alma. Ali, entre o invisível e o tangível, o espírito encontra abrigo para vestir-se de matéria. A gestação é mais do que um processo biológico: é um ato de coautoria divina. Cada batimento do coração materno é também um compasso de acolhimento; cada célula que se multiplica, uma assinatura do amor que permite à consciência recomeçar.

A ciência moderna começa a vislumbrar o mistério que Emmanuel já antevia. Pesquisas de psicologia pré-natal, conduzidas por cientistas como Thomas Verny (*The Secret Life of the Unborn Child*, 1981) e confirmadas por estudos da Harvard Medical School e da University College London, mostram que o estado emocional da gestante influencia diretamente o desenvolvimento neurológico do bebê. O estresse prolongado, por exemplo, aumenta a liberação de cortisol, atravessando a placenta e alterando a resposta ao estresse da criança por toda a vida. Por outro lado, a serenidade, a fé e o afeto estimulam a liberação de ocitocina e endorfinas, fortalecendo o sistema imunológico e o equilíbrio emocional do feto.

A biologia chama isso de programação epigenética: o ambiente uterino "escreve" nas células instruções químicas que moldam o corpo e, em certa medida, o comportamento futuro. Mas Emmanuel vai além da epigenética: ele lembra que o ventre também grava a vibração espiritual da mãe – seus pensamentos, suas orações, seu modo de amar. É uma comunhão de campos sutis em que corpo, mente e espírito se entrelaçam. Toda gestante é, literalmente, uma médium incorporada – recebe um espírito no próprio corpo – e uma médium de materialização! É ponte entre dimensões, entre o invisível que desce e a vida que se ergue. Cada gestação é uma sinfonia secreta em que o Criador escreve uma nova possibilidade de luz. Por isso, cuidar da mãe é cuidar do planeta. E honrar a gestação é reverenciar o instante sagrado em que o infinito aprende, mais uma vez, a caber no tempo. Nisso, o movimento Maio Furta-cor diz tudo: saúde mental materna importa!

Quantas vezes esse mesmo pensamento já apareceu para você?

☐ ☐ ☐ ☐ ☐ ☐ ☐

meus insights

RIQUEZAS QUE LIBERTAM E RIQUEZAS QUE APRISIONAM

234

Há, por isso, muita prosperidade aparente, mais deplorável que a miséria material em si mesma, porque a mesa vazia e o fogão sem lume podem ser caminhos de louvável reparação, enquanto o banquete opíparo e a bolsa farta, em muitas ocasiões, apenas significam avenidas de licença que correm para o despenhadeiro da culpa, de onde só conseguiremos sair ao preço de longos estágios na perturbação e na sombra.

XAVIER, FRANCISCO CÂNDIDO / EMMANUEL. PENSAMENTO E VIDA. BRASÍLIA: FEB, 2016.

Há riquezas que libertam e riquezas que aprisionam. Emmanuel nos adverte: há prosperidade aparente mais deplorável que a própria miséria. Porque a pobreza, quando atravessada com dignidade, pode ser escola de virtudes; mas a abundância sem consciência é um abismo decorado. A mesa vazia, diz ele, pode ensinar gratidão e solidariedade; já o banquete farto, quando divorciado da alma, embriaga de egoísmo e conduz ao despenhadeiro da culpa. O perigo, portanto, não está em possuir, mas em perder-se dentro do que se possui.

Vivemos num tempo em que o ter se tornou medida de valor. A sociedade cultiva um modelo de sucesso que acumula, mas raramente se pergunta se o que acumula faz sentido. Casas cheias, almas vazias. Redes sociais que mostram o que temos, mas escondem o que sentimos. O excesso é o novo vazio. E quando o ter ocupa o trono, o ser é exilado. O luxo passa a servir de anestésico espiritual, encobrindo o desconforto de quem não sabe mais por que existe – apenas o que possui.

A neurociência e a psicologia positiva vêm comprovando o que Emmanuel já intuía: o acúmulo material não garante felicidade. Pesquisas da Universidade de Princeton indicam que, acima de certo nível de renda, a satisfação subjetiva da vida estagna – o prazer de comprar perde força, e a sensação de propósito é o que realmente sustenta o bem-estar. Em outras palavras, depois que as necessidades básicas são atendidas, o que nos realiza é o significado, não o saldo bancário.

Ter não é pecado, mas teste. Cada bem que chega às mãos é convite à responsabilidade. A riqueza verdadeira não está naquilo que se acumula, mas no que se compartilha. Quando o dinheiro, o poder e o conforto se tornam instrumentos de amor e serviço, transformam-se em pontes para a luz. Mas quando viram muros, isolam o espírito na própria sombra. O ser floresce quando o ter é posto a serviço do bem. E esta talvez seja a mais alta forma de prosperidade: aquela que multiplica não o patrimônio, mas a consciência.

Quantas vezes esse mesmo pensamento já apareceu para você?

☐ ☐ ☐ ☐ ☐ ☐ ☐

meus insights

235

QUE OS ESCOLHIDOS ESCOLHAM A CAUSA QUE OS ESCOLHEU

É incontável o número dos que chamamos; mas onde estão os que atendem ao chamado?

XAVIER, FRANCISCO CÂNDIDO / ANDRÉ LUIZ. NOSSO LAR. 1. ED. RIO DE JANEIRO: FEDERAÇÃO ESPÍRITA BRASILEIRA, 1944. EDIÇÃO KINDLE.

Quantas vezes esse mesmo pensamento já apareceu para você?

meus insights

Onde estão? Essa pergunta me fez lembrar um diálogo entre a Dr. Larissa Bueno e o espírito do General Uchôa em uma reunião que fizemos no dia 29 de setembro de 2020.

Pergunta da Larissa: "General, se a gente está aqui para receber com precisão a mensagem de vocês, eu acho curioso que não sejamos supermédiuns de nascença, entende o que eu quero dizer? Não é uma qualidade excepcional na maioria de nós. Não teria sido mais fácil para vocês que sete ou oito médiuns excepcionais se reunissem para este trabalho?".

Resposta do General: "Bem, como eu sempre digo... Existem muitos chamados e poucos escolhidos, mas é também preciso que os escolhidos escolham a causa que os escolheram. Na verdade, é justamente o oposto. Nosso objetivo com a exoconsciência não é promover um grupo de pessoas eleitas e especiais, excepcionais de nascença. É justamente demonstrar a viabilidade da cocriação exoconsciente para pessoas ditas comuns – que não têm nada de comuns, pois todo ser humano é extraordinário em sua natureza. A intenção do nosso grupo é demonstrar a plausibilidade e viabilidade dos fenômenos, dessa cultura, desse estilo de vida, dessa filosofia de viver, a todas as pessoas comuns. Vocês poderão dizer em cinco anos: "Nós sempre fomos pessoas comuns, não nascemos com nenhum dom extraordinário e por isso podemos afirmar categoricamente que é possível". Muitas vezes, não escolhemos os seres capacitados, nós capacitamos os seres escolhidos.

A resposta do general é, em si, um tratado de espiritualidade prática. Ela desarma o mito do "escolhido especial" e devolve à humanidade o protagonismo da própria transcendência. O extraordinário não está reservado aos poucos dotados, está acessível aos que se dispõem. A exoconsciência, como ele ensina, não é um privilégio mediúnico, é um estado de sintonia consciente com o Todo – um exercício de fé lúcida, disciplina e amor. Quando o general diz que "não escolhemos os seres capacitados, mas capacitamos os escolhidos", ele revela o método divino de toda evolução: a experiência vem antes da excelência. É no cotidiano dos seres comuns, com suas dúvidas, medos e coragem, que a espiritualidade realiza suas maiores obras. Afinal, Deus não chama os prontos – prepara os que dizem sim.

ENTRE NOJINHO, GARGALHADA E CONSCIÊNCIA

236

Deixamos vestígios espirituais onde arremessamos os raios de nossa mente, assim como o animal deixa no próprio rastro o odor que lhe é característico.

XAVIER, FRANCISCO CÂNDIDO / ANDRÉ LUIZ. NOS DOMÍNIOS DA MEDIUNIDADE. FEB, 1944. EDIÇÃO KINDLE.

Gosto de falar nas minhas aulas que estamos todos mergulhados no mesmo plano mental – uma imensa piscina de pensamentos e emoções na qual ninguém nada sozinho. Imagine que nossas consciências são como cubinhos de queijo mineiro mergulhados num mesmo caldo de tempero. O caldo é um só, e o que se coloca nele se espalha para todo mundo. Se alguém joga azeite e orégano, o sabor melhora para todos. Mas se pinga vinagre azedo, é azedume geral.

O plano mental é exatamente isto: o molho coletivo das nossas ideias e sentimentos. Cada pensamento que você tem cai ali dentro e tempera o caldo comum. Quando alguém se eleva, todo o conjunto ganha sabor. Quando alguém mergulha na raiva, o caldo desanda. É o princípio da iluminação budista na prática – um que desperta ajuda todos os outros a acordar, porque estamos todos no mesmo molho cósmico.

Agora, para entender bem a responsabilidade disso, pense comigo em uma piscina. A piscina é o nosso plano mental. Diz o hermetismo que estamos todos mergulhados no plano mental. Então é uma baita piscina grande, lotada de gente. Tá todo mundo ali, curtindo o verão.

De repente... um bendito espírito mergulhado ali tem uma crise de diarreia. Pronto. Um cagou, todos se banham na consequência. A diarreia mental de um é problema de todos. Eu sei, você ficou entre o nojinho e a gargalhada...

Só que piscina é psicosfera planeta, entenda: a treta de um é treta para todos. Se você reclama do Brasil, diz que não tem jeito, xinga o vizinho e solta o verbo tóxico, adivinha? Você acabou de cagar na psicosfera do planeta. Não sei como explicar isso de forma mais clara! Mas se você escolhe pensar o bem, acredita, sintoniza e age com amor – parabéns, você trouxe o cloro espiritual.

O convite é simples: perceba o que você anda soltando na piscina da vida. O mundo já tem gente demais azedando o caldo. Seja você quem ajuda a clarear a água – com humor, com amor e, por favor, com consciência sanitária vibracional.

Quantas vezes esse mesmo pensamento já apareceu para você?

☐ ☐ ☐ ☐ ☐ ☐ ☐

meus insights

237

PEGADAS ESPIRITUAIS

As almas e as coisas, cada qual na posição em que se situam, algo conservam do tempo e do espaço, que são eternos na memória da vida.

XAVIER, FRANCISCO CÂNDIDO / ANDRÉ LUIZ. NOS DOMÍNIOS DA MEDIUNIDADE. FEB, 1944. EDIÇÃO KINDLE.

Quantas vezes esse mesmo pensamento já apareceu para você?

☐ ☐ ☐ ☐ ☐ ☐ ☐

meus insights

Há memória em tudo. As almas e as coisas guardam o perfume dos instantes que as tocaram. André Luiz nos revela que o tempo e o espaço são registros vivos na memória da vida. Quando pensamos, sentimos ou agimos, impregnamos o mundo de nós mesmos. Cada objeto, cada ambiente, cada olhar conserva traços do espírito que o atravessou. É por isso que certos lugares nos oprimem e outros nos acolhem: há histórias vibrando no ar, vestígios de pensamentos que ainda respiram.

A psicometria é a arte de ler essas marcas. Um médium sensitivo, ao tocar um objeto, pode acessar as correntes mentais que o envolveram – como quem decifra as camadas de um perfume antigo. Mas o fenômeno vai muito além do dom raro: é uma lembrança de que todos nós, em menor ou maior grau, somos gravadores e transmissores de energia. A casa em que vivemos, as roupas que usamos, os livros que amamos – tudo reflete o conteúdo de nosso campo mental. As paredes da nossa casa são testemunhas da história da nossa família.

Veja, a pergunta não é se deixamos rastros, mas que fragrância espiritual estamos deixando no mundo. Nossos pensamentos são pincéis invisíveis que colorem os lugares e os dias. Um lar impregnado de amor e ternura se torna um templo; outro, de queixas e medo, vira cárcere invisível. Nada se perde – tudo vibra, nos lembra a Tábua de Esmeralda.

Até as pedras contam histórias. A lasca de barro que o mar transformou em seixo redondo testemunha o mesmo princípio: o tempo é um escultor paciente. Assim também nós, almas mergulhadas nas ondas da experiência, vamos sendo lapidados até que a dureza se transforme em forma suave. Mesmo Cristo disse: "Deixe que eles me louvem, porque se eles não me louvarem, as pedras louvarão". Guardariam as pedras as informações e os registros históricos que testemunharam a presença de Cristo na formação do planeta?

Na memória da vida, nada é esquecido. Tudo é aprendizado – e toda vibração, um convite à consciência de que somos autores do campo energético que habitamos.

A VIDA NUNCA SE ENGANA

238

Todos os problemas criados por nós não serão resolvidos senão por nós mesmos.

XAVIER, FRANCISCO CÂNDIDO / ANDRÉ LUIZ. NOS DOMÍNIOS DA MEDIUNIDADE. FEB, 1944. EDIÇÃO KINDLE.

Toda vibração que emitimos volta um dia à nossa sintonia de origem. André Luiz nos lembra: "Todos os problemas criados por nós não serão resolvidos senão por nós mesmos". A frase encerra o capítulo da psicometria como quem fecha um ciclo – o ciclo das causas e efeitos que nós mesmos geramos. É a grande pedagogia da vida: nada se perde, nada é castigo, tudo é retorno educativo.

Até um simples espelho pode ser o fio de uma história inacabada. Um objeto guarda a promessa que não foi cumprida, a dor que não foi libertada, o amor que não se realizou. E, como o pensamento é força viva, os vínculos permanecem até que o aprendiz retorne para resolver o que deixou suspenso. Nenhum padre exorciza o que é lição da alma. O "fantasma" que nos visita é apenas o eco de nós mesmos pedindo solução.

A vida nunca se engana. A moça que esperou, o homem que prometeu, o casal que se desencontrou – todos voltarão a se reencontrar, não por castigo, mas por coerência cósmica. A psicometria revela que o universo é um grande campo de memória moral: cada ação imprime sua assinatura vibratória e exige, cedo ou tarde, uma contrapartida de consciência.

Resolver o próprio problema é libertar a energia que mantemos aprisionada. Não adianta fugir, terceirizar ou pedir dispensa: o débito é a aula que ainda não assistimos. E, quando enfim nos dispomos a olhar com amor o que antes nos feriu, a lição se conclui.

Assumir responsabilidade espiritual é a forma mais alta de autonomia mediúnica. Porque toda mediunidade começa em si: mediamos nossas sombras até que delas nasça luz. O obsessor é meu; o problema é meu; e a solução também é – por isso é sagrada. Resolver é evoluir. E evoluir é lembrar, com serenidade, que ninguém escapa da Lei – mas todos podemos compreendê-la e usá-la a favor do amor.

Quantas vezes esse mesmo pensamento já apareceu para você?

☐ ☐ ☐ ☐ ☐ ☐ ☐

meus insights

239

QUEM LIGOU PRA QUEM?

Através do pensamento, comungamos uns com os outros, em plena vida universal.

XAVIER, FRANCISCO CÂNDIDO / ANDRÉ LUIZ. NOS DOMÍNIOS DA MEDIUNIDADE. FEB, 1944. EDIÇÃO KINDLE.

Quantas vezes esse mesmo pensamento já apareceu para você?

Minha amizade com a Dra. Mônica de Medeiros começou num desses cruzamentos em que o invisível pisca o farol. Antes de se tornar professora do Círculo Escola, ela participou do documentário *No meio de nós*. Foi ali que o campo nos apresentou. Depois, vieram os sinais: os nossos telefones começaram a se ligar sozinhos. Eu estava em casa; o aparelho toca: "Mônica". Atendo. Do outro lado, só falatório ao fundo, ninguém me responde. Desligo, retorno, preocupado. "Oi, o que foi?", ela pergunta. "Eu é que pergunto. Você me ligou." Ela ri, espantada: "Não tem como. O telefone estava a metros de mim, em cima da mesa. Eu estava dando entrevista". E o registro da chamada ali, teimoso, acusando um contato que "ninguém" fez "de propósito".

O mesmo aconteceu com o general Paulo Uchôa, filho do General Uchôa, o mentor e cofundador espiritual do Círculo. O telefone acionava, eu retornava, ele atendia sem ter discado. E ficávamos um bom tempo conversando, afinando sintonia como quem ajusta rádio até a música entrar limpa. Esses episódios não foram sustos tecnológicos; foram recados. Quando é hora de certos espíritos se reencontrarem no campo da vida, a espiritualidade se agiliza. A vida, que muitos tratam como acaso, tem o hábito de agendar encontros com precisão de maestro. A espiritualidade age, mas pede que a gente atenda.

"Através do pensamento, comungamos uns com os outros, em plena vida universal", ensina André Luiz. É exatamente isso: há uma malha sutil onde ideias e afetos circulam como corrente elétrica. Às vezes, o primeiro toque é literal – um telefone que chama sozinho. Outras vezes, é um pensamento insistente, um nome que reaparece, um tema que não desgruda. O importante é acolher o sinal, em vez de soterrá-lo sob a pressa.

O telefone que toca sem dedos é só a metáfora mais didática de uma verdade maior: o pensamento convoca, aproxima, cria ponte, abre porta. Ninguém entra no nosso caminho por acaso; a Providência tem o número de todos. Cabe a nós manter o aparelho carregado – coração em sintonia, mente clara, ouvido interior atento – e a coragem de dizer "alô" quando o destino chama. Porque comunhão é isto: responder ao chamado do bem no tempo certo, e deixar que a conversa continue no silêncio em que Deus fala.

meus insights

A VERDADE NÃO TEM DONO

240

Não importa que os aspectos da verdade recebam vários nomes, conforme a índole dos estudiosos. Vale a sinceridade com que nos devotamos ao bem.

XAVIER, FRANCISCO CÂNDIDO / ANDRÉ LUIZ. NOS DOMÍNIOS DA MEDIUNIDADE. FEB, 1944. EDIÇÃO KINDLE.

A verdade não tem dono – tem parceiros sinceros. Emmanuel, apresentando André Luiz, lembra que “não importa que os aspectos da verdade recebam vários nomes, conforme a índole dos estudiosos; vale a sinceridade com que nos devotamos ao bem”. Essa frase, tão simples quanto revolucionária, desmonta séculos de teologias possessivas. Cada escola, cada religião, cada filosofia capta um raio do mesmo sol. O erro não está em ter prismas diferentes, mas em acreditar que o seu prisma é o próprio sol.

Até a ciência, ainda que sem o desejar, está a serviço do Espírito. O físico que investiga o átomo e o místico que medita sobre a alma estão, sem perceber, buscando o mesmo centro – apenas usam instrumentos diferentes. Um calcula, o outro contempla, mas ambos servem à luz. É o que Emmanuel chama de “laboratórios como templos vivos”, porque o Espírito sopra tanto no microscópio quanto no altar.

A verdade é viva, não cabe em fronteiras de credo. A verdade não se ofende se a chamam de Brahman, Mãe Natureza, Universo, Logos ou Deus. Ela só se manifesta onde há coerência entre pensamento e amor. Por isso, o critério de discernimento espiritual não é o rótulo que se usa, mas o fruto que se oferece. Quem se compromete sinceramente com o bem está, de fato, em comunhão com Cristo, ainda que o chame por outro nome. De fato, até onde sei, ele não é apegado ao CPF da Galileia.

A espiritualidade madura entende que o universo é uma grande sinfonia: cada doutrina é um instrumento, cada alma, um músico. Uns desafinam, outros tocam de ouvido, mas a melodia divina prossegue, regida pela Lei de Amor. O importante é estar afinado – não com o tom da religião, mas com o ritmo da consciência. Porque, no final, o nome muda, mas o som é um só: o bem.

Quantas vezes esse mesmo pensamento já apareceu para você?

☐ ☐ ☐ ☐ ☐ ☐ ☐

meus insights

241

PENSAR DÓI

É muito fácil inventar teorias que nos exonerem do dever de servir, e muito difícil aplicar os princípios superiores que esposamos, utilizando-nos, para isso, de nossa cabeça e de nossas próprias mãos.

XAVIER, FRANCISCO CÂNDIDO / ANDRÉ LUIZ. NOS DOMÍNIOS DA MEDIUNIDADE. FEB, 1944. EDIÇÃO KINDLE.

Quantas vezes esse mesmo pensamento já apareceu para você?

A advertência de Emmanuel ecoa em mim toda vez que me lembro do Jairo, meu terceiro sócio, que dizia com aquele gostoso sotaque nordestino e riso provocador: "Pensar dói, brother!". E ele tinha razão. Pensar dói porque obriga a sair da preguiça mental, a questionar o próprio conforto, a tirar o corpo – e o ego – da sombra do discurso. Ele me dizia como um alerta pedagógico: "Pense, brother! A maioria das pessoas não quer pensar. Pense por elas e você vai longe!".

É fácil falar de fraternidade tomando café em ar-condicionado. Difícil é ouvir o outro sem interromper, perdoar de verdade, repartir o pão sem fotografar para postar. É fácil dizer "beijos de luz" na legenda; difícil é dar a mão no escuro. Emmanuel não está desautorizando a reflexão – ele está dizendo: se o pensamento não chega às mãos, ele apodrece na cabeça. Contribuir é o exercício prático da consciência desperta.

No fundo, Jairo e Emmanuel estão falando da mesma mediunidade lúcida: o uso ético do pensamento. Pensar é canalizar o espírito para dentro do mundo, converter a ideia em gesto. A mente é a oficina da vida; o serviço, o seu produto. Só que muita gente quer o diploma espiritual sem fazer estágio. Quer as bênçãos da mediunidade sem se dispor ao trabalho cotidiano, que lapida o caráter e o coração.

Pensar dói, sim. Dói perceber que o problema não está nos outros, mas no tanto de teoria que a gente repete sem praticar. Dói ver que o "serviço do bem" exige suor, não aplauso. Mas é essa dor que expande a consciência – e nos faz passar da curiosidade à compaixão. Pensar dói, mas é dor de crescimento. Porque o pensamento, quando amadurece, desce para o coração e vira serviço. E aí, criatura, dói menos – e ilumina mais.

meus insights

NADA EXISTE DE FORMA ISOLADA

242

A interdependência mora na base de todos os fenômenos da vida. O forte é tutor do fraco. O sábio responsabilizar-se-á pelo ignorante. A criancinha na Terra não prescinde do concurso dos pais.

XAVIER, FRANCISCO CÂNDIDO / ANDRÉ LUIZ. NOS DOMÍNIOS DA MEDIUNIDADE. FEB, 1944. EDIÇÃO KINDLE.

Quantas vezes esse mesmo pensamento já apareceu para você?

A interdependência mora na base de todos os fenômenos da vida. Nada, absolutamente nada, existe isolado. A estrela brilha porque há o espaço que a acolhe; o rio corre porque a terra o guia; o pulmão respira porque o ar se oferece. O universo é uma imensa rede de cooperação – uma sinfonia de reciprocidades. Quando Emmanuel diz que o forte é tutor do fraco e o sábio se responsabiliza pelo ignorante, ele não fala de hierarquia, fala da Lei da Fraternidade, em que o amor amadureceu e decidiu agir. A verdadeira força é a que ampara; o verdadeiro saber é o que se doa.

A mediunidade é um espelho vivo dessa lei. Ninguém se comunica sozinho. Todo fenômeno mediúnico é uma dança de interdependências: o espírito que inspira, o médium que traduz, o grupo que sustenta, os mentores que harmonizam. A corrente é única – e se um elo falha, o circuito se desajusta. Por isso, o primeiro aprendizado mediúnico não é falar com os espíritos, mas conviver bem com os encarnados. O convívio é o laboratório do Espírito.

Ser tutor não é dominar, é proteger. Ser sábio não é ensinar do alto, é descer ao nível do aprendiz com paciência e ternura. Falar na língua dele. É o mesmo princípio que rege a relação entre pais e filhos, mestres e discípulos, encarnados e desencarnados, mestres ascensionados de altíssima envergadura moral e... bem, nós aqui: um cuida, o outro cresce; e, quando amadurece, passa a cuidar também.

A vida é um organismo solidário – cada ser é uma célula do Corpo Divino. A doença do egoísmo é o isolamento; a cura é a mútua contribuição. Só o amor, expressado como cooperação, mantém a harmonia das esferas. Servir e ser servido são expressões do mesmo verbo cósmico: evoluir.

meus insights

243

A ARTE PROFETIZA A BELEZA DO PORVIR

A Arte é a mediunidade do Belo, em cujas realizações encontramos as sublimes visões do futuro que nos é reservado.

XAVIER, FRANCISCO CÂNDIDO / ANDRÉ LUIZ. NOS DOMÍNIOS DA MEDIUNIDADE. FEB, 1944. EDIÇÃO KINDLE.

Quantas vezes esse mesmo pensamento já apareceu para você?

☐ ☐ ☐ ☐ ☐ ☐ ☐

A arte é a mediunidade do belo – e, muitas vezes ela revela antes do tempo o que o tempo ainda vai aprender a enxergar. Emmanuel define o artista como médium das formas, o canal do Espírito que traduz o invisível em imagem, som e palavra. Por isso a arte, muitas vezes, é poética e profética: não apenas expressa o presente, mas também pressente o futuro.

Júlio Verne, por exemplo, psicografou o amanhã com tinta de ficção. Em pleno século 19, descreveu submarinos, viagens espaciais e tecnologias que só décadas depois se tornariam realidade. George Orwell, em *1984,* canalizou com precisão cirúrgica a alma do controle social, do medo disfarçado de segurança, das massas moldadas por narrativas. E Aldous Huxley, em *Admirável Mundo Novo*, revelou um pressentimento ainda mais inquietante: o futuro em que os seres humanos aceitariam a servidão com prazer, sedados por conforto e distração.

Esses autores, sem falar de mediunidade, estavam mediunizados – inspirados por correntes mentais que já desenhavam o destino coletivo da humanidade. A arte é o lugar onde o inconsciente do mundo encontra voz. Cada um deles foi um sensitivo do pensamento planetário, um clarividente da cultura.

Quando Emmanuel diz que o belo nos oferece "as sublimes visões do futuro que nos é reservado", não se refere apenas ao estético, mas ao ético: o belo é o reflexo do bem que ainda vamos alcançar. O artista capta no plano das ideias aquilo que o coletivo ainda não sabe desejar.

Toda arte que ilumina é profecia. Às vezes sua beleza genuína aponta para um mundo regenerado; outras vezes, as distopias tocam como sirenes de alerta. O artista é o médium do devir – aquele que mostra, com coragem e sensibilidade, que o futuro já está se ensaiando dentro da alma humana.

meus insights

O GERADOR DAS IDEIAS

244

A humanidade, em geral, se desenvolve quando surgem problemas que a obrigam a buscar soluções novas.

XAVIER, FRANCISCO CÂNDIDO / EMMANUEL. PLANTÃO DE RESPOSTAS. 1. ED. SÃO PAULO: IDE, 1994.

Estávamos no chão do quarto do Lorenzo, rodeados por pecinhas de madeira, construindo o que ele havia decretado ser um "parque dos dinossauros". Eu e a Juliana mergulhados na montagem – encaixa aqui, levanta ali, ajusta o muro, põe o tiranossauro – enquanto o pequeno diretor de obras circulava em pé, dando ordens com a maior autoridade. "Sobe isso mais!", "coloca aquele outro ali!", "agora faz uma ponte pros dinossauros passarem!". Depois de alguns minutos, olhei para ele e disse:

– Lorenzo, mas só eu e a tia Ju estamos construindo o parque, você não está fazendo nada...

Ele, sem piscar, respondeu:

– É que sou o gerador das ideias!

Eu ri, mas logo percebi a genialidade da resposta. Porque, no fundo, é isto: o progresso humano começou quando alguém, em meio ao caos das peças espalhadas da existência, ousou imaginar um jeito diferente de juntá-las. Emmanuel já dizia – a humanidade avança quando é desafiada. E o desafio é o brinquedo preferido da criatividade. Quando a vida desmonta o que conhecíamos, o espírito inventa novas formas de montar.

A chamada economia criativa é a tradução moderna dessa lei espiritual. Hoje, cerca de 3% do PIB mundial vem de setores ligados à criatividade – design, games, audiovisual, moda, tecnologia e cultura – e já emprega mais de 30 milhões de pessoas no planeta, segundo dados da Unesco e da UNCTAD. O mundo está descobrindo que o verdadeiro capital não está nas mãos, está na imaginação. A força que move a humanidade já não é tanto o músculo nem o metal, mas a boa ideia.

E é curioso: a alma humana se comporta como uma criança no chão da criação – rodeada de peças soltas, testando, errando, rindo, tentando de novo. Talvez Deus também nos olhe de cima e pense, com ternura: "Meus filhos... são os geradores das ideias". E sorri.

Quantas vezes esse mesmo pensamento já apareceu para você?

☐ ☐ ☐ ☐ ☐ ☐ ☐

meus insights

AS PESSOAS QUE PENSAM POUCO

245

O hábito é uma esteira de reflexos mentais acumulados, operando constante indução à rotina.

XAVIER, FRANCISCO CÂNDIDO / EMMANUEL. PENSAMENTO E VIDA. BRASÍLIA: FEB, 2016.

Quantas vezes esse mesmo pensamento já apareceu para você?

meus insights

Nota digna de menção: apesar de a obra *Mais esperto que o diabo*, de Napoleon Hill, ter vendido mais de 100 milhões de cópias em todo o mundo, preciso começar dizendo que só em 2014 a Citadel Editora trouxe o título para o Brasil. Chico nunca teve a oportunidade de ler Hill.

Isto posto, o hábito é a segunda natureza do espírito. Ele é neutro: pode ser o trilho da ascensão ou o abismo da repetição. Emmanuel descreve o hábito como uma esteira mental, e Napoleon Hill, em *Mais esperto que o diabo*, revelou o que acontece quando essa esteira se move sem consciência. Segundo Hill, a mente humana vive entre dois polos: o ritmo hipnótico da inércia e o ritmo intencional da criação. Quem não dirige o próprio pensamento acaba sendo dirigido.

No livro, Hill entrevista alegoricamente o próprio "diabo", que confessa: "Eu domino as pessoas que pensam pouco. Conduzo-as pelo hábito de deixarem-se levar pela correnteza". É a mesma lei que Emmanuel descreve, mas pela lente da psicologia do comportamento: quem se entrega ao automatismo do hábito sem consciência é levado pela esteira – em vez de conduzi-la. A rotina, quando guiada pelo medo, pela preguiça ou pela dispersão, transforma-se em prisão invisível. Mas quando guiada pelo propósito, pela fé e pela disciplina, torna-se alavanca da liberdade.

A neurociência confirma que 70% das ações humanas diárias são automáticas, processadas no circuito dos gânglios da base, onde hábitos se formam e se fortalecem. Mudar um hábito é, literalmente, reescrever o cérebro. E essa reprogramação só acontece com repetição consciente – o mesmo princípio espiritual de Pensamento e Vida: pensamento firme, emoção dirigida, vontade constante.

Por isso, a grande escolha diária é simples: ser conduzido ou conduzir. O hábito pode ser o servo mais fiel ou o tirano mais sutil. Se deixamos a mente no piloto automático, a vida repete os mesmos capítulos. Mas se assumimos o controle e transformamos pequenas rotinas em atos de consciência, o hábito se torna ponte – e não prisão. O diabo que Hill simboliza não é uma entidade externa: é a nossa própria distração. E vencê-lo é tão simples quanto estar desperto para ser "mais esperto...".

EMPATIA É PRESENÇA ATIVA

246

Confia no Senhor e em nossa dedicação fraternal. Sossega a alma perturbada, porque muitos de nós outros já perambulamos igualmente nos teus caminhos.

XAVIER, FRANCISCO CÂNDIDO / ANDRÉ LUIZ. NOSSO LAR. 1. ED. RIO DE JANEIRO: FEDERAÇÃO ESPÍRITA BRASILEIRA, 1944. EDIÇÃO KINDLE.

A empatia dos espíritos é uma das expressões mais puras do amor. Eles nos compreendem não porque nos observam de cima, mas porque já estiveram aqui, tropeçando onde tropeçamos, chorando o que choramos, buscando o mesmo sentido que hoje buscamos. Quando Lísias diz a André Luiz que muitos deles "já perambularam igualmente nos teus caminhos", ele fala da humildade dos que evoluíram o bastante para reconhecer a própria trajetória nos que ainda aprendem. Nenhum de nós é acompanhado por juízes – somos guiados por irmãos mais velhos.

Ser escolhido pela espiritualidade não é prêmio, é vínculo. Somos acolhidos por quem nos conhece profundamente, por quem vê além das quedas o potencial da nossa luz. Eles nos amam pelo que somos, apesar do que ainda somos, e por tudo o que ainda seremos. A empatia dos bons espíritos não se limita a palavras de consolo: é presença ativa, é magnetismo que ampara, inspiração que sopra discretamente na consciência. São eles que sustentam nosso ânimo nas horas de sombra e nos lembram – mesmo sem voz audível – que não viemos sozinhos.

Nosso Lar, como tantas cidades espirituais, é um imenso laboratório de compreensão. Lá o julgamento cede lugar à compaixão. Cada espírito curado se torna curador; cada dor superada vira ferramenta de auxílio. Quando nos conectamos a essa vibração, percebemos que o consolo que vem do Alto não é distante – é familiar, é íntimo, é a própria saudade do lar verdadeiro.

Por isso, sossegue o coração. Nenhum sofrimento é ignorado, nenhuma lágrima é desperdiçada. Há mãos invisíveis segurando as suas, olhos amorosos vigiando seus passos e corações que batem em uníssono com o seu. A empatia dos espíritos é a voz de Deus dizendo: "Eu conheço o seu caminho, porque já o percorri como você".

Quantas vezes esse mesmo pensamento já apareceu para você?

☐ ☐ ☐ ☐ ☐ ☐ ☐

meus insights

247

O WI-FI DO ESPÍRITO

A influência dos encarnados entre si é habitualmente muito maior que se imagina (...). Sem perceber, consumimos ideias e forças uns dos outros.

XAVIER, FRANCISCO CÂNDIDO / ANDRÉ LUIZ. NOS DOMÍNIOS DA MEDIUNIDADE. FEB, 1944. EDIÇÃO KINDLE.

Quantas vezes esse mesmo pensamento já apareceu para você?

☐ ☐ ☐ ☐ ☐ ☐ ☐

Vivemos mergulhados num campo mental tão real quanto o ar que respiramos – só que invisível aos olhos e visível à sensibilidade. Nesse oceano sutil, pensamentos são ondas, emoções são correntes e afinidades são portos de atração. É por isso que certos acontecimentos do cotidiano, que chamamos de "coincidências", são na verdade sincronicidades: mensagens do campo nos lembrando que nada está isolado.

Quem nunca pensou em alguém e, segundos depois, o telefone tocou? Ou sonhou com uma pessoa e a encontrou no dia seguinte, como se o sonho fosse um bilhete prévio da realidade? Quantas vezes estamos em silêncio, com um problema íntimo rodando na cabeça, e alguém nos traz, sem saber, a solução exata que faltava? O universo espiritual ri da nossa cara quando chamamos isso de acaso. Emmanuel nos lembra: sem perceber, consumimos ideias e forças uns dos outros.

A convivência humana é uma mesa compartilhada de energias. Cada pensamento é uma pitada de tempero no banquete coletivo. É por isso que o mau humor contamina e a alegria também se espalha. Quando alguém se acalma, o ambiente inteiro respira melhor. Quando um só desperta, o campo se reorganiza.

A mediunidade não começa no centro espírita, mas na vida – nesse fluxo de mentes que se tocam, se influenciam e se reconhecem. O amor é o Wi-Fi do espírito. E o pensamento é o sinal que nunca cai.

Talvez a espiritualidade esteja o tempo todo nos ligando – basta manter o modo avião do coração desligado. Porque, no fim das contas, o milagre não está em pensar em alguém e ele aparecer; o milagre é lembrar que, no invisível, nós nunca deixamos de estar em contato.

meus insights

JUNTOS SOMOS MAIS

248

O progresso é obra de cooperação.

XAVIER, FRANCISCO CÂNDIDO / ANDRÉ LUIZ. NOS DOMÍNIOS DA MEDIUNIDADE. FEB, 1944. EDIÇÃO KINDLE.

Essa máxima espiritualmente inspirada coloca a lente na realidade universal: ninguém evolui sozinho, porque a lei cósmica é de interdependência. Cada ser traz um papel, um chamado, um dom que, ao unir-se ao dom do outro, constrói a edificação comum.

Nesse panorama surge Donald Clifton e sua abordagem de talentos naturais (CliftonStrengths) – segundo ele, somos dotados de “padrões naturais recorrentes de pensamento, sentimento ou comportamento que podem ser aplicados de forma produtiva”. Ou seja: cada pessoa tem um DNA exclusivo de talentos. Quando permitimos que esses talentos floresçam, transformam-se em forças que servem não só a nós mesmos, mas também ao coletivo.

A beleza da cooperação é que ela permite que esses talentos se completem. Um indivíduo pode ter o talento de ideativo (criatividade), outro pode ter ativação (impulso para colocar em movimento), outro relacionamento (conectar pessoas), outro realização (fazer acontecer). Sozinhos, nossos talentos são potenciais; juntos, eles se transmutam em potência de progresso.

No espírito da frase “O progresso é obra de cooperação”, é justamente nisto que reside o milagre: na sinergia dos dons distintos. No plano espiritual, somos instrumentos diversificados da mesma orquestra divina. A unidade não é uniformidade – é harmonia entre vozes diferentes. Há diversidade de dons, explicava o apóstolo Paulo, mas um só e mesmo Espírito move tudo em todos.

No mundo prático, isso significa valorizar a diferença: não exigir que todos façam o que eu faria segundo um padrão, roteiro de performance ou fórmula de sucesso; mas convidar cada um a usar o que traz de melhor – com amor. O progresso moral, intelectual e espiritual de uma comunidade (ou do planeta) não se sustenta com clones padronizados, mas em diversidade coesa. Eu falo de unidade, não de uniformidade. Unidade abriga diversidade; uniformidade impõe padrão.

Portanto, que cada um descubra seu talento natural – e que não o use para competir, mas para complementar. Evite o mimimi de “não consigo porque não tenho aquele dom”; use o que você tem, celebre o que os outros têm, e juntos construímos o progresso– não apenas para si, mas para o mundo.

Quantas vezes esse mesmo pensamento já apareceu para você?

☐ ☐ ☐ ☐ ☐ ☐ ☐

meus insights

249

DEUS SEMPRE ABENÇOA O ESFORÇO DA BUSCA

Todo esforço digno, por mínimo que seja, recebe invariavelmente da vida a melhor resposta.

XAVIER, FRANCISCO CÂNDIDO / ANDRÉ LUIZ. NOS DOMÍNIOS DA MEDIUNIDADE. FEB, 1944. EDIÇÃO KINDLE.

Quantas vezes esse mesmo pensamento já apareceu para você?

☐ ☐ ☐ ☐ ☐ ☐ ☐

Essa máxima espiritual ecoa uma verdade humana que cruzou séculos e culturas – e que também aparece com potência na carta *Fides et Ratio,* de João Paulo II. Ele afirma que “Deus colocou no coração do homem o desejo de conhecer a verdade” e que fé e razão são “como que as duas asas pelas quais o espírito humano se eleva para a contemplação da verdade”.

Nessa perspectiva, cada busca honesta – ainda que modesta – não se perde no vazio. Deus acompanha nossos passos, abençoa o esforço da marcha íntima. A fé não exclui o trabalho; ao contrário, ela colore de sentido a cada gota de suor intelectual ou moral. E a razão bem usada – a que não se contenta com meras aparências – responde ao chamado divino de clarear o mundo interno e externo. Deus sempre abençoa o esforço da busca.

Na integração entre o pensamento cristão e o princípio espiritual de que “o progresso é obra de cooperação”, nasce uma ética da reciprocidade: nosso dom, por mais discreto, serve ao Todo. Um coração que sintoniza, uma mão que ajuda, uma ideia que ilumina – tudo soma. A vida reconhece esse esforço sincero e, em retorno, oferece condições, sincronicidades e ecos de expansão.

Que a frase de André Luiz não permaneça como um slogan sem vida. Que nosso talento, por menor que pareça, seja cultivado com foco, generosidade e fé. Pois Deus não desdenha mínimos gestos de amor; pelo contrário, Ele molha a semente mais humilde com sua benção invisível – e a terra fértil da alma brota força, luz e vida.

meus insights

A MORTE SÓ MUDA O CENÁRIO

250

Depois da morte no corpo físico, prosseguimos desenvolvendo os pensamentos que cultivávamos na experiência carnal.

XAVIER, FRANCISCO CÂNDIDO / ANDRÉ LUIZ. NOS DOMÍNIOS DA MEDIUNIDADE. FEB, 1944. EDIÇÃO KINDLE.

A morte não muda ninguém – apenas muda o cenário. O Espírito atravessa o umbral levando consigo o conteúdo da mente. Quem cultivou o amor, amanhece em jardins; quem alimentou ódio, desperta em tempestades. A morte é apenas a ampliação da vida, não sua negação.

O pensamento é força plástica: cria, modela, cristaliza. Quando a mente repete uma emoção, ela molda uma paisagem interior que se solidifica. Ao desencarnar, o espírito desperta dentro da própria criação mental – o inferno ou o céu que ele mesmo edificou. Nenhum juiz externo sentencia a alma: ela desperta dentro do mundo que cultivou em si.

A dominação mental começa em vida – quando alguém se entrega à raiva, à inveja ou à vitimização, já vive em estado de auto-hipnose. Ao desencarnar, apenas continua a mesma sintonia, com maior intensidade. A morte não limpa o disco rígido da alma; apenas tira o modo silencioso.

Por isso, educar o pensamento é preparar a eternidade. Cada ideia é um tijolo no mundo em que vamos habitar depois do corpo. Pensar bem é construir o paraíso agora. Pensar mal é hipotecar o futuro.

A lei é simples: morremos como vivemos e acordamos como pensamos. A mente é o útero do espírito – e nele, só germina o que o coração plantou.

Quantas vezes esse mesmo pensamento já apareceu para você?

☐ ☐ ☐ ☐ ☐ ☐ ☐

meus insights

251

UM RECURSO FINITO: USE COM SABEDORIA

É que o tempo, para nós, é sempre aquilo que dele fizermos. As horas são invariáveis no relógio, mas não são sempre as mesmas em nossa mente.

XAVIER, FRANCISCO CÂNDIDO / ANDRÉ LUIZ. NOS DOMÍNIOS DA MEDIUNIDADE. FEB, 1944. EDIÇÃO KINDLE.

Quantas vezes esse mesmo pensamento já apareceu para você?

Vivemos na era da pressa. Todo mundo corre, todo mundo reclama que não tem tempo, todo mundo vive cansado. Mas talvez o problema não seja a falta de horas – seja o excesso de distrações. O tempo não se multiplica, mas o foco o alonga. Quando a mente se dispersa, o dia encurta; quando a mente se alinha, o dia se expande. O tempo é o mesmo para todos, o uso é que o diferencia.

A palavra prioridade vem de *priori,* o que vem primeiro. Não existe plural de prioridade, embora a gente viva tentando criar um. "Minhas prioridades", dizemos – e é aí que tudo se perde. Quando tudo é importante, nada é. Foco é a arte de escolher o que realmente merece o seu agora. E foco nasce da inteligência, que vem de *inteligere,* "escolher dentre". Quem escolhe dentro de si mesmo entende o que é essencial e o que é ruído.

O tempo é uma matéria maleável e um recurso finito não renovável: se o desperdiçamos, ele escapa; se o honramos, ele se multiplica. As horas não rendem mais nem menos – quem rende somos nós. O tempo de qualidade nasce quando a consciência ocupa o instante. É por isso que há quem viva uma vida inteira em vinte anos, e quem passe oitenta sem nunca ter vivido de fato. O relógio marca segundos; o espírito, significados.

meus insights

252

O TEMPO É PROFESSOR DA MENTE

Intimamente justaposta ao campo celular, a alma é a feliz prisioneira do equipamento físico, no qual influencia o mundo atômico e é por ele influenciada, sofrendo os atritos que lhe objetivam a recuperação.

XAVIER, FRANCISCO CÂNDIDO / ANDRÉ LUIZ. NOS DOMÍNIOS DA MEDIUNIDADE. FEB, 1944. EDIÇÃO KINDLE.

A beleza da sala de aula do espaço-tempo é que nela o espírito aprende a dominar seu próprio poder mental. Se a alma influencia o corpo físico na matéria e é influenciada por ele, o espaço-tempo funciona como um amortecedor interdimensional entre o querer e o acontecer. É o intervalo necessário entre o impulso do pensamento e sua materialização. Se tudo o que pensamos se tornasse realidade de imediato, bastaria um perrengue de trânsito para perdermos o réu primário espiritual – e social. O espaço-tempo é misericórdia em movimento.

Como explico em Yeshua, é na mente que se produz a consciência do espaço-tempo. Essa consciência amortece os impactos entre corpo e espírito, nos dando oportunidade de aprender a consistência ao longo do tempo. O intervalo é didático: ensina o discernimento entre o desejo e o merecimento, entre o impulso e a vontade. A mente cria, mas é a vontade que sustenta. O universo, sábio, não nega nossos pedidos – ele apenas verifica se já temos estrutura vibratória para recebê-los. Interessante que a mesma lei se aplica para coisas boas e ruins. Insista na raiva todos os dias, por anos, e o resultado se materializará no seu corpo. Insista no propósito todos os dias, por anos, e ninguém poderá prever o que você será capaz de realizar. Não são duas leis que regem luz e sombra. Uma só é a Lei, e esperto é quem aprende a surfar a onda, ao invés de tentar secar o mar com rodo e pano de chão.

Por isso, se algo demora a se manifestar, agradeça. É o tempo testando a solidez do seu querer. A força espiritual não se mede pela velocidade da conquista, mas pela serenidade da persistência. O espaço-tempo, como um grande professor, não reprova ninguém – apenas repete a lição até que aprendamos a desejar com sabedoria.

Quando o espírito amadurece, a demora deixa de ser obstáculo e se torna processo pedagógico. É o tempo dizendo: "Antes de dar o que você quer, quero lhe ensinar o que você precisa".

Quantas vezes esse mesmo pensamento já apareceu para você?

☐ ☐ ☐ ☐ ☐ ☐ ☐

meus insights

Yeshua: Nosso Cristo Planetário Revelado

Redescubra Jesus, antes de séculos de institucionalismo religioso.

253

TUDO COMEÇA NA MENTE

O pensamento espalha nossas próprias emanações em toda parte a que se projeta.

XAVIER, FRANCISCO CÂNDIDO / ANDRÉ LUIZ. NOS DOMÍNIOS DA MEDIUNIDADE. FEB, 1944. EDIÇÃO KINDLE.

Quantas vezes esse mesmo pensamento já apareceu para você?

☐ ☐ ☐ ☐ ☐ ☐ ☐

Às vezes me pergunto se a humanidade está realmente pronta para compreender a gravidade desse pensamento. Confesso que, particularmente, tremo diante dele. Desde que Cristo disse que se você apenas pensasse na mulher do próximo já teria cometido adultério, ele não apenas elevou o padrão ético do mundo – também descortinou a estrutura mental do universo. Mostrou que a criação começa no pensamento, e que toda ação é apenas o reflexo maduro de uma semente mental plantada antes.

Naquele instante, Cristo virou um espelho diante dos fariseus – e diante de todos nós. Ele nos fez ver que somos mais do que os atos que praticamos: somos os pensamentos que cultivamos. Revelou que julgar o outro é hipocrisia espiritual, porque todos, em algum nível, ainda tropeçamos dentro da própria mente. E a imagem desse espelho arde em nosso ego. Dói perceber que não há esconderijo possível para aquilo que pensamos, porque o pensamento é energia, é vibração, é identidade. Aonde quer que se vá, ele nos precede e nos revela.

André Luiz confirma essa lei quando explica que o pensamento projeta nossas emanações em toda parte. Vivemos, portanto, dentro da atmosfera que criamos. Se pensamos com medo, caminhamos em névoa. Se pensamos com amor, o caminho se ilumina. Não há como mentir para o universo – ele apenas nos devolve o que emitimos. A mediunidade, a convivência, as relações – tudo é eco daquilo que somos por dentro.

Perceber que somos o que pensamos é o início da verdadeira responsabilidade espiritual. A mente é um templo que pode irradiar Céu ou Inferno. Dominar o pensamento é a mais alta forma de oração. Porque, no fim, não há juízo final – há o reflexo permanente daquilo que escolhemos vibrar.

Quem de nós dá conta 100% dessa realidade? Eu ainda falho miseravelmente...

meus insights

TALENTO É PAIXÃO DISCIPLINADA

254

Quando não usamos com sabedoria os talentos que nos são concedidos, eles escapam por entre nossos dedos, como areia.

XAVIER, FRANCISCO CÂNDIDO / EMMANUEL. PLANTÃO DE RESPOSTAS. 1. ED. SÃO PAULO: IDE, 1994.

Allan Kardec perguntou aos espíritos se a paixão, estando no ser humano, seria uma coisa ruim. A resposta é uma das mais belas chaves da transição espiritual da humanidade: o princípio que dá origem à paixão foi posto no homem para o seu bem. A paixão é fruto do excesso que faz desse princípio. Dizem eles que é como um cavalo – pode ser força criadora ou destruidora. Dirigida pela consciência, multiplica por dez a capacidade de realização; entregue ao descontrole, precipita-se no excesso. André Luiz chama essa força de talento. Kardec, de princípio. E a psicologia moderna a reconhece como talento natural.

Donald Clifton, no experimento da Universidade de Nebraska, descobriu que o rendimento dos alunos que focavam nos seus pontos fortes se multiplicava quase por dez – exatamente como ensina *O Livro dos Espíritos* (diz a egrégora que o princípio posto no ser humano "decuplica" sua capacidade de realização – ou seja, multiplica por dez). Clifton chamou esses padrões naturais de talentos: modos de pensar, sentir e agir que, quando cultivados, tornam-se força produtiva e expressão do melhor de nós.

Essa convergência entre Kardec e Clifton não é coincidência: é sincronia evolutiva. A ciência começa a nomear o que o espírito sempre soube – que o autoconhecimento é a porta da cocriação. A transição planetária não pede santos nem gênios, pede seres humanos conscientes da potência que carregam e responsáveis por canalizá-la para o bem comum. E a humanidade, aos trancos e barrancos, começa a ter acesso a verdadeiras tecnologias de autoconhecimento!

Usar nossos talentos é uma forma de espiritualidade ativa. Cada vez que aplicamos com amor o que sabemos fazer bem, honramos o Criador que nos confiou essa centelha. Negligenciar o talento é desperdiçar combustível divino; cultivá-lo é cocriar o novo mundo que já desponta no horizonte. O talento é paixão disciplinada – e a paixão, quando guiada pela luz, é Deus passando através de nós.

Quantas vezes esse mesmo pensamento já apareceu para você?

☐ ☐ ☐ ☐ ☐ ☐ ☐

meus insights

255

AJUDA VERDADEIRA É IMPULSO

A lei do auxílio permite a solicitação, mas determina a expansão para que a ajuda não desajude.

XAVIER, FRANCISCO CÂNDIDO / EMMANUEL.
PENSAMENTO E VIDA. BRASÍLIA: FEB, 2016.

Quantas vezes esse mesmo pensamento já apareceu para você?

☐ ☐ ☐ ☐ ☐ ☐ ☐

A ajuda verdadeira não é substituição, é impulso. Emmanuel nos lembra que toda vez que ajudamos alguém, a vida nos pede equilíbrio entre dar a mão e roubar o aprendizado. A lei do auxílio permite pedir, mas exige crescer. É uma linha fina entre amparar e aprisionar, socorrer e sustentar a dependência. Por isso, ninguém ajuda ninguém que não se ajuda.

A compaixão não deve ser confundida com conivência. Quando o outro pede apoio, o melhor gesto nem sempre é resolver por ele – é caminhar junto até que ele descubra as próprias forças. A ajuda que realmente transforma é a que desperta autonomia. A mão estendida deve apontar o caminho, não carregar eternamente o peso que cabe ao outro suportar. Deus, em sua sabedoria, não remove as provas da alma – oferece meios para que ela as vença.

Da mesma forma, ninguém se salva sozinho. O auxílio é uma via de mão dupla: quem ajuda cresce; quem é ajudado expande. O gesto de servir purifica o coração de quem contribui, e o esforço de reerguer-se fortalece quem recebe. A vida não deseja dependência, deseja evolução.

Por isso, ajude – mas com lucidez. Estenda a mão, mas não se deite no chão. O verdadeiro amor não perpetua a fraqueza, educa a vontade. A ajuda que ajuda é a que desperta o poder interior adormecido em cada ser. E, no fim, é sempre o próprio esforço que sela a cura.

meus insights

PATRIMÔNIO DA HUMANIDADE

256

Foi quando comecei a recordar que deveria existir um Autor da vida, fosse onde fosse. Essa ideia confortou-me. Eu, que detestara as religiões no mundo, experimentava agora a necessidade de conforto místico.

XAVIER, FRANCISCO CÂNDIDO / ANDRÉ LUIZ. NOSSO LAR. 1. ED. RIO DE JANEIRO: FEDERAÇÃO ESPÍRITA BRASILEIRA, 1944. EDIÇÃO KINDLE.

Há um instante em que o espírito desperta e, exausto das próprias certezas, volta a sentir saudade do infinito. André Luiz viveu isso. Depois de negar as religiões, percebeu que o vazio deixado por elas não era ausência de Deus, mas de sentido. E foi nesse deserto interior que ele recordou o Autor da vida – não como dogma, mas como presença silenciosa que sustenta tudo. O navio da religião institucional afunda não porque a fé morreu, mas porque a consciência amadureceu. E o que fazemos com este livro e com o Círculo Escola Filosófica é justamente resgatar o patrimônio espiritual da humanidade antes que ele afunde junto com o casco das velhas estruturas. A obra de Chico não pertence a um credo – pertence ao campo da consciência. É patrimônio da humanidade confiando aos povos de língua portuguesa! O que antes era dogma, hoje é dado estatístico do que Robin Foy chamava de "a nova ciência espiritual"; o que antes era crença, agora é experiência; o que antes era exclusividade, agora é integração. Estamos saindo da "era dos templos" e entrando na era das consciências, o templo interior de cada ser humano.

A transição pós-religiosa não é uma negação do sagrado – é a sua libertação. É reconhecer que a espiritualidade nunca foi propriedade da religião, mas linguagem universal do espírito humano. E ao traduzirmos o vocabulário da fé para o da consciência, mantemos viva a essência do Evangelho e da mediunidade: o amor lúcido, ativo e criador.

O "conforto místico" de André Luiz não é retorno ao templo, é retorno à essência. É a descoberta de que o altar não se ergue fora, mas dentro. O Autor da vida não mora em doutrinas, igrejas ou centros – pulsa em cada átomo, em cada olhar, em cada gesto consciente. Quando o espírito o recorda, não se converte: desperta. E desperto, entende que a verdadeira religião é a comunhão com tudo o que vive.

Quantas vezes esse mesmo pensamento já apareceu para você?

meus insights

257

TUDO É ESPÍRITO

Na própria ciência humana de hoje o átomo não é mais o tijolo indivisível da matéria... que, antes dele, encontram-se as linhas de força, aglutinando os princípios subatômicos, e que, antes desses princípios, surge a vida mental determinante... Tudo é espírito no santuário da Natureza.

XAVIER, FRANCISCO CÂNDIDO / ANDRÉ LUIZ. NOS DOMÍNIOS DA MEDIUNIDADE. FEB, 1944. EDIÇÃO KINDLE.

Quantas vezes esse mesmo pensamento já apareceu para você?

☐ ☐ ☐ ☐ ☐ ☐ ☐

Einstein, ao longo de sua vida, fez observações que ressoam com essa visão de que a matéria é mais sutil do que aparenta. Ele dizia que “No que diz respeito à matéria, estávamos todos errados. O que chamamos de matéria é energia, cuja vibração foi tão reduzida que se tornou perceptível aos sentidos. Não existe matéria”. Ou seja: o que chamamos “matéria” é uma forma densificada de energia, vibrando em frequência tal que os sentidos possam percebê-la.

Em outra declaração emblemática, ele afirmou: “Todo aquele que se dedica seriamente à busca da ciência se convence de que as leis da natureza manifestam a existência de um Espírito muito superior ao dos homens”. Aqui Einstein reconhece que por trás das leis físicas visíveis existe uma inteligência profunda, uma ordem que transcende nossa compreensão imediata – algo que, em linguagem espiritual, dialoga com o “Espírito no santuário da Natureza” de André Luiz.

Esse paralelismo é significativo: enquanto André Luiz nos convida a ver o cosmos como campo vivo de espírito e energia, Einstein nos mostra que mesmo a física moderna já abandonou o conceito de matéria sólida irreversível. A ciência revela que tudo é vibratório, relacional, fluido – o que não é diferente do que a espiritualidade sempre ensinou com outros símbolos. Einstein e André Luiz se encontram na Tábua de Esmeralda, de Hermes Trismegisto: o Todo é mente, o universo é mental.

Quando combinamos esses olhares, percebemos que a verdadeira revolução não está em descartar a matéria ou ignorar a ciência, mas em integrar consciência e energia. A pedra menos densa, a luz mais tênue, o gesto mais simples – tudo carrega presença. E nosso convite, agora, é caminhar de mãos dadas com ambos os mundos: medindo com o rigor da ciência, mas sentindo com a profundidade da alma.

meus insights

258

QUEM VIVE BEM, MORRE MELHOR AINDA

Na vida eterna, a existência no corpo físico, por mais longa, é sempre curto período de aprendizagem.

XAVIER, FRANCISCO CÂNDIDO / ANDRÉ LUIZ. NOS DOMÍNIOS DA MEDIUNIDADE. FEB, 1944. EDIÇÃO KINDLE.

A vida física é apenas um capítulo breve na longa narrativa da alma. André Luiz nos recorda que o corpo é escola, não prisão; passagem, não destino. Mesmo que dure cem anos, a existência terrena é um instante de aprendizado dentro da vastidão da consciência eterna. É por isso que Sêneca afirmava: "Quem não souber morrer bem terá vivido mal" (*Epistulae Morales ad Lucilium*). A morte, para ele, não era tragédia, mas exame final da vida – um teste de maturidade espiritual.

Morrer bem, para Sêneca, é desprender-se em paz; é ter vivido de modo a não dever nada ao tempo. É entender que o valor da vida não está na duração, mas na lucidez com que foi habitada. André Luiz confirma o mesmo princípio: o espírito imortal vem à matéria para aprender o que só a limitação pode ensinar – paciência, empatia, resiliência. O corpo é o instrumento; o aprendizado, a sinfonia.

Quem compreende a vida como aprendizado contínuo deixa de ter medo da morte. A finitude do corpo não ameaça a eternidade do ser – apenas a revela. Morrer bem é reconhecer, no último suspiro, que se aprendeu a viver com propósito, e que nada se perde, porque tudo evolui. Quando a alma entende isso, descobre que não há fim – há apenas mudança de sala na grande escola da eternidade.

Quantas vezes esse mesmo pensamento já apareceu para você?

☐ ☐ ☐ ☐ ☐ ☐ ☐

meus insights

A LEI DA FRATERNIDADE

259

É da Lei que a sabedoria socorra a ignorância, que os melhores ajudem aos menos bons.

XAVIER, FRANCISCO CÂNDIDO / ANDRÉ LUIZ. NOS DOMÍNIOS DA MEDIUNIDADE. FEB, 1944. EDIÇÃO KINDLE.

Quantas vezes esse mesmo pensamento já apareceu para você?

meus insights

Em toda escola iniciática, antiga ou moderna, existe um princípio comum: a Lei da Fraternidade. André Luiz a expressa de forma simples – os que já caminharam mais devem iluminar o caminho dos que ainda tateiam. Esta é a verdadeira ordem universal: o mais forte ampara o mais fraco, o mais lúcido inspira o mais confuso, o mais evoluído estende a mão e volta para ensinar. Não há hierarquia de poder, mas de responsabilidade. O verdadeiro poder está em contribuir.

Nas tradições esotéricas, essa lei é descrita como o fio de ouro que sustenta o equilíbrio dos mundos. Na teosofia, Helena Blavatsky ensina que "a Fraternidade Universal é o único dogma aceito pelos Mestres de Sabedoria". Em suas palavras: "Nenhum ser humano pode progredir espiritualmente sem servir ao progresso do todo". No hermetismo, o Caibalion ecoa o mesmo princípio: "Tudo vibra e se harmoniza por correspondência; o que está acima ajuda o que está abaixo, e o que está abaixo reflete o que está acima". E na filosofia pitagórica, o discípulo só se tornava mestre quando devolvia ao mundo, em serviço e harmonia, o conhecimento recebido.

A Lei da Fraternidade é, portanto, a gravidade moral do universo: a força que atrai almas diferentes para o mesmo centro – o Amor. É o código invisível que impede que o cosmos se desfaça em egoísmo. Cada consciência que desperta se torna ponto de luz no tecido da evolução, e sua presença passa a iluminar as regiões sombrias onde outros ainda tropeçam. Assim, a sabedoria não se exibe – ela se oferece.

Chico e André Luiz reafirmam, com linguagem simples, o que os antigos iniciados sabiam por experiência direta: ninguém se eleva sozinho. Toda ascensão verdadeira inclui um gesto de retorno. O mestre não está no topo; está ao lado – Jesus é uma prova histórica desse princípio. E quando cada um de nós entende que auxiliar o outro é cumprir a própria lei da vida, o planeta inteiro se aproxima um passo mais da harmonia que o Universo espera de nós.

DERRAMAREI O MEU ESPÍRITO SOBRE TODO SER VIVO

260

Governo oculto do Planeta deliberou que a mediunidade fosse trazida do colégio sacerdotal à praça pública, a fim de que a noção da eternidade, através da sobrevivência da alma, desperte a mente anestesiada do povo.

XAVIER, FRANCISCO CÂNDIDO / ANDRÉ LUIZ. NOS DOMÍNIOS DA MEDIUNIDADE. FEB, 1944. EDIÇÃO KINDLE.

Quantas vezes esse mesmo pensamento já apareceu para você?

Há decisões que não são tomadas em parlamentos, mas em assembleias luminosas. A Terra é conduzida por consciências que trabalham em silêncio – espíritos que, há milênios, arquitetam o avanço moral e intelectual da humanidade. Esse governo oculto do planeta não é uma conspiração sombria; é a fraternidade luminosa que opera nos bastidores da evolução.

E uma de suas deliberações mais ousadas foi justamente esta: tirar a mediunidade do templo e devolvê-la ao povo. Durante séculos, o contato com o invisível esteve confinado aos colégios sacerdotais – cercado por dogmas, rituais e hierarquias que transformaram o dom em privilégio. Mas chegou a hora da libertação. A mediunidade, essência da comunhão entre dimensões, precisava respirar ar puro, caminhar nas ruas, ser vivida por pessoas comuns.

Essa decisão marca o início da transição espiritual da humanidade. "Acontecerá nos últimos dias", profetiza Joel, "que derramarei o meu Espírito sobre todo ser vivo: vossos filhos e vossas filhas profetizarão, vossos jovens terão visões e vossos anciãos terão sonhos." A mediunidade difundida como aspecto orgânico e psíquico de todos os seres humanos é o selo da transição planetária. O futuro é fruto da interação multidimensional exoconsciente.

A mediunidade popular não é espetáculo, é pedagogia. É a espiritualidade democratizando o acesso à consciência da eternidade. O intercâmbio entre mundos não serve para resolver nossos problemas, mas para resolver nossa identidade, enquanto indivíduos e enquanto sociedade. Quando sabemos que somos espíritos imortais, deixamos de viver anestesiados pelas urgências efêmeras da matéria e passamos a agir com propósito, clareza e amor lúcido.

O Círculo Escola Filosófica é uma das expressões dessa convocação maior: levar o diálogo entre dimensões para a praça pública, desdogmatizar o sagrado e normalizar o intercâmbio com a vida invisível. Porque espiritualidade não é exceção – é condição natural da consciência desperta.

Jesus, o governador espiritual do mundo, é o exemplo máximo desse novo paradigma. Ele não fundou templos, despertou consciências. Sua autoridade não veio do trono, mas da contribuição. E é isto que o governo espiritual do planeta espera de nós: que a gente faça o mesmo. Trazer Deus de volta para o cotidiano comum. Tirar o mundo da anestesia da matéria. Transformar a mediunidade em exercício de cidadania da alma.

meus insights

261

A SOLIDÃO É UM ERRO DE PERCEPÇÃO

A prece é abençoada luz, assimilando correntes superiores de força mental que nos auxiliam no resgate ou na ascensão.

XAVIER, FRANCISCO CÂNDIDO / ANDRÉ LUIZ. NOS DOMÍNIOS DA MEDIUNIDADE. FEB, 1944. EDIÇÃO KINDLE.

Quantas vezes esse mesmo pensamento já apareceu para você?

☐ ☐ ☐ ☐ ☐ ☐ ☐

O que mais me toca nessa frase não é o seu tom religioso, mas a mentira que ela desmonta: a de que estamos sozinhos. Talvez a solidão seja a marca mais profunda do nosso tempo. Vivemos cercados de gente e, paradoxalmente, cada vez mais distantes. Carregamos no bolso o planeta inteiro, mas o coração, às vezes, parece desabitado. E ainda assim, mesmo nas madrugadas mais silenciosas, há presença. Há sintonia. Há amparo.

A solidão é ilusão sensorial – uma miragem do corpo que não percebe a vastidão do universo. Quando André Luiz diz que a oração assimila correntes superiores de força mental, ele está lembrando que há redes invisíveis de consciência vibrando com a gente, sustentando nossos passos, intuindo nossas decisões, inspirando nossos caminhos. A sintonia é a tecnologia espiritual do século 21: não depende de credo, mas de frequência e intenção.

A solitude, quando bem vivida, é fértil. Ela nos leva à escuta interior, ao contato com o próprio centro. Mas o isolamento, quando se transforma em desespero, é uma distorção da verdade: nunca estivemos sós. Em especial aqueles que ousam iniciar o novo – os visionários, os criadores, os empreendedores da alma – conhecem bem essa sensação de caminhar no escuro, confiando apenas no lampejo que vem de dentro.

Eu sei disso. Porque também fui arrebatado por um projeto muito maior do que eu, o Círculo Escola Filosófica. E Deus sabe quantas vezes senti o peso da solidão. Mas a cada instante em que me alinhei em sintonia, percebi: a solidão é um erro de percepção. O universo inteiro conspira quando alguém escolhe caminhar com propósito. A luz que buscamos fora sempre nos buscou primeiro por dentro.

meus insights

O QUE TRAZES PRA MIM?

A dor em nossa vida íntima é assim como o arado na terra inculta. Rasgando e ferindo, oferece os melhores recursos à produção.

262

XAVIER, FRANCISCO CÂNDIDO / ANDRÉ LUIZ. NOS DOMÍNIOS DA MEDIUNIDADE. FEB, 1944. EDIÇÃO KINDLE.

Toda vez que uma pessoa nova chega para uma sessão de análise comigo, costumo brincar: "E aí, coelhinho, o que trazes para mim?". Sei que ninguém vai para uma sessão pra jogar conversa fora ou pela bela definição dos meus cachos – mérito, aliás, do meu creme de pentear. Entre risos tímidos e um silêncio que logo se enche de sentido, começamos a cavar juntos o terreno do que dói. A dor é a senha de entrada, o chamado da alma pedindo tradução. E o humor, esse sorriso de acolhimento, é o anestésico que permite ao inconsciente começar a falar. A partir daí, cada palavra vira ferramenta; cada lembrança, uma semente; cada sonho, água no regador; e o que antes queimava começa, pouco a pouco, a iluminar.

A dor é o arado que rompe a superfície endurecida da alma. Ela vem não para punir, mas para preparar o terreno. Rasga, fere, sim – mas abre espaço. E nesse espaço germinam as sementes que o conforto jamais deixaria florescer. A vida apressada, com suas rotinas saturadas e distrações barulhentas, tende a cobrir de concreto o solo da consciência. Até que um dia, a dor chega – e o que parecia destruição é, na verdade, um convite: "Pare, criatura! Olhe para dentro".

Na linguagem terapêutica, esse convite se chama processo de escuta. Um encontro semanal com um bom psicólogo pode ser, em essência, um ato sagrado. É o momento em que o verbo se converte em cura, em que o inconsciente encontra tradução. Ali a palavra é lâmina e bálsamo: corta a crosta das defesas, mas libera o fluxo vital que estava represado. A psicoterapia é a aragem do espírito – o diálogo que transforma ferida em ferramenta de autoconhecimento.

A dor nos faz perguntar o que o conforto não ousaria dizer. E é nesse espaço aberto que a alma se reencontra com a própria potência. Um bom terapeuta não cura – ajuda a pessoa a recordar que a cura sempre esteve dentro dela. A escuta psicológica é a expressão moderna do mesmo princípio que André Luiz descreve: a dor que rasga, mas também fecunda.

Por isso, não fuja da raia! Numa sociedade que idolatra o prazer e nega o sofrimento, o encontro terapêutico é uma forma de resistência e humanidade: uma hora por semana para cuidar do invisível, onde a mente se abre e o coração aprende a florescer.

Quantas vezes esse mesmo pensamento já apareceu para você?

☐ ☐ ☐ ☐ ☐ ☐ ☐

meus insights

263

O ÓBVIO SÓ É ÓBVIO QUANDO É DITO

Os pensamentos daqueles que partilham o mesmo teto agem e reagem uns sobre os outros, de modo particular, através de incessantes correntes de assimilação.

XAVIER, FRANCISCO CÂNDIDO / ANDRÉ LUIZ. NOS DOMÍNIOS DA MEDIUNIDADE. FEB, 1944. EDIÇÃO KINDLE.

Quantas vezes esse mesmo pensamento já apareceu para você?

meus insights

Aqui em casa, somos dois estudiosos incansáveis – eu e Juliana. Jung, Chico Xavier, hermetismo, bruxaria, filosofia, espiritualidade... nossa vida é um laboratório de exoconsciência. O curioso é que, ao mesmo tempo em que vibramos mentalmente em sintonia, isso cria um pequeno problema: vivemos boa parte do tempo em plano mental. Eu mais do que ela, confesso. E nesse fluxo constante de pensamento, desenvolvemos um fenômeno doméstico: temos diálogos mentais um com o outro que, muitas vezes, nunca chegam a ser ditos em voz alta.

Juliana sempre me lembra, com razão: "O óbvio só é óbvio quando é dito". Às vezes começo uma frase com aquele tom de voz de quem está falando algo absurdamente óbvio, quando sou interrompido por ela: "Você não falou isso pra mim – você só pensou. Eu ainda não consigo participar das conversas que você tem comigo dentro da sua cabeça". O que começa em riso, às vezes vira confusão. Porque, embora as mentes se toquem, é a palavra que dá contorno ao pensamento e o traz para o plano objetivo. A comunicação mental existe, sim, mas é o verbo que materializa a energia e cria um lugar comum onde duas consciências podem realmente se encontrar.

Toda mente é uma como uma teia – de ideias, imagens, memórias, sentimentos. Para que essa teia se torne mais ou menos clara para a outra pessoa, é preciso transformar o emaranhado em linha: palavra após palavra, em ordem, com intenção clara. Essa linha é a ponte que atravessa o abismo entre o que penso e o que o outro compreende. É pela palavra que o invisível ganha forma e que o amor se faz compreensível. Com sorte, essa linha de palavras vai entrar pelos ouvidos da outra pessoa e tentar recriar, no plano mental dela, uma teia mais ou menos parecida com a que temos dentro da gente. E aí, a gente começa a se entender...

O convívio familiar amadurece quando entendemos que a telepatia pode até existir, mas o diálogo é insubstituível. Falar é um ato de presença. Escutar é um ato de amor. E entre as duas coisas, o lar se torna o que sempre deveria ser: um campo de convivência consciente, em que a energia mental encontra no verbo o seu contorno humano.

VIVEMOS EM ESPÍRITO

264

É imprescindível compreender que, em toda a parte, acima de tudo, vivemos em espírito.

XAVIER, FRANCISCO CÂNDIDO / ANDRÉ LUIZ. NOS DOMÍNIOS DA MEDIUNIDADE. FEB, 1944. EDIÇÃO KINDLE.

Quando Dr. Paulo César Fructuoso estava para lançar o livro *Planos Espirituais ou Universos Paralelos?,* escrevendo o prefácio, fui visitado pelo espírito do General Uchôa, que resolveu, por assim dizer, escrever uma parte da introdução à obra. O que André chama de "vivemos em espírito", o general batizou de "cidadania espiritual". A explicação dele me parece melhor do que qualquer coisa que eu poderia escrever aqui:

"O que temos explicado aos companheiros com quem cooperamos mais proximamente é que a natureza humana, em seu aspecto multidimensional, manifesta-se e expressa-se simultaneamente em diversas dimensões, por assim dizer. O que ancora as nossas percepções a uma realidade específica é o nosso Foco Consciencial. Se aqui estamos, orientando nossos sentidos físicos para as páginas deste livro, nosso foco consciencial está no momento e realidade presentes, no ato de ler e compreender racionalmente, pois somos seres inteligentes. Mas, se, porventura, os conteúdos transmitidos por este livro nos alçarem voos mentais mais altos e, por um instante, fecharmos nossos olhos físicos para a realidade em que nos contemos, seremos capazes de mudar o nosso foco consciencial, abrindo-nos a outras modalidades de percepção sensorial que nos levarão a experimentar a sintonia com essas outras realidades, onde também podemos exercer nossa cidadania espiritual desde já, pois o que ligamos na Terra é ligado no Céu, já que o que está em cima é como o que está embaixo; e o que está embaixo, como o que está em cima.

É dessa forma que vemos transportadas as pequenas conquistas morais acumuladas na Terra para a expressão de autoridade espiritual em trabalhos transdimensionais de suporte e libertação de consciências ainda presas a densidades indesejáveis no caminho ascensional."

Quantas vezes esse mesmo pensamento já apareceu para você?

☐ ☐ ☐ ☐ ☐ ☐ ☐

meus insights

265

VOCÊ SE AMA?

O verdadeiro ensinamento é o exemplo.

XAVIER, FRANCISCO CÂNDIDO / EMMANUEL. PLANTÃO DE RESPOSTAS. 1. ED. SÃO PAULO: IDE, 1994

Quantas vezes esse mesmo pensamento já apareceu para você?

meus insights

Estávamos no carro, eu dirigindo, Lorenzo no banco de trás, com três anos e meio de idade. O trânsito seguia tranquilo, até que ele perguntou:

– Papai, você se ama?

Achei curioso. Perguntei:

– Como assim, filho? Você quer saber se o papai te ama?

E ele, firme, respondeu:

– Não, papai... você se ama? Você gosta de você?

Sorri e disse:

– Sim, filho, eu me amo.

Ele ficou em silêncio por uns instantes, como quem saboreia a resposta, e então perguntou outra vez:

– Mas, pai, você se ama mesmo?

Eu insisti:

– Sim, filho, eu me amo. E porque eu me amo, eu posso amar você.

Ele sorriu de leve, como quem entendeu algo além, e concluiu:

– Hum... então eu também me amo.

A conversa terminou ali, mas ficou ecoando. Emmanuel tem razão: o verdadeiro ensinamento é o exemplo. Crianças não aprendem o que dizemos, aprendem o que somos. O amor-próprio não é vaidade – é fundação. Só quem se reconhece digno de amor é capaz de amar o outro sem dependência. A relação entre pais e filhos é o primeiro espelho da alma: o filho se vê amado e aprende, sem palavras, a amar a si mesmo.

Naquele instante, percebi que educar se trata menos de instruir e mais de irradiar. A criança lê o campo energético dos pais muito antes de compreender suas frases. Ela percebe o tom, o gesto, o olhar, o silêncio. Por isso, o amor verdadeiro começa dentro: o que não floresce em nós, não frutifica no outro.

Lorenzo me ensinou que amor é herança vibracional. Quando eu digo “eu me amo”, não é soberba – é testemunho. E talvez seja isso que Emmanuel quis dizer: ensinar é viver de modo que o outro, ao olhar para nós, descubra em si mesmo a coragem de ser amor também.

NOSSA HISTÓRIA REGISTRADA EM NÓS

266

O organismo espiritual apresenta em si mesmo a história completa das ações praticadas no mundo.

XAVIER, FRANCISCO CÂNDIDO / ANDRÉ LUIZ. NOSSO LAR. 1. ED. RIO DE JANEIRO: FEDERAÇÃO ESPÍRITA BRASILEIRA, 1944. EDIÇÃO KINDLE.

Quantas vezes esse mesmo pensamento já apareceu para você?

Muitos desenhos animados retratam uma crença antiga: a de que existe um livro no além, guardado por algum funcionário celeste, registrando tudo o que fazemos – o Big Brother multidimensional. Quando morremos, dizem, ele lê nossas ações e calcula se passamos ou não para o céu. É uma metáfora curiosa, mas André Luiz desmonta essa história com uma elegância espiritual: o livro não está fora – o livro está dentro.

Cada pensamento, emoção e atitude imprime marcas em nosso organismo espiritual. A energia moral das nossas escolhas se inscreve em nós como letras vivas, moldando o campo sutil que nos compõe. Não existe um registro externo a ser consultado – o espírito é o próprio registro. O corpo espiritual guarda a memória integral das experiências vividas, tanto as luminosas quanto as sombrias.

Essa ideia é libertadora e, ao mesmo tempo, exigente. Libertadora porque não dependemos de julgamentos externos: o Céu não é tribunal, é espelho. Exigente porque a colheita é inevitável – cada ato integra o ser que o pratica. A história do espírito é escrita na própria substância da consciência. As ações de hoje serão os traços do nosso amanhã, e os aprendizados de ontem são o tecido da alma que nos sustenta agora.

Por isso, a evolução não é castigo nem prêmio – é edição. Somos autores revisando o manuscrito de nós mesmos. E quando compreendemos isso, o propósito muda: viver bem não é garantir vaga no paraíso, é aprimorar o livro que somos. A cada vida, um novo capítulo; a cada gesto, uma nova linha. E a esperança que nos move é a certeza de que, no fim das contas, todo espírito está destinado a escrever, com as próprias mãos, sua melhor história.

meus insights

ESPIRITUALIDADE EM TODA PARTE

267

Onde há pensamento, há correntes mentais, e onde há correntes mentais existe associação. E toda associação é interdependência e influenciação recíproca.

XAVIER, FRANCISCO CÂNDIDO / ANDRÉ LUIZ. NOS DOMÍNIOS DA MEDIUNIDADE. FEB, 1944. EDIÇÃO KINDLE.

Quantas vezes esse mesmo pensamento já apareceu para você?

Se onde há pensamento há associação, e onde há associação há espíritos, então toda empresa, repartição ou grupo de trabalho é também um campo espiritual. Cada ambiente forma uma egrégora – uma atmosfera vibratória resultante das intenções, emoções e pensamentos de quem ali atua. O clima organizacional, mais do que política interna ou gestão de pessoas, é campo energético coletivo.

Nos bastidores invisíveis, há consciências sintonizadas com cada frequência mental: as que estorvam e as que inspiram. Em cada corredor de empresa, há tanto forças que se alimentam da desarmonia quanto inteligências que trabalham pela cooperação. E, como toda lei espiritual é impessoal, ela atravessa crachás e catracas sem pedir autorização. O trabalho humano é sempre um campo de cocriação entre dimensões.

Sei que você pode estar pensando: "Mas aquele ambiente em que eu trabalho é tóxico, quero sair correndo dali, me faz mal". Mas pense comigo: se não existem acasos no universo, por que raios uma pessoa como você foi parar bem ali? Transformar esse campo não exige uma reunião mediúnica no expediente. Não acho que você deva falar com o seu chefe incorporado ou acender um palo santo no meio do departamento – quem sabe baste uma reunião de consciência. Basta que alguns escolham deliberadamente pensar o bem, vibrar o bem, contribuir com o bem. Basta ser aquela pessoa humana, que sorri, da portaria à presidência, que trata com o mesmo carinho a moça do café e o diretor financeiro. A mudança começa na sintonia silenciosa de quem entende que o pensamento é ferramenta de transformação real. A vibração de um grupo centrado em propósito e gratidão é capaz de reorganizar o campo mental de uma empresa inteira.

A exoconsciência aplicada ao trabalho é justamente isto: consciência do impacto energético das nossas ações, palavras e intenções. É saber que a maneira como eu chego, cumprimento, colaboro, reclamo ou agradeço está construindo – ou sabotando – a egrégora onde vivo. O trabalho, em última instância, é um laboratório de sintonia. Quando aprendemos a alinhar nossa frequência à daqueles que trabalham pelo progresso coletivo, o que antes era só emprego se torna serviço à evolução.

Marketing, Empreendedorismo e Propósito

Desenvolvimento humano e espiritualidade para construção de negócios que geram valor e fazem sentido.

A VIDA É PRÁTICA ESPIRITUAL

268

Ajudar aos outros para que os outros se ajudem.

XAVIER, FRANCISCO CÂNDIDO / ANDRÉ LUIZ. NOS DOMÍNIOS DA MEDIUNIDADE. FEB, 1944. EDIÇÃO KINDLE.

Há uma diferença profunda entre ajudar e tornar o outro dependente da ajuda. André Luiz nos ensina que a verdadeira contribuição é a que desperta autonomia. O auxílio não é uma muleta, é um impulso. Ajudar para que o outro se ajude é o mais alto gesto de amor lúcido – é compreender que o crescimento genuíno só floresce quando alguém aprende a caminhar com as próprias pernas.

Esse princípio é a essência da educação. Educar não é transferir conhecimento, é despertar consciência. O bom educador, o mentor, o líder inspirador ou o facilitador corporativo são, na verdade, jardineiros de autonomia. Eles criam ambientes férteis onde a curiosidade se expande, o pensamento floresce e a autoconfiança nasce. Quando um professor ou instrutor ajuda alguém a perceber o próprio potencial, está atuando espiritualmente – ainda que em meio a planilhas, metas e relatórios.

Tudo é espiritual em todo lugar. A sala de aula ou o espaço de treinamento da empresa fazem parte do mesmo campo vibratório onde se desenrola a evolução da consciência. O aprendizado técnico é instrumento da transformação moral; o desenvolvimento de competências é também o refinamento do espírito. Por isso, quem capacita, educa ou orienta exerce uma função mediúnica da inteligência: traduz energias sutis em conhecimento aplicável, canalizando luz em forma de sabedoria prática.

No ambiente de trabalho, cada treinamento, cada conversa, cada feedback é uma oportunidade de semear autonomia. Ajudar os outros a se ajudarem é servir ao propósito maior da vida – o de transformar dependência em potência, limitação em aprendizado, e medo em movimento. O verdadeiro educador é aquele que acende luzes e se retira, deixando o outro capaz de enxergar o próprio caminho.

Quantas vezes esse mesmo pensamento já apareceu para você?

☐ ☐ ☐ ☐ ☐ ☐ ☐

meus insights

Marketing, Empreendedorismo e Propósito

Desenvolvimento humano e espiritualidade para construção de negócios que geram valor e fazem sentido.

269

COOPERAÇÃO MULTIDIMENSIONAL

Os orientadores da espiritualidade procuram companheiros...

XAVIER, FRANCISCO CÂNDIDO / ANDRÉ LUIZ. NOS DOMÍNIOS DA MEDIUNIDADE. FEB, 1944. EDIÇÃO KINDLE.

Quantas vezes esse mesmo pensamento já apareceu para você?

☐ ☐ ☐ ☐ ☐ ☐ ☐

A exoconsciência é a capacidade inata que todo ser humano tem de entrar em sintonia, conexão, comunicação e cocriação com conteúdos, seres e humanidades multidimensionais. Esta última palavra – cocriação – é o ponto de virada. Durante muito tempo, a mediunidade foi compreendida como uma via de mão única: os espíritos falam, o médium obedece. A exoconsciência propõe uma nova etapa evolutiva: a parceria entre planos. Uma relação não mais hierárquica, mas colaborativa. Não mais servidão religiosa, e sim companheirismo consciente.

André Luiz resume essa transição com precisão: os orientadores espirituais procuram companheiros, não escravos. Eles não querem adoradores nem instrumentos cegos. Querem consciências lúcidas, que pensem, sintam, interpretem, proponham. Porque a evolução é uma obra coletiva, e não há progresso verdadeiro sem participação ativa da criatura. Os espíritos não querem controlar a humanidade – querem cooperar com ela, porque fazem parte dela.

A exoconsciência, portanto, é mediunidade com autonomia, a mediunidade 2.0 para uma nova humanidade. É a integração das faculdades sutis com a razão, a criatividade e a ética do ser humano desperto. O médium religioso buscava instrução; o exoconsciente busca integração. Ele entende que o diálogo com o invisível não é apenas para socorrer almas em um perímetro religioso – é também para inspirar novas ideias, novas formas de viver, de curar, de educar, de criar. É o uso consciente da sintonia para transformar a realidade objetiva.

Costumo dizer que quem está no palco da vida somos nós. Os espíritos, os mentores, as consciências multidimensionais estão nos bastidores, atrás das cortinas da vida, soprando intuições, segurando as cordas, cuidando da luz. Mas é o ator encarnado que improvisa, que sente o peso da palavra, que sustenta a cena. A cocriação exige presença, responsabilidade e liberdade. O palco não se move sem o esforço humano.

Por isso, a espiritualidade não pede submissão – pede participação. O rebanho precisa se tornar equipe, e as ovelhas, cocriadoras. A verdadeira comunhão com o plano superior não é um ato de obediência cega, mas de consciência expandida em cooperação. Os orientadores da vida maior não querem a gente de joelhos, mas de pé, ombro a ombro, ajudando a escrever o próximo capítulo da evolução.

meus insights

O IMPACTO SILENCIOSO

270

A oração é prodigioso banho de forças, tal a vigorosa corrente mental que atrai.

XAVIER, FRANCISCO CÂNDIDO / ANDRÉ LUIZ. NOS DOMÍNIOS DA MEDIUNIDADE. FEB, 1944. EDIÇÃO KINDLE.

O experimento liderado por John Hagelin em 1993 (e reportado em 1999) em Washington, DC, oferece um exemplo prático impressionante de como uma vibração mental coletiva pode repercutir no mundo social. Em um projeto chamado "National Demonstration Project to Reduce Violent Crime", aproximadamente quatro mil pessoas reuniram-se para praticar Transcendental Meditation + TM-Sidhi programadas para gerar coerência coletiva.

Analisando dados semanais de crimes violentos (homicídio, estupro, agressão e roubo) e controlando variáveis como temperatura, padrões de criminalidade anteriores e outras influências locais, os pesquisadores encontraram uma redução significativa nos crimes contra a pessoa (HRA) – chegando a uma diminuição de até 23,3% no pico do experimento. Também foram feitas análises para verificar se mudanças no policiamento ou outras políticas poderiam explicar os resultados – e os autores concluíram que os efeitos estatísticos eram robustos e não explicáveis apenas por fatores externos.

Esse fenômeno é interpretado pelos idealizadores como uma manifestação do chamado Maharishi Effect: quando um número suficientemente grande de pessoas entrasse em coerência mental, a paz e a ordem se estenderiam ao ambiente social ao redor – como se uma semente vibracional plantasse calmaria no tecido coletivo.

Do ponto de vista espiritual, esse experimento serve como metáfora poderosa para a frase de André Luiz: a oração – aqui tomada como meditação, intenção coesa e corrente mental – atua como "banho de forças" que atrai harmonia e reorganiza o campo social invisível. Se uma congregação de mentes concentradas pode reduzir violência numa grande capital, imagine o que grupos conscientes podem fazer em comunidades menores, organizações, bairros e ambientes de trabalho.

Obviamente há, como sempre, críticas ao estudo (sobre controle experimental, causalidade, viés metodológico), mas o valor simbólico e inspirador permanece: quando elevamos a sintonia mental coletiva, estamos semeando ordem no tecido social, atravessando além do visível. A oração, enquanto ato de sintonia consciente, fica demonstrada não como espetáculo místico, mas como potência real de intervenção – um campo vibratório de cura que pode, sim, ressoar no mundo.

Quantas vezes esse mesmo pensamento já apareceu para você?

☐ ☐ ☐ ☐ ☐ ☐ ☐

meus insights

O QUE FALTA É FOCO E CONEXÃO

271

Somos nós aqui (...) algo semelhante à singela tomada elétrica, dando passagem à força que não nos pertence e que servirá na produção de energia e luz.

XAVIER, FRANCISCO CÂNDIDO / ANDRÉ LUIZ. NOS DOMÍNIOS DA MEDIUNIDADE. FEB, 1944. EDIÇÃO KINDLE.

Quantas vezes esse mesmo pensamento já apareceu para você?

☐ ☐ ☐ ☐ ☐ ☐ ☐

A força nunca faltou. O universo está saturado de energia, inteligência e amor. O que às vezes nos falta é foco e conexão. Somos como tomadas desligadas – cheias de potencial, mas sem contato com a corrente que nos anima. A energia divina não cessa, mas precisa de um canal lúcido por onde fluir.

André Luiz nos lembra que somos condutores, não geradores. A força não é nossa, mas passa por nós. E o fluxo só acontece quando alinhamos nossos talentos ao propósito, como cabos bem encaixados no circuito da vida. O desânimo, a pressa e o excesso de dispersão são curtos-circuitos da alma: desviam o fluxo da energia e transformam potência em cansaço.

A tomada espiritual é o foco. Conectamos quando sabemos por que fazemos o que fazemos, quando nossas ações têm direção e sentido. O foco é ativar o campo. Uma mente focada na contribuição – e não no controle – se transforma em canal limpo para a inteligência universal operar.

Por isso, não peça mais força: peça mais sintonia, mais sentido. A energia que move o sol é a mesma que pulsa em nós, esperando um ponto de contato. Quando a vida parece sem luz, não é falta de corrente – é falta de encaixe. Reencontre o propósito, refaça a ligação e confie: a força sempre esteve aí, à espera da sua conexão consciente.

meus insights

A TUA FÉ TE CUROU

O pensamento influi de maneira decisiva na doação de princípios curadores.

272

XAVIER, FRANCISCO CÂNDIDO / ANDRÉ LUIZ. NOS DOMÍNIOS DA MEDIUNIDADE. FEB, 1944. EDIÇÃO KINDLE.

Na medicina moderna, já não se fala de corpo sem falar de mente. O Dr. Marcos Boulos, professor da Faculdade de Medicina da USP, relata casos clínicos impressionantes que reforçam esse princípio. Um deles envolvia pacientes em tratamento hospitalar cujas famílias se reuniam para orar diariamente. As medições laboratoriais mostravam que, nesses pacientes, a recuperação era mais rápida e o uso de analgésicos era menor. A explicação, segundo o próprio Boulos, é fisiológica: "A oração altera a produção de hormônios do estresse e modula a imunidade, gerando um ambiente biológico mais favorável à cura".

André Luiz já descrevia isso como a influência direta do pensamento sobre os "princípios curadores" do corpo. E a ciência confirma: a mente é o ponto de partida de toda recuperação. Estudos como os de Richard Davidson mostram que a meditação e a oração sustentada alteram o funcionamento do córtex frontal, elevando o humor, reduzindo a ansiedade e fortalecendo a imunidade. O campo mental se organiza, e o corpo responde.

No fundo, oração e pensamento são circuitos de energia. Quando oramos com intenção genuína, estamos canalizando força vital. O circuito da cura, como pensamos no livro *Yeshua*, "só se completa se a pessoa tiver fé, se quiser e acreditar". É a mente que aciona o fluxo. Jesus, ao curar, dizia: "A tua fé te curou".

A oração, então, não é fuga da realidade – é sua reorganização em outro nível. É uma tecnologia espiritual capaz de influir na biologia. Cada pensamento benevolente é uma partícula de luz enviando ordens à vida: "Reequilibra-te, renasce, continua". A fé é a senha que ativa o milagre – o resto é fisiologia divina.

Quantas vezes esse mesmo pensamento já apareceu para você?

meus insights

Yeshua: Nosso Cristo Planetário Revelado

Redescubra Jesus, antes de séculos de institucionalismo religioso.

273

ESTUDAR É UM ATO ESPIRITUAL

Em qualquer setor de trabalho, a ausência de estudo significa estagnação.

XAVIER, FRANCISCO CÂNDIDO / ANDRÉ LUIZ. NOS DOMÍNIOS DA MEDIUNIDADE. FEB, 1944. EDIÇÃO KINDLE.

Quantas vezes esse mesmo pensamento já apareceu para você?

Estudo não é um dever burocrático; é o movimento natural de quem está vivo. O universo inteiro se expande, e tudo o que não acompanha essa expansão definha. André Luiz lembra que a ausência de estudo é sinônimo de paralisia espiritual, porque aprender é o modo como o espírito respira. Aquele que para de aprender fecha as janelas da alma.

Rubem Alves dizia que "há escolas que são gaiolas e há escolas que são asas". As gaiolas ensinam os pássaros a obedecer; as asas ensinam a voar. O estudo verdadeiro é libertador – não se limita a decorar, mas a despertar. Trata-se menos acumular informações e mais de cultivar percepção, curiosidade e encantamento. Um trabalhador que estuda transforma o ofício em arte; um educador que aprende com o aluno transforma a sala em espaço de troca circular; uma mente que se abre à novidade se converte em antena da vida.

Estudar é um ato espiritual, ainda que aconteça em meio a planilhas, livros técnicos ou laboratórios. É dizer ao universo: "Eu quero compreender melhor o dom que me foi dado". A busca pelo conhecimento, em qualquer área, é a forma mais concreta de oração pela evolução. Cada vez que nos dedicamos a aprender, estamos, sem perceber, afinando o instrumento da consciência para tocar em harmonia com a sinfonia cósmica.

Rubem Alves sonhava com escolas que despertassem o prazer de pensar e a alegria de criar. André Luiz nos convida ao mesmo: fazer do estudo um voo contínuo, em que o trabalho, a fé e o conhecimento formem uma mesma corrente ascensional. Que gente seja, então, trabalhadores com asas – gente que aprende para servir melhor e serve para aprender mais. Porque o saber que não liberta é prisão, e o trabalho que não estuda é latência do espírito.

meus insights

O GESTO ESPIRITUAL E O ATO CLÍNICO

274

O passe é uma transfusão de energias, alterando o campo celular.

XAVIER, FRANCISCO CÂNDIDO / ANDRÉ LUIZ. NOS DOMÍNIOS DA MEDIUNIDADE. FEB, 1944. EDIÇÃO KINDLE.

Quando André Luiz escreveu que o passe é uma transfusão de energias, ele estava descrevendo, com outra linguagem, o que hoje a ciência começa a estudar sob o nome de imposição de mãos ou *therapeutic touch*. Em 2018, o Ministério da Saúde reconheceu oficialmente essa técnica como uma Prática Integrativa e Complementar do SUS, definindo como um processo terapêutico que canaliza energia vital para restaurar o equilíbrio físico e emocional do paciente. O toque, quando consciente e intencional, atua como mediador entre planos – ponte viva entre a mente e a célula.

Pesquisas conduzidas em hospitais e universidades – como as de Johns Hopkins, Universidade de São Paulo e centros ligados à Transcendental Meditation Foundation – mostram que práticas baseadas em toque energético e oração reduzem níveis de cortisol, estabilizam batimentos cardíacos e fortalecem o sistema imunológico. O Dr. Marcos Boulos, em suas aulas sobre espiritualidade e saúde, explica que "a oração e o toque não são misticismo: são estímulos fisiológicos que alteram a bioquímica do corpo, porque o pensamento é força elétrica, e toda força gera campo".

O passe, portanto, é mais que um gesto religioso. O doador e o receptor formam um circuito de consciência, no qual a energia circula guiada pela intenção. Quem doa não transmite algo seu, mas direciona o fluxo universal da vida com foco e amor. E quem recebe, ao abrir-se à sintonia, ativa em si os próprios princípios curadores, como se religasse a corrente vital adormecida.

Ao reconhecer essa prática dentro da política pública de saúde, o SUS amplia o conceito de cura, aproximando o gesto espiritual do ato clínico. Porque, no fundo, toda cura é interação: uma aliança entre a força invisível do pensamento e a resposta inteligente das células. Quando pensamento e toque se alinham na direção do bem, o corpo se reorganiza, e a alma, silenciosamente, agradece.

Quantas vezes esse mesmo pensamento já apareceu para você?

☐ ☐ ☐ ☐ ☐ ☐ ☐

meus insights

275

TODO RELACIONAMENTO É ESPELHO

Os outros agem quanto a nós, muitas vezes, devido à forma como agimos com eles. Desse modo, para modificarmos o comportamento dos outros, é preciso que nos modifiquemos interiormente.

XAVIER, FRANCISCO CÂNDIDO / EMMANUEL. PLANTÃO DE RESPOSTAS. 1. ED. SÃO PAULO: IDE, 1994.

Quantas vezes esse mesmo pensamento já apareceu para você?

Emmanuel nos lembra que toda relação é um espelho. O modo como o outro nos trata reflete, em parte, o que emitimos – consciente ou inconscientemente. Essa é também a base da comunicação não violenta, desenvolvida por Marshall Rosenberg, que propôs a escuta empática como ferramenta de conexão genuína entre as pessoas. Rosenberg dizia que toda crítica é a expressão trágica de uma necessidade não atendida. Quando compreendemos isso, deixamos de reagir defensivamente e passamos a nos comunicar com consciência.

Em vez de tentar mudar o outro, a CNV nos convida a mudar a energia que oferecemos à relação. Ao substituir julgamento por empatia e observação dos fatos objetivos (sem a interpretação que nossa mente faz deles), criamos o ambiente em que a transformação se torna possível. A linguagem deixa de ser arma e se torna ponte. Emmanuel chama isso de "modificação interior"; Rosenberg chama de "conexão com o coração". Ambos falam da mesma coisa: o poder que temos de alterar o campo ao nosso redor pela qualidade da nossa presença.

Na prática, significa falar com vulnerabilidade, ouvir sem interromper e buscar o que está vivo no outro – o sentimento e a necessidade que gritam por trás da palavra dita. O diálogo consciente é uma forma de oração vivida: um estado de sintonia em que a alma reconhece a alma. Quando mudamos a intenção por trás da fala, a vibração muda, e o outro responde diferente.

Transformar o mundo é um exercício de tradução interior. As palavras só curam quando nascem de um coração que já se curou um pouco. Por isso, toda verdadeira comunicação é espiritual: é o espírito falando ao espírito, através da voz humana. Emmanuel diria que é a caridade convertida em linguagem; Rosenberg diria que é o amor que aprendeu a falar.

meus insights

UMA CONVERSA SINCERA

276

Orar é identificar-se com a maior fonte de poder de todo o Universo, absorvendo-lhe as reservas e retratando as leis da renovação permanente que governam os fundamentos da vida.

XAVIER, FRANCISCO CÂNDIDO / EMMANUEL.
PENSAMENTO E VIDA. BRASÍLIA: FEB, 2016.

Durante muito tempo, a oração foi vista como súplica – um ato de dependência de um Deus distante, a quem se pede, implora, negocia. Mas a oração, no sentido ensinado por Jesus, não é pedido: é diálogo. É encontro entre consciências, um exercício de sintonia com o divino que mora dentro de nós. Como escrevo em *Yeshua*, quando compreendo que EU MORO DENTRO DO DEUS QUE MORA DENTRO DE MIM, que conhece meus pensamentos antes mesmo que se formem em palavras, a gente percebe que orar não é informar ou peticionar – é construir relacionamento.

A verdadeira oração não muda Deus – muda quem ora. É uma tecnologia espiritual de reconexão com o centro da própria consciência. O ato de orar cria um campo vibratório capaz de reordenar o caos interno e restabelecer a harmonia entre mente, corpo e espírito. É diálogo silencioso que reorganiza a energia, ajusta o foco e realinha a alma às leis da renovação.

Orar, portanto, é entrar em sintonia com o ritmo do cosmos – um alinhamento entre a vontade humana e a inteligência divina. Yeshua viveu a oração como presença plena: não pedir a Deus que resolva, mas permitir que Deus se expresse por meio de nós. A oração autêntica não é discurso – é estado.

Quando oramos assim, não puxamos a atenção de Deus para nós; puxamos nossa consciência para Deus. É como se, mergulhados no oceano da vida, déssemos um breve impulso para a superfície para respirar nossa atmosfera de origem antes de voltar a mergulhar. E nesse movimento, encontramos o verdadeiro poder da prece: não a força de mudar o mundo, mas a força de nos transformar, até que sejamos nós mesmos a resposta da oração que fizemos.

Quantas vezes esse mesmo pensamento já apareceu para você?

☐ ☐ ☐ ☐ ☐ ☐ ☐

meus insights

277

LEITE ÀS CRIANÇAS, CARNE AOS HOMENS FORMADOS

A existência humana apresenta grande maioria de vasos frágeis, que não podem conter ainda toda a verdade.

XAVIER, FRANCISCO CÂNDIDO / ANDRÉ LUIZ. NOSSO LAR. 1. ED. RIO DE JANEIRO: FEDERAÇÃO ESPÍRITA BRASILEIRA, 1944. EDIÇÃO KINDLE.

Quantas vezes esse mesmo pensamento já apareceu para você?

meus insights

Às vezes eu fico imaginando a cena: naves espaciais pousando em plena Avenida Paulista, no Campo de Marte, no Planalto Central de Brasília, projetando sobre os céus do planeta um espetáculo que nenhum governo conseguiria esconder. Em minutos, a internet entraria em colapso. As bolsas despencariam. O Vaticano convocaria uma reunião de emergência. A Casa Branca e o Kremlin tentariam declarar posse do primeiro contato. As religiões dogmáticas se veriam diante da maior crise teológica da história. A humanidade, fascinada e apavorada, teria de encarar o abismo entre o que acredita e o que é.

Esse pensamento pode parecer ficção científica, mas é pura realidade matemática. Num universo com sextilhões de possíveis exoplanetas, vida fora da Terra não é questão de crença – é de probabilidade. A questão não é se existe, mas quando a consciência humana estará pronta para lidar com o fato de que nunca estivemos sós. André Luiz, com sua precisão espiritual, descreve bem esse ponto: ainda somos vasos frágeis, incapazes de conter toda a verdade sem transbordar.

A revelação total da realidade cósmica exigirá mais do que tecnologia – exigirá maturidade emocional e espiritual. Porque reconhecer outras civilizações implica reconhecer também nossa pequenez, nossa imaturidade política, nossa ignorância afetiva e a falência de sistemas que vivem da ilusão da separação. O simples ato de ver o "outro" no céu pode desestabilizar tudo o que acreditamos ser verdade na Terra.

Por isso, o hermetismo já advertia: "Leite às crianças, carne aos homens formados". O conhecimento não é negado – é graduado. A verdade se revela conforme o recipiente da consciência pode suportar sua densidade. E talvez por isso, até agora, a vida superior se mantenha discreta: não porque nos despreze, mas porque nos respeita.

A eventual chegada das naves não será o fim da religião – será o início da espiritualidade madura. Quando compreendermos que o divino habita todas as formas de vida, perceberemos que o universo nunca foi um segredo, mas um espelho. E, nesse dia, o caos será só o parto da consciência – o nascimento da humanidade para o seu verdadeiro tamanho.

SE VOCÊ PODE SONHAR, VOCÊ PODE FAZER

Imaginar é criar.

278

XAVIER, FRANCISCO CÂNDIDO / ANDRÉ LUIZ. NOS DOMÍNIOS DA MEDIUNIDADE. FEB, 1944. EDIÇÃO KINDLE.

Antes de haver castelos encantados, havia apenas um homem com um lápis e um sonho. Walt Disney nasceu em 1901, em uma fazenda simples do Missouri, e desde cedo descobriu que a imaginação podia ser uma forma de resistência. Enquanto o mundo enfrentava guerras, crises e escassez, ele acreditava que todos os nossos sonhos podem se tornar realidade, se tivermos a coragem de persegui-los. Foi essa coragem que ergueu impérios de fantasia e transformou a imaginação em uma das forças mais poderosas do século 20.

Mas o que Disney fez com o cinema, André Luiz propõe ao espírito: imaginar é o primeiro passo da criação em qualquer plano. Cada ideia é uma semente lançada no campo mental do universo. "Se você pode sonhar, pode fazer", dizia Walt – e a frase poderia estar em qualquer capítulo de *Nos Domínios da Mediunidade*. O pensamento é energia criadora; a imaginação, o pincel que a molda.

Com o tempo, muitos de nós deixamos de imaginar. A rotina, o medo e o pragmatismo ergueram cercas em torno da realidade. E, dentro delas, a alma vai murchando, como George Orwell retrata na distopia *1984*. Imaginar é romper o confinamento, é reabrir o diálogo com a fonte da vida. André Luiz lembra que o espírito cria pela mente, assim como Disney ensinou que o artista cria pelo sonho. Um desenha universos visíveis; o outro, invisíveis. Ambos servem à mesma lei: a da criação contínua.

Por isso, imagine – mesmo que o mundo diga que é perda de tempo. Imagine o trabalho mais leve, as relações mais gentis, o planeta mais lúcido. Tudo o que hoje existe começou como um pensamento que ousou persistir. Como dizia Disney: "Rir é atemporal, a imaginação não tem idade, e os sonhos são para sempre". A imaginação é o idioma do espírito – e cada vez que voltamos a sonhar, ajudamos Deus a continuar criando o mundo.

Quantas vezes esse mesmo pensamento já apareceu para você?

☐ ☐ ☐ ☐ ☐ ☐ ☐

meus insights

279

REVERBERAÇÃO SOCIAL

Nossos pensamentos geram nossos atos, e nossos atos geram pensamentos nos outros.

XAVIER, FRANCISCO CÂNDIDO / ANDRÉ LUIZ. NOS DOMÍNIOS DA MEDIUNIDADE. FEB, 1944. EDIÇÃO KINDLE.

Quantas vezes esse mesmo pensamento já apareceu para você?

Vivemos conectados por um campo invisível de influências recíprocas. O que pensamos molda o que fazemos, e o que fazemos reverbera na mente e no coração dos que nos cercam. Emmanuel chama isso de lei de associação mental; hoje, a psicologia organizacional em um paralelo chama de clima organizacional – o ambiente emocional coletivo que se forma a partir das atitudes, palavras e intenções das pessoas dentro de um grupo ou empresa.

O clima de um lugar não se define em relatórios: ele é sentido. Uma reunião pode ter todos os indicadores em dia e, ainda assim, estar saturada de tensão. Já um ambiente simples, mas alimentado por respeito e escuta, floresce em criatividade e cooperação. Pesquisas da Gallup e da Harvard Business Review mostram que equipes com ambientes mentais positivos têm até 20% mais produtividade e 40% menos rotatividade. A energia invisível se converte em resultado visível.

Emmanuel diria que cada pensamento é uma emissão de energia moral. Quando essa energia é de confiança, ela contagia o grupo com serenidade; quando é de medo ou egoísmo, envenena o campo e torna o trabalho um espaço de desgaste. Por isso, o verdadeiro líder – seja formal ou espontâneo – é aquele que pensa com responsabilidade vibracional. Ele entende que liderar é cuidar da atmosfera mental do grupo.

A espiritualidade moderna nos convida a ver o ambiente de trabalho como um laboratório de consciência. Ali testamos diariamente a capacidade de cooperar, de ouvir, de transformar pensamentos em ações equilibradas. Criar um bom clima organizacional é, antes de tudo, um ato espiritual: é aprender a pensar com amor e agir com propósito, para que o nosso campo mental ajude o coletivo a florescer.

meus insights

Marketing, Empreendedorismo e Propósito

Desenvolvimento humano e espiritualidade para construção de negócios que geram valor e fazem sentido.

MÉDIUM BOM É MÉDIUM TERAPEUTIZADO

280

O pensamento é tão significativo na mediunidade quanto o leito é importante para o rio. Ponde as águas puras sobre um leito de lama pútrida e não tereis senão a escura corrente da viciação.

XAVIER, FRANCISCO CÂNDIDO / ANDRÉ LUIZ. NOS DOMÍNIOS DA MEDIUNIDADE. FEB, 1944. EDIÇÃO KINDLE.

Se o Espiritismo institucional levasse isso a sério, não haveria médium de centro espírita sem terapia em dia. Ponto. Eu não precisaria escrever mais nada nessa página.

Se levássemos essa imagem a sério, "médium bom" seria sinônimo de médium terapeutizado. Porque a qualidade do que flui depende da qualidade de quem recebe o fluxo. Não basta ter sensibilidade; é preciso ter higiene mental. A mediunidade não nos torna especiais – apenas mais porosos. E porosidade sem cuidado vira atalho para confusão: o rio traz água do alto, mas, se o leito está carregado de ressentimento, ansiedade, complexo de superioridade, trauma não revisitado, padrões compulsivos e crenças autossabotadoras, a mensagem chega turva, contaminada pela lama do não dito.

Para quem vive entre mundos, análise e terapia não são luxo; são infraestrutura espiritual. É na conversa honesta, no espelho clínico, na supervisão ética e na educação emocional que limpamos o leito: nomeamos dores, elaboramos histórias, integramos sombras, afinamos limites. O resultado? Mais discernimento, menos projeção; mais sintonia, menos fantasia. O canal deixa de "usar" a mediunidade para regular seus vazios e passa a contribuir com clareza para o bem comum.

Higiene do canal é rotina: sono, corpo em movimento, alimentação que não rouba energia, silêncio diário, oração/sintonia para organizar a mente, estudo para dar linguagem ao vivido, repertório filosófico e... terapia! Para varrer a casa por dentro. Além disso, limites: dizer "não" quando o corpo pede pausa, "aqui não" quando a energia do ambiente degrada, "agora não" quando a pressa ameaça a precisão. Canal bom não é o que "sente tudo"; é o que seleciona o que acolhe e disciplina o que emite.

Mediunidade amadurecida é cocriação consciente. E cocriação exige leito limpo: responsabilidade afetiva, rigor consigo, humildade para pedir ajuda e coragem para rever narrativas. O rio do Alto é puro. Que o nosso leito seja digno dele. Assim, a água chega clara – e quem bebe, de fato, se cura.

Quantas vezes esse mesmo pensamento já apareceu para você?

☐ ☐ ☐ ☐ ☐ ☐ ☐

meus insights

281

O REINO COMO ESTADO DE CONSCIÊNCIA COMPARTILHADO

Jesus espera pela formação de mensageiros humanos capazes de projetar no mundo as maravilhas do seu Reino.

XAVIER, FRANCISCO CÂNDIDO / ANDRÉ LUIZ. NOS DOMÍNIOS DA MEDIUNIDADE. FEB, 1944. EDIÇÃO KINDLE.

Quantas vezes esse mesmo pensamento já apareceu para você?

Há um detalhe luminoso nessa frase: mensageiros humanos capazes de "projetar". Um projetor não cria a imagem – ele a recebe. O que está dentro dele é o que aparece na tela. O hardware recebe a imagem do computador. A imagem é processada no interior do projetor. A luz passa por dentro, depois se manifesta fora. Assim também é o Reino: não há Reino de Deus no mundo enquanto ele não for realidade íntima, dentro de cada um de nós. Jesus não pediu que esperássemos o Reino; pediu que o manifestássemos. E a manifestação é sempre interior antes de ser histórica.

O Reino é um estado de consciência. É o ponto em que o humano se alinha à vibração do divino e começa a emitir o que compreendeu: amor lúcido, serenidade, lucidez compassiva. Não é um lugar a ser alcançado, mas uma frequência a ser sintonizada. Quando o coração se organiza na luz, o mundo à volta recebe o reflexo. A alma se torna projetor – e os lumens dessa projeção são nossas atitudes, palavras, gestos, intenções.

Muitos esperam por um Messias que desça do céu; Jesus espera que a gente encarne o Cristo que vive aqui dentro. O milagre nunca veio de fora – veio da expansão da consciência que aprendeu a refletir o amor com clareza. A cada instante em que vencemos a sombra, acendemos o projetor do Reino. É ali, nas pequenas escolhas diárias, que a luz se forma.

Ser mensageiro, portanto, não é repetir palavras sagradas, mas viver de modo que a luz interna se torne linguagem compreensível. O mundo não precisa de mais discursos sobre Deus; precisa de pessoas que o traduzam em presença. Quando um ser humano em paz entra num ambiente, o Reino chegou ali. Porque o que está dentro dele encontra, enfim, uma superfície para se projetar.

O Reino não virá como espetáculo – virá como estado de consciência compartilhado. E todo aquele que aprende a projetar o amor em forma de vida se torna, sem saber, um fragmento visível do invisível que Jesus sonhou.

meus insights

O TODO É MENTE, O UNIVERSO É MENTAL

282

Tudo o que existe dentro da Natureza é a ideia exteriorizada. O Universo é a projeção da Mente Divina, e a Terra, qual a conheceis em seu conteúdo político e social, é produto da Mente Humana.

XAVIER, FRANCISCO CÂNDIDO / ANDRÉ LUIZ. NOS DOMÍNIOS DA MEDIUNIDADE. FEB, 1944. EDIÇÃO KINDLE.

Aqui André Luiz enuncia o que as antigas escolas herméticas chamavam de Princípio do Mentalismo: "O Todo é Mente; o Universo é mental". Tudo o que existe – galáxias, civilizações, afetos, sistemas políticos – nasceu de um pensamento de Deus e tomou forma. O cosmos é a imaginação divina projetada; a Terra, a imaginação humana em andamento. Nossos mundos internos desenham os mundos externos.

O Princípio da Correspondência, outro pilar das tradições iniciáticas, completa a equação: "O que está em cima é como o que está embaixo; o que está embaixo é como o que está em cima". Essa lei revela que tudo vibra em harmonia, que o micro reflete o macro, que a consciência humana é um fractal da Mente Universal. Quando Chico Xavier psicografa, ele não repete velhos códigos esotéricos – ele democratiza o conhecimento oculto, traduzindo-o em linguagem acessível, espiritual e amorosa.

É extraordinário pensar que um homem nascido em Pedro Leopoldo, com poucos anos de estudo formal, tenha revelado – sem frequentar nenhuma ordem iniciática – princípios que, por séculos, foram reservados a templos e fraternidades secretas. Isso não é acaso. É sinal dos tempos de transição planetária, em que o que estava oculto se torna público e o sagrado se universaliza.

O que antes era juramento de silêncio agora é convite de consciência. Chico foi o médium que abriu as cortinas do templo, mostrando que a verdadeira iniciação não acontece em rituais, mas na transformação interior. Ele uniu o verbo hermético ao verbo do Cristo: o conhecimento que liberta é o mesmo que ama.

A Terra, hoje, reflete o pensamento coletivo de seus habitantes. Se queremos um novo mundo, precisamos primeiro imaginar e pensar de outro modo. Porque, como ensina tanto o hermetismo quanto André Luiz, o Universo inteiro é a projeção viva de uma mente. E está em nossas mãos – e em nossos pensamentos – decidir que imagem queremos projetar a seguir.

Quantas vezes esse mesmo pensamento já apareceu para você?

☐ ☐ ☐ ☐ ☐ ☐ ☐

meus insights

283

ESPÍRITO É SUCESSO!

A palavra esclarece. O exemplo arrebata.

XAVIER, FRANCISCO CÂNDIDO / ANDRÉ LUIZ. NOS DOMÍNIOS DA MEDIUNIDADE. FEB, 1944. EDIÇÃO KINDLE.

Os nossos padrinhos de casamento tinham passado o dia conosco. À noite, quando já se despediam, as crianças brincavam na rua tranquila. Nossa casa ficava no final de uma tranquila rua sem saída. O sol já tinha se escondido, e o terreno baldio em frente mergulhava numa penumbra suspeita. Foi quando vi a cena – o diálogo impagável entre Lorenzo e Ian.

– Não, Lorenzo, por ali não! – disse o Ian, parando de repente. – Eu tenho medo...

– Medo? – perguntou o Lorenzo, com aquele olhar de quem acha o medo um equívoco filosófico. – Medo de quê?

– Ah, Lorenzo... tá muito escuro. Pode ter fantasmas...

O Lorenzo franze a testa, pensa um segundo e, de repente, começa a se sacudir todo, os braços balançando como um boneco de Olinda em plena folia.

– Você tá vendo isso que eu tô fazendo?

O Ian, sem entender, balança a cabeça que sim.

– Eu só consigo fazer isso porque dentro do meu corpo tem um fantasma! Na verdade, todo fantasma é um espírito. E espírito... espírito é sucesso!

De longe, eu observava, tentando conter o riso. Nenhuma pregação minha teria tido o mesmo efeito. Em poucos segundos, o Ian esqueceu o medo e correu com o amigo para o terreno escuro, transformando o que antes era assombro em brincadeira.

Fiquei ali pensando na frase de André Luiz: a palavra esclarece, o exemplo arrebata. Eu poderia ter passado anos explicando que não há o que temer, que espírito é vida em outro plano, que tudo é energia – mas bastou o Lorenzo, com seu corpo dançante e sua lógica infantil, mostrar que o fantasma está dentro de todos nós, dando movimento à matéria.

A lição é simples e profunda: os discursos tocam a razão, mas o exemplo toca a alma. A fé se ensina menos pela doutrina e mais pela vivência. O medo se dissolve não quando é repreendido, mas quando é convidado a dançar.

Naquela noite, aprendi com meu filho que o espírito é mesmo sucesso – sobretudo quando ele se manifesta com leveza.

Quantas vezes esse mesmo pensamento já apareceu para você?

☐ ☐ ☐ ☐ ☐ ☐ ☐

meus insights

EU TAMBÉM SOU MÃE DAQUI

284

O que a vida começou, a morte continua...

XAVIER, FRANCISCO CÂNDIDO / ANDRÉ LUIZ. NOS DOMÍNIOS DA MEDIUNIDADE. FEB, 1944. EDIÇÃO KINDLE.

Eu me lembro de uma amiga querida, que engravidou muito jovem e, pouco depois de dar à luz, partiu por complicações neurológicas. A notícia nos desestruturou. A tristeza mais profunda que pairava entre nós era imaginar que ela não teria a chance de ser mãe, de ver a filha crescer, de viver aquele amor em sua forma mais terna e humana. Contudo, cada um guardava essa reticência para si, sem nunca comentar o lamento.

Algum tempo depois, ela se manifestou em uma de nossas reuniões mediúnicas. E antes mesmo que qualquer de nós dissesse palavra, ela começou a mensagem dizendo:

– Eu também sou mãe daqui – e completou, com doçura:
– Eu continuo por perto, amando, acompanhando, cuidando.

Foi uma daquelas comunicações que atravessam o coração com uma mistura de alívio e reverência. A partir dali, vieram outras mensagens, cada uma carregada de detalhes tão pessoais que não restava dúvida sobre sua identidade. Em uma delas, pediu que eu entregasse um recado a uma amiga que fora sua companheira de apartamento em São Paulo:

– Diga a ela que estou com ela, mesmo quando ela chora, escondida no quarto, longe do marido.

Quando levamos a mensagem (e claro que fizemos com os tornozelos bambos), essa amiga chorou muito. Ela de fato vinha chorando em segredo havia semanas, sem conseguir lidar com o luto, tentando esconder da família a dor que insistia em permanecer. A comunicação não apenas a consolou – a reconectou.

Desde então, essa frase de André Luiz ganhou para mim mais nitidez: o que a vida começou, a morte continua. A morte não é ruptura, é sequência. Não interrompe o amor, o amplia. O laço que nasce na Terra prossegue em outra vibração, mais sutil, mais livre, mas igualmente real. Somos os mesmos depois da travessia – só mais conscientes, mais próximos, mais vastos. A morte não encerra histórias; apenas muda o cenário. O que foi gestado na vida encontra na eternidade o seu amadurecimento. Porque, em essência, ninguém morre – só continua vivendo de outro modo.

Quantas vezes esse mesmo pensamento já apareceu para você?

☐ ☐ ☐ ☐ ☐ ☐ ☐

meus insights

285

A VONTADE É MUSCULATURA DA ALMA

Usando a alavanca da vontade, atingimos a realização de verdadeiros milagres...

XAVIER, FRANCISCO CÂNDIDO / ANDRÉ LUIZ. NOS DOMÍNIOS DA MEDIUNIDADE. FEB, 1944. EDIÇÃO KINDLE.

O convite para escrever este livro chegou num daqueles momentos em que a vida parece já cheia o bastante. Eu estava em meio à reestruturação dos cursos do Círculo Escola Filosófica – um trabalho denso, minucioso, quase arqueológico. Entre sonhos e comunicações espirituais, comecei, por indicação da espiritualidade, revisitando justamente o estudo *Mediunidade com Autonomia*, inspirado em *Nos Domínios da Mediunidade*. Um desses sonhos me mostrou com nitidez que aquele era o caminho. "Voltemos a Chico!" – pensei. Mas como acontece com todo chamado espiritual, ao acordar veio a dúvida: será mesmo?

Na manhã seguinte, o telefone tocou. Era o Marcial Conte, da Citadel Editora, e Luana, sua filha (a "Bebê foca", para os íntimos!). Ele disse:

– Pensamos em um livro com 365 pensamentos de Chico Xavier... e só conseguimos pensar em você para escrevê-lo.

Quando desliguei, entendi. Era o Chico, do outro lado da vida, me chamando outra vez ao trabalho. O convite não apenas confirmava o rumo que eu já vinha seguindo, mas também o ampliava. Era uma sincronia perfeita – ou, como gosto de dizer, uma coemergência entre o que eu vivia e o que o plano espiritual orquestrava.

A partir dali começou o desafio real: estruturar 365 reflexões, mergulhar no oceano de Chico e trazê-lo ao leitor em linguagem viva, acessível, pulsante e atual. O prazo era apertado, o corpo cansava, mas algo em mim se expandia. E foi ali que a frase de André Luiz se fez experiência: quando a clareza de propósito acende, a vontade vira alavanca.

A vontade é o músculo da alma. Quando movida por amor, ela mobiliza forças que não sabíamos ter. Eu sempre sonhei em ser escritor, mas nunca imaginei escrever um livro dessa dimensão. No entanto, quando o propósito é servir – e não provar –, o universo conspira. O milagre acontece não porque rompemos as leis, mas porque passamos a colaborar com elas.

O Chico continua me ensinando: não há missão impossível para quem se coloca à disposição do bem. A vontade, quando alinhada ao amor, é a ferramenta com que o invisível move montanhas.

Quantas vezes esse mesmo pensamento já apareceu para você?

☐ ☐ ☐ ☐ ☐ ☐ ☐

Mediunidade com autonomia

Uma jornada profunda, leve e transformadora para quem quer integrar espiritualidade ao cotidiano e despertar seu potencial com autonomia.

VOCÊ MORA NO QUE PENSA

286

Quando contrariamos as Leis Universais, inscritas em nossa consciência e que se baseiam no Evangelho de amor do Cristo, adquirimos débitos que se refletem na vestimenta do espírito, isto é, o perispírito. A estadia na carne propicia que o perispírito transmita ao corpo físico esses reflexos negativos, o que implica em uma depuração do ser.

XAVIER, FRANCISCO CÂNDIDO / EMMANUEL. PLANTÃO DE RESPOSTAS. 1. ED. SÃO PAULO: IDE, 1994.

A essa altura, o leitor já deve ter compreendido bem o que Emmanuel está dizendo aqui. Mas quero me deter em uma palavra: Lei.

Nós, brasileiros, temos um relacionamento curioso com essa palavra. O "jeitinho", o improviso, o "contorna aqui", o "dá-se um jeito ali" fazem parte da nossa coreografia jurídica. A gente costuma tratar a lei como um acordo flexível, algo que às vezes pega, às vezes não pega. Mas as Leis Universais de que fala Emmanuel não se parecem com o Código Civil – parecem mais com as leis da física.

A lei da gravidade, por exemplo, não depende de interpretação. Ela não se suspende por conveniência. Solte um copo em Jundiaí, em Miami ou na Antártida: ele vai cair e se quebrar. Isso é lei – não por decreto, mas por coerência. Ela expressa uma ordem estrutural do universo.

As Leis Universais operam do mesmo modo: são leis de equilíbrio e correspondência, que regem a interação entre causa e efeito, vibração e retorno, emissão e consequência. Não são mandamentos arbitrários, mas mecanismos de harmonia. Quando as contrariamos, não sofremos punição – sofremos repercussão. Ninguém joga uma pedra para cima e ao receber a pancada diz: "Fui punido pela lei da ira divina da gravidade". O universo não castiga; só responde.

Por isso, Emmanuel chama essas leis de "inscritas na consciência". Elas não vêm de fora, vêm de dentro. Elas são a assinatura de Deus em nós. Quando as ignoramos, é como tentar brigar com a gravidade – uma luta inútil e dolorosa. Quando nos sintonizamos com elas, a vida flui.

A sabedoria, então, não está em procurar brechas, mas em buscar coerência. A coerência é o modo humano de alinhar as atitudes de vida às leis do divino. E, uma vez que tudo é energia, a lei maior é simples: o que você emite, você habita. A harmonia universal não exige obediência cega – exige sintonia consciente. Porque, no fim das contas, a lei não prende ninguém; ela apenas mostra o caminho de volta ao equilíbrio.

Quantas vezes esse mesmo pensamento já apareceu para você?

☐ ☐ ☐ ☐ ☐ ☐ ☐

meus insights

287

ROTEIRISTAS ESPIRITUAIS EM TEMPO INTEGRAL

A prece impulsiona as recônditas energias do coração, libertando-as com as imagens de nosso desejo, por intermédio da força viva e plasticizante do pensamento, imagens essas que, ascendendo às Esferas Superiores, tocam as inteligências visíveis ou invisíveis que nos rodeiam.

XAVIER, FRANCISCO CÂNDIDO / EMMANUEL.
PENSAMENTO E VIDA. BRASÍLIA: FEB, 2016.

Quantas vezes esse mesmo pensamento já apareceu para você?

☐ ☐ ☐ ☐ ☐ ☐ ☐

Eu poderia começar esta reflexão com você imaginando a oração como as corujas de Hogwarts, criadas por J.K. Rowling. Cada prece que fazemos é uma coruja luminosa, carregando o recado do nosso coração ao plano espiritual. Lá, inteligências amorosas recebem a mensagem, tomam providências, às vezes respondem, às vezes apenas envolvem quem orou com presença e silêncio – a forma mais elevada de resposta, ou até mesmo nos mandam corujas luminescentes em resposta!!! Que lindo! (Talvez fosse melhor parar por aqui!) Mas Emmanuel vai além. Ele lembra que não é apenas a prece que cria essas "corujas". Tudo o que ocupa nossa mente e o nosso afeto se torna imagem e ganha vida. Todo pensamento carregado de emoção é uma forma-pensamento – uma emissão viva, plástica, moldável, que ganha existência fora de nós. Quando amamos, oramos, desejamos, sonhamos ou até nos preocupamos, estamos lançando pequenas criaturas mentais no espaço sutil. Elas viajam como mensagens vibratórias, indo ao encontro de afinidades semelhantes.

Somos, portanto, roteiristas espirituais em tempo integral. O campo invisível ao nosso redor é um cinema em cartaz com os filmes que projetamos todos os dias: cenas de amor, de medo, de raiva, de esperança (e muitas outras que talvez não seja bom nomear, devido à restrição da faixa etária do livro!). E o universo assiste (a tudo), responde, interage. As esferas superiores não nos veem apenas como somos agora, mas como potências em construção. Elas conhecem nossas sombras, mas reconhecem sobretudo a luz que pulsa sob elas.

A beleza disso é que, mesmo sabendo o que pensamos – e o que ainda precisamos faxinar em nós –, o Alto não se afasta. Pelo contrário: ele permanece, confiante na nossa capacidade de transformar cada imagem densa em aprendizado, cada coruja trêmula em mensageira de luz.

Talvez hoje você tenha enviado algumas corujas desastradas, carregadas de ansiedade ou dúvida. Tudo bem. Respire, ore de novo e envie novas mensagens. O céu está sempre aberto à correspondência do coração.

meus insights

AS PESSOAS SÃO MAIS IMPORTANTES DO QUE AS REGRAS

288

Ai! Por toda parte, os cultos em doutrina e os analfabetos do espírito!

XAVIER, FRANCISCO CÂNDIDO / ANDRÉ LUIZ. NOSSO LAR. 1. ED. RIO DE JANEIRO: FEDERAÇÃO ESPÍRITA BRASILEIRA, 1944. EDIÇÃO KINDLE.

Se existe uma categoria de criaturas que Jesus realmente chamou "na xinxa" foram os fariseus – doutores da lei, guardiões da pureza ritual, mestres em citações e notas de rodapé, mas que, na prática, viviam tropeçando na própria vaidade espiritual. Eram cultos em doutrina, e, justamente por isso, os maiores candidatos ao título de "analfabetos do espírito", que André Luiz ironiza com tanta precisão.

Jesus foi paciência zero para hipocrisia. Quando o viram curando no sábado, ele devolveu: "O sábado foi feito para o homem, e não o homem para o sábado". Traduzindo para os tempos modernos: "As pessoas são mais importantes do que as regras!". Outra vez, diante de um grupo de religiosos orgulhosos, ele disparou: "Sepulcros caiados! Belos por fora, mas por dentro cheios de ossos e podridão". Ou, numa linguagem atual: "Passa perfume de DutyFree no pescocinho quando o coração precisa é de água sanitária!".

O problema não era o estudo – Jesus nunca condenou o conhecimento –, mas o uso dele para criar distância, não proximidade. Os fariseus sabiam a Torá de cor, mas esqueciam o essencial: a compaixão. Falavam de Deus com a boca, mas não o deixavam passar pelo coração.

E a ironia é que o cenário continua atual. Temos hoje os fariseus digitais, defensores da verdade absoluta em threads e comentários, brandindo versículos ou citações como espadas morais. Muitos são, de novo, cultos em doutrina e analfabetos do espírito. Sabem o texto, mas não vivem o contexto.

Jesus, se passasse pelo feed, talvez repetisse: "Ai de vós, influenciadores da fé, que postais o amor, mas não o praticais!".

O verdadeiro conhecimento espiritual não é o que enche a mente, é o que amacia o coração. Saber sem o sentir e o agir é teoria morta. E, como o Cristo mostrou com seu exemplo, o evangelho não é uma tese – é um jeito de viver que, quando bem praticado, dispensa qualquer esporro.

Quantas vezes esse mesmo pensamento já apareceu para você?

☐ ☐ ☐ ☐ ☐ ☐ ☐

meus insights

289

ACEITE REAPRENDER

A renovação mental é a renovação da vida.

XAVIER, FRANCISCO CÂNDIDO / ANDRÉ LUIZ. NOS DOMÍNIOS DA MEDIUNIDADE. FEB, 1944. EDIÇÃO KINDLE.

Quantas vezes esse mesmo pensamento já apareceu para você?

☐ ☐ ☐ ☐ ☐ ☐ ☐

Renovar a mente é abrir janelas onde antes só havia paredes. É permitir que o vento das experiências novas ventile o quarto fechado das certezas antigas. André Luiz nos lembra que toda mudança verdadeira começa na cabeça, e que a vida só se renova quando o pensamento muda de lugar.

Renovação mental é o presidente que desce do gabinete e vai conversar com o chão de fábrica, ouvindo o que realmente move a empresa. É o professor letrado que, depois da aula, puxa papo com o motorista de Uber e descobre ali, no trânsito, uma aula de sociologia viva. É a mãe que, mesmo cansada, não desiste do mestrado, porque sabe que estudar é também um ato de amor-próprio. É o pai que deixa o celular de lado para brincar de massinha, redescobrindo o prazer do ócio criativo. É o executivo que larga o e-mail para aprender a tocar violão.

Renovar a mente é trocar de cenário – às vezes viajando para outro país, às vezes só mudando o caminho de casa. É experimentar uma comida diferente, ler um autor que pensa o oposto do que você acredita, visitar um museu, uma feira livre, um terreiro, um templo, uma aldeia. É ter coragem de se contradizer.

A estagnação mental é a ferrugem do espírito. Quando pensamos sempre as mesmas coisas, do mesmo jeito, com as mesmas pessoas, perdemos o frescor do olhar. E, sem frescor, a vida empedra. Estudo, arte, diálogo, viagem, espiritualidade – tudo isso são ferramentas de expansão da consciência, instrumentos de limpeza do pensamento.

A renovação mental começa no instante em que aceitamos reaprender. Cada nova ideia que entra nos torna um pouco mais humanos, e cada preconceito que sai devolve um pouco mais de luz à mente. Quem se atreve a pensar diferente já começou a nascer de novo.

meus insights

O HARDWARE DA ALMA

290

E, justapondo-se o cérebro, a mente surgia como uma esfera de luz característica, oferecendo em cada companheiro determinado potencial de radiação.

XAVIER, FRANCISCO CÂNDIDO / ANDRÉ LUIZ. NOS DOMÍNIOS DA MEDIUNIDADE. FEB, 1944. EDIÇÃO KINDLE.

Vamos tentar uma analogia moderna aqui. O corpo físico é como se fosse hardware da alma. É o processador, a máquina, o instrumento, o computador. Dentro dele, a mente opera como o software, o conjunto de programas que organiza informações, pensamentos, memórias e emoções. O cérebro é o disco rígido onde tudo se armazena; a mente é o sistema operacional que interpreta e dirige os comandos.

Mas acima de tudo isso está o espírito, o verdadeiro usuário. É ele quem liga o computador, escolhe o que executar, quais janelas abrir e quais arquivos deletar.

Assim como o usuário não foi criado pelo computador, o espírito não foi criado pelo corpo – foi ele quem o criou, moldando a estrutura biológica como ferramenta de aprendizado. Assim como engenheiros de hardware criam computadores para resolver problemas, o espírito cria um corpo para resolver um enigma existencial. O usuário pode trocar de computador, o espírito de corpo – ambos buscam upgrade!

A mente, ao funcionar, emite uma radiação própria – uma esfera de luz característica, como descreve André Luiz. Cada consciência tem sua frequência luminosa, seu campo vibratório, sua assinatura energética. Curiosamente, essa imagem ecoa antigas representações egípcias: os deuses eram retratados com um disco solar sobre a cabeça – símbolo da consciência expandida e iluminada. Uma forma ancestral de dizer o mesmo que André Luiz descreve em linguagem espiritual e científica.

Somos, portanto, operadores de uma tecnologia divina. O corpo é o computador; o pensamento, o código; o espírito, o programador em aprendizado. E cada vez que expandimos a mente, nossa luz aumenta, o "sistema" atualiza e a interface entre o visível e o invisível se aprimora.

Talvez, no fundo, todas as tradições sempre tenham falado da mesma coisa com linguagens diferentes. Seria coincidência que as antigas divindades egípcias ostentassem uma esfera luminosa sobre a cabeça – exatamente onde André Luiz viu a mente irradiar luz? Ou será que a ciência espiritual sempre esteve ali, esculpida em pedra, aguardando apenas que aprendêssemos a decifrar o código?

Quantas vezes esse mesmo pensamento já apareceu para você?

☐ ☐ ☐ ☐ ☐ ☐ ☐

meus insights

291

REPERTÓRIO EXISTENCIAL E ESPIRITUAL

Cada vaso recebe de conformidade com a estrutura que lhe é própria.

XAVIER, FRANCISCO CÂNDIDO / ANDRÉ LUIZ. NOS DOMÍNIOS DA MEDIUNIDADE. FEB, 1944. EDIÇÃO KINDLE.

Quantas vezes esse mesmo pensamento já apareceu para você?

☐ ☐ ☐ ☐ ☐ ☐ ☐

O vaso é a mente; o conteúdo, a inspiração. O que determina o quanto um médium pode receber não é a boa vontade dos espíritos – é a capacidade do recipiente. A mediunidade é como uma chuva de luz: cai para todos, mas só se acumula onde há espaço, profundidade e preparo. Imagine quão extraordinária seria a mediunidade se os médiuns ampliassem o seu repertório filosófico, científico, artístico e cultural. Se lessem de Sócrates a Jung, de Confúcio a Clarice Lispector, de Lao Tsé a Einstein. Se viajassem, observassem o mundo, conversassem com pessoas diferentes, estudassem história, política, arte, literatura, neurociência. O espírito comunicante pode ser um gênio, mas, se o vaso é estúpido, o conteúdo se deforma. O pensamento espiritual precisa de vocabulário humano para se manifestar.

O médium que lê, observa, escuta e reflete cria conexões novas no próprio cérebro, e cada nova sinapse é um caminho de luz por onde a inspiração pode trafegar. A mediunidade não é apenas dom – é linguagem. E toda linguagem precisa de léxico, ritmo, contexto e nuance.

Quanto maior o vaso, maior o conteúdo que ele armazena e distribui. A ampliação cultural não é luxo intelectual, é calibragem espiritual: mantém o canal flexível, lúcido e afinado com o universal.

Porque os espíritos não procuram vasinhos descartáveis – procuram vasos grandes.

meus insights

ENGENHARIA ESPIRITUAL

292

Os raios luminosos da mente orientada para o bem incidem sobre as construções do mal, a feição de descargas elétricas.

XAVIER, FRANCISCO CÂNDIDO / ANDRÉ LUIZ. NOS DOMÍNIOS DA MEDIUNIDADE. FEB, 1944. EDIÇÃO KINDLE.

O pensamento é energia em movimento. Quando uma mente se orienta sinceramente para o bem, ela se torna uma usina luminosa, emitindo descargas elétricas que dissolvem formas mentais densas e reorganizam o campo espiritual ao redor. Onde há ódio, um pensamento de amor interrompe o circuito; onde há medo, a coragem devolve fluxo; onde há engano, a verdade ilumina. O bem não discute com o mal – ele o desestrutura por diferença de frequência. Eu sei, você já está fazendo a Oração de São Francisco na sua mente. E é isso mesmo!

Essas "descargas" não são metáforas: são ondas mentais reais, forças que atuam sobre ambientes e consciências. O cérebro é o transformador, o coração é a bateria, e a intenção é o fio condutor. Por isso, pensar bem não é ingenuidade – é engenharia espiritual.

Quando um grupo se une em propósito elevado, o efeito é multiplicador. Centenas de pequenas luzes se tornam clarões capazes de dissipar névoas coletivas. Cada ideia justa é um relâmpago silencioso que fere a escuridão.

Cuidar do pensamento é cuidar do clima espiritual do planeta. Porque toda mente sintonizada com o amor emite descargas regeneradoras, e toda ação inspirada pelo bem é um raio que clareia o caminho comum. A escuridão não se combate, ela se esvai com luz – e o coração em paz é o gerador mais poderoso que existe.

Quantas vezes esse mesmo pensamento já apareceu para você?

meus insights

293

TODA SEMENTE HÁ DE FLORECER

Estejamos, entretanto, convencidos de que as sementes de luz jamais se perdem.

XAVIER, FRANCISCO CÂNDIDO / ANDRÉ LUIZ. NOS DOMÍNIOS DA MEDIUNIDADE. FEB, 1944. EDIÇÃO KINDLE.

Uma das minhas analisandas trabalha em uma grande multinacional que criou um sistema interno de reconhecimento. A ideia é simples e bonita: qualquer colaborador pode registrar no sistema um elogio, uma apreciação ou um gesto de gratidão a outro colega. Cada reconhecimento gera uma pequena bonificação, um "obrigado" financeiro pelo gesto espontâneo de contribuir com o coletivo.

Certa vez, essa analisanda recebeu a notícia de que alguém havia registrado um elogio sobre ela: "Excelente aquisição para a empresa". A frase rendeu não apenas alegria, mas também uma bonificação extra para a pessoa que, meses antes, a havia indicado para a vaga. O curioso é que ela não fazia a menor ideia de quem tinha escrito o elogio. Não houve assinatura, nem alarde. Apenas uma semente de reconhecimento plantada no sistema – invisível na origem, mas luminosa nos efeitos.

Quando ela me contou isso, nós lemos juntos a frase de André Luiz: "As sementes de luz jamais se perdem" – e sorrimos um para o outro como quem entendeu tudo. Um gesto de bondade, uma palavra justa, uma vibração de apreço, mesmo pequena, gera repercussões que não se apagam. Assim como essa mensagem anônima mudou o dia – talvez a semana – de uma pessoa, o bem que fazemos silenciosamente cria créditos sutis no campo da vida.

Ninguém sabe quem foi o autor do elogio, mas a semente floresceu e virou história para este livro. O autor do elogio jamais imaginaria que seu ato agora vai circular pela vida de milhares de leitores. E talvez esta seja a beleza do bem: ele não precisa de assinatura. No sistema divino, cada gesto luminoso é registrado no campo da alma e volta multiplicado, na hora certa, no solo certo. Porque a luz, uma vez emitida, jamais se perde – apenas encontra novos caminhos para brilhar. Se a tal multinacional foi capaz de criar um sistema de recompensas, eu penso que o software do Criador é um pouquinho mais eficiente.

Quantas vezes esse mesmo pensamento já apareceu para você?

☐ ☐ ☐ ☐ ☐ ☐ ☐

meus insights

O CORAÇÃO CRIA MUNDOS

294

Nossa alma vive onde se lhe situa o coração. Caminharemos, ao influxo de nossas próprias criações, seja onde for.

XAVIER, FRANCISCO CÂNDIDO / ANDRÉ LUIZ. NOS DOMÍNIOS DA MEDIUNIDADE. FEB, 1944. EDIÇÃO KINDLE.

– Filho, como você está se sentindo agora que tem 4 anos?
– Eu tenho 4 anos, mas ainda sou pequeno, né, pai?
– Sim, claro. Então, como se sente?
– Sinto que não preciso mais de remédios... e que preciso de um carro pra poder trabalhar!

Eu ri alto. Sou um cara de imaginação fértil – testado e comprovado. Mas o meu maior prazer é acompanhar as criações do meu filho, essas joias espontâneas que brilham no meio da rotina. A vida com ele é uma mistura deliciosa de fantasia e realidade: entre lições da escola e risadas, entre o dever de educar e o privilégio de brincar.

O que aprendo todos os dias é que o coração cria mundos. E quando pai e filho decidem habitar o mesmo mundo imaginário, nasce um território sagrado – um lugar de comunhão que não depende de desempenho, mérito ou comportamento exemplar. É simplesmente o prazer de participar da vida um do outro.

André Luiz dizia que a alma vive onde se situa o coração. Eu descobri que, quando o coração está no espaço da brincadeira, da curiosidade e do amor, é ali que a alma mora. Porque o tempo que passamos juntos, inventando histórias e transformando o cotidiano em aventura, é o tempo mais verdadeiro da vida.

Talvez crescer seja inevitável, mas continuar brincando é uma escolha espiritual. É manter o coração situado na leveza, onde a imaginação não é fuga, mas ponte – a ponte por onde a alma passa para continuar amando, criando e vivendo o que realmente importa.

Quantas vezes esse mesmo pensamento já apareceu para você?

meus insights

295

O QUE JÁ EXISTE DENTRO DE MIM

Pensamos, e imprimimos existência ao objeto idealizado. A resultante visível de nossas cogitações mais íntimas denuncia a condição espiritual que nos é própria.

XAVIER, FRANCISCO CÂNDIDO / ANDRÉ LUIZ. NOS DOMÍNIOS DA MEDIUNIDADE. FEB, 1944. EDIÇÃO KINDLE.

Quantas vezes esse mesmo pensamento já apareceu para você?

☐ ☐ ☐ ☐ ☐ ☐ ☐

Dizem que não se deve julgar um livro pela capa. E é verdade. Mas, como escritor, preciso confessar: eu não consigo começar um livro sem antes criar a capa. O pessoal da editora já sabe – antes das palavras, preciso da imagem. Antes do argumento, do título, da introdução, preciso do símbolo. As cores, as formas, o ritmo visual – tudo isso me coloca no estado de consciência certo.

A capa, para mim, não é estética: é sintonia. Ela ancora a vibração do que ainda não existe. Quando a vejo, o livro já começou a nascer. Ele já existe como ponto focal na minha mente. Falta só materializar o conteúdo. É como se o pensamento, ao encontrar forma e cor, ganhasse corpo no mundo invisível. André Luiz explica isso com precisão espiritual: pensamos, e imprimimos existência ao objeto idealizado. Cada ideia é uma semente lançada na matéria sutil – e a imagem é o primeiro sinal de germinação.

O mesmo acontece com a música. Não consigo escrever um roteiro sem antes escolher uma trilha sonora. A música me dá o tom da emoção que quero transmitir. Ela me arrasta para o campo onde o significado é maior do que a palavra – onde a linguagem ainda não se traduziu, mas já vibra. É ali que nasce o texto: não da mente racional, mas desse campo simbólico, em que o espírito e a ideia dançam antes de virarem forma.

Existe um saber que não passa pela razão – é um saber que sabe que sabe, sem saber exatamente como soube. É o campo da intuição, da cognição espiritual, em que o pensamento primeiro alcança o indefinível antes que o visível o alcance.

Então, quando dizem que não se deve julgar um livro pela capa, eu sorrio e penso: pode até ser. Mas, para mim, a capa é a oração do livro – o primeiro pensamento tornado forma, a primeira imagem que revela tudo o que ainda será dito.

meus insights

QUANDO O AMOR É MAIOR

296

Meu Deus, se eu tiver de criar um problema de desapontamento geral para todos aqueles que creem nos bons Espíritos por meu intermédio, se eu carrego tantas fraquezas a ponto de comprometer tudo aquilo que estes livros construíram através de minhas mãos, (...) eu bendiria qualquer providência do mundo maior; eu bendiria o amparo dos amigos espirituais, que determinassem para mim a desencarnação violenta para que eu não crie mais problemas ou mais dificuldades para os meus irmãos da Terra.

XAVIER, FRANCISCO CÂNDIDO. PINGA-FOGO. PROGRAMA DE TV, TV TUPI, SÃO PAULO, 1971. TRANSCRIÇÃO INTEGRAL.

Poucas vezes um homem falou de si com tamanha humildade. Nessa declaração, Chico revela o núcleo de sua grandeza: a completa renúncia do ego diante da missão. Não há vaidade, não há apego, não há medo – há apenas a lucidez de quem sabe que servir é mais importante do que existir. Seu compromisso com Cristo era tão profundo que ele preferia desaparecer a estorvar o trabalho do bem.

Essa fala é o retrato da consciência que se tornou instrumento e já não se confunde com o próprio papel. Chico entendia que a mediunidade não lhe pertencia – ele era ponte, não destino. E toda ponte, se um dia ameaçar ruir sob os pés de quem atravessa, deve ter a coragem de se desfazer, para não ferir o caminho.

Ao ouvir suas palavras, percebemos que o verdadeiro missionário não se mede pelo quanto realiza, mas pelo quanto é capaz de renunciar. Chico amava tanto a humanidade que estava disposto a abrir mão de si mesmo para não se tornar obstáculo à luz. Este é o mais alto grau de serviço: quando o amor é maior do que a própria vida.

Quantas vezes esse mesmo pensamento já apareceu para você?

☐ ☐ ☐ ☐ ☐ ☐ ☐

meus insights

297

O SERVIÇO DE PROTEÇÃO AO COSMOS

Nossas realizações espirituais do presente são pequeninas restas de claridade sobre as pirâmides de sombra do nosso passado.

XAVIER, FRANCISCO CÂNDIDO / ANDRÉ LUIZ. NOS DOMÍNIOS DA MEDIUNIDADE. FEB, 1944. EDIÇÃO KINDLE.

Quantas vezes esse mesmo pensamento já apareceu para você?

☐ ☐ ☐ ☐ ☐ ☐ ☐

Às vezes, a gente se sente o máximo. Faz uma boa ação, ajuda alguém, participa de um projeto bonito e já quer um certificado astral de mérito. Mas André Luiz vem com um balde de lucidez: o que hoje chamamos de "realizações espirituais" são apenas pequenas luzes projetadas sobre pirâmides de sombra que ainda carregamos do passado. Em outras palavras: calma lá, iluminado.

Se existisse um SPC do Cosmos, é bem possível que nosso nome estivesse em observação – não por maldade, mas por saldo pendente. Cada boa atitude é uma parcela paga, um movimento de reequilíbrio. Fazer o bem é fundamental, mas achar que isso nos torna magnatas da vida já é outra história.

Quando fazemos algo extraordinário, devemos celebrar, sim – mas sem deixar que o ego peça música no Fantástico. A obra feita pertence ao fluxo do bem, não ao autor. E o Universo, que tem contabilidade mais justa do que qualquer banco, sabe equilibrar os créditos e débitos com perfeição.

A humildade, nesse sentido, é nosso limite de crédito espiritual. Ela impede que a gente gaste o saldo da vaidade antes da hora. No fundo, o bom humor é a senha do autocontrole: rir de si mesmo é o jeito mais elegante de não se levar tão a sério.

Porque, convenhamos, enquanto não soubermos exatamente como anda nosso extrato no Serviço de Proteção de Crédito do Cosmos, é melhor seguir pagando as parcelas da evolução – com juros de amor, e sem ostentação.

meus insights

ARMAS DE FOGO NAS MÃOS DE CRIANÇAS

É contraproducente intensificar a movimentação de energia sem disciplinar-lhe os impulsos. É perigoso possuir sem saber usar.

298

XAVIER, FRANCISCO CÂNDIDO / ANDRÉ LUIZ. NOS DOMÍNIOS DA MEDIUNIDADE. FEB, 1944. EDIÇÃO KINDLE.

Vivemos num ponto crítico da história: nossa tecnologia nos dá "posse" de poderes que a alma ainda não aprendeu a manejar. As armas nucleares são talvez o exemplo mais aterrador: hoje há cerca de 12.100 armas nucleares existentes no mundo – das quais mais de 9.600 estão em estoque militar ativo. Se usadas, poderiam destruir a Terra muitas vezes.

Curioso é que os relatos ufológicos tendem a se multiplicar perto de instalações nucleares – silos, bases subterrâneas ou instalações militares que abrigam ogivas. A investigação de Robert Hastings entrevistou dezenas de militares que viram "objetos estranhos" nas proximidades de instalações nucleares. Há um sentido simbólico nessa correlação: onde o poder é concentrado e o risco é latente, parece existir vigilância consciente, um espaço onde energias extrafísicas ou seres extraterrestres se interessam como "irmãos mais velhos".

Essa situação é um ensaio dramático da frase de André Luiz: posse de poder sem saber usar é perigoso. Quando o ser humano obtém tecnologia superior sem preparo moral, corre o risco de ser consumido por ela. É como colocar um motor de foguete num carrinho de mão: não se trata só de ter potência, mas de saber direcioná-la com sabedoria.

Me lembro da fala de Ian Malcolm, em Jurassic Park, para John Hammond: "Vocês ficaram tão empolgados com o que poderiam fazer que nunca pararam para perguntar se deveriam". A inovação tecnológica sem ética é como criança com brinquedo de raio laser.

A advertência dos espíritos chama para o autocontrole: intensificar o poder interno ou externo sem disciplina é abrir brecha para o abismo. Se manipulamos átomos, mas não nossos afetos; se conquistamos armas, mas não nos conquistamos por dentro; será apenas questão de tempo até o colapso.

É tempo de travar o motor que opera fora de foco, tomar posse do volante da consciência e aprender a usar, com moderação e responsabilidade, aquilo que ganhamos. Porque a movimentação de energia sem disciplina não ilumina – incendeia.

Quantas vezes esse mesmo pensamento já apareceu para você?

☐ ☐ ☐ ☐ ☐ ☐ ☐

meus insights

299

UM ESTADO DE CONVIVÊNCIA

Para mim, a vida com os Espíritos desencarnados já não é propriamente um fenômeno mediúnico, mas um estado de convivência, conquanto eu diga isso compreendendo que a misericórdia vem deles e que a tolerância vem deles e que eu, às vezes, pergunto a mim mesmo como é que eles podem me tolerar.

XAVIER, FRANCISCO CÂNDIDO. PINGA-FOGO. PROGRAMA DE TV, TV TUPI, SÃO PAULO, 1971. TRANSCRIÇÃO INTEGRAL.

Quantas vezes esse mesmo pensamento já apareceu para você?

O Geraldinho conta que, certa tarde na década de 1980, estava sozinho com o Chico na sala de almoço, conversando sobre a vida, quando o médium parou de repente, olhou para o alto – aquele olhar de quem está "no ar" com o outro plano – e ficou em silêncio. Pouco depois, voltou-se para ele e perguntou:

– Geraldinho, você pode me dizer o que seja... multimídia?

O Geraldinho riu, era década de 1980, vejam bem!

– Chico, eu não sei patavina! Mas pelo nome, deve ser a união de todas as mídias... Por que a pergunta?

E o Chico, com a serenidade de quem recebia recados do futuro, respondeu:

– Porque os Espíritos estão aqui me dizendo que chegará o dia em que a doutrina espírita será divulgada em multimídia.

Naquela época, nem internet existia, nem celular. O máximo de tecnologia era a fita cassete. E lá estava o Chico, em pleno interior de Minas, falando em um mundo em que o conhecimento seria compartilhado em todas as mídias, em todas as telas, por todos os cantos.

O mais curioso é que ele dizia tudo isso como quem comenta o clima: sem pompa, sem ar de profecia, quase com humor. Sua mediunidade não precisava de ritual, de luz azulada nem de voz solene – era conversa de almoço com os dois planos.

Hoje, quando abrimos o celular e vemos vídeos, áudios e livros de Chico circulando pelas redes, dá vontade de rir com ternura. Ele já estava lá – plugado na "multimídia celestial" décadas antes de nós. E talvez fosse isto que quisesse dizer: mediunidade não é milagre, é convivência natural. Alguns usam fones de ouvido; Chico usava o coração em viva-voz.

meus insights

A MEDIUNIDADE NO OLHO DA RUA

300

Vemos a mediunidade em todos os tempos e em todos os lugares da massa humana. (...) Médiuns somos todos nós, nas linhas de atividade em que nos situamos.

XAVIER, FRANCISCO CÂNDIDO / ANDRÉ LUIZ. NOS DOMÍNIOS DA MEDIUNIDADE. FEB, 1944. EDIÇÃO KINDLE.

Há muito tempo, a mediunidade foi posta no olho da rua. Onde deveria ser presença viva, foi demitida. Onde deveria ser serviço, virou cargo, protocolo, certificado. Onde deveria ser experiência, virou estrutura. Foi substituída por burocracias espirituais e jogos de vaidade – vice-trecos da subcoisa dentro das pequenas repúblicas da religião.

Mas a mediunidade, como toda força da natureza, não pede crachá nem instituição. Ela escapa pelos poros da vida. Quando os templos a expulsam, ela se abriga nas calçadas. Está na mãe que pressente o filho em perigo, no enfermeiro que intui a dor do paciente, na artista que traduz o invisível em cor, no engenheiro que tem uma "inspiração" que salva um projeto, no estrangeiro que sonha com os mortos e desperta para a continuidade da vida, no empreendedor que tem um insight.

Eu a encontrei fora dos bastidores, fora dos púlpitos, fora das paredes – no olho da rua. E lá, sem rituais, sem formalidades, ela é pura e espontânea. É o telefone do invisível tocando direto no cotidiano: uma linha viva entre dimensões, lembrando que o espírito é o verdadeiro endereço de toda comunicação.

Se eu fosse o diabo e quisesse destruir o movimento espiritualista, não atacaria a filosofia nem a ciência – eu minaria o contato com o outro lado. Porque é a mediunidade que faz o coração pegar fogo, que devolve sentido, fé e esperança.

Por isso, talvez tenha sido bom ela ter ido pra rua. Porque é lá que estão os que mais precisam dela. A mediunidade no olho da rua é a espiritualidade devolvida ao povo que vai construir a Nova Terra – livre, viva e humana como o próprio sopro divino que a inspira.

Quantas vezes esse mesmo pensamento já apareceu para você?

☐ ☐ ☐ ☐ ☐ ☐ ☐

meus insights

301

A ÉTICA DO UNIVERSO

Se é verdade que cada um de nós somente pode dar conforme o que tem, é indiscutível que cada um recebe de acordo com aquilo que está.

XAVIER, FRANCISCO CÂNDIDO / ANDRÉ LUIZ. NOS DOMÍNIOS DA MEDIUNIDADE. FEB, 1944. EDIÇÃO KINDLE.

Quantas vezes esse mesmo pensamento já apareceu para você?

Essa frase de André Luiz, pela psicografia de Chico Xavier, é uma síntese magistral da lei de afinidade espiritual e, ao mesmo tempo, uma reflexão profunda sobre o princípio da correspondência interior.

Quando o autor afirma que "cada um de nós somente pode dar conforme o que tem", ele toca a raiz do ser: ninguém oferece o que ainda não conquistou em si mesmo. A palavra, o gesto, o olhar e até o silêncio são extensões do conteúdo íntimo de quem os emite. Dar, nesse sentido, não é um ato isolado, mas a exteriorização de um estado de consciência. Um coração em paz distribui serenidade; um espírito em conflito espalha inquietação. O dom é sempre o transbordamento da posse interior. Por favor, olhe para tudo o que o decepcionou nas pessoas: seus pais, parceiros, filhos, colegas de trabalho. Revisite a situação que lhe causou dor e repita mentalmente estas palavras: cada um dá conforme o que tem. Não é justificar o abuso, é para liberar a consciência!

A segunda parte – "cada um recebe de acordo com aquilo que está" – aprofunda o raciocínio, mostrando que a vida não apenas reflete o que somos, mas também responde ao nosso estado vibracional. O verbo "estar" aqui é revelador: ele reconhece a impermanência. Hoje estamos de um modo; amanhã poderemos estar de outro, e, assim, o fluxo das experiências se ajusta dinamicamente ao nosso modo de sentir e pensar. Não recebemos tanto pelas circunstâncias externas, mas pela sintonia íntima que estabelecemos com elas.

Em termos filosóficos e espirituais, a frase aponta para a reciprocidade entre o ser e o mundo – uma espécie de espelho ontológico no qual a realidade nos devolve, com precisão, a qualidade da nossa presença. O Universo é ético porque é vibracional: devolve o que emitimos, amplifica o que cultivamos.

Por isso, evoluir é mudar o estado íntimo. À medida que nos tornamos mais conscientes, ampliamos tanto nossa capacidade de dar quanto a de receber. A caridade, então, deixa de ser um ato moral para se tornar um fenômeno natural – a expressão espontânea de quem aprendeu a ter-se para poder dar-se.

meus insights

PLANTA OS TEUS ALHOS, QUE A TUA HORA VAI CHEGAR

302

"Então, se você quiser se comprometer a nos oferecer um clima mental adequado de paciência e de calma, escreveremos por você algumas de nossas memórias. Mas se você puder ou quiser assumir o compromisso." Mas eu, naquela ocasião, não conseguia assumir o compromisso porque os problemas domésticos eram muitos.

XAVIER, FRANCISCO CÂNDIDO. PINGA-FOGO. PROGRAMA DE TV, TV TUPI, SÃO PAULO, 1971. TRANSCRIÇÃO INTEGRAL.

Há momentos em que a vida pede pausa. E não é pausa de desistência – é pausa de preparo. No Pinga-Fogo, Chico Xavier contou que sempre quis psicografar romances, mas Emmanuel lhe explicou que, para isso, seria necessário um clima mental de paciência e calma. Chico, então, admitiu: "Naquela ocasião, não podia assumir o compromisso, porque os problemas domésticos eram muitos". Seu pai havia desencarnado, os irmãos pequenos dependiam dele, o trabalho na Fazenda Modelo o tomava o dia inteiro, e ainda havia o pequeno terreno onde plantava alhos para reforçar o orçamento. No meio da algazarra da casa, não havia calma mental necessária para a estruturação de um romance mediúnico – mas havia amor, dever e esforço.

E é isso que eu gosto de lembrar quando alguém me diz que está frustrado por não conseguir alcançar certo objetivo traçado. Chico, que foi Chico, precisou regar muito alho antes de escrever *Há dois mil anos*. A vida, às vezes, nos tira do palco e nos coloca nos bastidores para lapidar o coração. O barulho que hoje parece impedir o trabalho espiritual talvez seja o próprio exercício de amadurecimento que o espírito precisa viver antes de criar algo maior.

A hora de certas conquistas não é agenda do ego – é no tempo certo da alma. Há períodos em que a colheita ainda não pode vir, porque a terra interior precisa ser regada de paciência. E há muito aprendizado no simples ato de regar alhos: disciplina, constância, humildade. O campo da vida não floresce com pressa; floresce com presença.

Se a sua vida agora está tumultuada, respire. Faça o que dá para fazer. Cumpra a agenda com amor e presença. Plante os seus alhos, mesmo que não haja aplausos. Porque quando a serenidade voltar – e ela sempre volta –, a espiritualidade saberá que você pode avançar para conquista. E então, o brilho virá. No tempo certo. No tempo de Deus. Se ainda não for, regue seu alho!

Quantas vezes esse mesmo pensamento já apareceu para você?

☐ ☐ ☐ ☐ ☐ ☐ ☐

meus insights

303

FÉ COMO ESCOLHA CONSCIENTE

A fé inabalável é aquela que encara de frente a razão, em qualquer época da humanidade.

XAVIER, FRANCISCO CÂNDIDO / EMMANUEL. PLANTÃO DE RESPOSTAS. 1. ED. SÃO PAULO: IDE, 1994.

Quantas vezes esse mesmo pensamento já apareceu para você?

A fé não é o contrário da razão – é a razão expandida pelo amor. Emmanuel e João Paulo II diriam o mesmo em linguagens distintas: a fé verdadeira não teme a dúvida, ela a atravessa. Porque duvidar não é negar; é querer entender. E Deus abençoa o esforço da busca.

Vivemos em tempos de mudança – e cada mudança é um convite para sair do barco, como Pedro, e caminhar sobre as águas da incerteza. Enquanto tudo era previsível, a vida seguia o paradigma conhecido: o café, o trabalho, a rotina. Mas quando a maré muda e a tempestade vem, a fé é o que nos ensina a continuar mesmo sem enxergar o chão. Não é acreditar sem pensar; é pensar confiando.

A fé é uma força inteligente. Emmanuel a compara à eletricidade, à fotografia e ao rádio – potências invisíveis, mas reais. Você não vê a corrente que acende a lâmpada, mas confia que ela existe. Assim é a fé: um saber silencioso de que a vida tem propósito, mesmo quando a razão ainda não alcança a explicação.

E quanto mais consciente é essa confiança, mais reta se torna a estrada da evolução. A fé encurta as curvas do medo. Ela é a lupa que concentra a luz do bem – o sol nasce para todos, mas só ilumina intensamente quem se volta para ele.

Quando a dúvida vier, não a combata – use-a como degrau. Revise sua lupa, ajuste o ângulo. Talvez a luz nunca tenha faltado; talvez tenha sido apenas você que a virou de lado. Porque o bem continua a brilhar, firme como sempre.

A fé que pensa é a fé que constrói. A fé que confia é a que transforma.

meus insights

304

PORQUE VOCÊ "ME CUIDOU"

Os processos de elaboração da vida mental guardam positiva influenciação sobre todas as doenças.

XAVIER, FRANCISCO CÂNDIDO / EMMANUEL. PENSAMENTO E VIDA. BRASÍLIA: FEB, 2016.

Lorenzo sempre reagiu muito bem à homeopatia. Desde o ventre, foi cuidado por esse olhar vibracional – e, sendo ele sensível à energia, sei que é também a minha vibração como pai que o toca. Certa vez, numa crise de dor de ouvido, preparei um algodão embebido em azeite morno com alho e apliquei como compressa perto do ouvido que doía. Enquanto cuidava do corpo, seguindo as instruções da pediatra (homeopata), pus as mãos sobre ele. Em meio à crise e em meio à dor, compressa e imposição de mãos, ele adormeceu em poucos minutos.

Mais tarde, ao acordar, já bem-disposto (e tocando o terror), me olhou e disse rindo:

– Pai, você foi um bom doutor hoje à tarde, hein?

– Fui, filho? Por quê?

– Porque você "me cuidou".

Cuidar, naquele instante, era mais do que aplicar um remédio – era doar presença, era emprestar paz. Uma mente que permanece confiante enquanto a outra luta com a dor. E é isto que Emmanuel ensina: o pensamento é também terapêutico. Há uma medicina do afeto, uma farmacologia do espírito. Quando amamos, alteramos a química da vida.

A cura não é um milagre que vem de fora; é uma resposta que o corpo dá quando a alma volta ao equilíbrio. A homeopatia, a imposição de mãos, a oração ou o simples gesto de ternura são apenas diferentes modos de alinhar o pensamento ao amor – essa frequência que reorganiza tudo.

Ser um "bom doutor" é isto: ser presença curadora. É compreender que a saúde começa na mente, passa pelas mãos e floresce no coração que cuida. Porque, no fim, curar é amar em ação.

Quantas vezes esse mesmo pensamento já apareceu para você?

☐ ☐ ☐ ☐ ☐ ☐ ☐

meus insights

305

PARA ALINHAR O SENTIDO

A vida não cessa. A vida é fonte eterna, e a morte é o jogo escuro das ilusões. O grande rio tem seu trajeto, antes do mar imenso. Copiando-lhe a expressão, a alma percorre igualmente caminhos variados e etapas diversas, também recebe afluentes de conhecimentos, aqui e ali, avoluma-se em expressão e purifica-se em qualidade, antes de encontrar o oceano eterno da sabedoria.

XAVIER, FRANCISCO CÂNDIDO / ANDRÉ LUIZ. NOSSO LAR. 1. ED. RIO DE JANEIRO: FEDERAÇÃO ESPÍRITA BRASILEIRA, 1944. EDIÇÃO KINDLE.

Quantas vezes esse mesmo pensamento já apareceu para você?

Quando lemos André Luiz com a chave hermética do mentalismo – o Todo é Mente, o Universo é mental –, a metáfora do grande rio ganha corpo: a morte é só a cerca entre uma propriedade e outra; o rio passa por baixo e segue. Nada "desaparece": muda-se o foco consciencial. Se aqui a consciência opera com os amortecedores do espaço-tempo, lá a resposta é mais direta: aquilo que pensamos e sentimos vira paisagem. Por isso as "zonas inferiores" não são castigo externo, mas o encontro, sem filtro, com o que a mente cultivou.

O princípio da correspondência ("O que está em cima é como o que está embaixo") mostra que cada ato no corpo repercute na mente e no espírito – e vice-versa. A psicossomática já nos sussurra isto: estados mentais viram estados do corpo; no pós-morte, estados mentais viram estados do ambiente. A matéria nos dá tempo para corrigir a rota; fora dela, colhemos mais rápido o que semeamos. Daí a urgência de treinar agora os "órgãos da alma": atenção, intenção, imaginação moral, disciplina afetiva. Ou a gente educa a mente, ou a mente nos educa pela dor.

André confessa que se perdeu no imediatismo – performance, pressa, consumo – e se esqueceu do eixo. A roda da vida tem muitos aros (trabalho, estudo, política, ciência), mas sem o eixo da espiritualidade tudo gira em falso. O hermetismo ajuda a recentrar: se o Todo cria mentalmente, nossa cota de cocriação não é acumular coisas, é alinhar sentido.

meus insights

Voltemos ao rio. Ele se avoluma com afluentes – experiências, vínculos, aprendizagens – e se purifica ao contornar pedras, redemoinhos e quedas. Cada encontro é um afluente de conhecimento. Cada dor, um desaguar de impurezas. A maturidade espiritual não é pular etapas: é atravessá-las de olhos abertos, convertendo paisagem em consciência. O "oceano da sabedoria" não é um lugar distante: é o estado em que o foco consciencial se rende ao Todo e aprende a fluir como Ele.

Preparar a morte, então, é aprimorar a vida: cuidar do pensamento como quem cuida da nascente; organizar afetos; desacelerar o vício do imediatismo; escolher bem os símbolos que nos habitam; servir (contribuir) com aquilo que já compreendemos. Porque, no fim, a morte só muda o nome do rio e o território por onde ele corre.

HÁ DOIS MIL ANOS

306

E me assustei com aquela visão que parecia uma visão estranha, porque estava dentro de mim e fora de mim, e fora da tela.

XAVIER, FRANCISCO CÂNDIDO. PINGA-FOGO. PROGRAMA DE TV, TV TUPI, SÃO PAULO, 1971. TRANSCRIÇÃO INTEGRAL.

Chico descreveu a psicografia de *Há dois mil anos* como quem acorda dentro de um filme – ao mesmo tempo plateia e personagem. Ele conta que, subitamente, "conheceu" uma cena: céu tempestuoso, chuva, dois homens de túnicas reclinados em triclínios, comendo frutas com as mãos. Assustou-se porque a visão estava "dentro" e "fora", como se ele entrasse na tela e, simultaneamente, a observasse. Parou de escrever; então ouviu a explicação do seu comunicante: "Você está sob certa hipnose; está vendo o que eu penso, mas não sabe o que eu escrevo". Daí a confissão que surpreende: Chico vivia o romance como quem assistia a uma novela, mas não sabia o que saía de sua mão, totalmente sem domínio da continuidade do enredo. Personagens que ele estimava sofriam "contra a própria vontade" – e isso era sinal de que a narrativa não era conduzida por seus gostos pessoais.

Esse "cinema mental" tinha regras próprias. Havia uma imersão tão completa que a consciência do texto, linha a linha, desaparecia; restava a experiência, vívida, encorpada, de um mundo em andamento. Por isso ele dizia não ter consciência plena do que escrevia nem do que viria a seguir: a história se desdobrava nele como paisagem que se revela curva a curva, e não como roteiro que alguém consulta com antecedência. O lápis obedecia, mas a escolha dos destinos não era decidida por ele.

A obra *Há dois mil anos* nascia assim: visão que o surpreendia, experiência que o sequestrava, enredo que o ultrapassava, fidelidade ao que via por dentro e por fora. E, quando terminava, Chico era o primeiro leitor do que tinha vivido antes de ler.

Quantas vezes esse mesmo pensamento já apareceu para você?

☐ ☐ ☐ ☐ ☐ ☐ ☐

meus insights

307

A FILOSOFIA DA REALIZAÇÃO

Nossa mente é um núcleo de forças inteligentes gerando plasma sutil que, a exteriorizar-se incessantemente de nós, oferece recursos de objetividade às figuras de nossa imaginação, sob o comando dos nossos próprios desígnios.

XAVIER, FRANCISCO CÂNDIDO / ANDRÉ LUIZ. NOS DOMÍNIOS DA MEDIUNIDADE. FEB, 1944. EDIÇÃO KINDLE.

Quantas vezes esse mesmo pensamento já apareceu para você?

☐ ☐ ☐ ☐ ☐ ☐ ☐

meus insights

Essa ideia ecoa de modo direto a metodologia de Napoleon Hill, em que a mente é compreendida como o ponto de partida de toda realização – espiritual, emocional e material. Em ambos os contextos, o pensamento deixa de ser um evento subjetivo e passa a ser uma força estruturante da realidade.

Para Hill, a "filosofia da realização" propõe que pessoa desperta é aquela que pensa por si mesma, direciona sua energia mental e transforma desejo em ação. A mente, ali, também é plasma criador: "O cérebro é um aparelho receptor que pode ser sintonizado para receber comunicações da central universal de Inteligência Infinita". Essa afirmação de Napoleon Hill, reinterpretada à luz da exoconsciência, traduz o mesmo princípio descrito por André Luiz – o da cocriação. A diferença é de linguagem: o "plasma sutil" do espírito é o mesmo "campo vibracional" de Hill, a substância moldável pela vontade e pela emoção.

Os hábitos mentais criam o "ritmo hipnótico", isto é, padrões de vibração que perpetuam estados interiores. André Luiz chamaria isso de condensação do plasma. Ambos descrevem o mesmo fenômeno: pensamentos são a semente das coisas, e a repetição dos mesmos pensamentos solidifica realidades.

Ao compreender que "a matéria é a escola do espírito", o convite é a usar a experiência material como oficina de depuração vibracional. Assim como André Luiz mostra que a mente plasma suas paisagens interiores, Napoleon Hill ensina que cada crença, emoção e foco atencional gera uma "forma-pensamento" que se manifesta no corpo, nas relações e na biografia.

Em síntese, ambos convergem para uma pedagogia do espírito: educar a mente é moldar a realidade. Tornar-se "filho da luz" é reconhecer-se como centro cocriador no universo mental divino, cultivando pensamentos conscientes que libertam o plasma da ignorância para moldar, em harmonia com o Todo, a forma luminosa da própria existência.

MEDIUNIDADE EM MODO AVIÃO?

A ideia é um "ser" organizado por nosso espírito, a que o pensamento dá forma e ao qual a vontade imprime movimento e direção. Do conjunto de nossas ideias resulta nossa própria existência.

308

XAVIER, FRANCISCO CÂNDIDO / ANDRÉ LUIZ. NOS DOMÍNIOS DA MEDIUNIDADE. FEB, 1944. EDIÇÃO KINDLE.

Às vezes, a mente não fica só cheia – ela entra em modo tempestade tropical. Quando a mente buga, a mediunidade entra em modo avião, e a sintonia parece uma ilusão dos idos tempos em que a gente sentia ou se arrepiava com alguma coisa.

Nessas horas, lembro-me de Albus Dumbledore e sua penseira – aquele caldeirão prateado em que ele descarregava os pensamentos que lhe atormentavam a mente para poder observá-los de fora. É uma metáfora perfeita para o que André Luiz nos ensina: ideias são seres vivos criados por nós. Elas têm forma, energia e movimento. O problema é quando deixamos tudo fervendo no caldeirão mental: nossa cabeça parece um encontro de maritacas bêbadas mordidas por escorpião!

Minha solução? Criei minha própria penseira – versão low-tech e altamente eficaz: post-its. Quando a mente começa a chiar, descarrego tudo o que está me sobrecarregando: tarefas, preocupações, insights, frases, até dúvidas existenciais do tipo "será que o gato da Alice tem alma?". Escrevo e grudo na parede. Aí deixo lá. Durmo. No dia seguinte, volto e começo o ritual hermético de correspondência: reorganizo, conecto, mudo de lugar. E, como num passe de mágica, as ideias que pareciam caóticas começam a se alinhar por afinidade vibracional.

Essa prática é mais do que uma técnica de produtividade; é alquimia mental. Quando tiramos as ideias da cabeça e as observamos, o espírito volta a ocupar o centro organizador da mente. Damos forma ao que era nebuloso e direção ao que estava disperso – se minha mente está cheia de pensamentos, eu os transformo em post-its... dominando os post-its, domino os pensamentos. Princípio de correspondência.

Depois de algumas noites, a mágica acontece: clareza. A intuição reaparece, a criatividade volta, o cronograma se monta quase sozinho. A diferença entre caos e criação é só isso – um punhado de post-its e a coragem de brincar de Dumbledore no meu escritório. Afinal, a mente é um castelo cheio de feitiços: o segredo está em saber quando usar o Wingardium Leviosa – e levantar a bagunça.

Quantas vezes esse mesmo pensamento já apareceu para você?

☐ ☐ ☐ ☐ ☐ ☐ ☐

meus insights

309

A CONSPIRAÇÃO DO BEM

Cada alma se envolve no círculo de forças vivas que lhe transpiram "hálito" mental.

XAVIER, FRANCISCO CÂNDIDO / ANDRÉ LUIZ. NOS DOMÍNIOS DA MEDIUNIDADE. FEB, 1944. EDIÇÃO KINDLE.

Quantas vezes esse mesmo pensamento já apareceu para você?

Costumamos repetir o ditado: "Se você quer ser uma águia, voe com as águias". E há sabedoria nisso, mas convém ampliar o olhar. Não se trata apenas de voar com os fortes – trata-se de compartilhar o voo com os que buscam o mesmo céu. Ambientes colaborativos, em que as pessoas vibram pelo mesmo propósito, criam correntes ascendentes que sustentam todos os voos.

No campo espiritual, isso é literal: quando mentes se unem em sintonia de ideal, o campo mental coletivo se ilumina, tornando mais fácil perceber a inspiração superior. Da mesma forma, ambientes marcados por queixas, disputas e pessimismo densificam o ar – e a alma sente falta de oxigênio.

Portanto, mais do que escolher com quem estar, é essencial decidir como estar. A águia que voa com águias se alimenta não de competição, mas de altitude moral. Cercar-se de pessoas que trabalham com dedicação, estudam com fé, criam com amor e servem com alegria. É se colocar dentro de um círculo de forças vivas que nos ergue naturalmente.

A vibração de um grupo comprometido é o vento sob as asas da alma.

meus insights

310

VIDA FORA DO PLANETA TERRA

Enquanto as afirmações da ciência e as sondas possam trazer respostas negativas do ponto de vista físico, nós precisamos compreender que a vida se estende em outras dimensões. E nós estamos no limiar de tempos novos em que a ciência descortinará para nós todos um futuro imenso diante do Universo.

XAVIER, FRANCISCO CÂNDIDO. PINGA-FOGO. PROGRAMA DE TV, TV TUPI, SÃO PAULO, 1971. TRANSCRIÇÃO INTEGRAL.

Quantas vezes esse mesmo pensamento já apareceu para você?

Para Chico Xavier, a vida fora da Terra nunca foi hipótese – foi constatação. A questão não era se há vida em outros planetas, mas como essa vida se manifesta. Cada orbe vibra em uma frequência própria, com matéria em diferentes graus de sutileza. Em mundos mais densos, a vida se expressa de forma física, biológica; em mundos mais sutis, manifesta-se em planos que nossos instrumentos ainda não captam, mas que a sensibilidade espiritual já percebe.

Esse pensamento se alinha perfeitamente com o que Allan Kardec publicou na Revista Espírita, em 1858, sobre o planeta Júpiter. Kardec descreve Júpiter como um mundo habitado por espíritos de natureza elevada, cuja matéria é tão rarefeita que seria invisível aos nossos olhos. Os corpos ali se assemelhariam ao que conhecemos como vapor no nosso planeta. Ali o pensamento molda a forma, e o espírito interage com o ambiente sem necessidade de corpos densos. Parece ficção científica? Talvez. Mas para a ciência espiritual, é apenas outra faixa de frequência no espectro da vida universal.

E é curioso notar como a própria ciência humana começa a se aproximar dessa visão. A astrobiologia fala em "formas de vida baseadas em estruturas não carbonadas", e a física quântica já admite dimensões ocultas além das três que percebemos. O que Chico chamava de "outras dimensões", hoje podemos entender como outros estados da matéria.

Quando ele dizia que "estamos no limiar de tempos novos", parecia estar antecipando o momento em que telescópios, aceleradores de partículas e consciências ampliadas convergiriam para a mesma conclusão: o Universo está lotado de vida. Só que, para encontrá-la, precisaremos abrir não apenas os olhos, mas também certos dogmas científicos.

meus insights

311

DE VOLTA PARA O FUTURO

Nosso destino é construído e transformado a cada minuto, de acordo com o que pensamos e agimos.

XAVIER, FRANCISCO CÂNDIDO / EMMANUEL. PLANTÃO DE RESPOSTAS. 1. ED. SÃO PAULO: IDE, 1994.

Quantas vezes esse mesmo pensamento já apareceu para você?

☐ ☐ ☐ ☐ ☐ ☐ ☐

Se o doutor Brown e Marty McFly estivessem certos, bastava uma viagem no DeLorean para mudar o rumo da história – salvar o pai, impedir o Biff, ganhar a garota e voltar para casa antes de a mãe perceber que o jantar esfriou. Mas, na vida real, o capacitor de fluxo é interno: chama-se pensamento. Cada ideia que a gente tem, cada atitude que a gente toma, é como ajustar as coordenadas do tempo – e o nosso destino, coitado, vai tentando acompanhar o GPS cósmico.

A comédia é perceber que, na prática, nós também viajamos no tempo. Quando alimentamos arrependimentos, ficamos presos no passado; quando nos perdemos na ansiedade, aceleramos para um futuro que ainda não existe. E no presente tragicamente é onde nossa imagem começa a desaparecer da fotografia.

Emmanuel parece nos dizer: "Meu filho, o DeLorean da evolução é movido a pensamento e vontade". Se você quer um futuro diferente, não precisa de 1.21 gigawatts – precisa de clareza mental e ação coerente. O que você pensa agora está projetando o cenário do amanhã; cada escolha pequena muda a rota da linha temporal da sua vida.

Então, antes de reclamar do destino, talvez seja bom olhar o painel de controle. Se o velocímetro da consciência estiver marcando culpa, medo ou inércia, o melhor é recalibrar o combustível com fé, humor e propósito. Porque o segredo de De Volta para o Futuro é este: o futuro está sempre voltando... na forma do que você pensa agora.

meus insights

REPIRE AMOR QUANDO FALTAR AR

312

Plasma divino com que Deus envolve tudo o que é criado, o Amor é o hálito dEle mesmo, penetrando o Universo.

XAVIER, FRANCISCO CÂNDIDO / EMMANUEL. PENSAMENTO E VIDA. BRASÍLIA: FEB, 2016.

Há dias em que o ar parece denso demais. As notícias pesam, os relacionamentos azedam, o cansaço se acumula, e a alma sente falta de oxigênio. Nesses momentos, respirar amor não é um gesto romântico – é sobrevivência espiritual. O amor é o plasma invisível que sustenta o Universo, o sopro divino que atravessa tudo o que vive. Quando o mundo aperta, o segredo é simples: parar, fechar os olhos e inspirar o hálito de Deus.

Respirar amor é se lembrar de que há algo maior circulando em nós e ao redor de nós. É deixar que a atmosfera sutil do Criador substitua o ar poluído das mágoas, das disputas e do medo. Cada inspiração pode ser uma oração silenciosa, uma troca consciente: solto o que pesa, inspiro o que eleva.

Quando você respira um pouco de amor, o ambiente muda. As palavras amaciam, os gestos desaceleram, a irritação se dissolve. Você se torna uma pequena usina de oxigênio espiritual, devolvendo leveza ao espaço que habita.

Respire amor quando o ar faltar. Respire amor quando o medo gritar. Respire amor até que ele se torne sua própria respiração. Porque o amor é o ar do espírito – e, sem ele, a vida perde o fôlego.

Quantas vezes esse mesmo pensamento já apareceu para você?

meus insights

313

O QUE ESSA SITUAÇÃO PEDE DE MIM AGORA?

Como vê, nada existe de inútil na Casa de Nosso Pai. Em toda parte, se há quem necessite aprender, há quem ensine; e onde aparece a dificuldade, surge a Providência.

XAVIER, FRANCISCO CÂNDIDO / ANDRÉ LUIZ. NOSSO LAR. 1. ED. RIO DE JANEIRO: FEDERAÇÃO ESPÍRITA BRASILEIRA, 1944. EDIÇÃO KINDLE.

Quantas vezes esse mesmo pensamento já apareceu para você?

☐ ☐ ☐ ☐ ☐ ☐ ☐

Há três frases de poder que quero propor para colocar em prática o que acabamos de ler. Elas servem para qualquer momento da vida.

Primeiro: "Tudo está certo". Mesmo quando parece errado, há uma ordem silenciosa operando por trás do aparente caos. A vida não erra o endereço das experiências – cada pessoa, perda e obstáculo é um professor disfarçado. Confiar nesse fluxo é o primeiro passo para a serenidade.

Segundo: "Tudo está acontecendo para o melhor". Essa não é a crença ingênua de quem nega a dor, mas a sabedoria de quem entende que a dor é instrutora, não inimiga. O mal é apenas o bem em construção. Quando mantemos a consciência desperta, o sofrimento se transforma em matéria-prima para o crescimento.

Terceiro: "O que essa situação pede de mim agora?". Esse é o mantra da ação lúcida. Se a Providência se manifesta através de pessoas, talvez, neste instante, o Universo precise agir por meio de você. A pergunta desloca o foco do "por que comigo?" para o "para que comigo?".

Esses três mantras, praticados em sequência, criam um campo de sintonia com a inteligência divina. Tudo se organiza de novo, dentro e fora. A vida se realinha. E a alma, em paz, lembra que a Providência nunca atrasa – só espera que a gente diga: "Eis-me aqui".

meus insights

ANTENAS VIVAS DO INFINITO

314

Cada criatura com os sentimentos que lhe caracterizam a vida íntima emite raios específicos e vive na onda espiritual com que se identifica.

XAVIER, FRANCISCO CÂNDIDO / ANDRÉ LUIZ. NOS DOMÍNIOS DA MEDIUNIDADE. FEB, 1944. EDIÇÃO KINDLE.

Se o universo fosse uma grande estação de rádio, cada um de nós seria uma antena viva, transmitindo e captando vibrações na frequência do que sente. Não há mistério: quando o coração está em paz, tudo parece cooperar; quando estamos azedos, até o sol parece implicar com a gente. A vida responde na mesma sintonia que a gente emite.

André Luiz lembra que somos emissores e receptores espirituais o tempo todo. Nossos pensamentos são ondas; nossas emoções, a modulação que lhes dá cor e textura. Por isso, cuidar do que sentimos é também cuidar do "clima" invisível em que vivemos. A raiva sintoniza o ruído. A gratidão, a melodia.

O segredo está em aprender a trocar de estação. Quando perceber que tudo está denso demais, mude o canal interno: um pensamento bom, uma música, um sorriso, um gesto generoso – tudo isso recalibra a frequência da alma.

Não é mágica, é física espiritual: afinidade atrai afinidade. E quanto mais elevada a vibração que escolhemos sustentar, mais clara e leve se torna a vida ao nosso redor. Afinal, cada um habita o universo que é capaz de irradiar.

Quantas vezes esse mesmo pensamento já apareceu para você?

meus insights

315

A ERA DO ESPÍRITO

Aproxima-se o homem terreno da Era do Espírito, sob a luz da Religião cósmica do amor e da sabedoria e, de certo, precisa de cooperação, a fim de que se habilite o entendimento.

XAVIER, FRANCISCO CÂNDIDO / ANDRÉ LUIZ. NOS DOMÍNIOS DA MEDIUNIDADE. FEB, 1944. EDIÇÃO KINDLE.

Quantas vezes esse mesmo pensamento já apareceu para você?

☐ ☐ ☐ ☐ ☐ ☐ ☐

O que André Luiz chamou de "Religião cósmica do amor e da sabedoria" começa, curiosamente, a se manifestar também na ciência. No final dos anos 1990, o psicólogo Martin Seligman propôs um novo olhar sobre o ser humano – nasceu ali a Psicologia Positiva, uma tentativa de estudar não só o que adoece a mente, mas também o que a faz florescer.

Seligman e seus colegas cruzaram dados de diversas culturas e tradições espirituais para identificar os valores universais que sustentam o bem-viver humano. O resultado foi revelador: as virtudes mais admiradas em todas as religiões e civilizações são as mesmas – sabedoria, coragem, humanidade, justiça, temperança e transcendência.

Em essência, são os pilares da própria Era do Espírito. A sabedoria como discernimento para vida; a coragem para agir com o coração; a humanidade no cuidado com o outro; a justiça que equilibra; a temperança que regula; e a transcendência que conecta tudo isso ao divino. André Luiz já dizia que "o homem precisa de cooperação para habilitar o entendimento" – e a ciência, finalmente, parece começar a cooperar com o espírito.

O que vemos hoje é o início desse reencontro entre fé e razão, entre espiritualidade e psicologia. A "Religião cósmica" não surge em templos, mas na consciência que desperta para o amor como lei universal. E quando a ciência começa a estudar a bondade, a gratidão e o perdão como forças mensuráveis, é sinal de que a Era do Espírito não está chegando – ela já começou.

meus insights

O PENSAMENTO DE DEUS FOTOGRAFADO

316

Não ignoramos que o Universo, a estender-se no Infinito, por milhões e milhões de sóis, é a exteriorização do pensamento Divino.

XAVIER, FRANCISCO CÂNDIDO / ANDRÉ LUIZ. NOS DOMÍNIOS DA MEDIUNIDADE. FEB, 1944. EDIÇÃO KINDLE.

Que frase potente, que nos convida a contemplar o cosmos como manuscrito vivo da Mente Criadora. E hoje, com o telescópio James Webb (JWST) em ação, a ciência começa a nos entregar vislumbres que parecem rascunhos dessa exteriorização divina – ecos do pensamento de Deus nas estrelas.

O James Webb nos tem permitido observar galáxias distantes em épocas tão remotas que estamos vendo o Universo como era há centenas de milhões de anos – como se lêssemos capítulos antigos da Criação. Por exemplo, encontrou a galáxia MoM-z14, emitindo luz apenas 280 milhões de anos após o Big Bang – uma janela crua da infância cósmica. Ele revelou também filamentos de galáxias interligadas, como a "teia cósmica", organizada em padrões sutis de formação de estruturas. Em outras descobertas, o JWST identificou galáxias quiescentes ("mortas", que cessaram a formação estelar) bem cedo no Universo, mostrando que não é só a luz nascente que impressiona, mas também o silêncio que ela deixa. E ainda detectou objetos "Little Red Dots", que podem ser buracos negros ocultos ou galáxias iniciais – figuras tímidas, mas indicando que o cosmos pensa em infinitas formas de existir.

Tudo isso bate profundamente com a ideia de André Luiz: o Universo não é algo cego ou acidental, mas, sim, um pensamento em expansão, em que cada estrela, cada estrutura galáctica, cada silêncio entre as nebulosas, é palavra desse pensamento divino.

E, para nós – pobres mortais com telescópios pequenos e almas grandes –, essas descobertas são convite: não olhemos o céu apenas com olhos técnicos, mas absorvendo como oração visível. Que cada nova galáxia, cada feixe de luz antiga nos aproxime da reverência de que somos feitos à imagem de uma Mente que pensa infinitamente.

Se o Universo exterioriza o pensamento divino, então cada ato nosso é um verso que tentamos compor nesse poema cósmico. E, ao contemplar as profundezas, que despertemos para ser, também, expressão consciente desse pensamento eterno.

Quantas vezes esse mesmo pensamento já apareceu para você?

meus insights

317

A PONTE ENTRE MUNDOS

O livro é um instrumento de cultura extraordinário, é mesmo um instrumento que une este mundo e o outro mundo.

XAVIER, FRANCISCO CÂNDIDO. PINGA-FOGO. PROGRAMA DE TV, TV TUPI, SÃO PAULO, 1971. TRANSCRIÇÃO INTEGRAL.

Quantas vezes esse mesmo pensamento já apareceu para você?

Costumo brincar que adoro conversar com gente morta – todos os dias. Porque, para mim, o livro é um portal de presença. Cada página é uma mesa posta na qual o autor me espera, oferecendo o banquete do seu pensamento. Quando leio, não fujo da vida: eu a expando a um espaço mental que é refúgio só para mim. Não penso menos – penso junto. Leio para caminhar ao lado de quem já percorreu estradas que ainda estou trilhando.

Todo livro é uma viagem dimensional. Ele atravessa o tempo, a morte, a distância. Permite que um poeta de mil anos atrás sussurre ao meu ouvido, que um cientista do século 19 me explique o Universo, que um espírito luminoso me ensine sobre mim mesmo. A leitura é mediunidade consciente – a comunhão das mentes pela palavra.

Por isso, abrir um livro é sempre abrir um portal. É tocar o invisível do pensamento humano e divino que pulsa em cada linha. É deixar-se habitar por vozes que não morrem, ideias que não envelhecem, verdades que continuam nascendo.

Quem lê não está só. Cada livro é um espírito à disposição de quem ousa invocá-lo – com o simples e sagrado gesto de virar a página.

meus insights

ÁGUA NÃO EXISTE, DISSE O PEIXE QUE NÃO QUERIA VER

318

Tudo está mergulhado na substância viva da mente de Deus, como os peixes e as plantas da água estão contidos no oceano imenso.

XAVIER, FRANCISCO CÂNDIDO / ANDRÉ LUIZ. NOS DOMÍNIOS DA MEDIUNIDADE. FEB, 1944. EDIÇÃO KINDLE.

Na lendária Fenda do Biquíni, capital filosófica do fundo do mar – terra de Bob Esponja –, três peixes discutem acaloradamente.

– Água? – diz o primeiro. – Isso é papo de peixe místico. Água não existe! Nunca vi, nunca toquei.

– Claro que existe! – rebate o segundo. – Eu sinto a água dentro de mim. Eu sou feito dela.

Um terceiro, mais "espiritualizado", balança as barbatanas e sentencia:

– Vocês estão ambos errados. A água está lá em cima, perto da superfície. Só os peixes evoluídos conseguem alcançá-la.

Enquanto isso, Bob Esponja – que, convenhamos, é a voz mais lúcida da fenda – observa a cena, coçando o queixo e filosofando em silêncio: "Ai, meu Deus... ou melhor, ai, minha Água."

E assim segue o coral de debates teológicos submarinos, cada peixe tentando explicar o oceano com base em sua bolha de ar. Nenhum percebe que o mistério que procuram é justamente aquilo em que estão totalmente mergulhados.

Talvez sejamos iguais: discutimos Deus como se fosse uma hipótese, uma substância a ser provada em laboratório ou alcançada após a morte – sem notar que vivemos, respiramos e pensamos dentro da Mente que pensamos decifrar.

Peixes e suas vãs teologias sobre o oceano... esquecidos de que o oceano é o próprio Deus, e nós, apenas suas bolhas de consciência temporariamente intrigadas.

Quantas vezes esse mesmo pensamento já apareceu para você?

meus insights

319

INSTRUMENTOS DO QUE SINTONIZAMOS

Todos somos instrumentos das forças com as quais estamos em sintonia. Todos somos médiuns, dentro do campo mental que nos é próprio.

XAVIER, FRANCISCO CÂNDIDO / ANDRÉ LUIZ. NOS DOMÍNIOS DA MEDIUNIDADE. FEB, 1944. EDIÇÃO KINDLE.

Se somos instrumentos daquilo que sintonizamos, mudar o canal é questão de higiene espiritual. Ninguém troca o que sente só com pensamento positivo; é preciso agir diferente para sentir diferente. Eis cinco emoções difíceis – e cinco maneiras práticas de recalibrar a frequência:

1. Raiva. Quando o sangue ferve, a cabeça é um tambor de guerra. A raiva paralisa nossa mente em uma cena que se repete mil vezes. A saída? Movimente o corpo. Se a mente parou e o espírito não consegue se mover entre cenas, use o corpo, ande, mude de paisagem. Vinte minutos de caminhada podem devolver movimento à sua mente e libertá-lo da paralisia da raiva.

2. Tristeza. A tristeza nos isola. Ela é mentirosa, nos diz que estamos sozinhos, e que nada faz sentido. Saída? Tente romper o isolamento conscientemente e se conecte com alguém. Não precisa ser necessariamente para desabafar (o que também é ótimo). Mas apenas para lhe lembrar que a vida continua pulsante lá fora, e o estado em que você está há de passar. Porque tudo passa.

3. Ansiedade. Quando a mente corre mais rápido que o tempo, respire devagar. Inspire contando até quatro, segure um instante, solte em seis. A respiração longa é o freio do sistema nervoso. E desligue as telas por uma hora: a paz não tem Wi-Fi.

4. Culpa. Não se paga erro com autopunição. Escreva uma carta de perdão – para si mesmo – e depois queime. A consciência quer aprendizado, não penitência.

5. Medo. O medo é o aviso de que a fé ficou offline. Reze em movimento: caminhe, ore, fale alto, cante mais alto ainda. O verbo devolve ritmo ao coração.

Cada emoção é uma estação de rádio. E a frequência que você sustenta atrai o tipo de música que toca na alma. Se o som está ruim, mude o dial – o Espírito é o DJ.

Quantas vezes esse mesmo pensamento já apareceu para você?

☐ ☐ ☐ ☐ ☐ ☐ ☐

meus insights

INFLUÊNCIA RECÍPROCA

320

O tempo de convivência com o Espírito de Emmanuel, o nosso guia, parece que criou entre ele e mim um processo de conhecimento e palavra por osmose. Vão me perdoar... eu não sei definir o problema.

XAVIER, FRANCISCO CÂNDIDO. PINGA-FOGO. PROGRAMA DE TV, TV TUPI, SÃO PAULO, 1971. TRANSCRIÇÃO INTEGRAL.

Quando Chico diz que "somos instrumentos das forças com as quais estamos em sintonia", ele já aponta para um princípio de coinfluência – não apenas passiva, mas recíproca. E na psicologia moderna, esse fenômeno ganha respaldo concreto: estar perto de alguém com quem cultivamos convivência profunda provoca transformações mútuas – tanto quem influencia quanto quem é influenciado crescem.

Estudos em apoio social mostram que o suporte emocional percebido – a crença de que há quem nos ouça, valorize e guie – atua como um amortecedor de estresse, reduz ansiedades e fortalece o bem-estar psicológico. Em outras palavras: quando convivemos com alguém que vibra valores elevados – compaixão, clareza, equilíbrio –, o campo mental se eleva, e essa "frequência" passa a operar como renovação para ambos.

Mais ainda: uma pesquisa mostrou que oferecer apoio – não só receber – também promove bem-estar, desde que seja um ato autônomo, genuíno e eficaz. Isso nos aproxima do conceito espiritual de serviço consciente: não é só o guia que compartilha, mas também o discípulo que coopera, que participa, que retribui. Essa reciprocidade fortalece a sintonia, gera confiança e eleva o propósito mútuo.

A psicologia das redes sociais também confirma: estados emocionais coevoluem entre amigos próximos. Pessoas com bem-estar elevado tendem a formar relações com pessoas semelhantes, e suas vibrações se reforçam mutuamente. Ou seja: convivência não é contágio de humor superficial; é moldagem prática do caráter, da resiliência, do horizonte interior.

Logo, o processo que Chico descreveu como "osmose de conhecimento e palavra" não é uma metáfora vazia ou algo extraordinário reservado aos eleitos: é uma dinâmica real. Não é só Emmanuel em intimidade espiritual afeta por osmose: há um espaço de cooperação no qual somos transformados e somos também agentes de transformação. A convivência, bem usada, torna-se instrumento de construção mútua – alma com alma, mente com mente.

Quantas vezes esse mesmo pensamento já apareceu para você?

☐ ☐ ☐ ☐ ☐ ☐ ☐

meus insights

321

O MUNDO CONTINUARÁ BARULHENTO

O pensamento positivo, a força de vontade em elevar o nosso padrão vibratório, o serviço ao próximo, a prática do amor nos auxiliam na manutenção de nosso equilíbrio.

XAVIER, FRANCISCO CÂNDIDO / EMMANUEL. PLANTÃO DE RESPOSTAS. 1. ED. SÃO PAULO: IDE, 1994.

Quantas vezes esse mesmo pensamento já apareceu para você?

☐ ☐ ☐ ☐ ☐ ☐ ☐

meus insights

Vivemos uma era em que o excesso de informação virou ruído. A cada minuto, somos bombardeados por tragédias, crises e conflitos – e não é por acaso. O cérebro humano, moldado por milênios de sobrevivência, reage mais rápido ao medo do que à esperança. As manchetes sabem disso. Elas não nos informam: nos capturam. E nesse sequestro da atenção, o pensamento positivo começa a perder fôlego.

A força de vontade, que deveria nos impulsionar para a ação, se dissolve na comparação constante. As redes sociais são vitrines de felicidade artificial, em que cada "feed" parece um catálogo de vidas perfeitas. Vendo tudo isso, a mente conclui: "eu nunca serei suficiente". E o resultado é exaustão, ansiedade e um afastamento silencioso do real.

Nesse estado, o serviço ao próximo – que deveria nos regenerar – torna-se um luxo distante. Afinal, quem está emocionalmente em colapso não encontra energia para estender a mão. E a prática do amor, essa vibração essencial que sustenta o universo, parece rarefeita.

Mas o amor não desapareceu – ele apenas ficou soterrado sob camadas de estímulos e distrações. O convite é simples e urgente: desligar-se para reconectar-se. Escolher o que entra na mente é um ato espiritual. Filtrar as notícias, dosar o tempo nas redes, reservar momentos de silêncio e presença são formas modernas de espiritualidade e autocuidado.

O equilíbrio começa quando retomamos o comando da sintonia. Eu brinco que o meu WhatsApp parece a geladeira da Família Dinossauro: basta uma frestinha na porta, e dezenas de mãozinhas querem me pegar. Solução: deixei um aviso no meu status: "Respondo em até 365 dias...". O mundo continuará barulhento, mas a alma pode aprender a escutar o essencial. Pense, escolha, sirva, ame – e o caos, por mais intenso, se dissolverá na luz do seu próprio campo vibratório.

ELE PISOU O NOSSO CHÃO

322

Os Espíritos que amam, verdadeiramente, não se limitam a estender as mãos de longe.

XAVIER, FRANCISCO CÂNDIDO / ANDRÉ LUIZ. NOSSO LAR. 1. ED. RIO DE JANEIRO: FEDERAÇÃO ESPÍRITA BRASILEIRA, 1944. EDIÇÃO KINDLE.

Se o amor fosse só vibração a distância, Jesus teria ficado lá em cima, mandando mensagens pelo "WhatsApp Celestial": "Força aí, galera! Paz e luz! Gratidão! Gratiluz!". Mas não foi assim. Ele veio. Desceu do plano divino para o chão poeirento da humanidade, pisou o barro, tocou feridas, chorou com os que sofrem e partilhou o pão. O amor verdadeiro é sempre presencial – não se contenta em desejar o bem, ele vai até onde o bem é necessário.

Jesus é o maior símbolo do amor que encarna. Ele não se manteve intocado, puro e distante; misturou-se à dor do mundo para mostrar que o amor não teme a lama, porque sabe que é água limpa. Amar de verdade é se comprometer com o outro: é ir, é estar, é contribuir.

E, se Cristo nos ensinou isso com os próprios passos, talvez o chamado de hoje seja o mesmo: sair da zona segura das boas intenções e pôr o amor em movimento. Amar de longe é fácil – difícil é descer da nuvem e se deixar tocar pela humanidade. Mas é só assim que o divino se faz carne de novo, toda vez que um coração decide agir.

meus insights

Quantas vezes esse mesmo pensamento já apareceu para você?

323

O CONVITE DA INDIVIDUAÇÃO

Cada criatura é um mundo em si mesma.

SAYUMI, CLARISSA. 15 FRASES INESQUECÍVEIS DE CHICO XAVIER PARA REFLETIR SOBRE A VIDA, O AMOR E O PERDÃO. NOVA BRASIL FM. DISPONÍVEL EM: HTTPS://NOVABRASILFM.COM.BR/.

Quantas vezes esse mesmo pensamento já apareceu para você?

☐ ☐ ☐ ☐ ☐ ☐ ☐

Carl Gustav Jung chamava de individuação o processo pelo qual o ser humano se torna aquilo que é em essência – um caminho de integração entre a consciência e o inconsciente, entre o eu e o self, essa centelha divina que habita o centro de cada ser. Quando Chico diz que cada criatura é um mundo, ele fala dessa mesma jornada, mas com a ternura do olhar espiritual: somos microcosmos, universos inteiros em evolução.

Na psicologia profunda, esse mergulho interior é o equivalente simbólico à expansão do cosmos. À medida que conhecemos nossas sombras, complexos e potências, ampliamos nossa órbita de consciência. A individuação não é tornar-se diferente dos outros, mas inteiro em si mesmo – e, por isso mesmo, mais capaz de amar, compreender e servir.

O erro comum é achar que o autoconhecimento é um luxo ou um exercício de ego. Na verdade, é um ato de responsabilidade cósmica. Cada vez que uma alma se ilumina, ela altera o campo vibracional de toda a humanidade. O inconsciente coletivo – esse oceano de símbolos e memórias – se torna mais claro.

Se cada criatura é um mundo, o amor é a gravidade que sustenta todos esses mundos em harmonia. A individuação é, portanto, o processo pelo qual aprendemos a governar o nosso próprio universo interior. E quando cada um encontra sua órbita, o cosmos inteiro agradece.

meus insights

HONRAI AS VERDADES COM A VOSSA PRÁTICA

324

Com frequência agimos exclusivamente no terreno das afirmativas verbais. Ninguém, todavia, atenderá ao dever apenas com palavras.

XAVIER, FRANCISCO CÂNDIDO / ANDRÉ LUIZ. NOSSO LAR. 1. ED. RIO DE JANEIRO: FEDERAÇÃO ESPÍRITA BRASILEIRA, 1944. EDIÇÃO KINDLE.

Helena Blavatsky dizia: "Honrai as verdades com a vossa prática". E é exatamente o que André Luiz nos recorda. Falar de luz é fácil; difícil é ser lâmpada. As palavras, por mais belas que sejam, são apenas moldes vazios até que a ação as preencha de sentido. O verbo, sem gesto correspondente, é como semente guardada em gaveta – carrega potência, mas não germina.

Vivemos tempos de discursos inflamados e pouca coerência. As redes estão cheias de gente dizendo o que é certo, mas o mundo continua pedindo quem faça o certo. A sabedoria verdadeira não se acumula em livros nem se ostenta em títulos: ela se manifesta na forma como tratamos o outro, no modo como reagimos ao erro, na serenidade com que enfrentamos as provas.

Praticar é a forma mais elevada de oração. Quando a fala e o ato se alinham, o espírito ganha densidade, presença e autoridade moral. Somos impacto positivo onde quer que passemos. E talvez seja isto que o céu mais espere de nós – menos promessas, mais exemplos. Porque, no fim, a verdade só é honrada quando vira atitude.

Quantas vezes esse mesmo pensamento já apareceu para você?

meus insights

325

EU APRENDI NA MINHA MENTE

Todos sabemos que o pensamento é força essencial, mas não admitimos nossa milenária viciação no desvio dessa força. (...) O pensamento é força viva, em toda parte; é atmosfera criadora que envolve o Pai e os filhos, a causa e os efeitos, no Lar universal.

XAVIER, FRANCISCO CÂNDIDO / ANDRÉ LUIZ. NOSSO LAR. 1. ED. RIO DE JANEIRO: FEDERAÇÃO ESPÍRITA BRASILEIRA, 1944. EDIÇÃO KINDLE.

Quantas vezes esse mesmo pensamento já apareceu para você?

☐ ☐ ☐ ☐ ☐ ☐ ☐

Estávamos voltando da escola, o trânsito tranquilo, e o Lorenzo – então com seis anos –, olhando pela janela, solta do nada:

– Pai, eu sei uma receita para fazer perfumes muito bons!

Curioso, perguntei:

– Ah é? E como é essa receita?

– Pega um balde com água e mistura muitas pétalas de flores. Mexe tudo muito bem, e você terá perfume!!!

– Que legal! Onde você aprendeu isso? Na escola?

Ele me olhou com a calma dos sábios e respondeu:

– Não... eu aprendi na minha mente!

Fiquei em silêncio por um instante, digerindo aquela simplicidade genial. A mente é mesmo um laboratório invisível, um espaço sagrado onde ideias, sonhos e intuições são destilados – perfumes sutis que, quando compartilhados, transformam o ambiente.

André Luiz diria que cada pensamento é uma partícula de energia viva, uma fragrância vibratória que impregna o ar da alma. Pensar é criar, é perfumar o mundo à nossa volta com o aroma daquilo que cultivamos dentro.

Então, a pergunta que fica é simples – e poderosa: o que você tem aprendido na sua mente?

meus insights

O PRIMEIRO PASSO

Precisamos compreender o espírito de sequência que rege os quadros evolutivos da vida.

326

XAVIER, FRANCISCO CÂNDIDO / ANDRÉ LUIZ. NOSSO LAR. 1. ED. RIO DE JANEIRO: FEDERAÇÃO ESPÍRITA BRASILEIRA, 1944. EDIÇÃO KINDLE.

O pensamento oriental nos lembra: "Uma jornada de mil dias começa com o primeiro passo". E é exatamente disso que André Luiz fala quando nos convida a compreender o espírito de sequência. A evolução não acontece em saltos milagrosos, mas em pequenos gestos de constância – passos firmes, dados com paciência e propósito.

A natureza é a melhor professora desse ritmo. Nenhuma árvore nasce adulta, nenhum rio chega ao mar sem antes se tornar nascente. A vida é feita de processos, não de improvisos. E toda pressa espiritual é uma forma disfarçada de impaciência com o tempo de Deus.

O segredo está em respeitar o compasso da própria caminhada: um pouco de aprendizado por dia, uma virtude cultivada por semana, um perdão concedido por vez. É assim que o espírito amadurece, degrau por degrau, até compreender que o caminho é mais importante que a chegada.

O primeiro passo não precisa ser grande – precisa ser sincero, precisa ser dado. E quando damos esse passo com consciência, o Universo inteiro se move para alinhar o resto da jornada. Porque a sequência da vida é a cadência do amor em movimento.

Quantas vezes esse mesmo pensamento já apareceu para você?

☐ ☐ ☐ ☐ ☐ ☐ ☐

meus insights

327

REENCONTRE A LEVEZA

Perdoar verbalmente é questão de palavras, mas aquele que perdoa realmente precisa mover e remover pesados fardos de outras eras, dentro de si mesmo.

XAVIER, FRANCISCO CÂNDIDO / ANDRÉ LUIZ. NOSSO LAR. 1. ED. RIO DE JANEIRO: FEDERAÇÃO ESPÍRITA BRASILEIRA, 1944. EDIÇÃO KINDLE.

Quantas vezes esse mesmo pensamento já apareceu para você?

☐ ☐ ☐ ☐ ☐ ☐ ☐

Um dia, Lorenzo – com seus seis anos e uma sabedoria que só as crianças possuem – olhou para mim e disse:

– É, pai... você, ao invés de aproveitar enquanto eu tinha energia, ficou lá trabalhando. Agora eu já cansei e estou sem energia pra brincar... você "desaproveitou" a chance...

Na hora, sorri meio sem graça, tentando disfarçar a pontada de consciência. Mas aquela frase ficou reverberando em mim naquela noite. Quantas chances "desaproveitamos"? Quantas vezes deixamos o amor esperando do outro lado da porta enquanto resolvemos "coisas urgentes"? A vida passa deixando lembretes sutis – e às vezes quem os entrega tem apenas um metro de altura.

Perdoar, como lembra André Luiz, é remover fardos – e talvez o primeiro perdão que precisemos praticar seja o autoperdão pelas chances não vividas. Não para fingir que nada aconteceu, mas para abrir espaço para novas oportunidades de presença. Cada reencontro, cada conversa, cada olhar pode ser uma reparação silenciosa do tempo que deixamos escapar.

Porque, no fundo, o perdão não é esquecer o que passou – é lembrar com amor e escolher agir diferente na próxima vez que a vida nos oferecer uma nova chance de aproveitar.

meus insights

SINCERIDADE HONESTA QUE PODE TRANSFORMAR

328

Quem não sabe preservar não é digno de usufruir.

XAVIER, FRANCISCO CÂNDIDO / ANDRÉ LUIZ. NOSSO LAR. 1. ED. RIO DE JANEIRO: FEDERAÇÃO ESPÍRITA BRASILEIRA, 1944. EDIÇÃO KINDLE.

Dia de sessão, a psicóloga perguntou ao Lorenzo:

– E aí, Lorenzo, está se comportando bem na escola?

Ele, sem tirar os olhos do desenho que pintava, respondeu com a honestidade de quem não teme o próprio reflexo:

– É... mais ou menos... mas mais pra menos mesmo!

Se todos nós tivéssemos essa clareza, o mundo seria outro. Porque, no fundo, somos assim também – “mais pra menos” quando se trata de cuidar do que a vida nos confia. Queremos usufruir das bênçãos, mas esquecemos da responsabilidade de preservá-las: a saúde que desgastamos, o planeta que exploramos, os relacionamentos que descuidamos, a fé que usamos só quando convém.

André Luiz nos lembra que o direito de usufruir nasce do dever de conservar. Tudo o que recebemos – do corpo físico à casa que moramos – é empréstimo divino, não propriedade. E quando a consciência amadurece, ela percebe que usufruir não é gastar, é cultivar; não é possuir, é servir bem.

Talvez o caminho da evolução comece com um pouco mais da sinceridade infantil do Lorenzo – reconhecer com leveza: “Estou tentando, estou mais ou menos, mas mais pra menos... ainda...”. Só assim nasce o desejo verdadeiro de ser mais pra mais – mais grato, mais cuidadoso, mais digno do que a vida nos dá.

Quantas vezes esse mesmo pensamento já apareceu para você?

meus insights

329

ONDE O PENSAMENTO DECIDE PERMANECER

O veículo carnal não é mais que um turbilhão eletrônico regido pela consciência.

XAVIER, FRANCISCO CÂNDIDO / ANDRÉ LUIZ. NOS DOMÍNIOS DA MEDIUNIDADE. FEB, 1944. EDIÇÃO KINDLE.

Quantas vezes esse mesmo pensamento já apareceu para você?

☐ ☐ ☐ ☐ ☐ ☐ ☐

Deepak Chopra, médico e pensador indiano, costuma dizer que o corpo humano não é uma estrutura sólida, mas um padrão dinâmico de inteligência. Em outras palavras, somos campos de energia e informação, vibrando em permanente renovação. Cada célula é um ponto de luz obedecendo à orquestra silenciosa da consciência. Isso dialoga diretamente com o que André Luiz revelou há quase um século: o corpo físico é apenas energia aglutinada em movimento – um "turbilhão eletrônico" conduzido pela mente espiritual.

A física quântica e a espiritualidade convergem neste ponto: a matéria é energia organizada pela intenção. Chopra ensina que o corpo muda a cada instante, reagindo aos pensamentos, emoções e crenças que emitimos. Assim, saúde e doença não são eventos isolados, mas mensagens vibratórias do campo da consciência. Quando o pensamento se alinha ao amor, à presença e à gratidão, a biologia responde – o turbilhão se harmoniza, o corpo vibra em sintonia com o equilíbrio.

Essa visão nos convida a uma revolução silenciosa: cuidar da mente é cuidar da matéria. Somos cocriadores da nossa forma física, da nossa vitalidade e até do nosso destino biológico. O corpo, nesse sentido, não é prisão, mas expressão viva da consciência que o habita. Chopra chama isso de "corpo quântico"; André Luiz chamou de "turbilhão eletrônico". Ambos nos lembram que, no fundo, a saúde começa onde o pensamento decide permanecer.

meus insights

O FUTURO SERÁ DA CONSCIÊNCIA DESPERTA

330

O futuro pertence ao espírito!

XAVIER, FRANCISCO CÂNDIDO / ANDRÉ LUIZ. NOS DOMÍNIOS DA MEDIUNIDADE. FEB, 1944. EDIÇÃO KINDLE.

O futuro pertence ao espírito! Essa não é apenas uma frase; é um chamado cósmico, um clarim que ecoa através das eras. O futuro não será dos impérios, das moedas, das máquinas ou das ideologias. O futuro será da consciência desperta – do ser humano que finalmente compreenderá que pensar, sentir e criar são expressões da mesma força divina que pulsa em todo o Universo.

No mundo regido pelo espírito, o poder deixará de ser disputa e se tornará serviço. O governo não será mais dos que mandam, mas dos que compreendem. A economia será movida pela energia da cooperação e da sabedoria, e o lucro maior será o bem-estar coletivo. O trabalho será um ato de cocriação com a vida; cada profissão, um ministério da alma. A educação não ensinará apenas o que pensar, mas também como sentir e por que amar.

Na Terra do futuro, as fronteiras cairão por falta de sentido. As religiões se dissolverão na experiência direta do sagrado. O cientista será místico; o místico, pesquisador. A arte e a filosofia serão as línguas universais – os alfabetos do infinito. Nenhuma criança nascerá sem ser reconhecida como espírito eterno em jornada, e nenhum ancião partirá sem deixar legado de luz.

A tecnologia, guiada pela ética da alma, se tornará extensão da consciência. Os recursos da Terra serão administrados como o corpo de uma mãe – com respeito, reverência e gratidão. A medicina cuidará não apenas de órgãos, mas também de ecos vibracionais da mente. A política será espiritualizada, e a espiritualidade, prática cotidiana: a oração se chamará empatia; o templo, convivência.

E quando esse tempo chegar – e ele chegará –, o planeta se tornará o que sempre foi em essência: uma escola de amor em tempo integral. Então entenderemos, enfim, o que Emmanuel quis dizer. O futuro pertence ao espírito porque tudo o que é matéria, um dia, se desfaz. Mas o espírito – esse, sim – é o que permanece, governa e cria o amanhã.

“Mas quem tem coragem de ouvir
Amanheceu o pensamento
Que vai mudar o mundo
Com seus moinhos de vento”
– Barão Vermelho

Quantas vezes esse mesmo pensamento já apareceu para você?

☐ ☐ ☐ ☐ ☐ ☐ ☐

meus insights

331

REENCARNAÇÃO COMO REALIDADE OBJETIVA

Quanto mais avança na ascensão evolutiva, mais seguramente percebe o homem a inexistência da morte como cessação da vida.

XAVIER, FRANCISCO CÂNDIDO / ANDRÉ LUIZ. NOS DOMÍNIOS DA MEDIUNIDADE. FEB, 1944. EDIÇÃO KINDLE.

Quantas vezes esse mesmo pensamento já apareceu para você?

☐ ☐ ☐ ☐ ☐ ☐ ☐

meus insights

Cristo nunca falou de morte como fim – falou de renascimento. Quando afirmou "Em verdade vos digo, quem não nascer de novo da água e do Espírito não poderá ver o reino de Deus" (João 3:5), Ele não se referia a uma conversão simbólica, mas à própria lei do retorno. Nosso corpo é feito 70% de água. Nascer de novo é reaprender, é refazer o caminho com mais consciência. É a pedagogia divina da evolução: o espírito retorna, veste nova carne, encontra velhos amores e antigos desafios – tudo para crescer em sabedoria e amor.

Os discípulos também compreendiam isso. Quando perguntaram a Jesus se João Batista seria Elias reencarnado, Ele respondeu sem hesitar: "Elias já veio, e não o reconheceram" (Mateus 17:12). Era uma afirmação direta da continuidade da vida, uma pista clara de que a existência é cíclica, não linear. O espírito avança, troca de vestes, mas permanece o mesmo viajante na longa estrada da eternidade.

Séculos depois, a teologia institucional decidiu negar o que era evidente nas palavras do Mestre. No Concílio de Constantinopla, no século 6, a ideia da reencarnação foi condenada como heresia por conveniência política. As autoridades temiam um povo que compreendesse que a vida é contínua e que cada um é responsável por seu próprio destino. Era mais fácil governar quem acreditava que só havia uma chance – e que a salvação dependia da intermediação da instituição. Se Jesus era o caminho, a Igreja acabava de se declarar o pedágio. E que pedágio caro, que nos custou séculos!

Mas a verdade não se extingue por decreto. A reencarnação não é invenção moderna, é memória espiritual que atravessa os séculos. Realidade que permeia as filosofias espiritualistas de todos os tempos em todo o mundo. Ela revela que o amor de Deus é justiça em movimento – não pune, educa. E quando o homem desperta para essa realidade, ele entende, enfim, o que André Luiz quis dizer: a morte é apenas um intervalo de luz entre duas lições da mesma escola chamada vida.

MORRER UM POUCO POR DIA

332

Durante o sonho, o espírito, envolto na perispírito, ganha condições de estar no outro plano da vida e ali travar contato com a realidade do mundo dos espíritos.

XAVIER, FRANCISCO CÂNDIDO / EMMANUEL. PLANTÃO DE RESPOSTAS. 1. ED. SÃO PAULO: IDE, 1994.

Dormir é, em certo sentido, morrer um pouquinho por dia. É o momento em que o corpo repousa e a mente se desprende, permitindo que o espírito retorne aos espaços de onde veio – para aprender, rever, reencontrar, às vezes até socorrer. O sono é a mais democrática das experiências espirituais: toda noite, sem exceção, viajamos entre dimensões. E por isso vale cuidar desse instante com o mesmo zelo com que se prepara uma cerimônia.

Antes de dormir, pratique o que podemos chamar de ritual de higiene do sono espiritual. Diminua as luzes, silencie as telas e respire profundamente algumas vezes. Faça uma leitura leve, preferencialmente inspiradora. Escreva o que ficou por resolver no dia – esse simples gesto descarrega o plano mental. Agradeça sinceramente pelo que viveu. Se quiser, visualize uma luz suave envolvendo seu corpo e sua casa. São gestos simples que preparam o campo energético, como quem arruma as malas para uma boa viagem.

Durante o sono, você poderá reencontrar pessoas queridas, receber ensinamentos, resolver pendências emocionais ou apenas recarregar-se nas vibrações sutis da paz. Ao despertar, não force a lembrança – mas se algo vier, anote. Os sonhos são cartas simbólicas do inconsciente e do espírito. E como toda carta, merecem leitura atenta.

Se os símbolos forem confusos, se algo insistir em voltar, não hesite: procure um bom analista junguiano. Jung compreendeu que os sonhos são pontes entre o consciente e o inconsciente – e, para os espiritualistas, entre o visível e o invisível. Afinal, a alma não dorme – apenas viaja, e toda viagem merece preparo, acolhimento e interpretação ao retorno.

Quantas vezes esse mesmo pensamento já apareceu para você?

☐ ☐ ☐ ☐ ☐ ☐ ☐

meus insights

333

LET IT BE

Os grandes compositores terrestres são, por vezes, trazidos às esferas como a nossa, onde recebem algumas expressões melódicas, transmitindo-as, por sua vez, aos ouvidos humanos.

XAVIER, FRANCISCO CÂNDIDO / ANDRÉ LUIZ. NOSSO LAR. 1. ED. RIO DE JANEIRO: FEDERAÇÃO ESPÍRITA BRASILEIRA, 1944. EDIÇÃO KINDLE.

Quantas vezes esse mesmo pensamento já apareceu para você?

☐ ☐ ☐ ☐ ☐ ☐ ☐

Paul McCartney sonhou com a mãe. Mary, falecida quando ele ainda era adolescente, apareceu serena, envolta em uma luz mansa. No sonho, ela o consolava, dizendo apenas *Let it be* – deixe estar. Paul acordou em lágrimas, com a frase pulsando como um mantra dentro dele. À época, vivia um momento conturbado com o fim iminente dos Beatles e a incerteza sobre o futuro. A melodia veio suave, como se o amor de sua mãe atravessasse o véu entre os mundos e se materializasse em notas de piano. O que era sonho se tornou canção – e o que era saudade se transformou em consolo universal.

É curioso pensar que "Let it be" nasceu não da inspiração consciente, mas do encontro entre planos. Paul, sem saber, viveu aquilo que André Luiz descreve com tanta clareza: o espírito, durante o sono, em sintonia com outras dimensões, capta vibrações, melodias, mensagens – e as traduz de volta ao mundo em forma de arte. Quando acordamos com uma ideia pronta, uma frase inspiradora, uma música que parece vir do nada, talvez estejamos apenas trazendo de volta o que ouvimos nas "esferas de luz".

Desde então, milhões de pessoas no mundo inteiro, em seus momentos de dor, repetem essas mesmas palavras – *let it be*. Mal sabem que, ao fazê-lo, entram na mesma frequência amorosa de uma mãe que, do outro lado, sussurra ao filho e à humanidade: "Tudo passa. Confia. Deixa estar". Talvez, como dizia Chico, os grandes compositores sejam apenas mensageiros – afinados instrumentos da música que toca, eternamente, no coração de Deus.

meus insights

O POETA ESTÁ VIVO

334

A oração é a luz na escuridão da alma.

SAYUMI, CLARISSA. 15 FRASES INESQUECÍVEIS DE CHICO XAVIER PARA REFLETIR SOBRE A VIDA, O AMOR E O PERDÃO. NOVA BRASIL FM. DISPONÍVEL EM: HTTPS://NOVABRASILFM.COM.BR/.

Há dias em que o noticiário parece uma coleção de pesadelos. A fé da humanidade parece cansada, o amor parece fora de moda e a esperança, artigo raro. Mas então, como na canção do Barão Vermelho, o poeta desperta dentro de nós e sussurra: “Baby, compra o jornal e vem ver o sol, ele continua a brilhar, apesar de tanta barbaridade”. Eis o poder da oração – não como prece mística, mas como ato poético de resistência.

Orar é manter o poeta vivo dentro de nós. É reerguer o pensamento quando tudo parece ruir. É escutar o galo cantar na aurora de novos tempos, mesmo quando a noite ainda é densa. A oração é esse movimento sutil da alma que se recusa a apagar sua própria luz. Ela não nega a dor, mas acende uma chama silenciosa que diz: ainda dá para amar, ainda dá para criar, ainda dá para acreditar.

E talvez seja disso que o mundo mais precise – de poetas que rezam, e de orantes que poetizam. Porque, quando a alma ora, o pensamento amanhece. E quando o pensamento amanhece, a grande roda da história volta a girar. A oração é a força invisível que impulsiona esse moinho de vento, que transforma sombra em aurora e ruína em recomeço. O poeta está vivo – e é Deus respirando versos dentro de nós.

Quantas vezes esse mesmo pensamento já apareceu para você?

☐ ☐ ☐ ☐ ☐ ☐ ☐

meus insights

335

ALMAS DENTRO DO UNIVERSO

O pensamento é a base das relações espirituais dos seres entre si, mas não olvidemos que somos milhões de almas dentro do Universo, algo insubmissas ainda às leis universais.

XAVIER, FRANCISCO CÂNDIDO / ANDRÉ LUIZ. NOSSO LAR. 1. ED. RIO DE JANEIRO: FEDERAÇÃO ESPÍRITA BRASILEIRA, 1944. EDIÇÃO KINDLE.

Quantas vezes esse mesmo pensamento já apareceu para você?

O detalhe na frase de André Luiz – “almas dentro do universo” – ganha um novo sentido quando lido à luz das reflexões trazidas no estudo *Médiuns Contatados no Brasil*, que fiz com Gilda Moura. O uso da expressão “dentro do Universo” não é casual: ele sugere que o homem não está fora, nem sobre o cosmos, mas literalmente imerso nele – como célula consciente de uma vastidão viva.

Segundo a nossa pesquisa, a mediunidade não é apenas uma ponte entre dimensões espirituais próximas, mas um canal cósmico, uma porta mental para o universo. As experiências de contato relatadas por centenas de médiuns brasileiros – muitas vezes com seres que não se identificam como espíritos humanos desencarnados – revelam que a consciência humana é, por natureza, exoconsciente: capaz de sintonizar inteligências que compartilham a mesma rede de vida universal.

Quando perguntamos para os 681 médiuns que entrevistamos se, em sua vivência mediúnica, alguma vez haviam se deparado com a percepção de uma presença energética não física de um ser ou seres diferentes de humanos desencarnados – popularmente reconhecidos como “extraterrestres” –, 65,3% deles responderam SIM.

Quando André Luiz fala em “milhões de almas dentro do Universo”, ele antecipa a ideia de uma ecologia espiritual cósmica – um campo de interdependência vibracional em que todas as formas de vida, em múltiplos planos e mundos, estão conectadas pelo pensamento. O “dentro” aponta para essa imersão integral na Mente Divina, em que cada pensamento, sentimento e escolha reverberam em ondas sutis que atravessam galáxias e dimensões.

Talvez, o que o autor espiritual nos convide a compreender é que não habitamos o universo: somos o universo habitando a si mesmo através de nós. E, enquanto permanecermos “algo insubmissos” às Leis Universais – do amor, da harmonia e da evolução –, experimentaremos o conflito entre a pequenez de nossa consciência e a vastidão que nos envolve. Quando, porém, reconhecermos nossa cidadania cósmica, deixaremos de ser estrangeiros no infinito – e passaremos a ser cooperadores conscientes da Criação.

meus insights

NÃO ESQUEÇA DE SER HUMANO

A automação nos faz viver hoje na presença do futuro.

336

XAVIER, FRANCISCO CÂNDIDO. PINGA-FOGO. PROGRAMA DE TV, TV TUPI, SÃO PAULO, 1971. TRANSCRIÇÃO INTEGRAL.

Se alguém dos anos 1980 caísse de paraquedas em 2025, provavelmente teria um colapso nervoso antes de terminar o café da manhã. Naquela década, cortar o cabelo exigia revista de moda e tesoura; hoje, uma IA sugere o corte que melhor combina com o formato do seu crânio.

O Walkman era o auge da liberdade musical – uma revolução com duas pilhas AA e uma fita que enroscava quando a gente mais amava a música. Para voltar a música, caneta Bic era a tecnologia disponível. Agora, o Spotify lê nosso humor antes mesmo de nós.

O telefone, antes preso à parede com fio e ciúmes, virou um oráculo portátil, câmera, mapa, confessionário e, às vezes, vilão. Nos anos 1980, "ir ao banco" era uma atividade física: fila, caneta amarrada com barbante, carimbo e paciência. Hoje o banco vai até nós, e ainda reclama se a gente não quer falar com o robozinho do atendimento.

Os videogames deixaram de ser quadradinhos pulando na tela e se transformaram em mundos virtuais tão realistas que às vezes é o jogador quem sai pixelado. Até o amor mudou de formato: antes era "amor à primeira vista", hoje é "match à primeira deslizada".

Chico Xavier, em 1971, já via o que só agora entendemos: o futuro chega disfarçado de conveniência. Ele nos fascina, mas também nos desafia. A automação prometeu tempo livre – e nos entregou mais pressa. Nos conectou ao mundo – e, paradoxalmente, aumentou nossa solidão.

Então fica a pergunta que Chico, se estivesse no ar em 2025, talvez nos lançasse com aquele olhar sereno de um bom mineiro: se o presente já parece ficção científica, o que será que veremos nos próximos 25 anos? Talvez carros voem, talvez pensamentos naveguem pela nuvem. Ou talvez o futuro – o verdadeiro – seja simplesmente aprender a usar tanta tecnologia sem esquecer de ser humano.

Quantas vezes esse mesmo pensamento já apareceu para você?

☐ ☐ ☐ ☐ ☐ ☐ ☐

meus insights

337

FALTAM MESTRES, OU OUVIDOS ATENTOS?

Os grandes instrutores da humanidade carnal ensinam princípios divinos, expõem verdades eternas e profundas, nos círculos do globo. Em geral, porém, nas atividades terrenas, recebemos notícias dessas leis sem nos submetermos a elas.

XAVIER, FRANCISCO CÂNDIDO / ANDRÉ LUIZ. NOSSO LAR. 1. ED. RIO DE JANEIRO: FEDERAÇÃO ESPÍRITA BRASILEIRA, 1944. EDIÇÃO KINDLE.

Certo, vamos repassar o tapa na cara: Buda despertou sob a figueira ao compreender que a dor nasce do apego. Seu ensinamento era simples e devastador: "Tudo é impermanente". Se a gente tivesse ouvido, talvez não vivesse tão escravo do consumo, da pressa e do desejo de possuir. O Buda não queria seguidores, queria despertos – mas preferimos os templos aos espelhos.

Cristo ensinou a amar até os inimigos e a ver o divino no outro. Sua revolução não foi teológica, foi afetiva: deslocou o centro do poder para o coração. "O Reino de Deus está dentro de vós", ele disse – mas nós o deslocamos de volta para fora, criando instituições que o prenderam em dogmas e estatuazinhas de gesso. Se tivéssemos escutado, talvez o mundo não estivesse tão religiosamente dividido e tão espiritualmente órfão.

Krishna, com seu olhar sereno no campo de Kurukshetra, ensinou que a verdadeira batalha é interior. Que o dever espiritual é agir sem apego ao resultado. Hoje seguimos lutando guerras externas e acumulando vitórias vazias, esquecendo que o campo de batalha mais importante é a mente, e a arma mais poderosa é a consciência.

Maomé proclamou o poder da palavra e a disciplina da fé. Trouxe à humanidade a noção de entrega – o islã como submissão amorosa à vontade divina. Mas confundimos fé com fanatismo, e a espada do ego feriu o que era para ser oração. Se compreendêssemos a entrega, viveríamos mais humildes, mais gratos, mais em paz.

Cada um desses mestres ergueu uma tocha no tempo – não para que a adorássemos, mas para que caminhássemos sob sua luz. E, no entanto, seguimos pedindo novos guias, novas revelações, novos messias. Talvez o problema nunca tenha sido a falta de mestres... mas o excesso de ouvidos que escutam, porém não ouvem. Quantos séculos ainda precisaremos para, finalmente, nos submeter à sabedoria que já nos foi dada?

Quantas vezes esse mesmo pensamento já apareceu para você?

☐ ☐ ☐ ☐ ☐ ☐ ☐

meus insights

QUANDO A VIBRAÇÃO FALA MAIS DO QUE AS PALAVRAS

338

Não haviam aprendido que o pensamento é a linguagem universal? Não foram informados de que a criação mental é quase tudo em nossa vida?

XAVIER, FRANCISCO CÂNDIDO / ANDRÉ LUIZ. NOSSO LAR. 1. ED. RIO DE JANEIRO: FEDERAÇÃO ESPÍRITA BRASILEIRA, 1944. EDIÇÃO KINDLE.

Estávamos em Zurique, na Suíça, para o Congresso Internacional de Psicologia Analítica Jungiana, em celebração aos 150 anos do nascimento de Jung. No programa, havia uma prática chamada *Gibberish Meditation* – uma técnica de glossolalia, em que cada participante dá voz ao próprio espírito, emitindo sons e palavras sem significado racional, mas cheias de vibração emocional. Pratiquei isso desde os meus 14 anos, no movimento carismático chamávamos de Oração em Línguas – cantar mantras espontâneos, deixar o corpo falar o que a mente não consegue traduzir. Na prática, o Osho criou uma marca nova, patenteou e começou a vender o que qualquer pentecostal sabe como fazer. Foi mal, Osho, mas é a real!

Quando a facilitadora explicou a dinâmica, percebi que era a mesma técnica que eu fazia desde adolescente. Então me deixei levar: caminhei pela sala livre, leve e solto, de olhos fechados, emitindo sons, cantos, vibrações. Quem chegasse de fora acharia aquele grupo muito estranho. Parecia caótico – um coral de pessoas falando em diferentes idiomas do sentir. Quinze minutos depois, o silêncio. Era como se cada voz tivesse limpado o ar, abrindo espaço para o essencial dentro de cada um.

Ao final, uma senhora chinesa se aproximou dizendo em inglês: "Eu gostaria de entender o que você estava fazendo". Expliquei o meu jeito e perguntei o porquê do interesse. E ela respondeu: "Quando eu ouvi o seu mantra espontâneo, fui atraída pela melodia. Era como se o sol tivesse acendido na sala. Ficar perto de você era quente. E tentei fazer com que a minha melodia encontrasse a sua, e não consegui sair de perto de você". E ali, dois corpos distantes, dois idiomas diferentes, duas culturas que pouco compartilhavam – de repente, vibravam na mesma frequência. Nenhuma palavra compreensível, mas tudo entendido.

Foi então que compreendi o que André Luiz quis dizer. O pensamento – e o sentimento que o anima – é realmente a linguagem universal. Quando as mentes se afinam, o espírito se encontra. E quando o espírito se encontra, não há fronteira, nem língua, nem distância que possa impedir o som do divino da fraternidade de ser ouvido.

Quantas vezes esse mesmo pensamento já apareceu para você?

☐ ☐ ☐ ☐ ☐ ☐ ☐

meus insights

339

NOSSOS DRAMAS INTERMINÁVEIS

A prática do bem exterior é um ensinamento e um apelo para que cheguemos à prática do bem interior.

XAVIER, FRANCISCO CÂNDIDO / ANDRÉ LUIZ. NOSSO LAR. 1. ED. RIO DE JANEIRO: FEDERAÇÃO ESPÍRITA BRASILEIRA, 1944. EDIÇÃO KINDLE.

Quantas vezes esse mesmo pensamento já apareceu para você?

☐ ☐ ☐ ☐ ☐ ☐ ☐

– Filho, nem adianta começar a chorar. O papai disse não.

– Buáááááá! Eu quero a minha mamãezinha!

– Não! Você não quer a sua mamãezinha, você quer alguém que diga sim pra tudo o que você quer, que concorde com tudo, que basicamente seja seu escravo!

– Buáááááá! Eu estou muito triste...

– Então faz o seguinte: vai pro seu quarto fazer o seu drama. Chore até a tristeza acabar, coloque os pensamentos em ordem e reflita sobre sua atitude. Depois volte aqui que eu estarei te esperando pra brincar...

Vai a própria miséria humana arrastando sua tristeza para o quarto. Dois minutos depois, o choro cessa e a serenidade volta. Da sala, digo:

– Filho, vem ver o que o papai construiu com as peças, que legal!

– Peraí, já vou...

– Uai, o que você está fazendo, filho?

– Estou terminando de fazer o meu drama!!!

Essa pequena cena me fez lembrar o que André Luiz quis dizer. A prática do bem exterior – o limite, o exemplo, o ato educativo – é só a primeira camada. O verdadeiro bem acontece dentro, quando a emoção encontra o sentido. Às vezes, é preciso deixar o outro viver o próprio drama para que o aprendizado se instale, não pela imposição, mas pela experiência.

Porque o bem autêntico não é aquele que evita o desconforto, mas o que o atravessa com amor. E quando o choro vira reflexão, e o limite se transforma em compreensão, é sinal de que o bem deixou de ser gesto e virou consciência – o tipo de lição que nem o tempo apaga.

meus insights

MINECRAFT E A COBERTURA DE CARAMELO

Dá sempre, filho meu. Sobretudo, jamais esqueças dar de ti mesmo.

340

XAVIER, FRANCISCO CÂNDIDO / ANDRÉ LUIZ. NOSSO LAR. 1. ED. RIO DE JANEIRO: FEDERAÇÃO ESPÍRITA BRASILEIRA, 1944. EDIÇÃO KINDLE.

Pérolas do Lorenzo:

– Sabe, pai, se você não fosse meu pai, eu jamais saberia da cobertura de caramelo do McDonald's... E se eu não fosse seu filho, você jamais saberia jogar Minecraft.

Dar de si é permitir-se afetar e ser afetado. É entender que a vida é uma via de mão dupla, feita de trocas simples, mas cheias de significado. Às vezes, o que parece apenas um gesto cotidiano – compartilhar um sabor, um jogo, um riso – é, na verdade, um elo de alma, um aprendizado recíproco entre mundos diferentes que se encontram e se ressignificam.

Dar de si mesmo não se trata de quantidade, trata-se de qualidade de presença. É estar inteiro na relação, seja com um filho, um amigo, um colega, ou até um desconhecido. Porque quando damos de nós, algo em nós se transforma também. E o curioso é que quanto mais damos, mais nos descobrimos – mais a alma se expande, mais a vida ganha sentido.

Pequenos sentidos, grandes caminhos. Talvez o segredo da evolução espiritual esteja exatamente nisto: perceber que cada gesto de amor, cada partilha sincera, é uma centelha divina circulando. No fim, somos todos aprendizes nessa escola de trocas, em que dar de si é a única forma real de receber a vida de volta.

Quantas vezes esse mesmo pensamento já apareceu para você?

☐ ☐ ☐ ☐ ☐ ☐ ☐

meus insights

341

SUFICIÊNCIA É UM ESTADO ESPIRITUAL

Quase sempre, os que aprenderam a suportar a pobreza é que sabem administrar, com mais propriedade, os recursos materiais.

XAVIER, FRANCISCO CÂNDIDO / EMMANUEL. PÃO NOSSO. BRASÍLIA: FEB, 2023.

A maior lição do perrengue é a suficiência. Quando a vida aperta, a gente descobre o que realmente importa – e percebe que felicidade tem mais a ver com ser do que com ter. É curioso: o perrengue, quando não amarga o coração, adoça a consciência. Ele ensina que o essencial cabe em pouco espaço, que o prazer mora no simples e que o luxo maior é a serenidade de estar em paz com o que se tem.

É verdade que saúde mental e saúde financeira caminham de mãos dadas. A carência prolongada adoece, o descontrole endivida a alma. Mas administrar bem os próprios recursos não é só fazer planilha – é reordenar o desejo. É entender o que é preciso, o que é necessário e o que é apenas vontade e impulso disfarçados de necessidade. Quando essa distinção amadurece, a vida se torna mais leve.

A suficiência é um estado espiritual. É quando você olha para o que tem e sente gratidão, sem ansiedade pelo que falta. É saber que o suficiente é, paradoxalmente, tudo. Porque quem vive com o bastante descobre que a abundância não está no saldo bancário, mas no sossego da alma.

Quantas vezes esse mesmo pensamento já apareceu para você?

meus insights

Canção da Unidade

Tire 5 minutos, feche os olhos, e entre em sintonia com a música "Canção da Unidade" de autoria de Mensagem Brasil, na voz de Juliano Pozati e Juliana Milet Pozati.

TENHO TIDO "OLHOS PARA VER"?

342

O olho humano não verá além do limite da sua capacidade.

XAVIER, FRANCISCO CÂNDIDO / EMMANUEL. PÃO NOSSO. BRASÍLIA: FEB, 2023.

Acordo com o Lorenzo deitado de frente para mim, sorrindo de mansinho e passando a mão na minha barba. Sorrio de volta e pergunto:

– O que você está pensando dentro dessa cabecinha?

– Eu estou pensando que eu te amo, papai.

Sabe, Seu Emmanuel, de fato o olho humano não verá além do limite da sua capacidade... Mas que grande capacidade temos de ver quando estamos presentes na vida.

O olho humano tem seus limites, fato! Não vê o invisível, não enxerga o futuro, não alcança o mistério. Mas quando estamos inteiramente presentes, ele se torna a janela do espírito. A presença amplia a visão. É nela que a alma enxerga o essencial: o amor, a ternura, o milagre do agora.

Talvez o segredo não esteja em ver mais longe, mas em ver melhor. Porque há mundos inteiros escondidos num olhar de criança, num toque suave, num "eu te amo" dito sem pressa. E é nesse instante simples, desarmado e real, que a humanidade alcança sua visão mais profunda: a de estar viva no amor.

Quantas vezes esse mesmo pensamento já apareceu para você?

meus insights

343

UMA SABOROSA OBRA DE ARTE NORDESTINA

São as coisas criadas que falam mais justamente da natureza invisível.

XAVIER, FRANCISCO CÂNDIDO / EMMANUEL. PÃO NOSSO. BRASÍLIA: FEB, 2023.

Sirvo para o Lorenzo um prato de moqueca de camarão com arroz e farofinha de cebola – receita minha, feita com farinha branca flocada e uma dose generosa de afeto. O amigo dele, Bernardo, que dormia lá em casa, arregala os olhos e pergunta, com expressão de pânico gastronômico:

– O que que é issooo?

E o Lorenzo, com toda a solenidade de um pequeno filósofo em jantar de gala, responde:

– "Isso", Bernardo... é uma obra de arte!!!

Eu ri, mas confesso que aquilo me acertou fundo. Emmanuel tinha razão: são as coisas criadas que falam da natureza invisível – e não há pincel mais divino que o amor posto em ação. Quando a gente cozinha, pinta, escreve, educa ou simplesmente cuida com presença, o invisível ganha forma, cor e cheiro. A comida é só o veículo; o tempero real é a intenção.

No fim, o que alimenta não é a moqueca, é o afeto que a trouxe à mesa. O invisível se manifesta em cada detalhe – no vapor do arroz, na farofinha dourada, no sorriso satisfeito de quem prova e diz que está "perfeito". A arte de amar é isto: transformar o simples em sagrado, e o cotidiano em revelação.

Quantas vezes esse mesmo pensamento já apareceu para você?

meus insights

DEIXA FLUIR O QUE VOCÊ TRAZ CONSIGO

344

Energias que não doamos podem ser fator de desequilíbrio em nossas vidas. Nossa consciência, em geral, nos cobra uma atitude perante as tarefas que nos cabem. Praticando o Bem em qualquer parte, estaremos colocando nossa mediunidade a serviços de todos.

XAVIER, FRANCISCO CÂNDIDO / EMMANUEL. PLANTÃO DE RESPOSTAS. 1. ED. SÃO PAULO: IDE, 1994.

Emmanuel nos lembra que as energias que não doamos se tornam peso em nosso próprio campo vital. Marie-Louise von Franz, comentando Jung, explica que a libido – a energia psíquica – precisa encontrar direção e expressão criativa.

Quando reprimida, volta-se contra o indivíduo, gerando sintomas, angústia ou desequilíbrio. Emmanuel fala da caridade como canal; von Franz, da simbolização e do serviço à vida. Ambos apontam que a energia, para ser saudável, deve circular.

A mediunidade, vista sob esse prisma, é o fluxo consciente da libido espiritual em favor do coletivo. O bem praticado, seja no silêncio ou na ação, converte o excedente energético em luz. Quando deixamos de servir, essa força se estagna e nos cobra movimento, pois a alma é essencialmente dinâmica. A saúde psíquica e espiritual depende desse constante doar-se, seja por amor, criação ou serviço. Dar-se é, portanto, a mais alta forma de equilíbrio interior.

Quantas vezes esse mesmo pensamento já apareceu para você?

meus insights

345

ENTRE O CANTO DOS PÁSSAROS

Não faltam, na Terra, paisagens e expressões essencialmente divinas.

XAVIER, FRANCISCO CÂNDIDO / ANDRÉ LUIZ. NOSSO LAR. 1. ED. RIO DE JANEIRO: FEDERAÇÃO ESPÍRITA BRASILEIRA, 1944. EDIÇÃO KINDLE.

Quantas vezes esse mesmo pensamento já apareceu para você?

☐ ☐ ☐ ☐ ☐ ☐ ☐

Eu adoro os pássaros. Sempre os admirei, mas nunca tive coragem de ter um na gaiola. Acho simplesmente injusto. O bicho foi feito para voar – e prender um pássaro me parece coisa de gente recalcada que ainda não descobriu as próprias asas. Durante as gravações dos Mediunidade com Autonomia e Yeshua: O Nosso Cristo Planetário Revelado, os sabiás insistiam em pousar na minha janela e cantar como se estivessem no British Got Talent. Era um pesadelo técnico do ponto de vista de produção: o microfone captava tudo. Não demorou muito para desistirmos de lutar contra aquilo e assumirmos que sairia na gravação.

Com o tempo, percebi que havia algo de simbólico naquele canto. Era como se o campo energético que emanava das palavras, das ideias e da sintonia espiritual também os atraísse. Eles não interrompiam – acompanhavam. Cantavam como se dissessem: "Estamos ouvindo também". Pode parecer poético demais, mas às vezes o divino se manifesta exatamente assim – discretamente, através da natureza, em sinais sutis que não se explicam, apenas se sentem.

Talvez você diga coincidência. Talvez diga comunhão. No final das contas, talvez a gente nunca tenha certeza. Mas o importante para mim é que fez sentido. E toda vez que um sabiá canta na janela, eu me lembro: Deus não fala apenas nas igrejas ou nos livros sagrados – Ele canta no cotidiano, nas pequenas interrupções do nosso esforço, lembrando que o sagrado está vivo, sempre à espreita de quem ainda sabe escutar.

meus insights

A HORA DA DECISÃO

346

Os inconstantes permanecem figurados na onda do mar, absorvida pelo vento e atirada de uma para outra parte.

XAVIER, FRANCISCO CÂNDIDO / EMMANUEL. PÃO NOSSO. BRASÍLIA: FEB, 2023.

A inconstância é o movimento de uma mente que ainda não decidiu de verdade. E onde não há decisão, não há direção. É como uma onda que se deixa levar pelos ventos das circunstâncias – ora entusiasmada, ora desanimada, sempre à mercê de forças externas. A vontade, que deveria ser o leme da alma, perde espaço. Sem clareza de propósito, ela não constrói, só bagunça tijolos; não planeja, apenas reage.

A raiz da inconstância, quase sempre, é a ansiedade disfarçada de busca. Corremos de um projeto a outro, de uma ideia a outra, acreditando que nos falta a energia, quando, na verdade, é falta de foco. E o foco não nasce do esforço cego, mas do conhecimento estratégico: entender o que faz sentido, o que tem significado para mim.

Quando a mente se alinha ao coração, a vontade encontra um rumo. A constância, então, deixa de ser obrigação e se torna fluidez disciplinada – não mais o mar agitado pelas tempestades, mas o rio que sabe para onde corre. Porque constância não é rigidez; é coerência. E só quem sabe por que faz o que faz encontra paz na continuidade.

Quantas vezes esse mesmo pensamento já apareceu para você?

meus insights

Os 3 pilares da Transição Planetária

Neste vídeo, eu comento sobre os três pilares da transição planetária, segundo o espírito de Emmanuel.

347

PARA DE JOGAR GLITTER

Não se elimina o pântano atirando-lhe flores.

XAVIER, FRANCISCO CÂNDIDO / EMMANUEL. PÃO NOSSO. BRASÍLIA: FEB, 2023.

Quantas vezes esse mesmo pensamento já apareceu para você?

☐ ☐ ☐ ☐ ☐ ☐ ☐

Me dá certa preguiça dessa galera "positiva purpurina". Sabe aquele tipo que vive no mundo de Poliana, recitando frases de autoajuda como se fosse um Minutos de Sabedoria ambulante? Gente que não encara o problema, só o cobre com glitter. A vida não é feita de mantras colados na geladeira – é feita de barro, suor e contradição. E, como disse Emmanuel, não adianta atirar flores no pântano achando que ele vai virar jardim. É preciso drenar a água, encarar o lodo, meter a mão na lama da própria sombra.

A verdadeira positividade não é fuga – é transmutação. É olhar o caos e ainda assim dizer: "Vai dar certo", não por negação, mas por confiança. É o otimismo que vem da fé lúcida, não da ingenuidade. Muita gente que vibra no positivo está apenas intuitivamente sintonizada com o fluxo – sente que algo bom se aproxima, ainda que não saiba explicar como. É um tipo de fé em movimento, que acredita no invisível, mas continua trabalhando no visível.

A diferença entre a positividade real e a tóxica é a ação. A tóxica fantasia; a real constrói. Uma finge que o pântano não existe; a outra pega a enxada e transforma o brejo em horta. O pensamento positivo, quando acompanhado de atitude, é força criadora. Quando não é, é autoengano disfarçado de espiritualidade. O universo conspira, sim – mas só quando a gente sua junto com ele.

meus insights

348

FOCO, CRIATURA!

Quem se preocupa em transpor diversas portas, em movimento simultâneo, acaba sem atravessar porta alguma.

XAVIER, FRANCISCO CÂNDIDO / EMMANUEL. PÃO NOSSO. BRASÍLIA: FEB, 2023.

Quando deixamos um emprego ou decidimos empreender, é comum sentir aquela explosão de energia: mil ideias, mil planos, mil vontades. Queremos compensar o tempo perdido e abrir todas as portas de uma vez. Mas o resultado é previsível – ficamos girando pratos, tentando manter tudo no ar, até que um por um começa a cair. O entusiasmo vira exaustão, e o sonho se transforma em caos.

A vontade é infinita, sim. Nosso plano mental é criador, fértil, e se estende para além do espaço-tempo. Mas aqui, no mundo físico objetivo, o tempo é o único recurso verdadeiramente escasso e não renovável. É preciso aceitar que nem tudo cabe ao mesmo tempo na mesma vida. Priorizar não é limitar o sonho, é torná-lo possível.

Antes de abrir novas portas, precisamos nos perguntar: “Tenho energia para atravessar essa?”. Cada projeto exige presença, constância e fôlego. “Do que eu dou conta neste momento?” A pressa de querer tudo é inimiga da realização. Caminhar por uma porta de cada vez é o que transforma vontade em obra. Porque no fim, não é quem começa mil coisas que muda o mundo – é quem termina uma, e bem feita.

meus insights

Quantas vezes esse mesmo pensamento já apareceu para você?

Economia da Atenção

Sua atenção vale bilhões e não vamos abrir mão dela!

349

TORNAR-SE QUEM SE É

É preciso caminhar sempre, mas a jornada compete ao Espírito eterno, no terreno das conquistas interiores.

XAVIER, FRANCISCO CÂNDIDO / EMMANUEL. PÃO NOSSO. BRASÍLIA: FEB, 2023.

Quantas vezes esse mesmo pensamento já apareceu para você?

Caminhar sempre é mais do que avançar no tempo; é mover-se em consciência. Emmanuel lembra que a jornada não pertence ao corpo, nem às circunstâncias externas, mas ao Espírito que se educa através das experiências.

Edward Edinger, na linha junguiana, descreveu o mesmo percurso como a individuação, o processo de tornar-se quem se é em essência – uma viagem interior em direção ao self, centro organizador da psique e imagem viva de Deus em nós. Assim, o progresso espiritual não se mede em quilômetros de ação, mas em milímetros de profundidade.

A vida, com seus desafios, é o espelho que reflete nossas sombras e virtudes, nos convida a integrar o que rejeitamos e a reconhecer o divino que nos habita. Caminhar, portanto, é deixar que o ego se renda à sabedoria do Espírito, permitindo que cada queda seja um passo e cada dor, um mestre. Só assim a estrada do mundo se transforma em trilha de autoconhecimento – o terreno sagrado das conquistas interiores.

meus insights

O amor que cria a gente

Tire 5 minutos, feche os olhos, e entre em sintonia com a música "O amor que cria a gente", de autoria de Felipe Ispério.

HABITAR O TEMPO

350

As máquinas estão impondo a nós todos um repouso para o qual muitos de nós não estamos preparados. (...) Precisamos estudar os nossos próprios caminhos de amanhã, para que não venhamos a entrar nas trevas de espírito.

XAVIER, FRANCISCO CÂNDIDO. PINGA-FOGO. PROGRAMA DE TV, TV TUPI, SÃO PAULO, 1971. TRANSCRIÇÃO INTEGRAL.

As máquinas estão nos concedendo um repouso que não é o do corpo, mas o do fazer – e esse repouso, paradoxalmente, nos inquieta. Chico Xavier já percebia que a automatização libertaria o homem da labuta física, mas o deixaria diante de um vazio espiritual para o qual poucos estariam preparados.

Hoje a inteligência artificial multiplica a eficiência, mas reduz o espaço do sentido. Byung-Chul Han afirma que vivemos sob o império do desempenho, incapazes de simplesmente "habitar o tempo". Quando o trabalho perde seu valor de oferenda e se torna apenas produção, o repouso se converte em tédio.

O perigo não está nas máquinas, mas no abandono da interioridade – no esquecimento da vita contemplativa, aquela dimensão do ser que reflete, ora e sente. "Precisamos estudar os nossos próprios caminhos de amanhã", advertia Chico. Sim, precisamos ressignificar o trabalho não como meio de sobrevivência, mas como forma de expressão da alma; resgatar o silêncio como prática criadora; permitir que o tempo livre volte a ser tempo fértil. Caso contrário, enquanto as máquinas trabalham por nós, perderemos o dom de ser. E isso seria a mais sutil das trevas de espírito.

meus insights

Quantas vezes esse mesmo pensamento já apareceu para você?

Documentário Nova Terra

Mais do que um lugar, o conceito de Nova Terra é um estado de consciência do papel do Ser Humano, com mais autoconhecimento, ética, capacidade de sonhar e realizar de forma responsável, inclusiva e sustentável.

351

A ASSINATURA DO UNIVERSO EM NÓS

Pensar é criar.

XAVIER, FRANCISCO CÂNDIDO / EMMANUEL. PÃO NOSSO. BRASÍLIA: FEB, 2023.

Quantas vezes esse mesmo pensamento já apareceu para você?

Leonardo da Vinci dizia que "a pintura é coisa mental". Para ele, toda criação – seja uma obra de arte, uma invenção ou um conceito científico – nascia primeiro na mente, antes de existir no mundo. Séculos antes da física quântica e da neurociência, Leonardo já intuía que o pensamento é o laboratório onde a realidade é concebida. Emmanuel diria o mesmo, mas em termos espirituais: a mente é o ateliê de Deus em nós.

Da Vinci via a natureza como um espelho do pensamento divino. Cada engrenagem, cada curva de uma folha, cada sombra sobre a pele humana revelava a inteligência do Criador. Pensar, portanto, era participar dessa criação – observar com profundidade, conectar ideias, encontrar sentido nas formas e traduzir em imagem aquilo que o espírito vislumbra. O pensamento, quando disciplinado, torna-se ferramenta da revelação.

Mas Leonardo também sabia o perigo da dispersão mental. Ele deixou centenas de projetos inacabados, rascunhos de máquinas que só séculos depois seriam possíveis. Isso mostra que nem todo pensamento está pronto para se tornar realidade concreta, que muitas ideias ainda precisam amadurecer no campo interior antes de se tornarem matéria. A mente cria, mas o tempo lapida.

"Pensar é criar", diz Emmanuel, lembrando que cada pensamento é uma obra em processo – uma ponte entre o invisível e o tangível. Da Vinci desenhava helicópteros antes que o homem pudesse voar; nós, com nossos pensamentos, desenhamos destinos antes que eles possam nascer. E o convite é o mesmo: pintar a vida com consciência, beleza e propósito, porque toda criação – seja um quadro, um gesto ou um pensamento – é uma assinatura da alma no universo.

meus insights

A MUDANÇA EM MOVIMENTO

352

Já pensaste que és um Espírito imortal, dispondo, na Terra, por algum tempo, de valiosas potências concedidas por Deus às tuas exigências de trabalho?

XAVIER, FRANCISCO CÂNDIDO / EMMANUEL. PÃO NOSSO. BRASÍLIA: FEB, 2023.

– Mas, pai, e se os antigos moradores da casa que compramos esquecerem alguma coisa lá? – perguntou Lorenzo, no meio da mudança, enquanto observava as caixas se empilharem.

– Não se preocupe, filho. Vai tudo junto com a mudança deles. Se eles esquecerem algo, a gente avisa e manda entregar...

– Mas tem uma coisa que eles com certeza vão esquecer!

– E essa coisa seria o quê?

– Os espíritos que moram com aquela família!

– Fique tranquilo, filho, os espíritos daquela família seguirão com ela. Quando nos mudarmos, os espíritos que são da nossa egrégora vêm com a gente! A turma da espiritualidade é agilizada...

– Ah, bom! – respondeu, aliviado.

Cada casa, cada fase, cada corpo abriga um pedacinho da nossa história espiritual. E, a cada mudança, Deus nos entrega novas ferramentas de trabalho – dons, afetos, desafios... e amigos espirituais – para fazermos o que precisa ser feito.

A questão é lembrar que somos nós a mudança em movimento; o destino, sempre, é a evolução. E o mais bonito de tudo é saber que, enquanto a gente se atrapalha com as fitas adesivas e as caixas da existência, a turma da espiritualidade já sabe o caminho – e segue na frente, garantindo que nada importante fique para trás.

Quantas vezes esse mesmo pensamento já apareceu para você?

☐ ☐ ☐ ☐ ☐ ☐ ☐

meus insights

EMPREENDEDORISMO ESPIRITUAL

353

Toda obra honesta e generosa repercute nos planos mais altos, conquistando cooperadores abnegados.

XAVIER, FRANCISCO CÂNDIDO / EMMANUEL. PÃO NOSSO. BRASÍLIA: FEB, 2023.

O empreendedorismo social é uma das expressões mais belas da espiritualidade em ação – ainda que não se reconheça como tal. A real é que a espiritualidade não está nem aí. Porque toda vez que alguém decide criar algo que melhora a vida de outros, movimenta-se uma energia que ultrapassa o campo do lucro e da religião e toca o campo da consciência. A obra honesta e generosa, como diz Emmanuel, não precisa de altar nem de púlpito; ela é oração em forma de iniciativa.

Quando um projeto nasce da empatia, do desejo genuíno de servir, ele sintoniza com forças invisíveis de cooperação. É como se o universo, percebendo a intenção, conspirasse a favor – abrindo caminhos, conectando pessoas, inspirando soluções, reunindo egrégoras. O empreendedor social compreende que prosperar é multiplicar o bem e que o retorno mais valioso é o impacto positivo que se deixa no mundo.

Num planeta em transição, empresas e negócios que unem propósito, ética e compaixão estão, de fato, cocriando um novo modelo de economia: a economia da consciência, na qual cada gesto de generosidade se torna um investimento no futuro coletivo – com dividendos pagos em evolução.

Quantas vezes esse mesmo pensamento já apareceu para você?

meus insights

Marketing, Empreendedorismo e Propósito

Desenvolvimento humano e espiritualidade para construção de negócios que geram valor e fazem sentido.

SERENIDADE NÃO É LENTIDÃO, É LUCIDEZ.

354

A ansiedade precede sempre a ação de cair.

XAVIER, FRANCISCO CÂNDIDO / EMMANUEL. PÃO NOSSO. BRASÍLIA: FEB, 2023.

Vivemos na era da aceleração, como diria Byung-Chul Han. Tudo é urgente, tudo é agora. A notificação vibra, o prazo encurta, o feed atualiza. E nós, conectados em mil direções, confundimos movimento com progresso. A ansiedade é o sintoma dessa pressa existencial: queremos chegar antes mesmo de saber para onde estamos indo. É tanta coisa gritando que até síndrome nova está surgindo: *Fear of Missing Out* (medo de perder alguma coisa).

A mente ansiosa antecipa o tombo. Ela tropeça no futuro porque não tem paciência para estar inteira no presente. A queda não vem do obstáculo, vem da desconexão entre o corpo que vive e a mente que corre. Quando Emmanuel diz que a ansiedade precede a queda, ele não fala de moral – fala de física espiritual. Quem se projeta para muito além do agora perde o eixo da gravidade interior.

No mundo contemporâneo, em que performance virou religião e descanso, pecado, o antídoto é simples – mas exige coragem: parar. Respirar antes de responder. Sentir antes de decidir. Entender que nem toda pausa é perda de tempo; às vezes, é o tempo que precisa de pausa para não nos perder. A serenidade não é lentidão, é lucidez. E só quem caminha no próprio ritmo continua de pé.

Quantas vezes esse mesmo pensamento já apareceu para você?

☐ ☐ ☐ ☐ ☐ ☐ ☐

meus insights

Minha Oração

Tire 5 minutos, feche os olhos, e entre em sintonia com a música "Oração", de autoria de Felipe Ispério.

355

ROMPER A INÉRCIA

Saber começar constitui serviço muito importante.

XAVIER, FRANCISCO CÂNDIDO / EMMANUEL. PÃO NOSSO. BRASÍLIA: FEB, 2023.

Todo grande feito começa com um pequeno gesto. O primeiro passo é quase sempre o mais difícil, porque ele rompe a inércia – e a inércia é o maior inimigo da alma. Enquanto pensamos, planejamos e esperamos o "momento certo", a vida segue acontecendo. E, ironicamente, o momento certo costuma nascer justamente quando a gente começa. É o ato de mover-se que desperta as forças invisíveis da criação.

Começar não exige coragem heroica, exige decisão serena. É o primeiro treino de fé, quando a gente caminha sem ver o chão inteiro, confiando que o próximo passo revelará o caminho. Toda jornada espiritual, todo projeto de vida, toda transformação nasce assim – de um pequeno movimento feito com sinceridade. O universo não responde à intenção somente, mas à ação.

E o mais bonito é perceber que o primeiro passo não precisa ser perfeito – ele só precisa existir. É a centelha que acende o fogo, a semente que inaugura o bosque. Quando você se permite começar, a vida começa a conspirar. Emmanuel nos lembra que o serviço mais importante talvez seja este: ter a coragem de dar início, mesmo tremendo, mesmo incerto, porque quem dá o primeiro passo já não está mais parado.

Quantas vezes esse mesmo pensamento já apareceu para você?

☐ ☐ ☐ ☐ ☐ ☐ ☐

meus insights

Geração do Amor

Tire 5 minutos, feche os olhos, e entre em sintonia com a música "Geração do Amor", de autoria de Felipe Ispério.

ENTRE A MEMÓRIA E A CRIAÇÃO

356

A pessoa de meditação encontrará pensamentos divinos, analisando o passado e o futuro.

XAVIER, FRANCISCO CÂNDIDO / EMMANUEL. PÃO NOSSO. BRASÍLIA: FEB, 2023.

Meditar não é fugir do mundo – é enxergá-lo de dentro para fora. Quando mergulhamos em silêncio, o passado deixa de ser prisão e se torna professor. A mente presente visita o ontem não para sofrer de novo, mas para compreender. Cada lembrança é uma página do livro da alma, e só quem a lê com serenidade encontra sentido nas entrelinhas da dor.

Do mesmo modo, olhar para o futuro é mais do que sonhar: é planejar com consciência, é esboçar a forma do que ainda não existe. Mas a meditação nos ensina que o futuro nasce sempre no presente – que cada escolha de agora molda o que virá. Pensar o futuro sem presença é ansiedade; pensar o passado sem presença é culpa.

Entre ambos, o presente é a ponte. É nele que o divino se manifesta, porque só o instante é vivo. Quando a mente se aquieta, ela se torna o ponto de equilíbrio entre memória e criação, entre o que foi e o que será. E é nesse intervalo silencioso – em que o tempo se curva e a alma desperta – que os pensamentos de Deus podem, finalmente, ser ouvidos.

Quantas vezes esse mesmo pensamento já apareceu para você?

meus insights

De dentro de mim

Tire 5 minutos, feche os olhos, e entre em sintonia com a música "De dentro de mim", de autoria de Juliano Pozati e Juliana Milet Pozati.

FLOW É O QUE FAZ SENTIDO

Que mais desejas? Se aguardas vida fácil e situações de evidência no mundo, lembra-te do Mestre e pensa um pouco.

XAVIER, FRANCISCO CÂNDIDO / EMMANUEL. PÃO NOSSO. BRASÍLIA: FEB, 2023.

Quantas vezes esse mesmo pensamento já apareceu para você?

Muita gente confunde flow com facilidade. Mas flow não é um tapete vermelho estendido pela vida – é uma trilha viva que responde ao nosso passo. Estar em flow não significa ausência de obstáculos, mas presença de sentido. Quando algo faz sentido, a energia flui, mesmo que a estrada seja íngreme. A leveza do flow não vem da ausência de esforço, vem da coerência entre propósito e ação.

O problema é que, na era do "espiritualista preguicinha", basta a primeira dificuldade aparecer para alguém dizer: "Acho que saí do flow". Não, meu bem! Talvez seja justamente o contrário. Talvez o universo esteja perguntando: você quer mesmo isso? O desafio não é o fim do fluxo, é parte dele. A correnteza precisa de pedras para ganhar som, e o propósito, às vezes, precisa de resistência para gerar consciência.

Flow é compromisso com o que vibra verdade. É sincronicidade, sim – mas também é disciplina. Às vezes o rio some por entre as rochas, mas continua correndo debaixo da terra. O que a vida quer saber é se você segue acreditando, mesmo quando não vê o curso d'água. Porque o flow não é fácil – é sagrado. Ele não garante conforto, garante sentido. E sentido é o combustível mais potente que existe para quem decidiu caminhar com alma desperta.

meus insights

Tudo passa

Tire 5 minutos, feche os olhos, e entre em sintonia com a música "Tudo Passa", de autoria de Juliano Pozati e Juliana Milet Pozati.

O SILÊNCIO DOS BONS

358

Todo bem que não se faz é um mal que se pratica.

XAVIER, FRANCISCO CÂNDIDO / EMMANUEL. PLANTÃO DE RESPOSTAS. 1. ED. SÃO PAULO: IDE, 1994.

Martin Luther King dizia: "O que me preocupa não é o barulho dos maus, mas o silêncio dos bons". E essa é uma das verdades mais incômodas do nosso tempo. O mal raramente vence por força própria – ele vence porque o bem se cala, se omite, se esconde atrás da desculpa do "não é comigo". Emmanuel vai além: não fazer o bem é, em essência, colaborar com o mal. A neutralidade moral é uma ilusão confortável. Meu amigo Gustavo Tanaka sempre diz: "Toda hora ouvimos falar do crime organizado, mas cadê o bem organizado?".

Toda vez que deixamos de ajudar, de defender, de agir, o mundo fica um pouco mais frio. Às vezes, o bem não exige heroísmo, apenas presença. Uma palavra dita na hora certa, um gesto simples, uma escolha consciente, uma conspiração entre amigos que decidem agir. O bem é como a luz – não precisa lutar contra a escuridão, basta existir para dissipá-la. Mas se a lâmpada decide economizar energia, a sombra toma conta.

Fazer o bem é agir como parte do antídoto do mundo. Cada vez que deixamos de nos mover pelo amor, deixamos espaço para o medo, o ódio e a indiferença. O silêncio dos bons é a senha que o mal usa para avançar. E talvez a maior pergunta ética que possamos nos fazer hoje seja esta: quantas vezes o meu silêncio tem feito barulho no mundo?

Quantas vezes esse mesmo pensamento já apareceu para você?

meus insights

359

CADA GESTO É COLHEITA FUTURA

Espírito traz consigo a história viva dos próprios feitos, e somente as obras efetuadas dão a conhecer o valor ou o demérito de cada um.

XAVIER, FRANCISCO CÂNDIDO / EMMANUEL. PÃO NOSSO. BRASÍLIA: FEB, 2023.

Jesus foi direto: "Pelos frutos os conhecereis" (Mateus 7:16). A árvore pode ser frondosa, pode ter sombra bonita e discursos perfumados, mas o que realmente revela sua natureza é o fruto que oferece – e se ele alimenta ou envenena quem o prova. Assim também é o espírito: não é pelo que diz, prega ou aparenta que se revela, mas pelo que faz florescer no mundo.

Cada ação, palavra e escolha é uma semente lançada no solo da vida. Mais cedo ou mais tarde, ela brota – e o campo ao redor revela quem somos. As boas intenções são importantes, mas é nas obras concretas que o espírito escreve sua biografia vibracional. O universo lê nossos atos, não nossos discursos.

Por isso, o autoconhecimento não é um exercício de introspecção apenas, mas de observação e ação: o que tenho produzido ao meu redor? As pessoas florescem comigo ou murcham na minha presença? O Evangelho e Emmanuel nos convidam à mesma verdade: caráter é cultivo. E cada gesto é uma colheita futura que, cedo ou tarde, provará o sabor daquilo que realmente somos.

Quantas vezes esse mesmo pensamento já apareceu para você?

☐ ☐ ☐ ☐ ☐ ☐ ☐

meus insights

Tente outra vez

Tire 5 minutos, feche os olhos, e entre em sintonia com esse momento conduzido por Juliana Milet Pozati durante o V Congresso do Círculo em São Paulo.

ESTOU PRECISANDO DE UM SALÁRIO

360

Convençam-se os discípulos de que o trabalho e a realização pertencem a todos e que é imprescindível que se movimente cada qual no serviço edificante que lhe compete.

XAVIER, FRANCISCO CÂNDIDO / EMMANUEL. PÃO NOSSO. BRASÍLIA: FEB, 2023.

– Pai, você nunca mais me levou no Círculo Escola!

– Pois é, filho, o trabalho está apertado. Mas posso começar a te levar às terças-feiras, antes da psicóloga... aí você me ajuda no trabalho.

– Isso, pai! É que eu estou precisando de um salário...

Com 9 anos o Lorenzo já parece ter entendido que o mundo não muda com discursos, muda com movimento. Emmanuel nos lembra que a transformação não é um privilégio de poucos iluminados, mas um dever compartilhado por todos que compreendem o valor do servir. O trabalho – seja ele qual for – é a oficina onde o espírito se aprimora e o mundo melhora.

Muitos ainda esperam pelo “momento certo” para agir, pela “missão especial” que virá um dia. Mas o trabalho edificante começa no agora: no cuidado com quem está perto, na gentileza com quem atende, na responsabilidade com o que nos foi confiado. O Universo não delega tarefas grandiosas a quem negligencia as pequenas.

Quando cada um faz a sua parte com dedicação e propósito, as forças da vida se alinham e o coletivo floresce. O serviço edificante é o antídoto contra a apatia e o egoísmo: é transformar o cotidiano em campo de evolução. No final das contas, o verdadeiro discípulo não espera ser chamado – ele se coloca à disposição.

Quantas vezes esse mesmo pensamento já apareceu para você?

meus insights

361

NINGUÉM AJUDA QUEM NÃO SE AJUDA

Médium algum solucionará, em definitivo, o problema fundamental da iluminação dos companheiros.

XAVIER, FRANCISCO CÂNDIDO / EMMANUEL. PÃO NOSSO. BRASÍLIA: FEB, 2023.

Durante séculos, a humanidade terceirizou sua luz. Buscamos mestres, gurus e salvadores que nos digam o que pensar, o que sentir, o que fazer. Essa dependência espiritual, travestida de devoção, abriu brechas perigosas – e não raro terminou em escândalos, manipulações e crimes disfarçados de fé. Nenhum médium, nenhum guia, nenhum líder pode iluminar alguém de fora para dentro. A verdadeira iluminação é obra interna, intransferível, paciente e silenciosa.

O futuro da espiritualidade será marcado por consciências autônomas, não por rebanhos obedientes. A mediunidade com autonomia, como propomos, é a mediunidade madura: aquela que reconhece o valor da inspiração espiritual, mas assume a responsabilidade pela própria lucidez. Não se trata de negar os mestres, mas de compreender que o verdadeiro mestre desperta o discípulo – não o domestica.

Iluminar-se é aprender a pensar com o coração e sentir com a razão. É tornar-se um livre pensador espiritualizado, capaz de dialogar com os mundos sutis sem perder os pés no chão da consciência. O tempo dos gurus acabou. Começa agora a era das almas despertas – cada uma acendendo a própria lâmpada, para que juntas formemos, enfim, a grande constelação da humanidade.

Quantas vezes esse mesmo pensamento já apareceu para você?

☐ ☐ ☐ ☐ ☐ ☐ ☐

meus insights

Mediunidade com autonomia

Uma jornada profunda, leve e transformadora para quem quer integrar espiritualidade ao cotidiano e despertar seu potencial com autonomia.

VIVER O QUE SE PREGA

362

O problema não é apenas de saber.
É o de reformar-se cada um para a extensão do bem.

XAVIER, FRANCISCO CÂNDIDO / EMMANUEL. PÃO NOSSO. BRASÍLIA: FEB, 2023.

Saber é a parte fácil. O conhecimento hoje em dia está a um clique de distância. Você pode aprender absolutamente sobre tudo o que quiser, a hora que quiser. Viver o que se sabe – aí está o desafio. Erudição, títulos e bibliotecas inteiras não garantem consciência. Há pensadores que tocaram os céus da razão, mas nunca conseguiram descer ao chão do coração. O conhecimento que não transforma o ser adoece o espírito. Ele infla o ego, mas não ilumina a alma.

A verdadeira sabedoria é encarnada: ela se revela nas atitudes, nas escolhas, no modo como tratamos o outro e a nós mesmos. Reformar-se para o bem é fazer do saber uma ponte entre o pensamento e a ação. É compreender que a inteligência não é um trono, mas uma ferramenta – e que toda luz acumulada precisa se converter em serviço.

Emmanuel nos provoca: o bem não se ensina, se pratica. O mundo não precisa de mais discursos brilhantes, precisa de gente coerente, capaz de ser a lição viva que deseja ver no mundo. Porque, no fim, o espírito não será julgado pelo que soube – mas pelo que soube amar.

Quantas vezes esse mesmo pensamento já apareceu para você?

☐ ☐ ☐ ☐ ☐ ☐ ☐

meus insights

Alquimia

O estudo Alquimia é uma jornada simbólica, espiritual e filosófica. Ao longo de oito encontros, exploramos as operações alquímicas como metáforas profundas de transmutação interior – um caminho de autoconhecimento, enfrentamento das crises e reconexão com a própria essência.

363

VIVER POR INTEIRO

Nem tudo o que é agradável é útil.

XAVIER, FRANCISCO CÂNDIDO / EMMANUEL. PÃO NOSSO. BRASÍLIA: FEB, 2023.

Vivemos uma era obcecada por uma felicidade photoshopada. As redes sociais transformaram o sorriso em performance e o sofrimento em fracasso. Tudo precisa ser "leve", "grato", "abundante" – mesmo quando a alma está exausta. É a chamada positividade tóxica, esse imperativo moderno de parecer bem o tempo todo, que anestesia a dor e impede o aprendizado profundo que só o desconforto traz. Como diria Emmanuel, nem tudo o que agrada cura – às vezes, o remédio amargo é o que salva.

O filósofo Byung-Chul Han chama essa época de "sociedade do desempenho", em que todos são empresários de si mesmos, obrigados a produzir sucesso e alegria em tempo integral. O resultado é um cansaço espiritual coletivo, uma depressão disfarçada de motivação. Queremos prazer sem pausa, mas o excesso de luz de LED também cega. A dor, o erro, o tédio – tudo isso é parte da alma humana e tem função pedagógica no processo da consciência.

Ser útil, nesse contexto, é ser verdadeiro. É permitir-se sentir o que é, e não o que seria bonito postar. A espiritualidade madura não foge da sombra; ela a integra. O propósito da vida não é viver agradavelmente – é viver inteiramente, com todas as cores e contrastes. Nem tudo que brilha é luz. E às vezes, é no escuro que a gente finalmente enxerga o que importa.

Quantas vezes esse mesmo pensamento já apareceu para você?

meus insights

Alquimia

O estudo Alquimia é uma jornada simbólica, espiritual e filosófica. Ao longo de oito encontros, exploramos as operações alquímicas como metáforas profundas de transmutação interior – um caminho de autoconhecimento, enfrentamento das crises e reconexão com a própria essência.

PENSAMENTOS E ATOS

364

Não adianta guardar a certeza na sobrevivência da alma, além da morte, sem o preparo terrestre na direção da vida espiritual.

XAVIER, FRANCISCO CÂNDIDO / EMMANUEL. PÃO NOSSO. BRASÍLIA: FEB, 2023.

A fé na imortalidade da alma é apenas o primeiro degrau – e de nada serve se não for acompanhada por preparo interior. Acreditar na vida após a morte sem viver espiritualmente enquanto se está vivo é como planejar uma viagem sem arrumar as malas. O mundo espiritual não é um lugar distante no tempo; é uma dimensão de consciência que começamos a construir agora, nos gestos diários, nos pensamentos e nas intenções.

Cada ato de bondade, cada esforço de autodomínio, cada reconciliação é ensaio para a eternidade. A vida espiritual começa no instante em que decidimos viver com mais sentido, mais compaixão e mais verdade. Morrer, no fim, é apenas atravessar a porta – mas é aqui, no ensaio da Terra, que aprendemos a andar na luz.

meus insights

Quantas vezes esse mesmo pensamento já apareceu para você?

☐ ☐ ☐ ☐ ☐ ☐ ☐

Livres pensadores espiritualizados

No Círculo Escola, somos uma comunidade de pessoas que estudam autoconhecimento estratégico, filosofia e espiritualidade livre. Você gostaria de fazer parte? Então, sigam-me os bons!

É HORA DE COMEÇAR DE NOVO

365

Embora ninguém possa voltar atrás e fazer um novo começo, qualquer um pode começar agora e fazer um novo fim.

IDEALI, WAGNER. CHICO XAVIER, SUA OBRA E SUA IMPORTÂNCIA PARA O MOVIMENTO ESPÍRITA. REVISTA ELETRÔNICA O CONSOLADOR. DISPONÍVEL EM: HTTPS://WWW.OCONSOLADOR.COM.BR/.

Quantas vezes esse mesmo pensamento já apareceu para você?

A obra se encerra, mas a vida, não. A vida, como a luz, apenas muda de forma. Tudo o que aqui repousa em palavras é semente – e toda semente traz em si o anúncio de um novo amanhecer. Chico Xavier nos ensinou que o bem não termina, apenas se transforma em caminho.

Cada página que percorremos é um espelho da alma em busca de si mesma. Onde antes víamos a dor, agora vislumbramos tarefa; onde havia culpa, há convite; onde tudo parecia fim, começa a eternidade em movimento.

"Embora ninguém possa voltar atrás e fazer um novo começo, qualquer um pode começar agora e fazer um novo fim." Eis o convite de Chico à consciência desperta. O Evangelho, o trabalho e o amor são ferramentas desse novo fim – não o fim que apaga, mas o fim que cumpre, que recolhe o aprendizado e o transforma em luz.

Somos herdeiros de uma obra viva. A mediunidade, o pensamento, a ciência e a fé – tudo converge para a mesma aurora. O planeta muda, os tempos se transformam, mas o convite é o mesmo: servir. Porque servir é amar em movimento.

Que você, ao fechar este livro, abra dentro de si uma nova página. Que as palavras do Chico continuem vivas em nossas ações, que sua fé silenciosa continue a escrever, pelas mãos do bem, os novos capítulos da humanidade.

O livro termina, sim. Mas a vida – a vida segundo Chico – apenas recomeça outra vez.

meus insights

A começar em mim

Tire 5 minutos, feche os olhos, e entre em sintonia com esse momento conduzido por Juliano Pozati durante o V Congresso do Círculo em São Paulo.

meus insights